天津市哲学社会科学规划项目
"《春秋》类出土文献综合研究"(TJYY21-008) 成果

《春秋》类出土文献综合研究

付安莉 —— 著

天津社会科学院出版社

图书在版编目（CIP）数据

《春秋》类出土文献综合研究 / 付安莉著. -- 天津 ：
天津社会科学院出版社，2025. 8. -- ISBN 978-7-5563
-1060-9

Ⅰ. K225.04

中国国家版本馆 CIP 数据核字第 2025WZ4032 号

《春秋》类出土文献综合研究
《CHUNQIU》LEI CHUTU WENXIAN ZONGHE YANJIU

选题策划：吴　琼
责任编辑：李思文
装帧设计：高馨月
出版发行：天津社会科学院出版社
地　　址：天津市南开区迎水道 7 号
邮　　编：300191
电　　话：（022）23360165
印　　刷：北京盛通印刷股份有限公司
开　　本：710×1000　　1/16
印　　张：25
字　　数：353 千字
版　　次：2025 年 8 月第 1 版　　2025 年 8 月第 1 次印刷
定　　价：98.00 元

序

　　捧读《〈春秋〉类出土文献综合研究》这部沉甸甸的手稿，心中感触很多。作者付安莉博士嘱我写一篇序，我本来不是为此书作序的合适人选，但是一来作者诚意难却，二来正好有许多话要说，于是就借此机会说上几句，既是对作者的一个交代，也是向学界同仁求教的一个机会。

　　二十世纪下半叶以来，特别是二十一世纪以来，我国考古工作成就非凡。随着铜器铭文、简帛文献和其他带有文字信息的出土资料被大量发现，古文字学、古文献学，以及一切跟古代历史文化相关的学科都由于得到了这些新材料的沾溉而出现了蓬勃发展的大好局面。而古文献学，由于其高度的综合性，融合了古文字学、古音学、训诂学、古史学、古地理学，乃至民俗学、人类学等各种门类的学科，其成果一直为整个学界和全社会所瞩目。相应地，它对于研究者的资质和心性之要求也有着相当高的门槛。虽然眼下"绝学"正向"显学"过渡，但是，除非是淡泊名利、甘坐"冷板凳"、真正有志于此的高才学者是很难下决心投身于此事业的。因此，我对于投身古文献学的青年学者一向怀有敬意。

　　付安莉博士此书选择《春秋》类出土文献为目标进行综合研究。全书选择了马王堆汉墓帛书、山西闻喜出土的春秋时期晋国的《子犯编钟铭文》和上海博物馆藏楚竹书（简称上博简）中与传世文献《春秋》及三传（《左传》《公羊传》《穀梁传》）所涉历史人物、历史事件相关的二十余篇文章，以国别分类、以时间列序，逐篇进行字词考释，在充分吸收学界最新研究成果的基础之上，聚焦仍未达成共识的疑难字词，征引各家之说，参以己见，共计考释字词近百条。在此基础上，作者以文本对读为手段，考辨史实，或矫正典籍的讹误，或辨识出土文献的讹谬，努力还原历史的原貌。在这些工作中，作者的操作有许多值得称道的地方。

在对学界尚未达成共识的疑难字词的考释中，全面掌握学界的各种不同观点意见，以独到的眼光选择最接近事实、理据最充分的一说，有时还提出自己的补充意见，举证更多的事实；或力排众议，以充足的理由提出自己的一说。前者如上博简《申公臣灵王》篇中对"䇦"字的考释，列举了十数位学者分别释为"首"训为"囚/守"、释为"止"读为"囚"、释为"戴"或"得"、释为"置"、释为"捷"等等不同意见，最终赞同此字释为"戴"读为"得"。后者如马王堆汉墓帛书《春秋事语·吴伐越章》"刑，不㚒，使守布周（舟）"一句中对"㚒"字的释读，旧注将此字隶定为㚒，疑同"㸐"字，读如"慎"，裘锡圭先生对此存疑，认为"其义待考"。也有学者认为此字从"去"声，音为"辜"。本书作者细读上下文，判定此字从火从去，当读为"去"，在文中是"使离开、驱逐、释放"之义。这样解释就文从字顺，毫无滞碍了。诸如此类全书甚多，足见作者是下足了功夫。

作者的考释有自己的一套方法和工作程序，因此，在既有观点的去取、本人观点的论证、传统文献和传统文献材料的运用上，能够得心应手，有条不紊。以上述对"䇦"字的考释为例，针对各种不同意见，作者首先从字形考察入手，列图对比了上博简《周易》10号简、上博简五《鬼神之明·融师有成氏》2号简、郭店楚简《语丛四》5号简、包山楚简中的丧葬文书276号简和1号牍中"首"字的字形，确定了上博简《申公臣灵王》章中的"䇦"不是独体字"首"，而是下部从"首"的合体字。然后，针对"䇦"字上部到底是从"之"还是从"止"的分歧，对比了上博简、郭店简、清华简、包山简"之""止"两字的字形区别，确定了"䇦"字上部所从是"之"而非"止"。接着，列举了见于《古玺汇编》、信阳楚简、包山楚简、包山牍、上博简、清华简11条从"之"从"首"（或从页）的文例，其中第10、11条文例还分别可与《国语·齐语》《史记·鲁世家》的相关文句进行对读。经过这样严密周详的论证，其结论的可信度就甚为可观了。

在确定通假关系时，作者严守"必须同时具备'音理、异文、辞例'三个条件才可判定通假"的原则，态度是非常严谨的。传世上古文献中通假现象非常丰富，而出土文献尤其如此。面对纷纭复杂的文字异构、书法异形、字迹漫漶等现象，倘若不能守住这一条原则，仅凭个别条件，滥用"一声之转"的套路，甚至任意发挥想象力就轻言通假，出土文献的释读就会走向言人人殊，莫衷一是的歧途，而得不到古代语言文化历史的真相。例如，上博简《平王与王子木》篇"醓盉不酸"一句中"醓"字，有的学者释读为"醯"，认为该字从"酉""皿"，"各"声，见纽铎部；醯字从"酉""皿"，"右"声，晓纽之部，可以通假。"盉"字，有的学者认为从"皿"，"采"声，清纽之部，可与庄纽鱼部的"菹"字通假。作者认为从古音看，差距较大；从音理上说缺乏通假条件。还有的学者将"盉"字释读为"菜"字、"饎"字，作者认为从句子意义上看很难讲通，因此不采纳这些意见。作者赞同将"醓盉"释读为"酪羹"，并列举了大批传世文献的词例和出土文献的异体字，证成了这种释读的合理性。又如关于本篇的编简问题，原篇共五支简，上博简整理者发布的简序有误，研究者们大多认为第五简应该插入第一简、第二简之间，这样，原第四简的末句就成了全篇末句，句曰："王子不得君楚邦或不得"，整理者断句为"王子不得君楚，邦或不得"，有些学者将"邦或"读为"邦国"，认为句意已经完足。另一些学者则主张断句为"王子不得君楚邦，或不得"，句意未完，应该还有接续的简文。其中有学者提出，第四简后应接上博简八《志书乃言》篇最后一简"臣楚邦"三个字，连读为"王子不得君楚邦，或不得臣楚邦"。本书作者赞同此种编连和断句，除了竹简形制、书写规则、句意文义等理由，还着重从辞例原则提出了楚简词语使用习惯的问题。作者统计了楚简中"楚邦"和"邦国"二词的用例，未见一例"邦国"二字连用的辞例，而"楚邦"这类"国名＋邦"的搭配却是非常常见的。这就在分歧意见的去取上，投下了举足轻重的一票。

其次，王国维提出"二重证据法"，主张用"地下之新材料"与"纸上之材料"相互印证来研究古代历史文化，这一理论方法的重要性是不言而喻的。现代考古发掘所得的出土文献，由于科学技术的进步，所获得的文本的原始性，与历经千百年辗转抄写翻刻流传至今的传统文献相比，实在是不可同日而语。这就是

"地下之新材料"的优越性。但是，这里所说的原始性，仅仅是指其"入土"之际的面貌而言。就以简帛文献而言，当这些文本形成之时，它们当中大部分也可能只是某个更原始的文本的抄本或传本之一，或者某个遥远的历史事件的口传版本记录之一。因此，在将它们跟传统文献对读时，如果有分歧，我们不能武断地认为出土文献一定对，传统文献一定错，必须审慎地综合地分析判断，实事求是地提出合理的结论。本书作者在释读每一篇文献时，都进行了文献对读，除了引用《春秋》及《左传》《公羊传》《穀梁传》，还引用了《史记》《管子》《韩非子》《吕氏春秋》《新序》《淮南子》《汉书》《说苑》《战国策》《国语》《新书》《吴越春秋》等传统文献，以及具有相关内容的其他竹简文献，从事件情节、涉及人物、人名、称谓、国别、地点、地名、时间、言论等多方面进行比较，以发掘历史的真相，探求文献作者对事件和人物的态度，纠正文献中存在的错误。例如，在上博简《申公臣灵王》篇与传统文献对读时，发现《左传·昭公八年》"使穿封戌为陈公"的记载有误，"陈公"按竹书为"繻公"，应读为"申公"。作者考察了许多学者将"繻公"释读为"陈公"的理由后，认为他们根据郭店简、上博简《缁衣》篇中所引《君陈》之"陈"，隶定作"赻"，以天干地支之"申"为声符，"申"通"陈"，由此推论本篇"繻"（绅）字亦与"陈"通假，进而推断简文主人公即《左传》所记陈公穿封戌，这种推理是不能成立的。"申"在甲骨文、金文中是"电"的本字，与用作国名、地名、姓氏专字的"繻"字形迥然不同，也未出现两字互相替换的词例。清华简《系年》是典型的楚文字，其中"陈"字出现二十例，"繻"字或其异体出现十六例，互不相混，就是最好的证据。因此，《左传》的"陈公穿封戌"应为"申公穿封戌"。《史记·陈杞世家》《楚世家》《管蔡世家》都记载楚灭陈后封公子弃疾为陈公，都未提到"穿封戌"。可见，楚简证明了《左传》存在着错误。又如，马王堆汉墓帛书《春秋事语·晋献公欲得随会章》记载的晋国设计使投奔秦国的随会回归晋国之事，与传统文献对读时可发觉年代不能匹配。据《左传》所记，这是晋灵公时发生之事，距晋献公之死已经三十多年了。作者进一步核查了清华简《系年》，《系年》清楚地记录了随会奔秦之事发生在晋襄公卒、灵公立之时，与《左传》一致，也与

《国语》《吕氏春秋》《史记》所述相吻合。因此，作者明确指出，就此事时间而言，帛书《春秋事语》所记为误。可见作者对出土文献和传统文献均没有迷信和偏见，而是秉持着求真务实的科学态度。

在本书后记中，作者总结了她在出土文献与传世文献对读研究中的一些心得：充分考虑出土文字与《说文》古文的关系，在此基础上梳理古文字的发展演变历程；注意通假的间接推理问题，防止"一声之转"的滥用；训读文字时适当结合古人生活实际，将"二重证据法"扩展为"三重证据法"；重视文献对读在考辨史料中的作用，审慎处理不同书籍中的记载差异；适当估计古书体例对史料认识的影响，对由于编年体和事语体的不同体式造成的分歧应详加辨析以得其究竟。这些心得体会可以说是作者多年心血的结晶，她愿意拿出来与读者分享，非常难能可贵。

感谢作者的信任，我有幸先睹为快。通读了全书之后，深深赞赏作者义无反顾的学术选择，也佩服其具备充分的学术自信，敢于拿出具有自己独立见解的成果付梓问世。这既是在学术前沿阵地上投入战线的义无反顾的宣言，也是对家庭、师长、社会多年来培养的丰厚回馈。我衷心祝愿作者在这条注定不平坦的探索道路上继续勇猛精进，收获更多的硕果。

施向东

二〇二四年四月六日

写于津门何陋室

《春秋》是中国古代儒家典籍"五经"之一，记载了鲁隐公
元年（前722）至鲁哀公十四年（前481）二百四十多年间周王
室与诸侯国的历史，涉及社会、政治、军事、思想、文化等诸多
方面，是研究中国古代历史文化的重要依据。但长期以来，中
国早期传世文献的"史料品性"一直颇受争议，影响着人们对
上古历史整体面貌的认知。《春秋》的字句疏证、史料价值、思
想文化等问题，也一直是困扰学术界的难点。《春秋》类出土文
献与流传今本之分歧为我们提供了理解古书原貌的另一种可
能，其文本具有不可估量的文献价值。其部分篇章可与传世文
献对读，能够弥补史料不足的遗憾，对于我们研究相关文献的
成书年代、著作体例、史料来源、故事流传、材料真伪、版本考
证、文献辑佚等具有极其重要的意义。

　　本书搜集、整理了鲁国、齐国、晋国、郑国、楚国、吴国和
越国相关《春秋》类出土文献，以国别分类，以时间列序进行
综合研究。首先，在充分吸收学界最新研究成果的基础之上，
聚焦仍未达共识的疑难字词，征引各家之说，参以己见，梳理
集释。继而，将可对读的出土文献与传世文献文本汇为一编，
以便方家查找。最终，以古文字考释为基础，以文本对读为手
段，编撰专题，对相关史实略加讨论，以考辨史料，矫正典籍讹
误，进行文化追索。

凡　例

一、收录文章按照鲁国、齐国、晋国、郑国、楚国、吴国和越国顺序分类，每类按照时间顺序先后排列。

二、对竹简编联次序未达共识的篇目作专门讨论，凡未对编联进行说明的，则依据整理者说。

三、释文采用宽式隶定，后标"（　）"注明宽式隶定字或通假字，"＝"表示合文符号或重文符号，"□"表示文字残缺，若不知缺字数量则用"▨"表示，若依线索得知补字则以"【　】"列出。释文以整理者意见为基础，考察诸说，参以己见，择善而从。

四、仅对学界未达共识的疑难字词集中讨论，凡引用专家学者的论著则在脚注中标引。对于需补充说明或尚不能成为一说的内容，但具有参考价值的释读意见一般在脚注中予以说明。

五、古文字偏旁位置多变异，本书一般综合考虑古文字字形及与之对应的后世通行字形的写法，选择一种相对标准的字形作为隶定依据，而不再区分偏旁位置的差异。

目　录

第一章

引言

第一节

《春秋》类出土文献材料界定

本书所选出土文献的选择标准为：内容与《春秋》所涉历史人物、历史事件相关，文本可与《春秋》类传世文献对读。所选出土文献类型包括帛书、青铜器铭文和竹书；书写时代横跨春秋战国直至秦汉时期；内容涵盖楚国、晋国、齐国、鲁国、宋国、郑国、燕国等诸多诸侯国。李零先生在《简帛古书与学术源流》书中指出：这种类似后世的纪事本末体史书，与古史史料学密切相关，反映上古历史重要史料资讯的材料《左传》的成书，是利用事语类的古书，即与今《国语》类似的材料而编成的。① 本书所选的出土文献，即此种"类似纪事本末体的事语类史书"，是出土文献中数量最多且最活跃的一种，为当时作史的基本素材，对史籍的编撰具有重要的影响。

为方便读者查阅，本书出土文献以《国语》卷次分类，以时间列序。所涉出土文献与《春秋》对读情况见下表。

国别	出土文献		对读《春秋》篇目
鲁国	长沙马王堆汉墓帛书《春秋事语》	《鲁桓公少章》	《隐公元年》《隐公十一年》
		《鲁桓公与文姜会齐侯于乐章》	《桓公十八年》
		《鲁文公卒章》	《文公十八年》

---

① 李零.简帛古书与学术源流（修订本）[M].北京：生活·读书·新知三联书店，2008：288，298-299.

国别	出土文献		对读《春秋》篇目
齐国	长沙马王堆汉墓帛书《春秋事语》	《齐桓公与蔡夫人乘舟章》	《僖公三年》《僖公四年》
晋国	长沙马王堆汉墓帛书《春秋事语》	《晋献公欲得随会章》	《文公十三年》
		《杀里克章》	《僖公十年》
	子犯编钟		《僖公二十三年》《僖公二十四年》《僖公二十六年》《僖公二十八年》
	长沙马王堆汉墓帛书《春秋事语》	《晋献公欲袭虢章》	《僖公二年》
	《上海博物馆藏楚竹书（五）》	《姑成家父》	《成公十七年》
	长沙马王堆汉墓帛书《春秋事语》	《韩魏章》	《哀公二十七年》
郑国	长沙马王堆汉墓帛书《春秋事语》	《伯有章》	《襄公二十九年》《襄公三十年》
楚国	《上海博物馆藏楚竹书（九）》	《成王为城濮之行》	《僖公二十七年》
	《上海博物馆藏楚竹（七）》	《郑子家丧》（甲、乙本）	《宣公四年》《宣公十年》
	《上海博物馆藏楚竹书（六）》	《申公臣灵王》	《襄公二十六年》《昭公元年》《昭公八年》
	《上海博物馆藏楚竹书（六）》	《平王与王子木》	《昭公十九年》
吴国	长沙马王堆汉墓帛书《春秋事语》	《吴伐越章》	《襄公二十九年》
		《吴人会诸侯章》	《哀公十二年》

第二节

所涉出土文献简介

一、长沙马王堆汉墓帛书《春秋事语》

1972 年至 1974 年，考古工作者先后在长沙马王堆发掘了三座墓葬，为西汉第一任轪侯、长沙国丞相利苍的家庭墓地。该墓葬出土了十万余字的简帛文献，内容涉及战国至西汉初期的政治、经济、哲学、历史、天文、地理、医学、军事等众多领域，在中国考古史上具有巨大意义。帛书出土时残损严重，在二十世纪七十年代由马王堆汉墓帛书整理小组缀合复原。2008 年 9 月，湖南省博物馆、复旦大学出土文献与古文字研究中心和中华书局三方合作，由裘锡圭教授担任组长，再次将所有马王堆汉墓出土简帛资料全面整理。2014 年 11 月，整理成果《长沙马王堆汉墓简帛集成》出版问世，至此，马王堆汉墓简帛文献首次集中完整公布。此书以高清全彩形式公布原始图版，利用"倒印文""反印文"和"渗印文"技术将碎片重新拼缀，吸收了学界最新研究成果，在碎片拼缀、义字考释、词义训解、文义推阐等方面对原释文做了重新修订，乃马王堆简帛整理的集大成之作。1973 年《春秋事语》帛书出土于三号墓，1977 年在《文物》杂志首发，1983 年被收入《马王堆汉墓帛书》（叁），现收录于《长沙马王堆汉墓简帛集成》（第三册）。帛书原无书名，内容多记载春秋时代故事，以记言为主，重在议论明理，故整理小组以《春秋事语》命名。全文共分十六章，每章提行另起并以大圆点为分章标识，每章各记一事，彼此不相贯通，既不以时代为序，又不按国别分列，无明显编辑体例。原无章题,整理小组择取每章开头若干字拟题。现存文字九十七行,但残损不完整之行颇多。所记之事以第十一章鲁隐公被杀为最早,以第三章知伯率韩魏围赵,韩赵魏三家反灭知伯为最晚,基本对应《左传》的记事时段;所记之事基本见于《春秋》三传及《国语》等传世文献。各章所记议论,有当事人在事件进程中所说的话,也有时人或后人对其事的评论,后一类大都不见于传世典籍。第二章所记晋燕战事未见于其他古书,可补传世文献之缺。帛书为我们重新认识相关史实提供了重要线索,对春秋时期的历史研究具有重要参考价值。

二、子犯编钟

二十世纪九十年代,春秋时期晋国的十六件编钟初现于今山西省闻喜县,被命名为"子犯编钟",作器者为晋文公重臣子犯。此套编钟出土后被盗掘散失国外,现由台北故宫博物院和私人藏家陈鸿荣先生共同收藏。

"子犯编钟"可分为甲、乙两组,每组八件,铭文内容相同。但若从钟铭"和钟九堵"的记载和音律组合判断,编钟当不仅限于已发现的十六件。现存编钟最大者通高 70.2 厘米,重 44.5 千克,铸铭 22 字;最小者通高 28.1 厘米,重 5.4 千克,铸铭 12 字。从形制上看,子犯编钟为甬钟,编钟正鼓部刻有夔纹,篆间饰顾首 S 形龙纹,李学勤先生认为编钟从形制到纹饰,均"保持着西周以来的传统风格"。

钟铭刻于各钟"钲"部,总计一百三十二个字。作器者子犯,即晋文公(重耳)之舅父狐偃,本器属春秋中期晋文公五年(周襄王二十年,即前 632)的记事。全铭意述晋文公在子犯的佑助下,流亡十九年后重返晋国匡复社稷,与楚军于城濮展开激战,大胜,举行"践土会盟"继而称霸之事。周王赐子犯厚赏,诸侯送子犯美铜,因而子犯铸制这套编钟,以铭记功绩,传颂子孙。1995 年编钟排序及钟铭考释内容,由张光远先生首发于《故宫文物月刊》,学界遂就钟铭排序、钟文释读、所记史事及相关历日等问题展开激烈讨论。

三、上海博物馆藏战国楚竹书

1994 年上海博物馆于香港文物市场购回两批战国楚竹书，入藏竹简共计 1697 枚。经科学测定，此批竹书为战国晚期楚国贵族墓葬随葬品。竹书内容涉及历史、哲学、宗教、文学、音乐、军事等诸多方面；文章所属学派以儒家为主，兼及道家、墨家、兵家、阴阳家等；部分文献有传世本可供对读，但文本内容多有差异，另多数文献为传世本所未见。竹书是秦始皇"焚书坑儒"前，未经世人改动过的一手战国古籍，具有重大文化价值，能够有效帮助我们了解战国文字、相关历史。《上海博物馆藏战国楚竹书》系列丛书由上海博物馆原馆长马承源先生（已故）主编，2001 年出版第一册，现已出版九册，每册收录文章见下表。

书册	所含篇目
第一册	《孔子诗论》《纻衣》《性情论》
第二册	《民之父母》《子羔》《鲁邦大旱》《从政（甲篇、乙篇）》《昔者君老》《容成氏》
第三册	《周易》《中弓》《亘先》《彭祖》
第四册	《采风曲目》《逸诗》《昭王毁室·昭王与龚之脽》《柬大王泊旱》《内豊》《相邦之道》《曹沫之陈》
第五册	《竞建内之》《鲍叔牙与隰朋之谏》《季庚子问于孔子》《姑成家父》《君子为礼》《弟子问》《三德》《鬼神之明·融师有成氏》
第六册	《竞公疟》《孔子见季趄子》《庄王既成·申公臣灵王》《平王问郑寿》《平王与王子木》《慎子曰恭俭》《用曰》《天子建州（甲、乙本）》
第七册	《武王践阼》《郑子家丧（甲、乙本）》《君人者何必安哉（甲、乙本）》《凡物流形（甲、乙本）》《吴命》
第八册	《子道饿》《颜渊问于孔子》《成王既邦》《命》《王居》《志书乃言》《李颂》《兰赋》《有皇将起》《鹠鹢》
第九册	《成王为城濮之行（甲、乙本）》《灵王遂申》《陈公治兵》《举治王天下（五篇）》《邦人不称》《史蒥问于夫子》《卜书》

第三节

学术价值

择取马王堆汉墓帛书《春秋事语》、子犯编钟、《上海博物馆馆藏楚竹书》的《春秋》类文献，与《春秋》互勘互校，对古文字厘订、文献研究、史实考证具有独特且重要的学术价值。

一、文字价值

本书所涉文字形体属于古文字的后期形态，包括春秋青铜器金文、战国楚地简帛文字、汉初前后由篆变隶的帛书文字等多种类型，既体现时代的共性形体特点，又具有独特的地域书写风格。利用出土文献与传世文献对读的方法，可以有效解决以往在文字释读中难以解决的问题。上述材料中部分新见的古文字字形，不仅提供了新的异体字字形材料，而且对揭示某些疑难字形的演变过程具有重要意义。现以战国楚简文字为例，简要说明本书在文字方面的价值。

1. 利用文献对读识别文字

楚文字一直是学术界研究的难点，有很多疑难字无迹可寻，处于胶着状态，直至对读文献的出现，这些字才得以顺利破解。最有代表性的例子当是对从"羽"从"能"的"罷"字的释读。该字首现于《鄂君启节》，辞例为"车五十乘，岁罷返""屯三舟为一舿，岁罷返"。以往学者们对"罷"做了很多错误的猜测，或认为是"态"异文，或认为是"赢"或"能"，或认为是"翼"异体。学界对该字的释读一筹莫展，直到郭店简《五行》的出现。陈伟先生在对郭店简进行述评时说道："郭店简《五行》有'淑人君子，其义能（从羽）也'一句，是引述《诗·曹风·鸤鸠》。在今本《诗经》和马王堆汉墓帛书本《五行》的引述中，这个字都写作'一'。据此，整理者将楚系文字中的此字读为'一'，而有关争辩至此愿可定谳。这是通过与已知文献对读以解决问题的最好实例。"[①] 在本书的写作过程中，亦通过文本对读解决了很多楚文字的释读，如《上海博物馆藏战国楚竹书（六）》中的《平王与王子木》有"成公干瓲"一句，最后一字"瓲"为疑难字。但此句洽可与《说苑·辨物》"王子建出守于城父，与成公乾遇于畴中"、阜阳汉简《春秋事语》第十六篇"王子建文出守于城父遇……也成公乾"两段文句对读，则"瓲"与"遇"字对应，可读为"遇"，详见本书相关内容。

2. 为释读系列异体字提供线索

如《上海博物馆藏楚竹书（六）》中的《申公臣灵王》篇有"菁"字，上从"之"下从"首"，所在的简文为："哉（御）于枎（棘）述（遂），緐（申）公子皇菁皇子。"（为方便表述，"菁"下文记作"A"）学界对该字有释为"止""首""置""戴"和"捷"等几种意见。经过分析，我们同意释为"戴"字的意见。主要原因是该字在上博简（六）《慎子曰恭俭》简5"首A茅芺（蒲）"的辞例可与《国语·齐语》中的"首戴茅蒲"对读；在清华简一《金縢》第2简"秉璧A珪"的辞例可与《史记·鲁周公世家》"戴璧秉珪"对读。《说文解字》曰："分物得增益曰戴"，故此种释读意见符合对该字的解释。《申公臣灵王》篇中"緐（申）公子皇A皇子"与《左传》对读的文本内容是"穿封戌囚皇颉"。"A"（戴）端纽之部，可以读为"囚"（定纽幽部）字，因为二字声纽相近，韵部"之幽"旁转，是存在通假可能的。通过文本对读，基本确定了A字的释读，但A与"戴"的字形相去甚远，为何会是一字呢？

① 陈伟. 文本复原是一项长期艰巨的工作 [J]. 湖北大学学报（哲学社会科学版），1999（2）：7–9.

这需要从文字学角度加以阐释。首先从语音关系来看，A 字以"之"为声符，与"戴"同为端纽之部字，二字语音关系极近，具备通假的可能。再从构形理据来看，"戴"指人头有所负载，A 字义符为"首"盖取此意。该字构形如沈培先生所说：为"戴"而造的这个形声字，特意把声符写在上面，大概是因为所戴的东西都在头上面的缘故。① 再从文献语义验证，《古玺汇编》有很多 A 字用作姓，（如《古玺汇编》3376 "▨"）就是我们常见的"戴"姓。包山楚简 270 号简 A 字写作"▨"，辞例为"御右二贞犅甲，皆 A 胄，紫縢"。"A 胄"即甲士"戴胄"之意。需要说明的是，包山简牍屡见"A 胄"辞例，A 字或写成"▨"（以下记作"A1"），如包山简牍 1 号简"御右二鼎兕甲，皆 A1 胄，紫縢"。A1 字形在楚文字中也很常见，皆可直接释作"戴"，如信阳楚简 2 号简第 4 字"A1"写作"▨"，文句为"御，良舄 A1 翠造"。此句沈培先生做过准确解释，他认为"造"是装饰或装备的意思，"翠造"是指上文"良舄首"上注翠羽装饰。"良舄戴翠造"可能当读为"良舄、戴翠造"。综上，A 字或 A1 字形，释作"戴"是没有问题的。

接下来讨论 A（戴）字的异体字。从对 A 字的释读，我们知道"首"是 A（戴）字的义符，上博二《容成氏》简 9 "是以视贤，履地▨天，笃义与信"的"▨"字（"戠"下文记作 B）亦从"首"得意，也可释为"戴"。从文献对读角度验证，该句可与《大戴礼记·虞戴德》《吴越春秋·王僚使公子光传》等书中的"戴天履地"对读。从文字学角度考虑，B 字是由 A 字替换声符而得，义符"首"保留不变。（笔者按：关于 B 字声旁"▨"，学界有四种意见：沈培先生认为从"弋"得声；苏建洲先生认为"戴"可以以"戈"为声，将"▨"释作"戈"；叶玉英先生认为从"▨"得声；季旭升先生认为"戠"为省声字。）如此，把天星观《遣策》中的诸多"B遣""B 羽"辞例中的"B"释作"戴"。同样的思路，曾姬无卹壶有"▨"字（"罃"下文记作 C），从"首"从"戠"得声，声旁"戠"在上，亦可以看作是 A（戴）字异体。周志兵先生认为，该字从"首""戠"声并指出："'戠'声字与'直'声字接

---

① 沈培. 试释战国时代从"之"从"首（或从'页'）"之字 [EB/OL]. (2007–7–17) [2024–4–25]. http://www.bsm.org.cn/show_article.php? id=630.

近，如《仪礼·乡射礼》：'荐脯用笾，五臇，祭半臇横于上。'郑注：'臇，今文或作植。'另外，甲骨文中的'戠'有的可以读作'待'，而'待'从'之'声。所以'戠'声与'直''之'声音接近，它可作为'戴'字的声符并不奇怪。"①顺带说一下，楚简中还有一个字上从"戠"得声，下从"翼"，写作"🐛"（曾侯乙墓 81 号简，"🐛"下文记作"D"），辞例为"乘马 D 白羽"，裘锡圭先生和李家浩先生都认为 D 字可以读作"戴"或"载"；周忠兵先生从字理上分析，认为该字是从"戠""翼"的双声字，读为"戴"，其观点可从。"乘马 D 白羽"的意思就是马首所戴之白色羽饰，文义通畅。 综上，A 字、B 字、C 字、D 字都可释为"戴"，彼此为异体字关系。

3. 为古文字字形演化提供线索

李守奎先生指出："楚文字与小篆（秦文字规范体）都是由商周古文字发展来的古汉字地域变体，其间存在着错综复杂的关系。""楚文字与小篆的关系在一定意义上可以代表《说文》古文与小篆的关系，也可以代表楚文字与秦文字之间的关系，深入研究这一课题不仅有助于理解楚、秦两系文字的特点，而且对以《说文》体例编著的古文字形体类工具书有着直接的理论指导意义。"②某些楚文字形体的发现使该字字形演变过程形成闭环。如"尞"字，甲骨文字形可分为两类，一类为燃烧的柴堆，上面数量不一的点表示燃烧时四溅的火星如"🔥"（甲 144）、"🔥"（拾 1.3）；另一类字形下加"火堆"，作"🔥"（后 1.24.2）。"尞"字甲骨文字形异构或因造字角度不同，第一类为俯视构图，所以看不见火堆；第二类为正视构图，所以看得见熊熊燃烧的火焰。金文"尞"字只有三例："🔥"（郾伯𡥉簋）、"🔥"（保员簋）、"🔥"（奂居簋），字形数量较少，给我们的分析带来了困难。但是金文以尞字为声旁的"尞"字非常多见，主要有三类字形：第一类直接沿袭甲骨文

---

① 周忠兵. 说古文字中的"戴"字及相关问题 [J]. 出土文献与古文字研究,2013：364–374.

② 李守奎. 略论楚文字与小篆的关系——兼论依《说文》部首编着的古文字编的体例 [J]. 北华大学学报（社会科学版）,2003（2）：4.

字形作"囗"（趞盂）。第二类增"吕"旁，作"囗"（作册夨令簋）（笔者按：所增之"吕"，徐中舒先生认为是火塘；王辉先生发挥其说，认为先人于屋内掘地为火塘，多人围坐取食，夜则取暖，因先人十分重视火塘，故增"吕"于房中。张世超、魏宜辉、季旭升等诸多古文字学家认为"吕"是加注的声符，上古"寮"在来纽宵部，"吕"在来纽鱼部，两字声同韵近，为一声之转。）。第三类增"日"形，写作"囗"（叔弓钟）、"囗"（叔弓镈），亦见"木"旁下部收缩似草形的形体，如"囗"（叔弓镈）、"囗"（叔弓钟）。以往楚文字未见"寮"字，却有以"寮"为偏旁的"囗"（包山139）、"囗"（包山179）等字。"寮"字不同时代的字形关系令我们一筹莫展，直到《清华大学藏战国竹简（七）》中的《越公其事》相关二字的出现，我们才得见曙光。《越公其事》简5有"囗"字，简7有"囗"字，隶定作"臭"（"臭"以下记作"△"），所在文句都为"亦兹（使）句践继△于越邦"，二字虽有从"日"与从"吕"的差别，但从辞例看很明显是同一个字。赵平安先生认为，第一个字下部与《六书统》所收"寮"字（写作"囗"）下部结构相同；第二个字与金文习见的"寮"字相同，如"囗"（毛公鼎[①]）。季寥先生[②]、蔡一峰先生[③]、罗小虎先生[④]等诸多学者均从赵文义见把二字释为从"寮"之字。以上学者观点甚确，为"△"和"寮"的同字关系提供了字形上的一条证据。实际上，此同字异构是因"吕"书写时，笔画构件的黏连合并，讹变成"日"造成的。此种讹变现象十分常见，如"折"，甲骨文作"囗"（前4.8.6），可以看出其左旁断木之形十分明显；西周金文作"囗"（兮甲盘），左旁断木已讹变为草形；篆书作"囗"或"囗"，左旁相离草形已黏连遂讹为

① 赵平安.清华简第七辑字词补释（五则）[M]//出土文献.第十辑.上海：中西书局,2017（1）：138-143.

② 季寥.清华简《越公其事》"寮（上从艹）"字臆解[EB/OL].（2007-4-24）[2024-4-1],http://www.bsm.org.cn/show_article.php? id=2781.

③ 蔡一峰.清华简《越公其事》"继燎""易火"解[EB/OL].（2007-5-1）[2024-4-1],http://www.bsm.org.cn/show_article.php? id=2794.

④ 罗小虎.清华七《越公其事》初读[EB/OL].（2007-11-5）[2024-4-1],http://www.bsm.org.cn/forum/forum.php? mod=viewthread&tid=3456&extra=&page=22.

"手"形。再将楚文字"△"与"尞"的小篆字形"燊"对比，我们发现，其中部下部所从相同，唯上部"△"从"中"，而"尞"上部从"燃烧的木柴"即从"木"。古文字"木""中"用作表意偏旁时，互相替换十分常见，所以从字形上分析"△"就是"尞"字，详见本书相关内容。

值得注意的是，古玺文"冥"作"🗿"（《古玺文编》0745）、"🗿"（《古玺文编》1228）、"🗿"（《古玺文编》5564），已看不见上部的"燃烧木柴"之形。这种变化也可以在楚文字中找到线索：包山楚简124简有一人名写作"黄🗿"，在同篇第125简写作"黄🗿"，"△"上部的"中"被省略，所以"△"可以省作"灵"形。综上，由于楚文字的出现，"尞"字从甲骨文到小篆的字形演化过程就很清晰了。

二、文献价值

1. 疏解典籍疑难问题，矫正典籍讹误

将相关出土文献与《春秋》对读，可以解决以往学界悬而未决的疑难问题，甚至订正对史籍理解的讹误。如《左传·宣公十年》载："郑子家卒。郑人讨幽公之乱，斲子家之棺，而逐其族。改葬幽公，谥之曰'灵'。"（注："斲"字现行规范简体为"斫"，为便于对字形的讨论、分析，后文将保留"斲"）先贤们对"斲子家之棺"的理解多有不同。杜预、孔颖达认为是"斲薄其棺，不使从卿礼耳"，而沈钦韩、刘文淇、杨伯峻以为是"剖棺见尸"。《上海博物馆藏楚竹书（七）·郑子家丧》篇可与《春秋》对读，简文曰："使子家利木三寸，疏索以纮，毋敢丁（正）门而出，掩之城基。""利木三寸"即对应《左传》"斲子家之棺"，即《墨子》中"桐棺三寸"的节葬方式。对读简文之后可知，关于《左传》此句的理解杜预、孔颖达的观点是正确的，详见相关章节的讨论。

在史料杂乱的背景下，古书的成书及之后的流传常有非常复杂的问题，《左传》亦然。囿于先秦时代书写和传播条件的限制，这类材料在流传过程难免会产生诸多字词表述的差异，再加之古书往往历经上千年的流传，数代人反复传抄，

甚至增删，其讹误自然是不可避免的。出土文献与《左传》对读，可以帮助我们认识史籍中的谬误。如《左传·襄公二十六年》记载了方城外县尹穿封戌与楚国王子围（楚灵王）"城麇争囚"一事，是成语"上下其手"的来源。二人因此结怨，但《左传·昭公八年》却载楚灵王封穿封戌为陈公，而《史记》载"陈公"为"公子弃疾"，二书对陈公的不同记载没有引起学者们足够的重视。不仅如此，细看《左传》发现，相关记载有诸多前后矛盾之处匪夷所思。《上海博物馆馆藏楚竹书（六）》有《申公臣灵王》篇，恰可与《左传》本古书对读，简文主人公"申公子皇"对应《左传》"陈公穿封戌"。通过对读论证发现，《史记》《左传》所载"陈公"人物身份之差异，当以《左传》为误，左氏或将"申公"误作"陈公"（详见第三章论述）。同样的故事拥有不同主人公的情况，在古书中并不罕见，本书通过文本对读，对此类"不同"进行详细考证。

2. 扩充史料资源，帮助了解史实

我们发现，虽大多出土文献所记故事大体框架与《左传》无异，但在人物称谓、故事情节、记叙详略、遣词语气、文章立意等方面却有很大的不同，更有某些《左传》未记的情节，这为我们了解历史提供了宝贵的线索。如上面说到的上博简《申公臣灵王》篇就记载了《左传》未有的楚灵王与"申公子皇"君臣和解的场面，塑造了楚灵王亲臣爱贤的形象，表现了申公对社稷的忠心。又如马王堆汉墓帛书《春秋事语》中，有很多时人或后人的评述是其他典籍所未见的，对于我们了解事态全貌和古人思想有重要的意义。

文献对读还给我们提供了相关历史、地理资讯。著名的晋楚邲之战，《春秋》经和三传、《说苑·立节》所记战争地点为"邲"；《韩非子》记为"河雍"；《吕氏春秋》《说苑·尊贤》记为"两棠"，不同地名之间的对应关系错综复杂。上博简《郑子家丧》和《陈公性治兵》亦记有此役，地点为"两棠"。我们根据出土文献所提供的地理资讯做了详细分析，发现上述三地的关系为："邲"与"河雍"实为一地，与两棠是析言和总言的关系，详见相关章节的讨论。

3. 探讨典籍成书情况，了解历史故事的流传变异

如前所述，出土文献不仅在文本内容上为我们提供了大量珍贵的史料，而且在字形、书写、用词用典等方面提供了诸多线索，让我们可以寻着蛛丝马迹一探典籍成书的究竟。如学者通过马王堆汉墓《春秋事语》帛书成书情况，研究《左传》的成书时代：帛书不避汉高祖刘邦讳，而避秦始皇父亲名楚之讳，故首次整理时，整理小组推算帛书成书于秦始皇统一天下之后，公元前二百年左右。徐仁甫先生据《春秋事语》作"宋荆战泓水之上"，《左传》以"荆"为"楚"作"宋公及楚人战于泓"推断《春秋事语》成书在《左传》之前，进而推测《左传》于西汉成书。徐文对比帛书与《左传》的用词情况、记事详略，得出结论：《左传》的作者，不是春秋时期的左丘明，而是西汉末年的刘歆假托左氏之名而为之。[①] 李学勤先生提出异议，认为"帛书《春秋事语》的发现，为《左传》非刘歆所伪增加了有力的证据"。总之，《春秋事语》为我们了解《左传》之学的流传投射了新的光明，李学勤先生评价《春秋事语》道："近年出土的简帛书籍，属于秦至汉初的还有不少，但确定在秦法禁绝范围以内的，特别是儒家作品，应推此书为最早。这对我们了解当时学术流传的脉络，有很重要的启示。"[②] 此外，《上海博物馆藏楚竹书（六）·竞公疟》篇的出土，可以证明今本《晏子春秋》不假；《春秋事语》相关篇章和《上海博物馆藏楚竹书（六）·平王与王子木》篇可以证明刘向编著的《说苑》《新序》所收录文章有可靠的来源。

本书所选多为故事性的文章，此类文章特点是：情节叙述多有所省简，主要借人物对话或评论推动故事发展，表达作者立场。但这些对话大多不是实录，其史料品性必然遭受质疑。这些事语类出土文献和《左传》之间的关系就变得错综复杂：或基本因循，如《竞公疟》与《左传·昭公二十年》；或详略不同，如《申公

---

① 徐仁甫. 马王堆汉墓帛书《春秋事语》和《左传》的事、语对比研究——谈《左传》的成书时代和作者 [J]. 社会科学战线,1978（4）：209-212.

② 李学勤. 帛书《春秋事语》与《左传》的传流 [J]. 古籍整理研究学刊,1989（4）：6.

臣灵王》与《左传·昭公八年》；或两者共源于同一历史故事，但有所演绎、分化，甚至人物、事件张冠李戴，如帛书《春秋事语·晋献公欲得随会章》与《左传·文公十三年》，《春秋事语·齐桓公与蔡夫人乘舟章》与《左传·僖公三年》，以及《左传·僖公四年》等。对读同一历史事件为题材的不同文献，为我们探索相关史实、了解历史故事的流传与以变异提供了很重要的史料线索。

4. 认识古书体例

这些珍贵的出土文献，或多篇连写，或单篇别行，展现了最为真实的古书体例。总结来看，编撰体例多有如下特点：不题署作者之名；或摘录首句前几字为篇题命名，或以首句关键词为题，或概括全文主旨得名，或不录题名；某些篇章有甲本、乙本并行；一篇文章有为不同书手抄写现象等。

总之，与《春秋》相关的出土文献具有不可估量的文献价值，对于我们研究传世文献与出土文献的成书年代、著作体例、史料来源、故事流传、材料真伪、版本考证、文献辑佚等方面具有极其重要的意义。

第二章

鲁国《春秋》类出土文献综合研究

马王堆汉墓帛书《鲁桓公少章》

本篇选自马王堆汉墓帛书《春秋事语》第十一章,主要记载了鲁隐公之死的相关事件,帛书本篇保存较为完好。

一、释文与疑难字集释

鲁亘(桓)公少,隐公立以奉孤,公子篁胃(谓)隐公曰:"胡不代之?"隐公弗听,亦弗罪。闵子辛闻之,曰:"□□隐公。夫奉孤以君令者,百图之召也。长将畏亓(其)威,次职亓(其)官。亓(其)☑小 [1]。夫奉孤者□素以暴(暴)忠伐以□□□ [2],猷(犹)思(惧)□□□□有奸心而□□□□正也害君耳。闻之曰:心不怒□志也。事□□□挟□□旌而素不匡,非备也 [3]。□□□之,亓(其)能久作人命,卒必譬(诈)之。"亘(桓)公长,公【子篁】果以其 7 言譬(诈)之。公使人戎(攻)隐公□□釜。

[1]亓(其)☑小

说明:此处旧注作"亓(其)□有☑小",因缀合有误,"□有"二字残片应缀合入 77 行,故新注此处删除"□有"二字。① 且旧注、裘文均未释"小"字,新注依图版定释为"小"。

---

① 裘锡圭主编,湖南省博物馆、复旦大学出土文献与古文字研究中心编纂. 长沙马王堆汉墓简帛集成(叁)[M]. 北京:中华书局,2014:189.

[2] 夫奉孤者□素以暴（暴）忠伐以□□□

今按：新注注释 10 指出从第一个所缺字残笔看，此字为"立"。其后一字"素"诸家皆未详释。"素"与"孚"关系密切：首先从字形上看，"素"（《古文四声韵》作"㪍"），古文形体奇特，有可能是"孚"字；其次从字音上看，"素"心母鱼部，"孚"来母物部，二字皆与"率"相通。"素"与"率"通辞例见马王堆汉墓帛书《经法·道法》"至素至精"，"素"在马王堆汉墓帛书《德圣》写作"率"。"孚"声字亦与"率"相通，可见《集韵》认为"鉾"与"铧"是异体字关系。古"率"与"铧"相通。《史记·周本纪》："其罚百率"，朱骏声《说文通训定声》云："率假借为铧。"故"素"与"孚"读音亦相近可通假。因此，李春桃《古文异体关系整理与研究》认为"孚"为"素"的古文。① 故本句中"素"可与"孚"声字"㤁"相通。古文"㤁"为"劣"之异体："㤁"来母物部，"劣"来母月部，声母相同，韵部旁转，古文假"㤁"为"劣"（"劣"《汉简》作"㤁"，《古文四声韵》作"㤁"）。所以"素"在本句中，当读为"劣"，"立（位）劣"犹言地位低下。如此，则此句句义明确，奉孤之人应以所处低劣地位向君王表达衷心。

此语概与《春秋经传集解》对鲁隐公的"不尸其位曰隐"的评价相同。鲁隐公作为摄政国君，在周礼标准之下其君权是缺少合法性的，鲁国公卿特别是公子翚，甚至直接挑战隐公的权威。依帛书所言，闵子辛认为鲁隐公当国君并不是明智之举，反而应该让自己处于相对较低的权位才能显示其忠诚。清高士奇亦持此观点，他在《左传纪事本末》写道："夫让，美德也。太伯、仲雍行之，伯夷、叔齐又行之，君子不以为非，何独疑于隐公也？……使隐能如周公辅成王故事，抱负以临群臣、听国政，即不然，令桓毓质深宫，己则身都鲁相，而代之经理，其发号施令，入告王朝，通问其闲哉？不此之图，而奄然立乎其位，国之人皆指而目之曰'此鲁君也'；其盟搂伐之所至，群指而目之曰'此鲁君也'。其于瓜李之嫌谓何矣？"②

---

① 李春桃. 古文异体关系整理与研究 [M]. 北京：中华书局, 2016：235.
② 高士奇. 左传纪事本末（卷五）[M]. 北京：中华书局 1979：15.

[3] 事□□□挟□□旌而素不匡，非备也

今按：本句第五字旧注释为“疾”，新注改释为“挟”，其理据为，此字与本帛书 4 行、58 行、87 行之“疾”写法差异较大，故非“疾”。此字与《九主》380 行“挟”（《文字编》486 页）字写法相近，故释作“挟”。

“而”前一字，帛书作“”，裘文、旧注皆摹其字形而未释。今从字形观之，其右旁明显从“生”。新注言其左旁为“㫃”字省写，因此将此字释为“旌”。“事□□□”与“挟□□旌”应该是一样的结构，“事”与“挟”为动词，支配其后所跟名词。“挟”可释为“胁持；挟制”，《战国策 · 秦策二》：“樗里疾、公孙衍二人者，挟韩而议，王必听之。”

“旌”银雀山汉简作“”；“㫃”汉简（34）作“”；“旋”从“㫃”，传抄古文作“”，(《古文四声韵》，对比可知该字左旁所从的确似“㫃”字省写。《说文》曰：“旌，游车载旌，析羽注旄首，所以精进士卒。从㫃生声。”所谓“旌”是指“旄首”（指旗竿头上装饰用的牦牛尾）上又缀有数根合为五彩的羽毛。《周礼 · 春官 · 司常》：“全羽为旞，析羽为旌。”郑玄注：“全羽、析羽皆五采，系之于旞旌之上，所谓注旄于干首也。”帛书“挟□□旌”应该是说公子翚挟持了指挥战斗的旌旗，也就说其违背军令。在冷兵器时代，“金鼓旌旗”是用来指挥、调动千军万马，进退周旋，决战沙场的。孙武曾说：“夫金鼓旌旗，所以一人耳目也。人既专一，则勇者不得独进，怯者不得独退，此用众之法也，故夜战多火鼓，昼战多旌旗，所以变人耳目也。”战国名将吴起亦谓：“夫鼙鼓金铎，所以威耳；旌旗麾帜，所以威目；禁令刑罚，所以威心。耳威于声，不可不清；目威于色，不可不明；心威于刑，不可不严。”可见在春秋时期已运用旌旗指挥军事。

“素不匡”，“素”作“向来”解；“匡”，理解为“纠正、改正”，与《左传 · 襄公十四年》：“善则赏之，过则匡之，患则救之，失则革之。”《论语 · 宪问》：“管仲相桓公，霸诸侯，一匡天下，民到于今受其赐。”“匡”用法相同。“素不匡”即为一直未改之意。

“备”释为防备、戒备。《孙子 · 计篇》：“攻其无备，出其不意。”“非备也”是

说未有所戒备。

"事□□□挟□□旌而素不匡，非备也。"意思是即使公子翚公然违背军令而不改，鲁隐公仍未有所戒备。《左传·隐公四年》亦有相关的记载："秋，诸侯复伐郑。宋公使来乞师，公辞之。羽父请以师会之，公弗许。固请而行。故书曰'翚帅师'，疾之也。诸侯之师败郑徒兵，取其禾而还。"这样严重的抗命事件，隐公不能禁之，一方面说明隐公的暗弱，另一方面也反映了羽父的跋扈和权势，也预示了隐公被弑杀的结局，即帛书下句，"□□□之，亓（其）能久作人命，卒必售（诈）之。"

二、文本对读汇编

《左传》

【隐公元年】

惠公元妃孟子。孟子卒，继室以声子，生隐公。宋武公生仲子，仲子生而有文在其手，曰为鲁夫人，故仲子归于我。生桓公而惠公薨。是以隐公立而奉之。

【隐公十一年】

羽父请杀桓公，将以求大宰。公曰："为其少故也，吾将授之矣。使营菟裘，吾将老焉。"羽父惧，反谮公于桓公而请弑之。

公之为公子也，与郑人战于狐壤，止焉。郑人囚诸尹氏。赂尹氏，而祷于其主钟巫。遂与尹氏归，而立其主。十一月，公祭钟巫，齐于社圃，馆于寫氏。壬辰，羽父使贼弑公于寫氏，立桓公，而讨寫氏，有死者。不书葬，不成丧也。

《公羊传·隐公四年》

公子翚谄乎隐公，谓隐公曰："百姓安子，诸侯说子，盍终为君矣？"隐曰："吾否。吾使脩涂裘，吾将老焉。"公子翚恐若其言闻乎桓，于是谓桓曰："吾为子口隐矣。"隐曰："吾不反也。"桓曰："然则奈何？"曰："请作难，弑隐公。"于钟巫之祭焉，弑隐公也。

《史记·鲁周公世家》

四十六年，惠公卒，长庶子息摄当国，行君事，是为隐公。初，惠公适夫人无子，公贱妾声子生子息。息长，为娶于宋。宋女至而好，惠公夺而自妻之。生子允。登宋女为夫人，以允为太子。及惠公卒，为允少故，鲁人共令息摄政，不言即位。

······

十一年冬，公子挥谄谓隐公曰："百姓便君，君其遂立。吾请为君杀子允，君以我为相。"隐公曰："有先君命。吾为允少，故摄代。今允长矣，吾方营菟裘之地而老焉，以授子允政。"挥惧子允闻而反诛之，乃反谮隐公于子允曰："隐公欲遂立，去子，子其图之。请为子杀隐公。"子允许诺。十一月，隐公祭钟巫，齐于社圃，馆于蒍 ① 氏。挥使人杀隐公于蒍氏，而立子允为君，是为桓公。

《史记·齐太公世家》

厘公九年，鲁隐公初立。十九年，鲁桓公弑其兄隐公而自立为君。

本章记载了鲁隐公之死的始末：鲁桓公少时，鲁隐公被安排摄政以辅佐幼弟。鲁国大夫羽父向隐公请求杀掉桓公，隐公没有听从亦没有怪罪。羽父反而在鲁桓公那里诬陷鲁隐公，诱使桓公杀死隐公。全文叙事较为简单，利用故事展开闵子辛的议论，在议论中推动故事发展，以发挥故事的借鉴教化作用。此事亦见于《左传·隐公元年》《左传·隐公十一年》《公羊传·隐公四年》《史记·鲁周公世家第二》等传世文献，但闵子辛的议论是帛书独有的。

本篇与其他传世文献的不同主要有两点。其一，人名异写。帛书"鲁亘公"传世文献皆作"鲁桓公"，"亘"乃为"桓"的借字。帛书"公子篝"，《左传》《公羊传》《榖梁传》均作"翚"《史记·鲁世家》作"公子挥"，"篝""翚""挥"三字皆从"军"得声，可以通假，此人即公子羽父，姬姓，名翚，字羽父。鲁宗室。春秋初年鲁国大臣。

---

① 该字简体应为"芴"，为便于后文字形辨析，文中保留其繁体字形。

其二，弑杀鲁隐公的人物有所差距。《公羊传》仅言"于钟巫之祭焉，弑隐公也"。未详弑者何人。《左传》云"羽父使贼弑公于寪氏"与《史记·鲁世家》"挥使人弑隐公于蒍氏"，此皆言公子羽父使人弑隐公。《史记·齐世家》则曰："鲁桓公弑其兄隐公而自立为君。"此说与《帛书》："公使人（攻）隐公□□相合。"同一本《史记》所载自相矛盾，说明司马迁编撰鲁史与齐史的史料来源不同，也就是说司马迁应该参据了类似本帛书但除《左传》之外的春秋史料。

第二节

马王堆汉墓帛书《鲁桓公与文姜会齐侯于乐章》

本篇选自马王堆汉墓帛书《春秋事语》第十六章，主要记载了齐侯因文姜而使彭生杀鲁恒公之事，帛书本篇保存较为完好。

一、释文及疑难字词考释

鲁亘（桓）公与文羌（姜）会齐侯于乐。文羌（姜）迵（通）于齐侯，亘（桓）公以誓文＝羌＝（文姜，文姜）以告齐＝侯＝（齐侯，齐侯）使公子彭生载公（公，公）蒐于车。医宁 [1] 曰："吾闻之，贤者死忠以辱（振）尤而百姓愚（寓）焉 [2]。知（智）者瘅（循）李（理）长【虑】而身得比（庇）焉。今彭生近君，□无尽言，容行阿君，使吾失亲儆（戚）之，有（又）勒（力）成吾君之过，以□二邦之恶，彭生其不免【乎】，祸李（理）属焉。君以怒遂过，不畏恶也。亲閒（间）容昏生无（无）匿也。几（岂）【及】彭生而能贞之乎？鲁若有诛，彭生必为说。"鲁人请曰："寡君来勒（勤）【旧】好，礼成而不反（返），恶诸侯，无所归愁（怨）。"齐侯果杀彭生以说（悦）鲁。

[1] 医宁

此人《管子·大匡》作"竖曼"。旧注以为医宁是齐国人，《管子》作曼。① 裘文

---

① 马王堆汉墓帛书整理小组. 马王堆汉墓帛书（叁）[M]. 北京: 文物出版社, 1983: 20.

著按语曰："医"与"竖","宁"与"曼"，古隶皆相近。《管子》注以曼为齐大夫。新注从之。① 骈宇骞先生认为："《事语》《大匡》的资料源当同出于《左传》，只是《事语》和《大匡》的作者在采用《左传》成说时又增加了医宁（《管子》改作'竖曼'）的评述来阐发作者自己的主张。"② 张固也先生亦认为，"竖曼"当从帛书作"医宁"，原因是形近致讹。"医宁"或即齐国医生而名宁者"。③ 医宁给鲁桓公检查死因后，发出了上述议论。尹知章则认为，此人乃齐国大夫，《管子》注云："竖曼，齐大夫也。"郭美丽先生认为"医宁"当作"竖曼"，帛书在传抄的过程中可能因为字形相近而产生讹误，"竖曼"当是齐襄公宫中的小臣，他的名字叫"曼"。因其职位近于齐襄公，能够了解鲁桓公死亡的真相，故议论如此。④

今按："医宁"帛书写作"䀠䀠"，"竖"早期字形作"䜋"（马王堆汉墓）、"䇂"（包山楚简 94）、"䜋"（侯马盟书）、"䜋"（《玺汇》1719），可见不管字形如何变化，"豆"形皆十分明显，且"竖"字下部的"豆"与"医"字下部的"酉"差异显著，且极为常见。再者，二字右上所从"殳"与"又"差异亦十分突出，因形近而误的可能性似不十分明显。况且连续二字都因形近而误的概率恐怕更小，此存疑。"宁"早期字形作"䣱""䣱""䣱"（马王堆汉墓）、"寍"（云梦《为吏》39）、"䣱"（货系 513）；"曼"字形作"䀠"（郭店《老子》乙 12）、"䀠"（战国早期·齐·陈曼簠），"寍""䣱""䣱"（马王堆汉墓）。比较字形发现，马王堆早期汉隶"宁"与"曼"字形确实相似，尤其在笔画不十分清晰的时候，更容易出现张冠李戴的情况。从二者话语判断，帛书"医宁"与《管子》"竖曼"确为一人。关于此人的身份，帛书给我们提供了新的线索。春秋时期将职业放于名字之前，如"寺人披""庖丁"，"医某"的叫法，古书亦习见。如秦国"医缓"，见于《左传·成公十

① 裘锡圭 . 帛书《春秋事语》校读 [M]// 裘锡圭学术文集第二卷（简牍帛书卷），上海：复旦大学出版社，2012：72-95.
② 萧旭 . 马王堆汉墓帛书《春秋事语》再校 [OB/EL].（2016-6-17）[2024-2-1]. http://www.gwz.fudan.edu.cn/SrcShow.asp？Src_ID=2832.
③ 张固也 . 管子研究 [M]. 济南：齐鲁书社，2006：160.
④ 郭丽 . 论《管子·大匡》的材料来源——出土文献资料为例 [J]. 管子学刊，2015（1）：9-14.

年》："公（晋侯）疾病，求医于秦。秦伯使医缓为之。"又如"医㽦"，《尸子》（清陈梦雷著《古今图书集成医部全录》）中有这样一段记载：有张子求医背疾，谓㽦曰："此非吾背，任君治之。㽦为之割治，即愈。"按照如此逻辑，叫"宁"的医生自然可以被称为"医宁"。其角色与帛书中其他篇章议论作用相同，旨在表达编撰者的主张。

[2] 贤者死忠以辱（振）尤而百姓愚（寓）焉

旧注曰："辱尤，《管子》作'振疑'。"《校释》曰："辱尤，《管子》作'振疑'……《事语》作'辱尤'；尤，过也；又假为訧，《说文》：'訧，罪也。'谓贤者死于忠义，以辱奸者之过罪也；说亦可通。愚，《管子》作'寓'，《注》曰：'寓，寄托也。'作'寓'字，于义为长。"① 裘文曰：《管子》作"贤者死忠以振疑，百姓寓焉"。尹注："振，救也。贤者死于忠义，以救当时之疑，故百姓有所托焉。寓，寄托也。"俞樾以为"振"当读为"抵"，义为"拭刷"（《诸子平议》卷二"贤者死忠以振疑条"）。裘文进一步指出《校释》训"尤"为"过"或"罪"，谓"寓"字较"愚"字义长，皆可从。但释"辱尤"为"以辱奸者过罪"，则于义难通。疑"辱"为"振"字之误。"振"释为拯救或拭刷均可。② 新注从裘文义见，以"辱"为"振"之误字，从《校释》说读"愚"为"寓"。萧旭先生认为："振，为'撋'字缺误；辱，为'撋'省借。《尚书大传》卷四：'撋弁者为文。'郑玄注：'撋弁，或为振，非。当言拚帚'。此'振'、'撋'相误之证。《玉篇》《广韵》：'撋，女角切，揾也。'揾，拭也。愚，当读为寓。"③ 帛书"辱"字作"𥝝"，《马王堆简帛文字编》缺载，本帛书"辱"其他字形作"𥚾𥚾"。

_____

① 郑良树.《春秋事语》校释 [M]// 竹简帛书论文集, 北京：中华书局,1982：43.
② 裘锡圭. 帛书《春秋事语》校读 [M]// 裘锡圭学术文集第二卷（简牍帛书卷），上海：复旦大学出版社,2012：72–95.
③ 萧旭. 马王堆汉墓帛书《春秋事语》校补 [J]. 学灯（电子期刊），2009（2）.[2024–3–21].
http://www.guoxue.com/magzine/xuedeng/xd010/xd010_10.htm#_ftn11.

二、文本对读汇编

《春秋·桓公十八年》

十有八年春王正月，公会齐侯于泺。公与夫人姜氏遂如齐。夏四月丙子，公薨于齐。

《左传·桓公十八年》

十八年春，公将有行，遂与姜氏如齐。申繻曰："女有家，男有室，无相渎也，谓之有礼。易此，必败。"

公会齐侯于泺，遂及文姜如齐。齐侯通焉。公谪之，以告。

夏四月丙子，享公。使公子彭生乘公，公薨于车。

鲁人告于齐曰："寡君畏君之威，不敢宁居，来修旧好。礼成而不反，无所归咎，恶于诸侯。请以彭生除之。"齐人杀彭生。

《公羊传·桓公十八年》

十有八年春王正月，公会齐侯于泺。公与夫人姜氏遂如齐。夏四月丙子，公薨于齐。

《穀梁传·桓公十八年》

十有八年，春，王正月，公会齐侯于泺，公与夫人姜氏遂如齐。泺之会，不言及夫人何也？以夫人之抗，弗称数也。

夏，四月，丙子，公薨于齐。其地，于外也。薨称公，举上也。

丁酉，公之丧至自齐。

秋，七月。

冬，十有二月，己丑，葬我君桓公。葬我君，接上下也。君弑，贼不讨，不书葬。此其言葬何也？不责逾国而讨于是也。桓公葬而后举谥，谥，所以成德也，于卒事乎加之矣。知者虑，义者行，仁者守，有此三者备，然后可以会矣。

《管子·大匡》

鲁桓公夫人文姜，齐女也。公将如齐，与夫人皆行。申俞谏曰："不可，女有家，男有室，无相渎也，谓之有礼。"公不听，遂以文姜会齐侯于泺。文姜通于齐侯，桓公闻，责文姜。文姜告齐侯，齐侯怒，飨公，使公子彭生乘鲁侯胁之，公薨于车。竖曼曰："贤者死忠以振疑，百姓寓焉；智者究理而长虑，身得免焉。今彭生二于君，无尽言。而谍行以戏我君，使我君失亲戚之礼命，又力成吾君之祸，以构二国之怨，恃其多力，彭生其得免乎？祸理属焉。夫君以怒遂祸，不畏恶亲闻容，昏生无丑也。岂及彭生而能止之哉？鲁若有诛，必以彭生为说。"二月，鲁人告齐曰："寡君畏君之威，不敢宁居，来修旧好。礼成而不反，无所归死，请以彭生除之。"齐人为杀彭生，以谢于鲁。

《史记·齐太公世家》

四年，鲁桓公与夫人如齐。齐襄公故尝私通鲁夫人。鲁夫人者，襄公女弟也，自釐公时嫁为鲁桓公妇，及桓公来而襄公复通焉。鲁桓公知之，怒夫人，夫人以告齐襄公。齐襄公与鲁君饮，醉之，使力士彭生抱上鲁君车，因拉杀鲁桓公，桓公下车则死矣。鲁人以为让，而齐襄公杀彭生以谢鲁。

《史记·鲁周公世家》

十八年春，公将有行，遂与夫人如齐。申繻谏止，公不听，遂如齐。齐襄公通桓公夫人。公怒夫人，夫人以告齐侯。夏四月丙子，齐襄公飨公，公醉，使公子彭生抱鲁桓公，因命彭生折其胁，公死于车。鲁人告于齐曰："寡君畏君之威，不敢宁居，来修好礼。礼成而不反，无所归咎，请得彭生除丑于诸侯。"齐人杀彭生以说鲁。立太子同，是为庄公。庄公母夫人因留齐，不敢归鲁。

本章记述纪鲁桓公被害的故事见于《春秋》三传、《管子》以及《史记》等传世文献。本篇与《管子·大匡》关系十分密切：《春秋事语》帛书的议论通常为其所特有，未见于其他传世文献，但本章帛书所记述"医宁"的议论与《管子·大匡》"竖曼"的议论几乎一致，其他部分的叙述语言也与《管子》篇十分近似，实属难得。此外，与《左传·桓公十八年》相比，帛书本篇仅增添了"竖曼"的议论、省略了桓公会齐侯之前申繻（《大匡》作"申俞"）谏鲁桓勿携文姜同行之语。其他文字少有出入，可以证明三本书关于此事的文字来源关系密切。

第三节

马王堆汉墓帛书《鲁文公卒章》

本篇选自马王堆汉墓帛书《春秋事语》第十八章，主要记载鲁文公之死，帛书本篇保存尚完好。

一、释文及疑难字词考释

【·】鲁文公卒，叔中（仲）惠伯□□□佐之。东门襄中（仲）杀适（嫡）而羊（佯）以【君】令（命）召惠【伯】，□□□□，亓（其）宰公襄目人曰："入必死。"【惠伯】曰："入死＝（死，死）者（诸）[1]君令（命）也。"亓（其）宰公襄贸人[2]曰："□□□□□□□劫于祸而□□□□能无（无）患，亓（其）次□□□也何听。"□□□□□□□□也，非君令（命）也，有子之所以去也。初□□□□□以召人，今祸满矣，不与君者，顾宽君令（命）以召子，[3]亓（其）事恶矣，而□无（无）（勇），初失备以□□君，今失谋□盈□□入，东门襄（仲）杀而狸（埋）□路□□中。

新注标点如上引，有误。改后释文如下：

鲁文公卒，叔中（仲）惠伯□□□佐之。东门襄中（仲）杀适（嫡）而羊（佯）以【君】令（命）召惠【伯】，□□□□，亓（其）宰公襄目人曰："入必死。"【惠伯】曰："入死＝（死，死）者（诸）君令（命）也。"亓（其）宰公襄贸人曰："□□□□□□□劫于祸而□□□□能无（无）患，亓（其）次□□□也何听。□□□□□□□□也，非君令（命）也，有子之所以去也。初□□□□□以召人，今祸满矣，不与君者，顾宽君令（命）以召子，亓（其）事恶

矣，而□无（无）（勇），初失备以□君，今失谋□盈□□入。"东门襄（仲）杀而狸（埋）□
路□□中。

新注云《左传》公冉务人所言"若君命，可死。非君命，何听"只有十个字。而
帛书所记公襄负人的话较详，有一百五六十字。[1]但需注意的是，新注将下引号误
标于"亓（其）次□□□也何听"句末尾，与文后注释自相矛盾，故引号应改在
"今失谋□盈□□入"句末。

[1] 者（诸）

此句可对应《左传》："叔仲曰：'死君命，可也。'"《校释》和裘文都读此句
为"死者君命也"，认为是"……者……也"判断句式。新注则从语法上予以否定，
认为"死"与"君命"并不是对等的主谓关系，不能以"……者……也"的句式
来表达。"者"字当读为"诸"，"诸"在古汉语中有跟"于""乎"等虚词接近的用
法，如《礼记·祭义》："孝弟发诸朝廷，行乎道路，至乎州巷，放乎蒐狩，修乎军
旅。""死诸君命"就是"死于（或死乎）君命"，《左传》的"死君命"，既可理解为
"死于君命"，也可理解为"为君命死"（"死"字是为动用法），意思跟帛书无异。[2]

今按：两种说法皆有道理，不可妄自判断。新注所言"死"与"君命"并不是
对等的主谓关系，恐不能以"……者……也"的句式来表达，存疑。此句中"者"
可作为助词，用于名词主语"死"之后，标明语音上的停顿，并引出下文，表示判
断，即"死者，君令（命）也"译为"死"乃是国君的命令。《校释》和裘文的理解
是说得通的。

[2] 亓（其）宰公襄贸人

《校释》把人前一字释为负。新注从陈剑先生看法，认为"负"字从字形上部
看较可疑，此字实应释"贸"。"贸"（明母幽部）"目"（明母觉部）"负"（并母之
部）"务"（明母侯部，与屋部通）古音并近，可以通用。

---

① 李春桃.古文异体关系整理与研究[M].北京：中华书局，2016：235.
② 裘锡圭主编，湖南省博物馆、复旦大学出土文献与古文字研究中心编纂.长沙马王堆汉墓
简帛集成（叁）[M].北京：中华书局，2014：177.

今按：从字形上看，新注所言更准确。

[3] 初□□□□□以召人，今祸满矣，不与君者，顾宽君令（命）以召子

旧注将"祸"下一字隶定为"满"，疑是满。① 新注云马王堆汉墓帛书古地图"满"作（《字形表》796页），此即其变形，今迳释为"满"。

对于本句的理解，学界讨论热烈。旧注："寊"疑是"真"的误字，此处当利用讲。裴文认为此字究为何字，似尚须进一步研究。新注从施谢捷先生，将此字释为"宽"字，但注明"宽"字如何解释有待研究。② 王莉曰："与，对付。顾，相当于反而、却。"③ 侯乃峰先生、刘刚先生对该句断句有不同意见，认为该句应断为"不与君者顾（寡），宽（援）君令（命）以召子"，类似句式古书可见。④ 萧旭先生认为，与，犹从也。"不与君者"是假设句。顾，读为故、固，犹必也。宽，读为宣。"子"代指惠伯。言如不从君，必假托君的命令来征召你，这事情是很凶险了！⑤

今按："初□□□□□以召人，今祸满矣"一句，祸，释为"过"，罪过。同《荀子·成相》"最过有律"。杨倞注："祸，亦罪也。""满"与后文"盈"同意，形容罪恶之多。帛书在此以"初""今"时间对比，以突出此时，东门襄仲的罪过已是擢发难数。

"与"意思是帮助、支持，《道德经》"天道无亲，常与善人"；《汉书·楚元王传》："季父不吾与，我起，先取季父矣。"顾，在此作副词，表示转折，反而、却。《战国策·秦策一》："今三川周室，天下之市朝也，而王不争焉，顾争于戎狄，去王业远矣。"高诱注："顾，反也。"又《吕氏春秋》："船人怒，而以楫虣其头，顾不

① 马王堆汉墓帛书整理小组．马王堆汉墓帛书（叁）[M]．北京：文物出版社，1983：6.
② 裴锡圭主编，湖南省博物馆、复旦大学出土文献与古文字研究中心编纂．长沙马王堆汉墓简帛集成（叁）[M]．北京：中华书局，2014：180.
③ 王莉．帛书《春秋事语》校注 [D]．长春：东北师范大学，2004：26.
④ 侯乃峰、刘刚．读《长沙马王堆汉墓简帛集成》札记 [J]．出土文献综合研究集刊，2020（2）：79-95.
⑤ 萧旭．马王堆汉墓帛书《春秋事语》再校 [OB/EL]．（2016-6-17）[2024-2-1]．http://www.gwz.fudan.edu.cn/SrcShow.asp？Src_ID=2832.

知其孟贲也。"

二、文本对读汇编

《左传·文公十八年》

六月，葬文公。秋，襄仲、庄叔如齐，惠公立故，且拜葬也。

文公二妃敬嬴生宣公。敬嬴嬖，而私事襄仲。宣公长，而属诸襄仲。襄仲欲立之，叔仲不可。仲见于齐侯而请之。齐侯新立，而欲亲鲁，许之。

冬十月，仲杀恶及视，而立宣公。书曰"子卒"，讳之也。

仲以君命召惠伯，其宰公冉务人止之，曰："入必死。"叔仲曰："死君命可也。"公冉务人曰："若君命，可死，非君命，何听？"弗听，乃入，杀而埋之马矢之中。公冉务人奉其帑以奔蔡，既而复叔仲氏。

《史记·鲁世家》

十八年二月，文公卒。文公有二妃：长妃齐女为哀姜，生子恶及视；次妃敬嬴，嬖爱，生子俀。俀私事襄仲，襄仲欲立之，叔仲曰不可。襄仲请齐惠公，惠公新立，欲亲鲁，许之。冬十月，襄仲杀子恶及视而立俀，是为宣公。哀姜归齐，哭而过市，曰："天乎！襄仲为不道，杀适立庶！"市人皆哭，鲁人谓之"哀姜"鲁由此公室卑，三桓强。

本篇记载了鲁文公崩，叔仲惠伯立其嫡子为君，东门襄仲杀嫡立庶，并以君命诱惠伯并杀害鲁惠伯的故事。本事见于《左传·文公十八年》《史记·鲁世家》。帛书与《左传》基本相同，仅是公襄贸人的劝阻之言更加详细，可见二书应有共同的来源。

第三章

齐国《春秋》类出土文献综合研究

马王堆汉墓帛书《齐桓公与蔡夫人乘舟章》

本篇选自马王堆汉墓帛书《春秋事语》第七章，主要记载了蔡夫人荡舟戏齐侯，齐侯发动侵蔡战争一事。齐侯因与夫人荡舟而引发战争之事见于《左传》僖公三年、僖公四年，《史记·齐太公世家》《史记·管蔡世家》《韩非子·外储说左上》《管子·大匡》等诸多传世文献，与齐桓公侵蔡、伐楚等重大历史事件相关，具有重要意义。本故事框架与文献所记相似，但情节、人物细节记载差异较大。帛书中"士说"的议论是其所独有的帛书。本篇保存比较完好。

一、释文及疑难字词考释

齐亘（桓）公与蔡（蔡）夫人乘周（舟）[1]，夫人汤（荡）周（舟），禁之，不可，怒而归之，未之绝，蔡（蔡）人嫁之。士说曰："蔡（蔡）亓（其）亡乎。夫女制不逆夫，天之道也。事大不报怒，小之利也。说之□□邦失大邦之□□亡将☒是故养之以□好，申之以子□，重以名埶（势）□☒□礼。今蔡（蔡）之女齐也，为□以为此，今听女辝（辞）而嫁之，以绝齐，是□惌（怨）以□也。□□□□□恶角矣而力执□□□能乎 [2]？亘（桓）公衔（率）币（师）以僈（侵）蔡（蔡）＝人遂溃。

[1] 齐亘（桓）公与蔡（蔡）夫人乘周（舟）

说明：裘文指出此章及《春秋事语》第十四章《吴伐越章》皆以"周"为

"舟"。《老子》第八十章"虽有舟舆"之"舟",马王堆汉墓帛书《老子》甲、乙二本亦皆作"周",二字古通(参看《会典》778页"周与舟"条)。① 新注在裘文基础之上新增:"战国楚文字有以从'辵'从'舟'声之字为'周'的例子,马王堆汉墓帛书和银雀山汉简都有以'周'为'舟'之例子,参见白于蓝《战国秦汉简帛古书通假字汇纂》"。② 《诗·小雅·大东》"舟人之子,熊罴是裘。"郑玄笺:"舟当作周。"二者通假原因为"声相近故也"。《周礼·冬官考工记》:"作舟以行水"。注曰:"故书舟作周"。郑司农云:"周当为舟。"段注云:"郭注《山海经》曰:'世本云共鼓,货狄作舟。'《易·系辞》曰:'刳木为舟,剡木为楫。舟楫之利,以济不通,致远以利天下。'盖取诸涣,共鼓货狄,黄帝尧舜间人。货狄疑即化益,化益即伯益也,《考工记》故书舟作周。"《左传·襄公二十三年》《孟子·告子上》"华周",《说苑·立节》《说苑·杂言》作"华舟"。

[2] 恶角矣而力执□□□能乎

旧注释文作"恶角矣。而力□□□能乎?"未详细解释。③ 裘文则认为彼此比力量强弱叫"角力"。《礼记·月令》孟冬之月:"天子乃命将帅讲武,习射御,角力。"帛书此处"角矣而力……"似有可能当连为一句读,故将"角矣"后的句号取消。新注释文从裘说,但未详加解释。萧旭先生从释文原读,认为角,读为"构",《说文》:"构,杜林以为椽桷字。"是其相通之证。④ 今按:按裘文所说"矣"应是表示停顿的语气词,用在句中,或前一分句句末,以引起下文,相当于"啊""了"。用法类似"舟已行矣,而剑不行。"裘文又云"角"应是用作动词,可释为"较量";"恶"似可释为"厌恶、憎恨",与

① 裘锡圭.帛书《春秋事语》校读[M]//裘锡圭学术文集第二卷(简牍帛书卷),上海:复旦大学出版社,2012:72-95.
② 裘锡圭主编,湖南省博物馆、复旦大学出土文献与古文字研究中心编纂.长沙马王堆汉墓简帛集成(叁)[M].北京:中华书局,2014:184.
③ 马王堆汉墓帛书整理小组.马王堆汉墓帛书(叁)[M].北京:文物出版社,1983:418.
④ 萧旭.马王堆汉墓帛书《春秋事语》校补[J].学灯(电子期刊),2009(2).[2024-3-21].http://www.guoxue.com/magzine/xuedeng/xd010/xd010_10.htm#_ftn11.

《论语·里仁》中"唯仁者,能好人,能恶人"用法相似。此说虽有理,但细想,似乎还有另一可能。"恶",用作状语,表示反问,可以译为"哪里""怎么",用法同《左传·桓公十六年》:"弃父之命,恶用子矣?"《战国策·赵策三》:"先生又恶能使秦王烹醢梁王?""角",动词,角逐、较量。《吕氏春秋》:"天子乃命将率讲武,肄射御、角力。"又如《孙子虚实》:"角之而知有余不足之处。""矣"是语气助词,与句中疑问词相呼应表疑问。本句也可理解为怎么能较量呢? 意指小邦与大邦相较实力悬殊,不是大邦的对手。与前文"事大不报怒,小之利也"相呼应,即说与大国打交道,弱小的国家没有发怒的权利,小国与大国实力悬殊,不可较量。

二、文本对读汇编

《春秋·僖公四年》

四年春王正月,公会齐侯、宋公、陈侯、卫侯、郑伯,许男、曹伯侵蔡。蔡溃,遂伐楚,次于陉。

《左传》

【僖公三年】

齐侯与蔡姬乘舟于囿,荡公。公惧,变色;禁之,不可。公怒,归之,未之绝也。蔡人嫁之。

【僖公四年】

四年春,齐侯以诸侯之师侵蔡。蔡溃,遂伐楚。

《史记》

【齐太公世家】

二十九年,桓公与夫人蔡姬戏船中。蔡姬习水,荡公,公惧,止之,不止,出船,怒,归蔡姬,弗绝。蔡亦怒,嫁其女。桓公闻而怒,兴师往伐。

三十年春,齐桓公率诸侯伐蔡,蔡溃。遂伐楚。

【管蔡世家】

缪侯以其女弟为齐桓公夫人。十八年，齐桓公与蔡女戏船中，夫人荡舟，桓公止之，不止，公怒，归蔡女而不绝也。蔡侯怒，嫁其弟。齐桓公怒，伐蔡；蔡溃，遂虏缪侯，南至楚邵陵。已而诸侯为蔡谢齐，齐侯归蔡侯。

【管晏列传】

桓公实怒少姬，南袭蔡，管仲因而伐楚，责包茅不入贡于周室。

《韩非子·外储说左上》

蔡女为桓公妻，桓公与之乘舟，夫人荡舟，桓公大惧，禁之不止，怒而出之。乃且复召之，因复更嫁之。桓公大怒，将伐蔡。仲父谏曰："夫以寝席之戏，不足以伐人之国，功业不可冀也，请无以此为稽也。"桓公不听。仲父曰："必不得已，楚之菁茅不贡于天子三年矣，君不如举兵为天子伐楚。楚服，因还袭蔡，曰：'余为天子伐楚，而蔡不以兵听从'，因遂灭之。此义于名而利于实，故必有为天子诛之名，而有报仇之实。"

《管子·大匡》

桓公与宋夫人饮船中。夫人荡船而惧公。公怒，出之，宋受而嫁之蔡侯。

通过对比，我们可以看出，上述文献的主要区别如下。

一是主人公不同。除《管子·大匡》所记女主角为宋夫人之外，其他文献均为蔡姬。《大匡》记载"宋夫人"荡舟惹怒桓公后，被送回宋国，宋人将其转嫁蔡侯。其他文献中的"蔡姬"为蔡缪侯之女弟。《左传·僖公十七年》云："齐侯之夫人三。王姬、徐嬴、蔡姬，皆无子。"知齐桓公并没有来自宋国的夫人，故《管子》所记令人生疑。齐桓公确有位内妾来自宋国，《左传》云："齐侯好内，多内宠，内嬖如夫人者六人：长卫姬，生武孟；少卫姬，生惠公；郑姬，生孝公；葛嬴，生昭公；密姬，生懿公；宋华子，生公子雍。"《管子》中提到的这位宋夫人，当是公子雍的母亲。

二是齐桓公"侵蔡"与"伐楚"孰先孰后，二者是否有必然联系，各文献记载不同。关于此问题，历代学者争论不止。《左传》《史记》认为齐侯先侵蔡后伐楚；

帛书仅记录侵蔡事件，未涉伐楚之事；《韩非子》认为在管仲的建议下，齐侯先伐楚而后方可名正言顺侵蔡。(《管子》则记为齐桓公二年，宋夫人戏齐侯，齐侯怒，三年伐宋，诸侯兴兵救宋，大败齐师，未涉及蔡、楚之事。)

三是关于齐侯发动战争的原因不同。帛书与《左传》《史记》等故事基本相同，乃因蔡姬荡舟惹怒齐后，齐侯归之，蔡姬嫁人之事发动侵蔡战争。但在《韩非子·外储说左上》中，认为仅因帛书《左传》中的理由是不足以伐人之国的。齐侯遂听取管仲意见，以"楚之菁茅不贡于天子三年"为由，为天子伐楚，再以"为天子伐楚，而蔡不以兵听从"为由袭蔡。

出土文献与传世文献的异同，可以看出"蔡姬戏齐侯"的故事应是有共同的源头。但经过后人的改编、转抄分化形成了不同的情节分枝。传世文献与出土文献的对比，可以很好地认识这些历史故事的流传变异，帮助我们有效厘清史实。

第四章

晋国《春秋》类出土文献综合研究

第一节

马王堆汉墓帛书《晋献公欲袭虢章》

本篇选自马王堆汉墓帛书《春秋事语》第八章。讲述历史上著名的晋国"假道伐虢"的故事,即晋向虞假道伐虢,虢灭后虞亦为晋所灭之事。此事件千古流传、脍炙人口,《左传》《公羊传》《穀梁传》等诸多传世文献皆有载。著名兵书《三十六计》将"假道伐虢"其列为第二十四计:"两大之间,敌胁以从,我假以势。困,有言不信。"历代学者亦对"假道伐虢"多有心得和评论,明代冯梦龙《东周列国志》第二十五回:"智荀息假途灭虢,穷百里饲牛拜相。"当代姚雪垠《李自成》第二章,"宋文富轻轻地摇摇头,说:'弟虽是武科出身,读书不多,但也知道'假道于虞以伐虢'的故事。我纵然想做虞公,无奈全寨父老不肯假道,也是枉然。'"

一、释文及疑难字词考释

晋献公欲袭郭(虢),均(荀)叔(曰):"君胡不【以】屈产之乘与垦(垂)革(棘)[1]璧假道于虞?"公曰:"是吾保(宝)【也】,且宫之柯在焉,何益。"對(对)曰:"□宫之何(柯)为□且长于君前[2],亓(其)埶(势)有(又)庳(卑)。夫立(位)下而心需(懦)□□□□也,不敢尽而□亓(其)达不见荐言,是不见亡之在一邦之后卷(眷)在耳目之前,夫□果以假道焉。"宫之柯□曰:"不可。夫晋之使者敝(币)重而辡(辞)庳(卑),□□□□□有兼□□□。"【弗】听,遂受亓(其)□而假之道。献公之币(师)袭郭(虢)环(还),遂□

【虞】[3]。

[1] 𡍩（垂）革（棘）

帛书写作"𡍩革"，地名，传世文献均记作"垂棘"。第一字"𡍩"，汉代多为"垂"，旧注与裘文皆迳释作"垂"，甚确。第二字学界稍有异议。裘文认为："革、棘古音相近（皆见母职部字），故可通用。"①《校释》则认为各书皆作"垂棘"，仅帛书作"垂革"，乃是因"棘"省写作"束"，而误作"革"。②新注从旧注与裘文之说，并进一步指出"棘"与"革"在表示"急迫"意思的时候是通用的。理由是"勒""革"二字马王堆汉墓帛书经常通用，"勒"是从"革""力"的双声字，又可用作"力"，马王堆汉墓帛书亦以"勒""朸"为"棘"，这都是"革"字可用作"棘"的文字学根据。③

今按："棘"与"革"皆见母职部字，双声叠韵，可通假，且文献习见。《诗·大雅·文王有声》："匪棘其欲"。《礼记·礼器》引"棘"作"革"。《逍遥游》："汤之问棘也是已"。又《列子·汤问》："殷汤问于夏革"。又《论语》"棘子成"，《汉书古今人表》作"革子成"，此类甚多。因此《校释》认为，因笔误把"束"作"革"是不正确的。典籍中"棘"又与"亟""革"（读 jí）相通，都是急的意思。如《诗·豳风·七月》："亟其乘屋，其始播百谷。"郑玄笺："亟，急。"《礼记·檀弓上》："夫子之病革矣，不可以变。"郑玄注："革，急也。"

补充一点，在出土文献中，"棘"还常写作"朸"，如上博简《李颂》简 1 "木斯独生，秦（榛）朸（棘）之间"；马王堆汉墓帛书《老子》甲《道德》篇："（师之）所居，楚朸生之。"通行本"楚朸"作"荆棘"，《老子》乙作"棘"。传世文献亦可见其二字通假关系，段玉裁《说文解字注》记载："朸，木之理也。《考工记》

① 裘锡圭.帛书《春秋事语》校读 [M]// 裘锡圭学术文集第二卷（简牍帛书卷），上海：复旦大学出版社,2012: 419.
② 郑良树.《春秋事语》校释 [C]// 竹简帛书论文集.北京：中华书局,1982: 32.
③ 裘锡圭主编，湖南省博物馆、复旦大学出土文献与古文字研究中心编纂.长沙马王堆汉墓简帛集成（叁）[M].北京：中华书局,2014: 184.

曰：'阳木稹理而坚，阴木疏理而柔。'……毛诗如矢斯棘，韩诗棘作朸。毛曰：'棘，棱廉也。'韩曰：'朸，隅也。'……韩朸为正字，毛棘为假借字。……毛，韩辞异而意一也。从木，力声。以形声包会意也，防下曰地理，朸下曰木理，泐下云水理，皆从力。力者，筋也。人身之理也。卢则切。"①皆以"棘"为"朸"之假借字。现山东省商河县东北与惠民交界处商河的"棘城"，即西汉时期"朸城"，亦为一实证。

[2] 宫之何（柯）为☒且少长于君前

对比图版可知，新注释文"宫之何（柯）为☒且长于君前"，误漏"少"字。此处新注有不同于旧注的理解，略作说明如下：裘文认为此处"柯"下有一残字，原释文释为"卑"，可疑，故作为未识之字处理。②新注记为："裘文所疑之字从图版看实是'为'字。又'柯'字应释为'何'。如此处拼合无误，则可参看《左传》'宫之奇之为人也，懦而不能强谏'《穀梁传》僖公二年'宫之奇之为人也，达心而懦'。但此片缀合其实有可能并不可靠，一是因为'之'上一字的残笔与'宫'字并不密合；二是本章'宫之柯'的名字皆作'柯'，此处却写作'何'。因此，该片本属于帛书他处，当读为'□之何为'的可能性似乎不能完全排除。当然，从本章此行所残存笔看，此处确实本应有读为'宫之柯'的三个字。今暂从整理着所作拼合。"

尉侯凯先生提出本句中"前"字费解，应读为"贱"，与《论语·子罕》："吾少也贱，故多能鄙事"之"贱"用法同，且应与"且长于君"断读，即"且长于君，贱"。此句谓宫之奇年龄稍长于虞君，出身卑贱，官位又低。尉文"前"读为"贱"的理据是，"《诗·召南·甘棠》'勿翦勿伐'，陆德明释文：'翦，《韩诗》作笺'，《礼记·文王世子》'不翦其类也'，《周礼·天官·甸师》郑玄注引'翦'作'践'。马王堆汉墓帛书《养生方·便近内》'取车践'，原整理者注云：'车践，本方又称

---

① 许慎撰，段玉裁注．说文解字注 [M]．上海：上海古籍出版社，1981：1007.

② 裘锡圭．帛书《春秋事语》校读 [M]// 裘锡圭学术文集第二卷（简牍帛书卷），上海：复旦大学出版社，2012：419.

车戋,即车前。‘践’‘笺’‘贱’皆从‘戋’得声,则“前”可与‘贱’通。”①

今按:帛书此句所对应的传世文献均作"少长于君",仅帛书多一个"前"字。笔者以为此句意指宫之柯自少被养于虞君身边,详见本节第三部分关于《晋献公欲袭虢章》的讨论。

[3] 献公之币（师）袭郭（虢）环（还），遂□【虞】

说明:《校释》"遂"下缺文,补"灭"字②。萧旭先生结合传世文献,提出了多种补字可能:上缺字可补"灭",《韩子·喻老》:"晋已取虢,还反,灭虞。"亦可补"伐",《韩子·十过》:"荀息伐虢而还反,处三年,兴兵伐虞。"《吕氏春秋·权勋》:"荀息伐虢,克之,还反,伐虞。"《淮南子·人间篇》:"荀息伐虢,遂克之,还反,伐虞,又拔之。"又可补"取",《战国策·魏策三》:"晋人伐虢,反而取虞。"《公羊传·僖公二年》:"还,四年反取虞。"《新序·善谋》:"旋归,四年反取虞。"又可补"举",《穀梁传·僖公二年》:"五年而后举虞。"③

今按:如萧文所述,缺字有多种补字可能,但于文义差别不大,故不详述。

二、文本对读汇编

《左传》

【僖公二年】

晋荀息请以屈产之乘与垂棘之璧假道于虞以伐虢。公曰:"是吾宝也。"对曰:"若得道于虞,犹外府也。"公曰:"宫之奇存焉。"对曰:"宫之奇之为人也,懦而不能强谏,且少长于君,君昵之,虽谏;将不听。"乃使荀息假道于虞,曰:"冀为不道,入自颠軨,伐鄍三门。冀之既病,则亦唯君故。今虢为不道,保于逆旅,以侵

---

① 尉侯凯.马王堆汉墓帛书《春秋事语》賸义 [J].文物春秋,2017（5）：3.
② 郑良树.《春秋事语》校释 [C]// 竹简帛书论文集.北京:中华书局,1982：32.
③ 萧旭.马王堆汉墓帛书《春秋事语》校补 [J].学灯（电子期刊）,2009（2）.[2024-3-21].
http://www.guoxue.com/magzine/xuedeng/xd010/xd010_10.htm#_ftn11.

敝邑之南鄙。敢请假道，以请罪于虢。"虞公许之，且请先伐虢。宫之奇谏，不听，遂起师。夏，晋里克、荀息帅师会虞师，伐虢，灭下阳。先书虞，贿故也。

【僖公五年】

晋侯复假道于虞以伐虢。宫之奇谏曰："虢，虞之表也。虢亡，虞必从之。晋不可启，寇不可翫，一之谓甚，其可再乎？谚所谓'辅车相依，唇亡齿寒'者，其虞虢之谓也。"公曰："晋，吾宗也，岂害我哉？"对曰："大伯、虞仲，大王之昭也。大伯不从，是以不嗣。虢仲、虢叔，王季之穆也，为文王卿士，勋在王室，藏于盟府。将虢是灭，何爱于虞？且虞能亲于桓庄乎，其爱之也？桓庄之族何罪，而以为戮，不唯偪乎？亲以宠偪，犹尚害之，况以国乎？"公曰："吾享祀丰洁，神必据我。"对曰："臣闻之，鬼神非人实亲，惟德是依。故《周书》曰：'皇天无亲，惟德是辅。'又曰：'黍稷非馨，明德惟馨。'又曰：'民不易物，惟德繄物。'如是，则非德民不和，神不享矣。神所冯依，将在德矣。若晋取虞，而明德以荐馨香，神其吐之乎？"

弗听，许晋使。宫之奇以其族行，曰："虞不腊矣，在此行也，晋不更举矣。"……冬十二月丙子朔，晋灭虢，虢公丑奔京师。师还，馆于虞，遂袭虞，灭之，执虞公及其大夫井伯，以媵秦穆姬。而修虞祀，且归其职贡于王。

《公羊传·僖公二年》

虞，微国也，曷为序乎大国之上？使虞首恶也。曷为使虞首恶？虞受赂，假灭国者道以取亡焉。其受赂奈何？献公朝诸大夫而问焉，曰："寡人夜者寝而不寐，其意也何？"诸大夫有进对者曰："寝不安与其诸侍御有不在侧者与？"献公不应。荀息进曰："虞郭见与？"献公揖而进之，遂与之入而谋曰："吾欲攻郭，则虞救之，攻虞则郭救之，如之何？愿与子虑之。"荀息对曰："君若用臣之谋，则今日取郭，而明日取虞尔，君何忧焉？"献公曰："然则奈何？"荀息曰："请以屈产之乘，与垂棘之白璧往，必可得也。则宝出之内藏，藏之外府；马出之内厩，系之外厩尔，君何丧焉？"献公曰："诺。虽然，宫之奇存焉，如之何？"荀息曰："宫之奇知则知矣！虽然，虞公贪而好宝，见宝必不从其言，请终以往。"于是终以往，虞公见宝许诺。宫之奇果谏："记曰：'唇亡则齿寒。'虞、郭之相救，非相为赐，则晋今日取郭，而明日虞从而亡尔。君请勿许也。"虞公不从其言，终假之道以取郭。还，四年，反取虞。虞公抱宝牵马而至。荀息见曰："臣之谋何如？"献公曰："子之谋则已行矣，宝则吾宝也，虽然，吾马之齿亦已长矣！"盖戏之也。夏阳者何？郭之邑也。曷为不系于郭？国之也。曷为国之？君存焉尔。

《穀梁传·僖公二年》

非国而曰灭，重夏阳也。虞无师，其曰师何也？以其先晋，不可以不言师也。其先者何也？为主乎灭夏阳也。夏阳者，虞虢之塞邑也。灭夏阳而虞虢举矣。虞之为主乎灭夏阳何也？晋献公欲伐虢，荀息曰："君何不以屈产之乘、垂棘之璧而借道乎虞乎？"公曰："此晋国之宝也。如受吾币而不借吾道，则如之何？"荀息曰："此小国之所以事大国也。彼不借吾道，必不敢受吾币。如受吾币而借吾道，则是我取之中府而藏之外府，取之中厩而置之外厩也。"公曰："宫之奇存焉，必不使受之也。"荀息曰："宫之奇之为人也，达心而懦，又少长于君。达心则其言略，懦则不能强谏，少长于君，则君轻之。且夫玩好在耳目之前，而患在一国之后，此中知以上乃能虑之。臣料虞君，中知以下也。"公遂借道而伐虢。宫之奇谏曰："晋国之使者，其辞卑而币重，必不便于虞。"虞公弗听，遂受其币而借之道。宫之奇谏曰："语曰'唇亡则齿寒'，其斯之谓与！"挈其妻子以奔曹。献公亡虢，五年而后举虞。荀息牵马操璧而前曰："璧则犹是也，而马齿加长矣！"

《韩非子》

【十过】

昔者晋献公欲假道于虞以伐虢。荀息曰："君其以垂棘之璧与屈产之乘，赂虞公，求假道焉，必假我道。"君曰："垂棘之璧，吾先君之宝也；屈产之乘，寡人之骏马也。若受吾币，不假之道，将奈何？"荀息曰："彼不假我道，必不敢受我币，若受我币而假我道，则是宝犹取之内府而藏之外府也，马犹取之内厩而著之外厩也。君勿忧。"君曰："诺。"乃使荀息以垂棘之璧与屈产之乘赂虞公而求假道焉。虞公贪利其璧与马而欲许之。宫之奇谏曰："不可许。夫虞之有虢也，如车之有辅。辅依车，车亦依辅，虞、虢之势正是也。若假之道，则虢朝亡而虞夕从之矣。不可，愿勿许。"虞公弗听，遂假之道。荀息伐虢之还反，处三年，兴兵伐虞，又克之。荀息牵马操璧而报献公，献公说，曰："璧则犹是也。虽然，马齿亦益长矣。"

【喻老】

晋献公以垂棘之璧假道于虞而伐虢。大夫宫之奇谏曰："不可。唇亡而齿寒，虞、虢相救，非相德也。今日晋灭虢，明日虞必随之亡。"虞君不听，受其璧而假之道。晋已取虢，还反灭虞。

《吕氏春秋·权勋》

昔者晋献公使荀息假道于虞以伐虢。荀息曰："请以垂棘之璧与屈产之乘，以赂虞公，而求假道焉，必可得也。"献公曰："夫垂棘之璧，吾先君之宝也；屈产之乘，寡人之骏也。若受吾币而不吾假道，将奈何？"荀息曰："不然。彼若不吾假道，必不吾受也；若受我而假我道，是犹取之内府而藏之外府也，犹取之内皂而著之外皂也。君奚患焉？"献公许之。乃使荀息以屈产之乘为庭实，而加以垂棘之璧，以假道于虞而伐虢。虞公滥于宝与马而欲许之。宫之奇谏曰："不可许也。虞之与虢也，若车之有辅也，车依辅，辅亦依车，虞、虢之势是也。先人有言曰：'唇而齿寒。'夫虢之不亡也恃虞，虞之不亡也亦恃虢也。若假之道，则虢朝亡而虞夕从之矣。奈何其假之道也？"虞公弗听，而假之道。荀息伐虢，克之。还反伐虞，又克之。荀息操璧牵马而报。献公喜曰："璧则犹是也，马齿亦薄长矣。"故曰小利，大利之残也。

《新序·善谋》

虞、虢皆小国也。虞有夏阳之阻塞，虞、虢共守之，晋不能禽也。故晋献公欲伐虞、虢，荀息曰："君胡不以屈产之乘，与垂棘之璧，假道于虞？"公曰："此晋国之宝也。彼受吾币，不借吾道，则如之何？"荀息曰："此小之所以事大国也。彼不借吾道，必不敢受吾币。受吾币而借吾道，则是我取之中府，置之外府；取之中厩，置之外厩也。"公曰："宫之奇存为，必不使受也。"荀息曰："宫之奇知固知矣；虽然，其为人也，通心而懦，又少长于君。通心则其言之略，懦则不能强谏；少长于君，则君轻之。且夫玩好在耳目之前，而患在一国之后，中知以上，乃能虑之。臣料虞君，中知以下也。"公遂借道而伐虢。宫之奇谏曰，晋之使者，其币重，其辞卑，必不便于虞。语曰："唇亡则齿寒矣。故虞、虢之相救，非相为赐也。今日亡虢，而明日亡虞矣。"虞公不听，遂受其币而借之道。旋归四年，反取虞。荀息牵马抱璧而前曰："臣之谋如何？"献公曰："璧则犹是，而吾马之齿加长矣。"晋献公用荀息之谋而禽虞，虞不用宫之奇谋而亡。故荀息非霸王之佐，战国并兼之臣也。若宫之奇则可谓忠臣之谋也。

《淮南子·人间训》

晋献公欲假道于虞以伐虢，遗虞垂棘之璧与屈产之乘。虞公惑于璧与马而欲与之道。宫之奇谏曰："不可！夫虞之与虢，若车之有轮。轮依于车，车亦依轮。虞之与虢，相恃而势也。若假之道，虢朝亡，而虞夕从之矣。"虞公弗听，遂假之道。荀息伐虢，遂克之。还反伐虞，又拔之。

《史记·晋世家》

是岁也，晋复假道于虞以伐虢。虞之大夫宫之奇谏虞君曰："晋不可假道也，是且灭虞。"虞君曰："晋我同姓，不宜伐我。"宫之奇曰："太伯、虞仲，太王之子也，太伯亡去，是以不嗣。虢仲、虢叔，王季之子也，为文王卿士，其记勋在王室，藏于盟府。将虢是灭，何爱于虞？且虞之亲能亲于桓、庄之族乎？桓、庄之族何罪，尽灭之。虞之与虢，唇之与齿，唇亡则齿寒。"虞公不听，遂许晋。宫之奇以其族去虞。其冬，晋灭虢，虢公丑奔周。还，袭灭虞，虏虞公及其大夫井伯百里奚以媵秦穆姬，而修虞祀。荀息牵曩所遗虞屈产之乘马奉之献公，献公笑曰："马则吾马，齿亦老矣！"

《汉书·辛庆忌传》

虞有宫之奇，晋献不寐；卫青在位，淮南寝谋。故贤人立朝，折冲厌难，胜于亡形。

《说苑·尊贤》

虞有宫之奇，晋献公为之终夜不寐。

《战国策·魏策三》

晋人伐虢，反而取虞。

对比可知帛书所记人物、事件与《左传》等传世文献无异，说明这些文献当有共同的故事来源，且该故事的流传比较稳定，后世变异不大。从文本来看，帛书与《穀梁传》最为接近，如记荀息以假道伐虢之策进谏之事，帛书作"君胡不以屈产之乘与垂棘璧假道于虞？"用反问语气，而传世文献之中，仅《穀梁传》为同样的反问句。又如帛书"[弗]听，遂受亓（其）□而假之道"《穀梁传》作："虞公弗听，遂受其币而借之道。"再如帛书"夫晋之使者敝（币）重而辤（辞）庫（卑），□☒□□□□有兼□□□。"与《穀梁传》"宫之奇谏曰：'晋国之使者，其辞卑而币重，必不便于虞。'"用词亦相同。据此推想，帛书所据之文本当与《穀梁传》所据关系密切，或为同一来源。

帛书与传世文献亦有许多不同之处，主要表现在：其一，姓名称谓不同。仅姓名用字不同。传世文献"荀息"帛书作"均（荀）叔"，"宫之奇"帛书作"宫之柯"（柯，"奇"的借字，二字皆从"可"得声，古音相近）。其二，地名用字不同。《左传》《穀梁传》《史记》《战国策》等史书多作"虢"，帛书作"郭"与《公羊传》相同。帛书"垂革"传世文献皆作"垂棘"。其三，《左传》等文献载晋两次借道伐虢，《事语》仅记一次。

三、关于《晋献公欲袭虢章》的讨论

学界对《左传》"且（宫之奇）少长于君"句注疏颇有异议，帛书的对读句"少长于君前"，可给学界至今悬而未决的注疏以启发。

对于"且少长于君"句，杨伯峻先生《春秋左传注》云："'少长于君'可如林尧叟《句解》所云'宫之奇自少长养于公宫'，亦可解释为稍大于君。林解较长。"[①]则"少"释为"稍微"，书沼切；"长"释作"年龄大"。如作"宫之奇从小与虞君一起长大"解，则"少"释为"少时"，失照切；"长"释作"养育"，杜预持此观点。杜

---

① 杨伯峻. 春秋左传注 [M]. 北京：中华书局，1990：282.

预认为"'亲而狎之，必轻其言'，少，时照反；长，丁丈反"。洪亮吉《春秋左传诂》亦从杜注。

帛书"☐宫之何（柯）为☐且长于君前，元（其）埶（势）有（又）库（卑）。夫立（位）下而心需（懦）☐☐☐☐也，不敢尽而☐元（其）达不见荐言"。一句可对读《左传·僖公二年》："宫之奇之为人也，懦而不能强谏，且少长于君，君昵之，虽谏；将不听。"亦对应《穀梁传·僖公二年》："宫之奇之为人也，达心而懦，又少长于君。达心则其言略，懦则不能强谏，少长于君，则君轻之。"较之《春秋》二传，帛书多了"前"字。

既然帛书与《春秋》二传的不同点在于"前"字，我们索性以该字为突破口进行分析。"于君前"辞例见《礼记·曲礼》"赐果于君前，其有核者怀其核。御食于君，君赐余，器之溉者不写，其余皆写""振书端书于君前，有诛，倒笑侧龟于君前"；又见《管子》"大朝之日，五乡之师，五属大夫，皆身习宪于君前。太史既布宪，入籍于太府。宪籍分于君前""左摠桓公，右自承曰：'均之死也，戮死于君前'"；《说苑》："今蘧伯玉为相，史鳅佐焉，孔子为客，子贡使令于君前甚听。"上述辞例中，很明显是介词"于"引出处所名词"君前"的结构。如此，则帛书文义必为杜注的理解，即宫之奇自少养于虞君身边。此外，再来讨论对"少"字的理解。若按帛书所记，"少"只能释为"年少"，用为状语，修饰"于君前"。此种用法亦见于《左传·襄公六年》："宋华弱与乐辔少相狎，长相优，又相谤也。"此外，《左传·哀公二十五年》："其弟期，大叔疾之从孙甥也，少畜于公，以为司徒。"以《左传》观之，自幼被养于公宫的人多与君王有亲缘关系。如，《左传·襄公二十三年》："初，臧宣叔娶于铸，生贾及为而死。继室以其侄，穆姜之姨子也。生纥，长于公宫。姜氏爱之，故立之。"《左传·哀公二十五年》："弥子饮公酒，纳夏戊之女，嬖，以为夫人。其弟期，大叔疾之从孙甥也，少畜于公，以为司徒。"那么宫之奇是否可能因为某种亲缘关系，亦被"养于君前"呢？考察宫之奇为数不多的史料，我们发现其确实与虞国国君存在较近的亲缘关系。宫姓，源于姬姓。周武王克商建立周朝，分封诸侯，封周太王古公亶父之子仲雍的曾孙虞仲于夏墟，建立虞国。又封虞仲之子于虞国上宫邑，其后世遂以“宫”为氏。所以，宫之奇原姓姬，为宫国后世国君的族人。后宫国被晋所灭，宫之奇一族逃往虞国。[①] 宫之奇与虞君的亲缘关系或许可以解释其举族逃亡虞国的原因，亦可推测其少被养于君前的可能。通过讨论帛书“前”“少”二字，我们发现，“宫之奇自少养于虞君身边”的理解既符合语法结构又为根据史实做出的合理推测。

接下来不妨分析《左传》《穀梁传》“于君”的语法结构：若按照杜注理解，此结构形式表示处所；若按照杨伯峻先生的理解，则此结构引出比较对象。翻查《左传》，我们发现书中“于君”的辞例多表示处所。如《左传・定公四年》：“夷德无厌，若邻于君，疆埸之患也。”《左传》中更有诸多“于”后紧接表示人物的词语代表处所的用法，如《左传・宣公十年》：“陈灵公与孔宁、仪行父饮酒于夏氏。”《左传・昭公十一年》：“反自祲祥，宿于薳氏，生懿子及南宫敬叔于泉丘人。”《左传・定公十一年》：“范皋夷无宠于范吉射，而欲为乱于范氏。”需要特别注意的是，《左传・哀公二十五年》：“其弟期，大叔疾之从孙甥也，少畜于公，以为司徒”一句中“少畜于公”与讨论的焦点“少长于君”相比，从语义到语法结构都十分相似，实乃“于君”表示处所的有力证据。因此，以帛书文义来推断《左传》《穀梁传》“少长于君”是指宫之奇自少被养在虞君身边，从辞例角度亦是合理的。

综上，对读帛书可推测，杜注对《左传》《穀梁传》“少长于君”句的理解是正确的，应理解为“宫之奇自少养于虞君身边”。此种理解方式无论从语法结构、史实还是辞例来看，均是合理可信的。而林尧叟、杨伯峻先生“宫之奇年龄稍大于虞君”的理解是不正确的。

---

① 宫周鼎．宫姓史话 [M]. 南昌：江西人民出版社，2004.

第二节

马王堆汉墓帛书《杀里克章》

本篇选自马王堆汉墓帛书《春秋事语》第一章,主要记载了晋惠公杀权臣里克之后时人的议论。帛书本章所记晋惠公杀其大夫一事,见《春秋三传》(僖公九年、十年)、《国语》(晋语二、晋语三)等传世文献,亦见出土文献《清华简·系年》第六章。帛书残损较严重,本章新旧版本碎片拼缀顺序差异较大,在下引新注释文中以"＿＿"标注新旧版本的不同之处,以资对照。

一、释文及疑难字词考释

▨▨▨缪公▨杀里克,▨▨曰:"君▨▨▨▨▨晋将无至[1]▨▨▨者▨▨也。今杀里克,▨入(内)外▨▨▨▨无(无)解舍[2],▨▨▨几(岂/冀)亓(其)后首之乎?[3]是塞▨▨福忧[4]▨▨▨▨者死,忠者▨▨▨疾之,几(岂)或▨▨▨于▨▨▨路(赂)弗予[5],▨▨庆＝郑＝▨▨▨▨【梁由】靡、韩閒(间)午秦公,而今君将先▨。"

[1] 无至

旧注云:"无□,一说应作先至。"① 新注:"原释文释'将'下二字为'无□',从图版看下一字释'至'当无可疑,上一字从字形看接近'无',但'无至'语义不

———————————
① 马王堆汉墓帛书整理小组.《马王堆汉墓帛书》(叁)[M]. 北京:文物出版社,1983:3.

顺，'无' 字似应视为 '先' 之讹字（二字古隶常混）。"①

今按：此二字帛书写作 "毛" "乇"，第一字释为 "无" 还是 "先" 是症结所在。此二字秦汉字形如下表：

无	先	无	无
	睡虎地简 54·43	《老子》乙前 1	《孙子》59
先	先	先	先
	睡虎地简 24·25	《春秋事语》7	《老子》乙 221 下

此字字形与本篇第三行 "无解舍" 中的 "无" 字（写作 "无"）字形并无二致，而与第六行的 "先"（写作 "先"）字字形区别显著。显然，本书书手还是十分重视 "无" "先" 二字的区别性笔画的，"无" 第一笔横画起笔平直，"先" 第一笔横画起笔时有类似顿点的弯曲。故新注所言 "无、先二字古隶常混" 的现象在此似不成立。

新注云 "无至" 语义不顺，笔者以为 "先至" 亦令人费解，认为 "无至" 有误，乃是将其视为一词。若将 "无" 视为动词，意为 "没有"，与 "有" 之意相对；"至" 用作副词，修饰其后所缺形容词，表示程度最高，意为 "极其、最"。那么 "无至□□□者" 的结构就可以翻译成 "晋国将没有最……的人了"。因帛书残缺，不可详辨，此种理解或可备一说。

[2] 解舍

旧注断句为 "解，舍"，未详细解释。② 裘锡圭先生认为，当把逗号移至 "舍" 字之后，将 "解舍" 视为一词，理由是古书有 "解舍" 之语。如《管子·五辅》："是故上必宽裕而有解舍，下必听从而不疾怨。" 尹注："解，放也。舍，免也。"《韩非子·五蠹》："故事私门而完解舍，解舍完则远战，远战则安。" 裘文曰：" '……无

① 裘锡圭主编，湖南省博物馆、复旦大学出土文献与古文字研究中心编纂. 长沙马王堆汉墓简帛集成（叁）[M]. 北京：中华书局，2014：169.

② 郑良树.《春秋事语》校释 [C]// 竹简帛书论文集. 北京：中华书局，1982：19.

解舍'"当是议论者批评夷吾归国为君后不应无所赦免之语。① 新注按语曰："王引之《经义述闻·周官上》'解舍'条谓《管子·五辅》'上弥残苛而无解舍'、《吴子·治兵》'马疲人倦而不解舍'之'解舍''犹休未止'。"②

今按：裘文与新注"解舍"连读的观点当可从，但二者对"解舍"的词义理解稍有不同：裘文似更倾向于将"解舍"释为"赦免、免除徭役"之意，而新注更倾向于"休止"之意。"解舍"乃先秦常用语，屡见于诸子之书。高亨《诸子新笺·商君书》："解舍乃战国时代法制上之术语，谓免除兵役与徭役也。"《韩非子·五蠹》中"故事私门而完解舍，解舍完则远战"，可证"解舍"是免除兵役。"舍"读为"释"，舍、释一声之转，义亦相通。但此处议论乃针对夷吾杀里克之事，与免除徭役之事似不相关。故此，笔者认为此处"解舍"意为"休止"似更恰当。王引之《经义述闻·周官上·解止》："'掌舍'郑注曰：'舍行所解止之处。'……引之谨案……'解'犹休也，息也，止也。"《吴子·治兵》云："凡行军之道，无犯进止之节，无失饮食之适，无绝人马之力。此三者，所以任其上令。任其上令，则治之所由生也。若进止不度，饮食不适，马疲人倦而不解舍，所以不任其上令。上令既废，以居则乱，以战则败。"此处阐述吴起的行军之道，"解舍"乃"解甲卸鞍休息"之义，亦言"休止"。本句前半段已说夷吾"□入（内）外"，即《国语·晋语三》所载"惠公入而背外内之赂"，此处"解舍"似当指夷吾又杀里克，其罪恶无休无止。

[3] 几（岂/冀）亓（其）后首之乎？

旧注释作"几或□之乎？"③，新注调整了残片位置，缀合有变，改读为"几（岂）亓（其）后首之乎？"其中第四字左半缺损，且写得很大，位于行中，似说明其左当无"辶"旁，因疑此字当为"首"。"首之"的"首"也许是首

---

① 裘锡圭.帛书《春秋事语》校读 [M]// 裘锡圭学术文集第二卷（简牍帛书卷），上海：复旦大学出版社,2012：404.

② 裘锡圭主编，湖南省博物馆、复旦大学出土文献与古文字研究中心编纂.长沙马王堆汉墓简帛集成（叁）[M].北京：中华书局,2014：169.

③ 马王堆汉墓帛书整理小组.《马王堆汉墓帛书》（叁）[M].北京：文物出版社,1983：3.

倡的意思。①

今按："几"各版本注释为"岂"，意为"难道、怎么"，为反问句标志词。几，古音微部见纽；岂，古音微部溪纽。二字同部，见、溪旁纽，古音相近，固然可通。但因句首残损，完整句意不可辨识，故"几"字亦存在如下释读的可能："几"通"冀"，希求，祈求之意。与本帛书第九章《卫献公出亡章》"是权近敛（险）以几远福_（福，福）有不必，难而不义，□为勉者，复将恶之"句之"几"同意。此用法又见本帛书第十三章《长万章》："朝夕自屠，日以有几也。""今罪而弗诛，思（耻）而近（靳）之，是绝亓（其）几而臽（陷）之恶。"此句描写的是臣下的心情，"几"字用法与《左传·襄公十六年》"日月以几"同。

"之"前一字，新注所言可从，此字为"首"，但训为"提倡"似乎不合文义。"首"，朝向之意，"首之"是说朝向他，引申为支持。"□□□几（岂）亓（其）后首之乎？"意思是说（难道）希望其后人支持他吗？用反诘语气控诉缪公杀里克的行为。

[4] 福忧

此处新旧注释差异较大，新注曰："'福忧'两字残片是据第十二行反印文遥缀。'福''忧'二字之间也有可能应该断读，因上下残损太甚，文意不清，故不加标点。《国语·晋语三》：'惠公入而背外内之赂。舆人诵之……公陨于韩。郭偃曰：善哉！夫众口祸福之门，是以君子省众而动……'不知帛书'福忧'等语与此是否有关。"②

[5] □路（赂）弗予

旧注把"路"上一缺字释作"责"，郑良树先生补作"背"字，引《左传·僖公十五年》："晋侯许赂中大夫，既而皆背之；赂秦伯以河外之列城五，东尽虢略，南

① 裘锡圭主编，湖南省博物馆、复旦大学出土文献与古文字研究中心编纂.长沙马王堆汉墓简帛集成（叁）[M].北京：中华书局，2014：169.
② 裘锡圭主编，湖南省博物馆、复旦大学出土文献与古文字研究中心编纂.长沙马王堆汉墓简帛集成（叁）[M].北京：中华书局，2014：169.

及华山，内及解梁城，既而不与”为证。郑文曰："所谓'背之''不与'，可为《事语》本文注解。又本句'路'上缺文，可从《左传》补入'背'字也。"① 裘锡圭先生将该字存疑，并明确指出从帛书图版看，"路"上一字显非"背"字。其字下部从"贝"，左上部残去，右上部颇似"此"或"化"字右旁的残画，据文义似应释为"货"。惜上文残缺，无法通读。② 新注从裘文，释文加缺字符号未迻释，但在按语中指出："或说马王堆汉墓帛书《老子》甲本'货'字作'𧹖'，右部讹变作类似'真'的形体，也许帛书此字就是这类写法，故仍可释为'货'，但这种'货'字的讹写在秦汉隶书中毕竟为数极少，故仍当待考而不径释。"③ 何有祖先生对比里耶秦简及帛书《春秋事语·卫献公出亡章》"责"字字形，认为此字疑释作"责"，"责赂"意思是索求财物，引《左传·昭公十四年》："公子铎逆庚舆于齐，齐隰党、公子锄送之，有赂田。"杜预注："莒赂齐以田";《国语·晋语三》："秦饥，公令河上输之粟，虢射曰：'弗予赂地而予之籴，无损于怨而厚于寇。'";《战国策·秦策四》："楚、魏战于陉山。魏许秦以上洛，以绝秦于楚。魏战胜，楚败于南阳。秦责赂于魏，魏不与。"为证。④

今按：帛书此四字写作"𫠊𠂤𠂤𠂤"，上述学者提到的"背""货""责"相关秦汉字形列表如下。

背	背	背	背
	武威医简 22	衡方碑	流沙简·简牍 3

① 郑良树.《春秋事语》校释 [C]// 竹简帛书论文集. 北京：中华书局，1982：19.

② 裘锡圭. 帛书《春秋事语》校读 [M]// 裘锡圭学术文集第二卷（简牍帛书卷），上海：复旦大学出版社，2012：404.

③ 裘锡圭主编，湖南省博物馆、复旦大学出土文献与古文字研究中心编纂. 长沙马王堆汉墓简帛集成（叁）[M]. 北京：中华书局，2014：170–171.

④ 何有祖. 释《春秋事语》"杀里克"章的"责"字 [EB/OL].（2015–10–1）[2024–3–1], http://www.bsm.org.cn/show_article.php? id=2319.

货	马王堆·阴甲 261	马王堆·阴乙 46	马王堆·老乙 202
	马王堆·系 34	马王堆·阴甲 129	
责	马王堆·责五 337	马王堆·出 26	马王堆·阴乙 46
	马王堆·十 131	马王堆·相 73	

从字形来看，帛书中的字与"责"字最为相似，且"责赂"一词见于史籍，如《左传·桓公十三年》："宋多责赂于郑，郑不堪命。"清阮葵生《茶余客话》卷二："至季年之魏藻德，释褐四年，即擢登政府。卒之稽首贼营，拷掠责赂，以至灼肉折胫，身死名丧，又不足称矣！"《说文》云："责，求也。"徐锴系传："责者，迫进而取之也。"王筠句读："责，谓索求负家偿物也。""责"此处当从何有祖先生训为"索取"。本帛书第九章《卫献公出亡章》："夫子失德以亡□亡而不酓（改），亓（其）德恶矣。恶德者难以责。"此句意思是说卫献公品德恶劣，难以要求他兑现承诺，"责"作动词，有索取债务和要求履行职责等义，应该与本句中"责"用法、意义相同。

二、文本对读汇编

《左传》

【僖公十年】

晋侯杀里克以说。将杀里克，公使谓之曰："微子则不及此。虽然，子弑二君与一大夫，为子君者不亦难乎？"对曰："不有废也，君何以兴？欲加之罪，其无辞乎？臣闻命矣。"伏剑而死。

【僖公十五年】

壬戌，战于韩原，晋戎马还泞而止，公号庆郑，庆郑曰："愎谏违卜，固败是求，又何逃焉。"遂去之。梁由靡御韩简，虢射为右，辂秦伯，将止之。

《穀梁传》

晋杀其大夫里克。称国以杀，罪累上也。里克弑二君与一大夫，其以累上之辞言之何也？其杀之不以其罪也。其杀之不以其罪奈何？里克所为杀者，为重耳也。夷吾曰："是又将杀我乎？"故杀之，不以其罪。其为重耳弑奈何？晋献公伐虢，得丽姬。……故里克所为弑者，为重耳也。夷吾曰："是又将杀我也。"

《公羊传》

晋杀其大夫里克。里克弑二君，则曷为不以讨贼之辞言之？惠公之大夫也。然则孰立惠公？里克也。里克弑奚齐、卓子，逆惠公而入。里克立惠公，则惠公曷为杀之？惠公曰："尔既杀夫二孺子矣，又将图寡人，为尔君者，不亦病乎？"于是杀之。然则曷为不言惠公之入？晋之不言出入者踊为文公讳也。

《国语·晋语》

惠公入而背外内之赂。舆人诵之曰："佞之见佞，果丧其田。诈之见诈，果丧其赂。得国而狃，终逢其咎。丧田不惩，祸乱其兴。"既里、丕死，祸，公陨于韩。郭偃曰："善哉！夫众口，祸福之门。是以君子省众而动，监戒而谋，谋度而行，故无不济。内谋外度，考省不倦，日考而习，戒备毕矣。"……公号庆郑曰："载我。"庆郑曰："忘善而背德，又废吉卜，何我之载？郑之车不足以辱君避也！梁由靡御韩简，辂秦公，将止之，庆郑曰："释来救君！"亦不克救，遂止于秦。

《清华简·系年》

秦穆公乃内（纳）惠公于晋，惠公赂秦公曰："我句（苟）果内（入），使君涉河，至于梁城。"惠公既内（入），乃背秦公弗予。立六年，秦公率师与惠公战于韩，止惠公以归。

帛书记事颇为简略，重在议论，其中所记时人的议论为首见，可补古籍之缺。惜因帛书佚去前半，文本比较颇为困难。

本章与《左传》所述史实有异，帛书谓（秦）缪公杀里克，而《左传》云晋侯杀里克。且帛书记事更为简略且突出时人的评论，《左传》则以"言事相兼"的叙事手法，重点记载了故事主人公的言语，以彰显其思想主张。

本章与《国语·晋语》关系颇为密切，如帛书言"□人（内）外□□□无（无）解舍"，"几（岂）或□□□于□□责路（赂）弗予"，《国语·晋语二》记夷吾返晋前谓秦使者公子絷曰："中大夫里克与我矣，吾命之以汾阳之田百万。丕大夫郑与我矣，吾命之以负蔡之田七十万。"又言秦君若能辅之，归国即位后当献"河外列城五"为报。《国语·晋语三》谓"惠公入而背内外之赂"与帛书"内外"合。再者，帛书此章所记时人议论，在说了惠公背赂之后，又说到韩之战的事。《国语·晋语三》又言："舆人诵之曰：'佞之见佞，果丧其田。诈之见诈，果丧其赂。得国而狃，终逢其咎。丧田不惩，祸乱其兴。'既里、丕死，祸，公陨于韩。"亦将晋惠公韩原之败与其背内外之赂的行为联系起来的，此为其他史书所无。

第三节

子犯编钟

据传，子犯编钟出土于山西省运城市闻喜县，后流失海外，由台北故宫博物院和私人藏家陈鸿荣先生回购，现收藏于台北故宫博物院。整套编钟共有两组，每组八件，共十六件，此种八件成编的方式西周孝、夷之世始现。但钟铭有载"用为和钟九堵"，故编钟应尚有遗失。钟铭连读共计132字，甲、乙两组除个别字外，基本相同。关于钟铭定序学界曾有争议：最初由张观远先生[①]依照编钟尺寸编排，后经李学勤先生[②]、裘锡圭先生[③]、黄锡全先生[④]据文义矫正，最后由科学测音定为正序。钟铭记载了晋文公重耳流亡十九年后返晋复国，经城濮之战大胜楚国继而称霸之史实，具有重要的史料价值。作器者子犯，晋文公（重耳）之舅父狐偃。子犯功绩，不仅为诸多传世文献所载，亦见于出土文献《清华大学藏战国竹简（柒）》《子犯子余》篇、《晋文公入于晋》篇。

---

① 张光远 . 春秋晋文称霸 "子犯和钟" 初释 [J]. (台北) 故宫文物月刊, 1995 (4).
② 李学勤 . 补论子犯编钟 [N]. 中国文物报, 1995–5–28 (3).
③ 裘锡圭 . 也谈子犯编钟 [J]. (台北) 故宫文物月刊, 1995 (149).
④ 黄锡全 . 新出晋 "搏伐楚荆" 编钟铭文述考 [C]// 首届长江文化暨楚文化国际学术讨论会筹备委员会编 . 长江文化论集, 武汉：湖北教育出版社, 1995.

一、释文及疑难字词考释

隹（惟）王五月，初吉丁未，子軓（犯）宕（佑）晋公左右，来复其邦。者
（诸）楚荆（荆）[1]不聖（听）令（命）于王所，子軓（犯）及晋公[2]遳（率）西
之六自（师），博（搏）伐楚荆（荆），孔休大上（功），楚荆（荆）丧氒（厥）[3]自
（师），灭氒（厥）禹（渠）。子軓（犯）佑晋公左右，燹（燮）者（诸）侯，卑（俾）
潮（朝）王，克奠（定）王立（位）。王易（赐）子軓（犯）辂车、三（四）驲、衣、
常（裳）、带、市、冕。者（诸）侯羞元金于子軓（犯）之所，用为和钟九堵，孔
盨（淑）叡（且）硕，乃和叡（且）鸣，用匽（燕）用宁，用享用孝，用旂（祈）貲
（眉）寿，万年无彊（疆），子子孙孙永宝用乐。

[1]"者（诸）楚荆（荆）"之"者"

根据不同的文义理解与断句，学界对此字理解有三种观点。其一，"诸楚荆不
听命于王所"成句，"诸楚荆"为该句主语，认为是"楚国统御出战的一些附庸"，
或指各路楚军，即传世文献中所述'楚兵及陈、蔡、郑、许各路诸侯"①。其二，认为
"诸楚荆"与文献中习见的"诸戎""诸夏"同例。②其三，"子犯佑晋公左右来复其
邦者"联句，该字读为"者"。第三种观点原因如下：首先，因从字形考察，该字写
作"🔣"与"诸侯"之"诸"（写作"🔣"）；"和钟九堵"之"堵"右旁（写作"🔣"），
字形差异较大，不为同字。其次，从文例看，如此断句是对作为者的说明，既是对
下文子犯与晋文公协同作战指挥城濮大战做了概括性的提示，又是子犯对其个人
身份的自我说明，带有自夸功阀的意味。最后，如此断句符合钟铭韵脚。③

今按：从"诸楚荆"与文献中习见的"诸戎""诸夏"同例说。张光远先生首发
该铭文的时候有一细节："'者'与'楚'二字之间，因其紧连未留字距，乃疑其属

---

① 张光远.子犯和钟的新证、测音与校释[J],（台北）故宫文物月刊,1995（150）.
② 江林昌.新出子犯编钟铭文史料价值初探[J].文献,1997（3）：6.
③ 周凤五.子犯编钟铭文"诸楚荆"的释读问题[J].（台北）故宫文物月刊,1998（193）.

'合文'之有所省笔的结构。"①结合第一钟拓片的细节来看,"者"属上句读是不正确的。且细审铭文中"者"字字形,发现三处皆不同(两"诸侯"之"诸"字字形一致,计为一处)。因此,以此为据判定"者"不为"诸"理据不充分。所以铭文"诸楚荆不听命于王所"应成句,此句中"诸"不应理解为"讨伐""征伐"之意,"诸楚荆"应是句子主语。对照《左传》来看,襄公四年"和诸戎"与"和戎"并见,与"诸华"对举。韦昭曾注《国语》:"楚失华夏"即"楚失诸华"。所以铭文中"诸楚荆"的意思就是"楚荆"。

[2]"子軋(犯)及晋公"之"及"

今按:简要讨论此句"及"字用法。若按照常见辞例用法将"及"训为"同""跟",则"子犯"位于"晋公"之前,似对"晋公"稍有不敬。张光远先生解释为因"子犯"的"舅父"辈分,故将其名居前。又有学者认为,因铭文目的是记录子犯功绩,受其叙事格式限制,要将"子犯"居前。笔者认为此种解释似与彼时君臣之礼不符,其叙事格式亦不会直接导致此种姓名排序方式。黄锡全先生认为"及"据文义应该是"佑"字②,但苦于无文献证据,不能下此结论。笔者认为"及"似可解释为"参与"。《左传·襄公四年》曰:"《文王》,两君相见之乐也,臣不敢及。"杜预注:"及,与也。"

[3]"楚荆(荆)丧乓(厥)"之"乓"

该字钟铭写作"![字形]",学界讨论颇多,整理如下表。

学者及文章	释读、训读	理由
李学勤《补论子犯编钟》	释为"禹",读为"渠",训为"帅"	该字字形与"禹鼎"之"禹"字形近。"帅"指"子玉"。此似指子玉战败后自尽之事

① 张光远.春秋晋文称霸"子犯和钟"初释[J].(台北)故宫文物月刊,1995(4).
② 黄锡全.新出晋"搏伐楚荆"编钟铭文述考[C]//首届长江文化暨楚文化国际学术讨论会筹备委员会编.长江文化论集,武汉:湖北教育出版社,1995.

学者及文章	释读、训读	理由
裘锡圭《也谈子犯编钟》	释为"瓜",读为"孤"	该字字形似"瓜"之繁体,王引之云:盖六卿中有秉国政者,其位独尊,谓之孤。文义指楚丧失其师众,诛灭其执政大臣,亦与"子玉"自尽有关
黄锡全《新出晋"搏伐楚荆"编钟铭文述考》《子犯编钟补议》	释为"亢",训为"颈";后改释为"尣",读如"狂",指子玉	该字字形为"大"加一笔,与"亢"近似,指断其颈、斩其头。后改释"尣",因字形"从大而曲其右",意为楚帅子玉狂妄,战败后为楚王所诛杀
蔡哲茂《再论子犯及编钟》	释作"禹",读作"玉",指"子玉"	未详细列明理由
张光远《子犯和钟的新证、测音与校释》	释作"蜀",读为"属"	该字字形由侧身"人"形与"虫"部分重叠构成,似班簋铭文的"蜀"字。意思是晋军灭亡楚国大军,歼灭楚国部署
罗卫东《子犯编钟补释》	释作"年",意为"军队粮草"	该字字形为"年"字省俭。《史记》:"晋焚楚军,火数日不熄。"《左传》"晋师三日馆谷"可解释"灭厥年"为灭掉楚军的粮草储备
袁国华《子犯编钟 <img_char> 字考释》	隶定作"查",读为"幼",训为"小孩子"	该字字字形从"大""目"声。禹鼎有"王乃命西六师,殷八师,曰:'扑伐噩侯驭方,勿遗寿幼'"辞例

今按:鉴于学者多以字形相似度入手分析,现将上表提及的字形罗列如下,以资比较。

字	释读字	禹		瓜		亢	
字形	<img_char>	<img_char>	<img_char>	<img_char>	<img_char>	<img_char>	<img_char>
出处	子犯编钟	禹鼎2833	秦公簋	令狐君嗣子壶9720	小篆	《合集》18070	矢令方彝9901

字	释读字		蜀	九		年	大		昌（以）
字形	〔字形〕	〔字形〕	〔字形〕	〔字形〕	〔字形〕	〔字形〕	〔字形〕	〔字形〕	〔字形〕
出处	子犯编钟	班簋341	小篆	史墙盘	小篆	《合集》546	小篆	佚393	郳公钘钟

释读字字形与"禹"区别："禹"左侧有分叉斜画，释读字无，二字有所别；释读字字形与"瓜"区别：释读字无"瓜"字藤蔓、果实之形，二字字形差异较大；释读字字形与"亢"区别：释读字下部所从无"亢"下部相交"A"形，二字字形差异较大；释读字字形与"蜀"区别：释读字无"蜀"区别形部件"目"形，显然非同字；释读字字形与"九"区别：释读字未见"九"下部曲胫之形，非一字；释读字字形与"年"区别：释读字未见"年"人负禾之形。释读字与"昌"（比照"大""目"形）字形最为接近。

综上，释读字应隶定为"昌"，从"大""目"声。但把此字读为"幼"似不妥，"不放过小孩子"的文义理解似过于残忍，于春秋礼制亦不合。笔者认为释读字读为"司"。"昌"为"目"声，喻母之部，"司"心母之部，二者语音关系极近，可以通假，且有辞例为证。古"嗣"与"似"通用。《诗·大雅·卷阿》："似先公酋矣。""似"，《尔雅·释诂》郭璞注引作"嗣"。段玉裁注《说文》"似"字云："《诗·斯干》《裳裳者华》《卷阿》《江汉》传皆曰：'似，嗣也。'此谓似为嗣之假借字也。""司"此处训为"官"，主管之长，相当于统帅。

《国语·鲁语上》："展禽使乙喜以膏沐犒师，曰：'寡君不佞，不能事疆场之司，使君盛怒，以暴露于敝邑之野，敢犒与师。'"韦昭注："司，主也，主疆场之吏也。"据铭文内容来看，"灭厥司"指灭绝楚军将领，应该与子玉战败自杀之事有关。

二、文本对读汇编

本篇文本对读以事件分类以明晰钟铭所记事件在不同文献中的对应。

1. 重耳流亡, 返国之事

《左传》

【僖公二十三年】

晋公子重耳之及于难也,晋人伐诸蒲城。蒲城人欲战,重耳不可,曰:"保君父之命而享其生禄,于是乎得人。有人而校,罪莫大焉。吾其奔也。"遂奔狄。从者狐偃、赵衰、颠颉、魏武子、司空季子。狄人伐廧咎如,获其二女:叔隗、季隗,纳诸公子。公子取季隗,生伯儵、叔刘;以叔隗妻赵衰,生盾。将适齐,谓季隗曰:"待我二十五年,不来而后嫁。"对曰:"我二十五年矣,又如是而嫁,则就木焉。请待子。"处狄十二年而行。过卫,卫文公不礼焉。

出于五鹿,乞食于野人,野人与之块,公子怒,欲鞭之。子犯曰:"天赐也。"稽首,受而载之。

及齐,齐桓公妻之,有马二十乘,公子安之。从者以为不可。将行,谋于桑下。蚕妾在其上,以告姜氏。姜氏杀之,而谓公子曰:"子有四方之志,其闻之者,吾杀之矣。"公子曰:"无之。"姜曰:"行也。怀与安,实败名。"公子不可,姜与子犯谋,醉而遣之。醒,以戈逐子犯。

及曹,曹共公闻其骈胁,欲观其裸。浴,薄而观之。僖负羁之妻曰:"吾观晋公子之从者,皆足以相国。若以相,夫子必反其国。反其国,必得志于诸侯。得志于诸侯而诛无礼,曹其首也。子盍蚤自贰焉。"乃馈盘飧,置璧焉。公子受飧反璧。

及宋,宋襄公赠之以马二十乘。

及郑,郑文公亦不礼焉。叔詹谏曰:"臣闻天之所启,人弗及也。晋公子有三焉,天其或者将建诸,君其礼焉。男女同姓,其生不蕃。晋公子,姬出也,而至于今,一也。离外之患,而天不靖晋国,殆将启之,二也。有三士足以上人,而从之,三也。晋、郑同侪，其过子弟，固将礼焉，况天之所启乎？"弗听。

及楚，楚子飨之，曰："公子若反晋国，则何以报不谷？"对曰："子女玉帛则君有之，羽毛齿革则君地生焉。其波及晋国者，君之余也，其何以报君？"曰："虽然，何以报我？"对曰："若以君之灵，得反晋国，晋、楚治兵，遇于中原，其辟君三舍。若不获命，其左执鞭弭，右属櫜鞬，以与君周旋。"子玉请杀之。楚子曰："晋公子广而俭，文而有礼。其从者肃而宽，忠而能力。晋侯无亲，外内恶之。吾闻姬姓，唐叔之后，其后衰者也，其将由晋公子乎。天将兴之，谁能废之！违天必有大咎。"乃送诸秦。

秦伯纳女五人，怀嬴与焉，奉匜沃盥，既而挥之。怒曰："秦、晋匹也，何以卑我！"公子惧，降服而囚。他日，公享之。子犯曰："吾不如衰之文也。请使衰从。"公子赋《河水》，公赋《六月》。赵衰曰："重耳拜赐。"公子降拜稽首，公降一级而辞焉。衰曰："君称所以佐天子者命重耳，重耳敢不拜。"

【僖公二十四年】

及河，子犯以璧授公子曰："臣负羁绁从君巡于天下，臣之罪甚多矣。臣犹知之，而况君乎。请由此亡。"公子曰："所不与舅氏同心者，有如白水。"投其璧于河。济河，围令狐，入桑泉，取白衰。二月甲午，晋师军于庐柳。秦伯使公子絷如晋师，师退，军于郇。辛丑，狐偃及秦、晋之大夫盟于郇。壬寅，公子入于晋师。丙午，入于曲沃。丁未，朝于武宫。戊申，使杀怀公于高梁。不书，亦不告也。

吕、郤畏偪，将焚公宫而弑晋侯。寺人披请见，公使让之，且辞焉。曰："蒲城之役，君命一宿，女即至。其后余从狄君以田渭滨，女为惠公来求杀余，命女三宿，女中宿至。虽有君命，何其速也。夫袪犹在，女其行乎。"对曰："臣谓君之入也，其知之矣。若犹未也，又将及难。君命无二，古之制也。除君之恶，唯力是视。蒲人、狄人，余何有焉。今君即位，其无蒲、狄乎？齐桓公置射钩而使管仲相，君若易之，何辱命焉？行者甚众，岂唯刑臣。"公见之，以难告。三月，晋侯潜会秦伯于王城。己丑晦，公宫火，瑕甥、郤芮不获公，乃如河上，秦伯诱而杀之。晋侯逆夫人嬴氏以归。秦伯送卫于晋三千人，实纪纲之仆。

初，晋侯之竖头须，守藏者也。其出也，窃藏以逃，尽用以求纳之。及入，求见，公辞焉以沐。谓仆人曰："沐则心覆，心覆则图反，宜吾不得见也。居者为社稷之守，行者为羁绁之仆，其亦可也，何必罪居者？国君而仇匹夫，惧者甚众矣。"仆人以告，公遽见之。

狄人归季隗于晋而请其二子。文公妻赵衰，生原同、屏括、楼婴。赵姬请逆盾与其母，子余辞。姬曰："得宠而忘旧，何以使人？必逆之。"固请，许之，来，以盾为才，固请于公以为嫡子，而使其三子下之，以叔隗为内子而己下之。

晋侯赏从亡者，介之推不言禄，禄亦弗及。推曰："献公之子九人，唯君在矣。惠、怀无亲，外内弃之。天未绝晋，必将有主。主晋祀者，非君而谁。天实置之，而二三子以为己力，不亦诬乎？窃人之财，犹谓之盗，况贪天之功，以为己功乎？下义其罪，上赏其奸，上下相蒙，难与处矣！"其母曰："盍亦求之，以死谁怼？"对曰："尤而效之，罪又甚焉，且出怨言，不食其食。"其母曰："亦使知之若何？"对曰："言，身之文也，身将隐，焉用文之？是求显也。"其母曰："能如是乎？与女偕隐。"遂隐而死。晋侯求之，不获，以绵上为之田，曰："以志吾过，且旌善人。"

2. 城濮之战

《春秋》

【僖公二十八年】

夏四月己巳，晋侯，齐师，宋师，秦师及楚人战于城濮，楚师败绩。楚杀其大夫得臣。

《左传》

【僖公二十八年】

夏四月戊辰，晋侯、宋公、齐国归父、崔夭、秦小子慭次于城濮。楚师背酅而舍，晋侯患之，听舆人之诵，曰："原田每每，舍其旧而新是谋。"公疑焉。子犯曰："战也。战而捷，必得诸侯。若其不捷，表里山河，必无害也。"公曰："若楚惠何？"栾贞子曰："汉阳诸姬，楚实尽之。思小惠而忘大耻，不如战也。"晋侯梦与楚子搏，楚子伏己而盬其脑，是以惧。子犯曰："吉。我得天，楚伏其罪，吾且柔之矣。"

子玉使斗勃请战，曰："请与君之士戏，君冯轼而观之，得臣与寓目焉。"晋侯使栾枝对曰："寡君闻命矣。楚君之惠未之敢忘，是以在此。为大夫退，其敢当君乎？既不获命矣，敢烦大夫谓二三子，戒尔车乘，敬尔君事，诘朝将见。"

晋车七百乘，韅、靷、鞅、靽。晋侯登有莘之虚以观师，曰："少长有礼，其可用也。"遂伐其木以益其兵。己巳，晋师陈于莘北，胥臣以下军之佐当陈、蔡。子玉以若敖之六卒将中军，曰："今日必无晋矣。"子西将左，子上将右。胥臣蒙马以虎皮，先犯陈、蔡。陈、蔡奔，楚右师溃。狐毛设二旆而退之。栾枝使舆曳柴而伪遁，楚师驰之。原轸、郤溱以中军公族横击之。狐毛、狐偃以上军夹攻子西，楚左师溃。楚师败绩。子玉收其卒而止，故不败。……

乡役之三月，郑伯如楚致其师，为楚师既败而惧，使子人九行成于晋。

3. 夏季会盟

《春秋》

【僖公二十八年】

五月癸丑，公会晋侯、齐侯、宋公、蔡侯、郑伯、卫子、莒子，盟于践土。

陈侯如会。

公朝于王所。

六月，卫侯郑自楚复归于卫。

卫元咺出奔晋。

《左传》

【僖公二十八年】

甲午，至于衡雍，作王宫于践土。……

五月丙午，晋侯及郑伯盟于衡雍。丁未，献楚俘于王，驷介百乘，徒兵千。郑伯傅王，用平礼也。己酉，王享醴，命晋侯宥。王命尹氏及王子虎、内史叔兴父策命晋侯为侯伯。赐之大辂之服，戎辂之服，彤弓一，彤矢百，玈弓矢千，秬鬯一卣，虎贲三百人。曰："王谓叔父，敬服王命，以绥四国，纠逖王慝。"晋侯三辞，从命。曰："重耳敢再拜稽首，奉扬天子之丕显休命。"受策以出，出入三觐。……癸亥，王子虎盟诸侯于王庭，要言曰："皆奖王室，无相害也。有渝此盟，明神殛之，俾队其师，无克祚国，及而玄孙，无有老幼。"君子谓是盟也信，谓晋于是役也能以德攻。

【襄公八年】

城濮之役，我先君文公献功于衡雍，受彤弓于襄王，以为子孙藏。

【襄公二十五年】

（子产）对曰："我先君武、庄为平、桓卿士。城濮之役，文公布命曰：'各复旧职。'命我文公戎服辅王，以授楚捷。"

【昭公十五年】

其后襄之二路，戚钺、秬鬯、彤弓、虎贲，文公受之，以有南阳之田，抚征东夏。

【定公五年】

晋文公为践土之盟，……其载书云："王若曰，晋重、鲁申、卫武、蔡甲午、郑捷、齐潘、宋王臣、莒期……"

六月，晋人复卫侯。宁武子与卫人盟于宛濮，曰："天祸卫国，君臣不协，以及此忧也。今天诱其衷，使皆降心以相从也。不有居者，谁守社稷？不有行者，谁扞牧圉？不协之故，用昭乞盟于尔大神以诱天衷。自今日以往，既盟之后，行者无保其力，居者无惧其罪。有渝此盟，以相及也。明神先君，是纠是殛。"国人闻此盟也，而后不贰。卫侯先期入，宁子先，长牂守门以为使也，与之乘而入。公子歂犬、华仲前驱。叔孙将沐，闻君至，喜，捉发走出，前驱射而杀之。公知其无罪也，枕之股而哭之。歂犬走出，公使杀之。元咺出奔晋。

城濮之战，晋中军风于泽，亡大旆之左旃。祁瞒奸命，司马杀之，以徇于诸侯，使茅伐代之。师还。壬午，济河。舟之侨先归，士会摄右。秋七月丙申，振旅，恺以入于晋。献俘授馘，饮至大赏，征会讨贰。杀舟之侨以徇于国，民于是大服。

4. 冬季会盟

《春秋》

【僖公二十八年】

冬，公会晋侯、齐侯、宋公、蔡侯、郑伯、陈子、莒子、邾人、秦人于温。天王狩于河阳。壬申，公朝于王所。晋人执卫侯，归之于京师。

《左传》

【僖公二十八年】

冬，会于温，讨不服也……

执卫侯，归之于京师，置诸深室……

是会也，晋侯召王，以诸侯见，且使王狩。仲尼曰："以臣召君，不可以训。"故书曰："天王狩于河阳。"言非其地也，且明德也。

壬申，公朝于王所。

因铭文"子犯佑晋公来复其邦"的叙述十分简略，内含的史事细节不多，且传世文献关于重耳回国即位之过程记载比较复杂，在此略去此条，在铭文与《左传》外其他传世文献的对比中，笔者仅以"城濮大战"及其后的两次会盟为重点进行比较。《史记》系史书与铭文相关内容记载梳理如下：

《史记·晋世家》

楚围宋，宋复告急晋。文公欲救则攻楚，为楚尝有德，不欲伐也；欲释宋，宋又尝有德于晋：患之。先轸曰："执曹伯，分曹、卫地以与宋，楚急曹、卫，其势宜释宋。"于是文公从之，而楚成王乃引兵归。

楚将子玉曰："王遇晋至厚，今知楚急曹、卫而故伐之，是轻王。"王曰："晋侯亡在外十九年，困日久矣，果得反国，险阸尽知之，能用其民，天之所开，不可当。"子玉请曰："非敢必有功，愿以间执谗慝之口也。"楚王怒，少与之兵。于是子玉使宛春告晋："请复卫侯而封曹，臣亦释宋。"咎犯曰："子玉无礼矣，君取一，臣取二，勿许。"先轸曰："定人之谓礼。楚一言定三国，子一言而亡之，我则毋礼。不许楚，是弃宋也。不如私许曹、卫以诱之，执宛春以怒楚，既战而后图之。"晋侯乃囚宛春于卫，且私许复曹、卫。曹、卫告绝于楚。楚得臣怒，击晋师，晋师退。军吏曰："为何退？"文公曰："昔在楚，约退三舍，可倍乎！"楚师欲去，得臣不肯。……

四月戊辰，宋公、齐将、秦将与晋侯次城濮。己巳，与楚兵合战，楚兵败，得臣收余兵去。甲午，晋师还至衡雍，作王宫于践土……五月丁未，献楚俘于周，驷介百乘，徒兵千。天子使王子虎命晋侯为伯，赐大辂，彤弓矢百，玈弓矢千，秬鬯一卣，珪瓒，虎贲三百人。晋侯三辞，然后稽首受之。周作晋文侯命："王若曰：父义和，丕显文、武，能慎明德，昭登于上，布闻在下，维时上帝集厥命于文、武。恤朕身、继予一人永其在位。"于是晋文公称伯。癸亥，王子虎盟诸侯于王庭。

晋焚楚军，火数日不息，文公叹。左右曰："胜楚而君犹忧，何？"文公曰："吾闻能战胜安者唯圣人，是以惧。且子玉犹在，庸可喜乎！"子玉之败而归，楚成王怒其不用其言，贪与晋战，让责子玉，子玉自杀。晋文公曰："我击其外，楚诛其内，内外相应。"于是乃喜。

六月，晋人复入卫侯。壬午，晋侯度河北归国。行赏，狐偃为首。或曰："城濮之事，先轸之谋。"文公曰："城濮之事，偃说我毋失信。先轸曰'军事胜为右'，吾用之以胜。然此一时之说，偃言万世之功，奈何以一时之利而加万世功乎？是以先之。"

冬，晋侯会诸侯于温，欲率之朝周。力未能，恐其有畔者，乃使人言周襄王狩于河阳。壬申，遂率诸侯朝王于践土。孔子读史记至文公，曰"诸侯无召王""王狩河阳"者，春秋讳之也。

《史记·晋世家》

四年，楚成王伐宋，宋告急于晋。五年，晋文公救宋，楚兵去。

三、关于子犯编钟的讨论

1.关于铭首历日问题的讨论

第一钟："隹（惟）王五月，初吉丁未"钟铭开头句未系年，引起学术界激烈的讨论，主要有以下观点。

第一种观点认为此乃"鲁僖公二十一年，乃重耳去齐复国之日"。张闻玉先生持此观点。正如《左传》所谓"彝器之来，嘉功之由""铭其功烈，以示子孙"，张先生认为编钟乃为记功，钟铭依次记录了子犯一生功业，即"子犯佑晋公左右，来复其邦"（据钟铭，时间为五月初吉丁未）；"子犯及晋公率西之六师搏伐楚荆"（据《春秋》，时间为僖公二十八年夏四月己巳）；"子犯佑晋公左右，燮诸侯，稗朝王，克奠王位"（据《左传》，时间为僖公二十八年五月癸丑）三件大事。也就是说，铭文首句纪日当为"来复其邦"之日，结合传世文献记载，查阅与"五月，初吉丁未"吻合的日子，可以推断铭首历日为子犯谋划将重耳灌醉去齐之时。根据《诗·小明》毛传、《国语·周语上》韦注、《周礼》郑注"初吉即朔"的原则，结合《晋世家》《左传》《国语》等相关记录，重耳去齐之事应发生在僖公二十一年寅正五月丁未朔，与铭文所记相合。相比其他功绩，子犯在使重耳去齐归国这件事上作用最大，故钟铭开篇记此时间。彭裕商先生[①]持反对意见。理由为：其一，传世文献中并未记载重耳去齐之确切日期，将钟铭历日指为去齐之日没有根据；其二，依铭文内容来看，重点讲述诸侯因子犯之功而进献元金，很明显与诸侯有关的功劳应是指子犯在城濮之战和践土之盟中辅佐重耳。至于帮助晋侯返国，则只能得到晋公的赏赐，于诸侯毫不相干，不能理解为重耳去齐之事。

第二种观点认为此乃"鲁僖公二十四年，晋文公归国即位之日"，持此观点的学者有冯时先生[②]和陈双新先生[③]。钟铭首句纪日要与后句"子犯佑晋公左右来复其邦"连读，如此，既符合金文记时的目的、形式，又可将铭文时间与史实互联。两周金文有四种纪年形式：其一，文记数事，依事情发生时间的先后、次序依次记录，以"利簋"铭文为代表；其二，文记数事，但记事时间采取倒叙形式。追述前事必分段标明，且首记之事必为最后发生之事，以"曶鼎"铭文为代表；其三，文

---

① 彭裕商．也谈子犯编钟的"五月初吉丁未"[N]．中国文物报，1996-2-11（3）．
② 冯时．春秋子犯编钟纪年研究——晋重耳归国考[J]．文物世界，1997（4）：59-65．
③ 陈双新．子犯钟铭考释[J]，安徽教育学院学报，2000（1）：38-40．

记一事，纪年则为事件发生的时间，如"宜侯矢"铭文；其四，仅记作器时间，以"虢季子白盘"铭文为代表。对照发现，本编钟钟铭纪年形式只能是"文记数事，依事情发生时间的先后，次序依次记录"。如此，当以铭首时间对应的事件"子犯佑晋公归国"为最早。再者，比较铭文所记三件史事，子犯在"子犯佑晋重耳归国"之事上贡献最大，此事对子犯有特殊意义，故要置于铭首、标明时间，以特别铭记。如此理解，则器铭纪年与作器时间相去若干时段，但此种现象两周铜器习见，不足为异。最后，两周记时、记事较为完整的较长铭文，某一具体时间一般都与某项具体事实相联系，则铭首历日记"来复其邦"时间"唯王五月"表明，其纪年系用子正周历，而晋用夏正，周正五月恰合晋夏历三月。如此，则与《左传》《史记》记重耳归国即位时间"二月丁未"实为"三月丁未"合。①

　　第三种观点认为此乃"鲁僖公二十八年，晋献楚俘于王之日"，张光远、裘锡圭、李学勤、黄锡全、白光琦、武家璧、江林昌等诸多学者持此意见。钟铭铭首的记时是周代大多数彝铭的体例，可以据此推知此日乃铸器之日②；后文的铭文内容对应子犯辅佐晋公子复国、城濮之战、践土之盟三件大事。据《左传》《史记》等文献记载，"五月丁未"时晋献楚俘于王，周天子赏赐晋侯之日，日期与铭文日期相合；城濮大战对周王朝意义重大，首句钟铭记此日，既是战争胜利的标志，又是尊王的重要体现。如此理解，则子犯在那一天也受到了周天子的赏赐，感到无限荣光，故制作此器纪念。③④ 但钟铭没有直接记载"献俘于王"，原因可能是子犯在献俘仪式中没有担任角色。武家璧先生推测了子犯未铸"献俘于王"的原因，指出："钟铭'来复其邦'之后应有'献俘于王'一语，不知何以漏铸？⋯⋯'来复其

①　据陈双新文：冯时先生推算晋文公元年前后的历日后肯定了王韬《春秋朔闰日至考》提出的"《传》'二月甲午，晋师军于卢柳。'二月无甲午，以下并差一月，前年之闰应移于此年岁终则合矣"的结论。如此，重耳当于三月丁未"朝于武宫"（杜预注云："武宫者，文公之祖武宫庙"）。
②　张光远. 子犯和钟的新证、测音与校释 [J].（台北）故宫文物月刊,1995（150）.
③　黄锡全. 新出晋"搏伐楚荆"编钟铭文述考 [C]// 首届长江文化暨楚文化国际学术讨论会筹备委员会编. 长江文化论集,武汉：湖北教育出版社,1995.
④　白光琦. 子犯编钟的年份问题 [J]. 文物世界,1997（2）：56.

邦'的直接目的正是为了'献楚俘于王',这是晋文公'尊王''求诸侯''取威定霸'这一战略目标的重要步骤。也许子犯认为'献俘于王'的主人应为晋公,自己只不过'佑晋公左右'而已,不敢'贪天之功以为己力',所以才没有将此典铸入钟铭吧?"① 但亦有学者提出反对意见。如彭裕商先生 ② 据张培瑜《三千五百年历日天象》推算出是年五月丁未乃十二日,与初吉不合,且纪日为何选定这一天,上述观点无法自圆其说。冯时先生认为,如果把铭首时间理解为晋献楚俘于王之日,则次句回述子犯初佑晋公归国事,其后复记城濮之战及会盟诸事,钟铭所记三件史事忽前忽后,甚怪。况且城濮之战、践土之盟以及周王策命赐赏三件事情的意义远重于献俘之日,因此铭首仅记献俘之日不合理。如此理解,则铭首历日乃自众日之中选取中间一日的形式,不仅纪年形式似是而非,而且与西周金文纪年惯例不符。两周金文一般凡铭记时间者,都要与某一具体事实相联系,但子犯编钟并未记有献俘之事,以铭首历日为献俘之日明显与两周金文的文记时之目的及形式不合。③

第四种观点认为此乃"鲁僖公三十一年,子犯铸器之日"。彭裕商先生认为,铭首所记时间应统摄铭文所记三件史实,但此时间不合于其中任何一件事情,因此可推测铭首的时间应与所记史事无关,应该是铸器之日。冯时先生、白光琦先生等提出了反对意见。冯时先生 ④ 认为:"(如果认为铭首时间是子犯铸器之日)然僖公二十八年五月丁未在践土会盟之前,故依此说,作器时间最早也要在次年五月之丁未日,如此,则子犯为纪念其助晋公称霸之功,于践土会盟之后一年才筹划作器,时间相隔过远,况如此解释,于文义也不甚贯通。"白光琦先生的反对意见为:"或谓此为作器之日,周襄王二十三年五月戊申朔,与丁未只差一日。按是年周正五月,平朔、定朔都在庚戌,春秋时历朔基本合天,决不会先天二日以上,

---

① 武家璧.子犯钟钟铭考释 [J].中原文物,1998(2):66-70.

② 彭裕商.也谈子犯编钟的"五月初吉丁未"[N].中国文物报,1996-2-11(3).

③ 冯时.春秋子犯编钟纪年研究——晋重耳归国考 [J].文物世界,1997(4):59-65.

④ 冯时.春秋子犯编钟纪年研究——晋重耳归国考 [J].文物世界,1997(4):59-65.

丁未乃四月二十八日,如何能称为'五月初吉'?且《三千五百年历日天象》所附周历,其气朔与太初历相同,乃汉人伪造的所谓《真周历》,不足为据,退一步说,即使是战国古历,也不能逆施于春秋。故此说实难成立。"①

今按:笔者以为"去齐之日"不确,在上述学者提出的合理反对意见之上,特增补一说。重耳流亡在外十九年,据《左传》僖公二十三年、二十四年所记,重耳在狄国生活十二年,然后经卫国到齐国。去齐之后,重耳一行并未直接回到晋国,还依次到访曹国、宋国、郑国、楚国,最后来到秦国,在秦穆公的护送下回到晋国。"去齐之日"对重耳、子犯来说固然重要,但绝不是"来复其邦"的关键。因为去齐乃因齐桓公去世,齐国内乱,也就是为了逃亡,而不是为了"复国"。重耳流亡至秦国时,才听闻晋惠公辞世。秦穆公对即位的晋怀公背信弃义非常不满,趁此借机想把重耳送回晋国,替代晋怀公。至此,重耳才见到了复国的机会。所以仅"去齐之日"是不能对应铭文"子犯佑晋公左右,来复其邦"的。

"献俘之日"之说,亦不确。上述学者的驳斥已经非常充分,笔者现补充一点。依《春秋》中僖公二十八年记载:"夏四月己巳,晋侯、齐师、宋师、秦师及楚人战于城濮,楚师败绩。楚杀其大夫得臣。""五月癸丑,公会晋侯、齐侯、宋公、蔡侯、郑伯、卫子、莒子,盟于践土。"仅记载了意义重大的城濮大战和践土之盟,丝毫未提献俘之事,可见三事重要程度之轻重。

"子犯铸器之日"亦理据不足,上文引述学者们在历日方面的驳斥理由十分充分,盖不赘述。

关于铭首历日是"晋文公归国即位"之日的说法讨论如下。重耳即位,是"城濮之战""践土之盟"的前提,亦是子犯最值得骄傲和自豪的功绩。且如此理解铭文所记时序,与《国语·周语上》"襄王十六年,立晋文公。二十一年,以诸侯朝于衡雍,且献楚捷,遂为践土之盟,于是乎始霸"的次序相合。唯一的纠结在于,据《左传·僖公二十四年》《史记·晋世家》记载,重耳即位的时间是二月丁未,

① 白光琦.子犯编钟的年份问题[J].文物世界,1997(2):56.

与铭文所记"五月初吉丁未"相差整三月。陈双新先生对此差异做了解释,陈文说:"冯时先生推算晋文公元年前后的历日后,肯定了王韬《春秋朔闰日至考》提出的'《传》二月甲午,晋师军于卢柳。'二月无甲午,以下并差一月。前年之闰应移于此年岁终则合矣'的结论。如此,重耳当于三月丁未'朝于武宫'(杜预注云:'武宫者,文公之祖武宫庙')";"钟铭'唯王五月'表明其纪年系用子正周历,而晋用夏正(栾书缶:'正月季春'可以证之),周正五月恰合晋夏历三月。《左传》很多本之晋史,而晋史或当时之人以其所行夏历记载。"[①] 但细推敲,陈文亦有误。夏正与周正相差两个月,但于记日则无差别。依历日推算,倘若五月初吉为丁未,则甲午当在四月中旬,而不可能在三月。故铭首历日为"晋文公归国即位"之日说亦不能视而为定论。

综上,铭首历日究竟为何事,尚待学者更为深入的研究。

2. 对子犯编钟所涉史事的讨论

关于子犯编钟所反应的具体史事,除铭文第二件史事对应"城濮大战"为共识外,其他两件史事学界尚存分歧,现梳理如下:蔡哲茂、张闻玉、彭裕商、冯时、张光远、陈双新等先生认为钟铭所记为重耳返国即位、践土之盟后诸侯朝周王于衡雍;李学勤先生则认为钟铭记载了重耳返国即位、践土之盟后晋公率诸侯朝周王于践土;武家璧先生的观点是除"城濮大战"大战,钟铭所记其他二事为晋献楚俘于王和天子狩于河阳(鲁僖公二十八年冬季壬申践土之会,史籍漏载月份)。接下来,笔者就相关史实略作讨论。

(1)关于"来复其邦"史实的讨论

关于此事,学界观点有四:其一,重耳结束流亡,返晋复国。持此观点的学者

---

① 陈双新. 子犯钟铭考释 [J], 安徽教育学院学报, 2000(1): 38—40.

有张光远①、蔡哲茂②、裘锡圭③、黄锡全④、冯时⑤等先生。其二，子犯佑晋公去齐复国。持此观点学者有张闻玉⑥、李学勤⑦等先生。其三，城濮之战大胜，归来献俘。持此观点的学者有：武家璧等先生⑧。其四，子犯辅助晋公成就霸业，"来复其邦"指再现文侯之功、武公之业。白光琦先生持此观点。⑨

前三种观点都把篇首"五月初吉丁未"与其后"子犯佑晋公左右来复其邦"连读，认为前者历日即为后者事件的发生时间。需要说明的是第三种观点。武文依据金文凡记功赏之事多一器记一事的体例⑩认为，本器就"搏伐楚荆"（城濮大战）一事而铸，"来复其邦"指城濮大战后得胜归来，返回我邦。如此理解，铭首历日与传世文献所记"城濮大战"的时间矛盾无法解释，所以此说非是。第四种观点理解的前提是铭首历日为作器之日，和铭文所涉史事均不相关，此与两周金文常见较长的铭文体例相违。在两周记事较为完整的长铭文中，所记历日多与具体事件相连，未发现前有历日后无对应事件的情况。

（2）关于"燮诸侯，俾朝王，克定王位"史事的讨论

学界关于此事亦有两种观点：第一，认为此事发生在鲁僖公二十八年夏，乃"鲁僖公二十八年践土之盟后诸侯朝周王于衡雍"之事，持此观点的学者有：蔡哲茂、张闻玉、彭裕商、冯时、张光远、陈双新等先生，理由是他们认为编钟钟铭强调的是子犯一生最重要的两大功绩，一是助重耳返晋国，二是城濮大战大败楚国。

---

① 张光远. 春秋晋文称霸"子犯和钟"初释 [J].（台北）故宫文物月刊,1995（4）.

② 蔡哲茂. 再论子犯及编钟 [N]. 中国文物报,1995-9-1（6）.

③ 裘锡圭. 也谈子犯编钟 [J],（台北）故宫文物月刊,1995（149）.

④ 黄锡全. 新出晋"搏伐楚荆"编钟铭文述考新出晋"搏伐楚荆"编钟铭文述考 [C]// 首届长江文化暨楚文化国际学术讨论会筹备委员会编. 长江文化论集,武汉：湖北教育出版社,1995.

⑤ 冯时. 春秋子犯编钟纪年研究——晋重耳归国考 [J]. 文物世界,1997（4）：59-65.

⑥ 张闻玉. 子犯和钟"五月初吉丁未"解 [N], 中国文物报,1996-1-7（3）.

⑦ 李学勤. 补论子犯编钟 [N]. 中国文物报,1995-5-28（3）.

⑧ 武家璧. 子犯钟钟铭考释 [J]. 中原文物,1998（2）：66-70.

⑨ 白光琦. 子犯编钟的年份问题 [J]. 文物世界,1997（2）：56.

⑩ 补充说明：仅追孝体可一器记多事，每事有时间用词作别。

故此应为城濮大战之后，晋公率诸侯衡雍朝王之事。第二，他们认为此事发生在鲁僖公二十八年冬。李学勤先生主要持此观点，认为乃"鲁僖公二十八年践土之盟后晋公率诸侯朝周王于践土"之事。李文认为铭文所记的这件事，《春秋》经、传的对应年份四至七月都没有记载。①《春秋》经云："冬，公会晋侯、齐侯、宋公、蔡侯、郑伯、陈子、莒子、邾子、秦人于温。天王狩于河阳。壬申，公朝于王所。"《左传》称："冬，会于温，讨不服也。……是会也，晋侯召王，以诸侯见，且使王狩。仲尼曰：以臣召君，不可以训。故书曰：'天王狩于河阳。壬申，公朝于王所。'"可知据《春秋》《左传》记载，到了同年的冬天，才发生了诸侯朝王一事。《史记·周本记》《史记·晋世家》《十二诸侯年表》也均有是年壬申，晋、鲁、齐、秦、卫、陈、蔡朝王于践土之事。武家璧先生亦认为铭文所记为位于河阳的践土之会、即史籍常见的"鲁僖公二十八年天子狩于河阳（冬季壬申践土之会，史籍漏载月份）"之事。② 按照两周金文就事而铸器，一器记一事的惯常体例，铭文所记三事可以看作是与"城濮之战"相关联的同一件大事。前文"来复其邦"来归之地当指"王所"。两次践土的盟会，一为鲁僖公五月癸亥位于衡雍的"践土之盟"，一为冬季壬申河阳的"践土之会"，显然铭文所记为后者。

笔者认为铭文"爕诸侯，俾朝王，克定王位"对应的史事应是冬季那次朝王活动。最主要的判断依据是《左传·哀公十三年》："王合诸侯，则伯帅侯牧以见于王。"也就是说，重耳必须在"（五月）己酉，王享礼，命晋侯宥。王命尹氏及王子虎、内史叔兴父策命晋侯为侯伯，赐之……"（《左传·僖公二十八年》）被命名诸侯长之后，才有资格替天子行"征会、讨贰"之事，也才可以说"爕诸侯，俾朝王"。需要说明的是，不同史籍对会盟所记稍有不同，详见本章《子犯编钟》文本对读"的相关内容。

---

① 《春秋》云："鲁僖公朝于王所"，杨伯峻先生《春秋左传注》认为是"顺便而朝王"并非诸侯毕朝。

② 武家璧. 子犯钟钟铭考释 [J]. 中原文物，1998（2）：66-70.

3. 关于"西之六师"的讨论

"西之六师"是学界继句首铭文历日之后讨论的最激烈的问题,现将主要的三种观点及学界的讨论略梳理如下。

第一种观点认为"六师"为晋军。张光远先生[1]、李学勤先生[2]持此观点,以《左传·僖公二十八年》:"晋侯作三行以御狄,荀林父将中行,屠击将右行,先蔑将左行"为证。张先生认为鲁僖公二十七年,晋作三军,由上军将佐、中军将佐、下军将佐"六员大将组成之'三军',是即钟铭之称'六师'"。李先生认为:"三军三行,就是六军,或称'六师'。看钟铭,可能城濮之战时已有三行的设置,后来不过加以固定罢了。"

第二种观点认为"六师"为周王军队。黄锡全先生[3],江林昌先生[4]认为按照当时的礼制,天子六军、大国三军、中国二军、小国一军。天子之军在西周文献和铭文中常被叫作"西六师"。但此观点似与史实不符:春秋时期王室衰微,遇到内忧外患之时需向诸侯求救。据史籍记载,此时周郑交恶,《左传·僖公十六年》载戎狄入侵时,周王曾告难于齐,可知周王六师之制早已名存实亡,故此不可能为周王之师。周王军队应该远远达不到"六师"的规模。若王师参战,则史官理应着重记于史册,但从《左传》《国语》《史记》等文献来看,并未见周王军队参加城濮之战。且周王之师在西周铭文和文献中常纪作"西六师","西之六师"未见,所以此观点不正确。

第三种观点认为"六师"为晋三军和秦、齐、宋国联军。何树环先生[5]指出,传

---

① 张光远.春秋晋文称霸"子犯和钟"初释[J].(台北)故宫文物月刊,1995(4).

② 李学勤.补论子犯编钟[N].中国文物报,1995-5-28(3).

③ 黄锡全.新出晋"搏伐楚荆"编钟铭文述考:长江文化论集[G].武汉:湖北教育出版社,1995.

④ 江林昌.新出子犯编钟铭文史料价值初探[J].文献,1997(3):96-101.

⑤ 何树环.谈"子犯编钟"铭文中的"西之六师"[J],(台北)故宫文物月刊,2001(220):108-110.

世文献对城濮之战中晋三军有详细的描述，如《左传》："使郄縠将中军，郄溱佐之；使狐偃将上军，让于狐毛，而佐之；命赵衰为卿，让于栾枝、先轸。使栾枝将下军，先轸佐之。荀林父御戎，魏准为右。"而对三行却无记录，因此不能把"六师"都认为是晋国军队。结合《春秋·僖公二十八》年经文"夏四月己巳，晋侯、齐师、宋师、秦师及楚人战于城濮，楚师败绩"来看，"西之六师"应指晋三军和秦、齐、宋国联军。童书业先生关于"参加城濮之战的国家"的考证，恰可驳斥此观点，现悉引如下。

第一，参加城濮之战的国家，《春秋》《左传》有矛盾。据《春经》，晋方有晋、齐、宋、秦四国，而楚只一国，则楚师之败无足异。据《左传》，则晋方只晋一国，而楚方则有楚、陈、蔡三国，以方兴之晋国，败久强之楚国联军，是足异矣。考《国语·晋语四》："文公立四年，楚成王伐宋，公率齐、秦伐曹、卫以救宋……公告大夫曰……我欲击楚，齐秦不欲，其若之何？先轸曰：不若使齐、秦主楚怨……子玉释宋围从晋师……退三舍避楚……至于城濮，果战，楚众大败。"《国语·楚语上》："昔令尹子元之难，或谮王孙启于成王，王弗是，王孙启奔晋，晋人用之。及城濮之役，晋将遁矣，王孙启与于军事，谓先轸曰：'是师也，唯子玉欲之，与王心违，故唯东宫与西广实来。诸侯之从者，叛者半矣，若敖氏离矣，楚师必败，何故去之。'先轸从之，大败楚师，则王孙启之为也。"据此，晋寡楚众可信。《韩非子·难一》："晋文公将与楚人战，召舅犯，问之曰：'吾将与楚人战，彼众我寡，为之奈何……'"《吕氏春秋·义赏》："昔晋文公将与楚人战于城濮，召咎犯而问曰：'楚众我寡，奈何而可……'"上述引文皆先秦文献，与《左传》《国语》相证，更为有力。晋是时已作三军，然伐曹而假道于卫，卫人竟弗之许，晋师围曹，门焉，多死，晋侯患之，听舆人之谋，始克入曹，则晋师未必甚众。楚人围宋之役，从之者陈、蔡、郑，许四国，鲁人亦与会，楚为贾曰："子玉刚而无礼，不可以治民，过三百乘，其不能以入矣。"其后子玉请战，左氏谓"王怒，少与之师，唯西广东官与若敖之六卒实从之"。则楚师之从子玉者似不多。然子玉败后，王使谓之曰："大夫若入，其若申、息之老何！"是从子玉之军似以申、息之众为主力，西广东宫若敖之六卒为数不多，仅为王族中坚而已。申在西周末为大国，春秋初年，息国曾单独伐当时最强之郑，其军数皆不能甚少，二县从子玉之众至少当有数百乘，所谓"过三百乘"是也。陈、蔡之众亦当有数百乘，合之楚军当在千乘左右，晋军仅七百乘，故曰"楚众我寡"也。左氏载"晋侯、宋公、齐国归父、崔夭、秦小子憖次于城濮"，然则宋、齐、秦之军不过为晋之声援，未必参战。从楚四国之郑、许二国，亦当为楚声援而未参战。参战者，晋军七百乘，楚、申、息、陈、蔡五邑之师，必众于晋无疑，故"楚师背鄷而舍，晋侯患之"。子犯亦曰："若其不捷，表里山河，必无害也。"若晋方之众足当楚师，以晋国方兴之势，文公不能迟疑如此。《韩非》《吕览》之记载信而有征矣。左氏载："晋师陈于莘北，胥臣以下军之佐当陈、蔡，子玉以若敖之六卒将中军，曰：'今日必无晋矣。'子西将左，子上将右。胥臣蒙马以虎皮先犯陈、蔡，陈、蔡奔，楚右师溃，狐毛设二旆而退之，栾枝使舆曳柴而伪遁，楚师驰之，原轸、郤溱以中军公族横击之，狐毛、狐偃以上军夹攻子西，楚左师溃，楚师败绩。子玉收其卒而止，故不败。"据此，晋师独当楚军，胥臣下军之佐，军少，故蒙马以虎皮，薄败陈、蔡之师。晋中、上二军集中力量击溃楚之左军，楚师遂大败。然观子玉"今日必无晋"之语，则恃众逼晋之意气可见。总结上文所考，城濮之战晋以自力七百乘独当楚（包括申、息）、陈、蔡三国联军，以寡胜众，晋方之宋、齐、秦，楚方之郑、许，皆未参战也。

第二，城濮之战时晋、楚在中原势力比较亦可推断"西之六师"为联军的观点不确。是时从楚者盖有鲁、卫、莒、曹、陈、郑、许等国，从晋者仅宋、齐、秦三国。楚伐齐、宋，晋伐曹、卫，是为争衡之焦点。《左传·僖公二十六年》："东门襄仲、臧文仲知楚乞师，臧孙见子玉而道之伐齐、宋，以其不臣也。""不臣"自指不臣于楚，则是时楚人势力几已席卷中原，为中原事实上之霸主矣。《左传·昭公二十七年》记有，楚沈尹戌曰："平王之温惠共俭，有过成、庄、无不及焉、所以不获诸侯，迩无极也。"可见不仅庄王为霸主，成王亦为霸主也。是时晋人大挫楚锋，楚将有中原而或代周，春秋历史之形势必大变矣。城濮之战，晋以自力独当楚联军，以寡胜众，而晋方之宋、齐、秦，楚方之郑、许，皆未参战也。童先生对于城濮之战参展国的分析，理据充分，自然铭文"西之六师"为联军的说法是站不住脚的。

今按：笔者认为"六师皆为晋军"的观点是正确的。需要先对"晋国"的军制做些讨论。《左传·哀公二年》赵简子战前誓师时有云："克敌者，上大夫受县，下大夫受郡，士田十万，庶人工商遂，人臣隶圉免"，可见所向披靡的晋国劲旅由卿、大夫、士、庶人、工、商、臣、隶、圉组成。在晋文公时期，由公族、栾氏、范氏之族为骨干构成最精锐的中军，即城濮大战中横击楚军的"中军公族"；由中行氏、郤氏为骨干构成上、下两军。彼时，晋国采用常备兵和临战征兵制相结合的体制。如《左传·僖公二十七年》："晋侯（晋文公）始入而教其民，二年欲用之。"清华简七《晋文公入于晋》较为详细地论述了晋文公的军政改革和军事训练，如："乃作为旗物，为升龙之旗师以进，为降龙之旗师以退，为左……为角龙之旗师以战，为交龙之旗师以豫，为日月之旗师以久，为熊旗大夫出，为豹旗士出，为莀采之旗侵粮者出。乃为三旗以成至：远旗死，中旗刑，近旗罚。"晋国军队的编制，变化颇大，其车兵的最大编制单位为"军"，步兵的最大编制单位为"行"。一百三十八年间，晋军九异军制，为便于查阅，现根据《左传》，将晋文公在位及之前晋军之编制沿革情况列表如下。

军队编制	领导成员	主攻方向	结果
中军	将：原轸 佐：郤溱	楚军主力	楚败
上军	将：狐毛 佐：狐偃	夹攻子西	楚左师溃
下军	将：栾枝 佐：胥臣	先犯陈、蔡	陈、蔡败

依《左传》来看，城濮之战以晋三军参战，由六位将领（将、佐）分别领军作战。再结合《左传》宣公二十年、成公十二年、成公十六年、襄公十四年所记晋国的战争部署皆为将、佐各领部队独立作战、相互配合。我们有理由推测，晋军的将、佐可独立出兵，有一定的军事独立性，那么铭文中"西之六师"之"师"可以

指这种独立军团，而不指整体建制。所以"西之六师"有可能对应《左传》原轸、郤溱领中军二师；狐毛、狐偃领上军二师；栾枝、胥臣领下军二师，共"六师"。

当然"西之六师"的理解还存有另一种可能，即晋三军加晋三行。童先生已考，城濮大战，晋军独当楚、陈、蔡三国联军，敌我兵力悬殊。且此战既关系晋文公重耳的霸业，又关系周王朝的命运。如此重要的战役，重耳自当全力以赴，调集所有兵力应战。僖公二十八年，晋文公为御狄人建"中行、左行、右行"三行，且命荀林父将中行，屠击将右行，先蔑将左行。在僖公二十八年的城濮大战，调集三行与三军配合迎战，几位将领共同配合助重耳一臂之力也是极有可能的。可能因为三行只是助阵，不是战争取胜的关键，所以《左传》未记载。

综上，笔者认为"西之六师"皆为晋军。将"西之六师"理解为晋军，铭文所记"率西之六师搏伐楚荆"的主人公是重耳和子犯也就更合逻辑了。而且因为只有晋军实际参战，所以战胜后周王赐赏表彰重耳、子犯，诸侯送来"元金"。如此理解文义顺畅。

接下来补充讨论两点：其一，铭文为何将晋军命为"西之六师"。这一点，李学勤先生有过很精准的解释。据《左传·僖公九年》："秋，齐侯盟诸侯于葵丘，曰：'凡我同盟之人，既盟之后，言归于好。'宰孔先归，遇晋侯曰：'可无会也。齐侯不务德而勤远略，故北伐山戎，南伐楚，西为此会也。东略之不知，西则否矣。其在乱乎。君务靖乱，无勤于行，晋侯乃还。'"《国语·晋语四》："冬，襄王避昭叔之难，居于郑地氾。使来告难，亦使告于秦。子犯曰：'民亲而未知义也，君盍纳王以教之义。若不纳，秦将纳之，则失周矣，何以求诸侯？不能修身而又不能宗人，人将焉依？继文之业，定武之功，启土安疆，于此乎在矣！君其务之。'公说，乃行赂于草中之戎与丽土之狄，以启东道。"可知晋国在成周之西，且晋所灭之国多在西部，所以在时人的观念中，晋军乃"西之六师"。

其二，晋军"六师"是否为僭越之举。依周代礼制，天子六军、大国三军、中国二军、小国一军。"天子六军"为西周时期建制，此时周天子依靠着强大的"西六师"和"殷八师"以"刑不祭，伐不祀，征不享"。进入春秋时期，周王室衰微，由"礼乐征伐自天子出"逐渐演变为"礼乐征伐自诸侯出"。此时文献未见"西之六师"，王室军队被称为"王师"，春秋时期王室衰微，遇到内忧外患之时需向诸侯求救。"周郑交恶""周王遭狄入侵告难于齐"等诸多史实说明，当年雄霸天下的周王"六师"实质早已不复存在。各地诸侯纷纷加强自己的军事力量，扩军备战，建立霸权。鲁隐公五年，作为伯爵的郑国国君就依照大国规模创立了三军建制，"卫人以燕师伐郑。郑祭足、原繁、波驾以三军军其前，使曼伯与子元潜军军其后"（《左传》）。齐国早在齐桓公时期就扩充了"三军"编成"六军"，"九合诸侯，不以兵车。"（《国语·齐语》）作为周王室最嫡的宗系，鲁国也在襄公十一年打破周制作"三军"。（《文献通考》）作为边陲非宗系小国，"秦穆公置陷敌三万，以服邻敌"，亦公开挑战周礼（《吴子兵法》）。可见从军事建制来看，过去"天子六军、大国三军、中国二军、小国一军"的军事等级制度已经日趋瓦解，也就是说当时的普遍情况是：比较有实力的国家都争相扩充军备，或许在时人的观念里，甚至周天子眼中，已经对这种所谓的"僭越之举"熟视无睹了。因此，作为替天子出征的"晋国"拥有"六师"没什么好奇怪的，成为常识观念的概念似乎不能扣上"僭越"的帽子。再者，从文献所记和铭文的表述，我们也可以看出，子犯对周王是非常尊敬的，晋文公更没有对周王的不敬之处，似不存在"僭越"的挑衅。如《国语·周语》上："襄王使太宰文公及内史兴赐晋文公命……内史兴归，以告王曰：晋，不可不善也。其君必霸，逆王命敬，奉礼义成。敬王命，顺之道也；成礼义，德之则也。则德以导诸侯，诸侯必归之……臣入晋境，四者不失，臣故曰：晋侯其能礼矣，王其善之！树于有礼，艾人必丰。"《国语·晋语四》对城濮之战的评价，君子曰："善以德劝。"从《国语》一致以"能礼"来评价晋文公。再加之铭文"俾朝王，克定王位"等语句显然是对周王非常尊敬。是时，周天子仍为名义上的天下共主，只有尊王，才能获得诸侯名义上的赞许，也才有了铭文所记"诸侯羞元金于子犯之所"。总之，结合是时西周军事等级制度的瓦解和文献所记，笔者认为铭文所记"西之六师"不存在僭越之举。

第四节

马王堆汉墓帛书《晋献公欲得随会章》[①]

一、释文与疑难字集释

晋献公欲得随（随）会也，魏（魏）州余请召之。乃令君羊（佯）囚己，斩桎瑜（逾）☑□□。晓朝曰："魏（魏）州余来也，台（殆）□□随（随）会也。"君弗听也。[1] 耄（魏——魏）州余果与随（随）会出，晓朝繪（缯——赠）之以□□[2] □□"吾繒（赠）子，子母以秦□□人，吾谋实不用。"□□□与吏□□闻之【曰】："□□□□□□□繒（赠）亡人以□☑魏（魏）州余☑□□□矣果□不是以二【子】弗知畏难而□□□□晋邦□□□□谋而晓朝得之，椁亓（其）心也[3]。二子畏亓（其）后事，必谋危之。"□□会果使倮（谍）毚（谗）之曰："是知余事，将因我于晋。"秦大夫信之，君杀晓朝。

[1] 晓朝曰："魏（魏）州余来也，台（殆）□□随（随）会也。"君弗听也。

学界对本句断句分歧较大。旧注作："晓朝曰："魏（魏）州余来也，台（殆）□□随（随）会也，君弗□也。"把"君弗□也"认为是绕朝之言。[②] 张政烺先生把此句"弗"下一字释为"许"。[③] 裘文释为"君弗□也"，并指出原释文视为绕朝之言的一部分，与上文"魏州余来也，台（殆）□□随会也"连为一句，"……随会

---

① 本篇选自马王堆汉墓帛书《春秋事语》第五章，有部分残损，文义尚可疏通。

② 马王堆汉墓帛书整理小组.马王堆汉墓帛书（叁）[M].北京：文物出版社，1983：7.

③ 张政烺.《春秋事语》解题[J].文物，1977（1）：36-39.

也"之后用逗号，后引号加在"君弗□也"之后。按原释文释法，即此四字如属晓朝言于秦君之语，那么其否定词不应用"弗"字，而应用"勿""毋"一类的字。因此故可定"君弗□也"为述事之语。"弗"下一字严重残损，从图片上看不出来原来是什么字，从文义看，当是"听"一类字。"君弗听也"意谓秦君不听信晓朝之言。此章之末"君杀晓朝"句中的"君"也指秦君。下文中晓朝所说的"吾谋实不用"，就是针对秦君不听信他而言的。[①] 新注从裘说，并进一步指出裘文因图版不清晰未敢肯定而打了缺文号，细审图版，"弗"下一字正是"听"字右旁的残笔（"心"旁尚基本完整）。[②]

今按："台"古音之部透纽，"殆"古音之部定纽，二字同部，透、定旁纽，古音相近，可通。此句中"殆"表推测，相当于"大概""几乎"。《孟子·尽心下》："殆不可复。"《史记·留侯世家》："良曰：'沛公殆天授。'"皆为此用法。结合文义并参考图版残存的心旁，"弗"下一字当补为"听"。

欲探究"君弗听也"四字是否为晓朝劝谏之言，当先疏解文义。可以有两种理解方式：其一，可把"君弗听也"理解为"一般否定"而非"禁止否定"，即对"晓朝觐见"之结果的叙述，"弗"相当于现代汉语的"不、没有"，其省略的宾语为"晓朝"，裘锡圭先生持此观点。[③] 此种情况下，"君弗听也"不属于"晓朝觐见"的言语内容，自然要放在引号之外。其二，把"君弗听也"理解为"禁止否定"而非"一般否定"，即晓朝对秦君的劝谏，其省略的宾语为"魏州余"，此时"弗"相当于"勿"，可解释为"不要"，旧注持此观点。[④] 此种情况下，"君弗听也"属于"晓朝觐见"的言语内容，要放在引号之内。两种理解文义皆通，那么问题的症结即"弗"是用作"一般否定"还是"禁止否定"。我们知道"弗"用作"一般否定"乃

① 裘锡圭. 帛书《春秋事语》校读 [J]. 湖南省博物馆馆刊,2004（1）: 9.
② 裘锡圭主编,湖南省博物馆、复旦大学出土文献与古文字研究中心编纂. 长沙马王堆汉墓简集成（叁）[M]. 北京: 中华书局,2014: 181.
③ 裘锡圭. 帛书《春秋事语》校读 [J]. 湖南省博物馆馆刊,2004（1）: 9.
④ 马王堆汉墓帛书整理小组. 马王堆汉墓帛书（叁）[M]. 北京: 文物出版社,1983: 7.

常识问题，所以我们先来讨论"弗"是否有用作"禁止否定"的情况。

我们发现在《道德经》不同时代的版本中，有对应句"弗"与"勿"互替的现象，此时"弗"用为"禁止否定"。（对应字用下划线标出）

以道佐人主者，不欲以兵强于天下。善者果而已，不以取强。果而<u>弗</u>伐，果而<u>弗</u>骄，果而<u>弗</u>矜，是谓果而不强。其事好。（郭店楚简甲本）

以道佐人主，不以兵强（于）天下。（其事好还，师之）所居，楚朸（棘）生之。善者果而已矣，毋以取强焉。果而毋□（骄），果而<u>勿</u>矜，果而（<u>勿</u>伐），果而毋得已居，是冐（谓）（果）而不强。物壮而老，是冐（谓）之不道，不道蚤（早）已。（马王堆汉墓甲本）

以道佐人主，不以兵强于天下。其事好还，师之所处，荆棘生之。善者果而已矣，毋以取强焉。果而毋骄，果而<u>勿</u>矜，果而毋伐，果而毋得已居，是冐（谓）果而强。物壮而老，冐（谓）之不道，不道蚤（早）已。（马王堆汉墓乙本）

以道佐人主者，不以兵强天下。其事好还。师之所处荆棘生。故善者果而已，不以取强。果而<u>勿</u>骄，果而<u>勿</u>矜，果而<u>勿</u>伐，果而不得已，是果而<u>勿</u>强。物壮则老，谓之非道，非道早已。（六朝敦煌写本）

以道佐人主者，不以兵强天下。其事好还，师之所处，刑棘生焉。大军之后，必有凶年。故善者果而已矣，不敢以取强焉。果而<u>勿</u>矜，果而<u>勿</u>伐，果而<u>勿</u>骄，而不得已，是果而<u>勿</u>强。物壮则老，是谓非道，非道早已。（唐傅奕校古本）

补充一点，不仅"弗"可以用为"禁止否定"，实际上，"勿"亦可用于叙述句中，表示对动作行为的一般否定，详见下文《左传》中的例子：

宋人请猛获于卫。卫人欲<u>勿</u>与。（《左传·庄公十二年》）

天欲杀之，则如<u>勿</u>生。（《左传·僖公二十一年》）

襄仲欲<u>勿</u>哭，惠伯曰："丧，亲之终也……"（《左传·文公十五年》）

齐侯欲<u>勿</u>许，而难为不协，乃盟于耏外。（《左传·襄公三年》）

晋侯欲勿许。(《左传·昭公四年》)

鉴于"弗"有用于"禁止否定"的辞例,因此把本帛书中"君弗听也"断定为对结果的一般否定恐有武断。笔者认为,就现有材料来看,尚不确定"弗"为"一般否定"还是"禁止否定",仍待更多的材料发掘才可厘清。

[2]髜(魏——魏)州余果与随(随)会出,晓朝繪(赠——赠)之以□。

本句所缺之字,旧注据《左传》:"绕朝赠之以策",补"策"字。[1]裘文:此字尚残存"竹"头,又有《左传》之文可比对,故迳释为"策"。新注云:29行行末之字,从残存笔画看,不似"策"字所从的"竹"头,当打缺文符号。绕朝赠随会之物,从下文"繪(赠)亡人以□"的以下之残字看,亦非"策"字。[2]

今按:《左传》曰:"绕朝赠之以策,曰:'子无谓秦无人,吾谋适不用也。'""策"有二义,一为策书,即简策之策;一为马挝,即鞭策之策。汉服虔主前一意,晋杜预主后一义。杜注以为简策为误,因士会(随会)当时即将出行,按理晓朝(绕朝)应来不及赠以书册,且事既密,亦不宜以简牍赠人,此推断可能来自《韩非子·说难》。《韩非子·说难》记曰:"故绕朝之言当矣,其为圣人于晋,而为戮于秦也"。幼英先生曾云:"《说难》虽记载了《左传》《史记》二书之未载——'绕朝为戮于秦也',但只记'绕朝之言当矣',未记绕朝以策书赠人,故杜氏所疑不无道理。"帛书载:"秦大夫信之,君杀晓朝。"不见于《左传》《史记》,但《说难》确有提及晓朝被秦所害之事,说明韩非所云确而有证。反观《说难》亦无涉"晓朝赠策"之事,且新注明确提出残字非"策"字,故前人纠结之"策"之语意,无可考,甚至是否赠"策"亦不可考。"晓朝赠策"亦有可能是后人所加。

[3]椁亓(其)心也。

旧注曰:"椁,忖度。"[3]裘文云:"此注不知何据。"[4]新注曰:"'椁'字,《说

---

[1] 马王堆汉墓帛书整理小组.马王堆汉墓帛书(叁)[M].北京:文物出版社,1983:7.

[2] 裘锡圭主编,湖南省博物馆、复旦大学出土文献与古文字研究中心编纂.长沙马王堆汉墓简集成(叁)[M].北京:中华书局,2014:181.

[3] 马王堆汉墓帛书整理小组.马王堆汉墓帛书(叁)[M].北京:文物出版社,1983:7.

[4] 裘锡圭.帛书《春秋事语》校读[J].湖南省博物馆馆刊,2004(1):9.

文·六上·木部》训'葬有木槁也'（小徐本作'葬有木郭'），即棺椁之'椁（椁）'。'椁其心'义待考。原注似是将此字错误分析为从'木'从'章'声之字，读为'准'一类的词。"新注指出萧旭先生（萧文曰："椁，当作'惇'，读为'准'，《广韵》：'准，度也。'《淮南子·览冥篇》：'仁君处位而不安，大夫隐道而不言，群臣准上意而怀当。''准'即揣度之义。《说文》：'埻，射臬也，读若准。'《广韵》：'埻，射的。《周礼》或作准。'《管子·君臣上》：'丈尺一綧制。'尹注：'綧，古准字。'《周礼·天官·冢宰》：'出其度量淳制。'朱骏声曰：'淳，假借为准或岂。'当借为准。《庄子·天下》：'配神明，醇天地，育万物，和天下。'章太炎曰：'醇，借为准。《地官·质人》：壹其淳制《释文》：淳，音准。是其例。《易》曰：易与天地准。配神明，准天地，二句同意。'皆其相通之证。"①）所言意在为原注补证，非是。②

今按：椁，帛书写作"𣚰"，从"木"从"享"。此字亦见于马王堆汉墓帛书《黄帝四经》记有"泊（薄）棺椁"，写作"𣗗"。"椁"的名词释义历代各家均认为是一种套在棺外面的葬具。但"椁"亦可作为动词，因辞例稀少，往往被诸家所忽略。《考工记·轮人》："椁其漆内而中诎之"，郑玄引郑司农曰："椁者，度两漆之内相距尺寸也。"清代学者朱骏声《说文通训定声》有云："椁，假借为度。"在本篇中即为此用法："椁"，读为"度"，意为忖度，揣测。"晋邦□□□谋而晓朝得之，椁亓（其）心也"意在言晓朝识破了晋国的计谋，是因为晓朝揣测了他们的心里。

"椁"为什么可以被假借为忖度之"度"呢？需从其字形谈起。篆文"𣗗"写作"椁"，形声兼会意字，从"木""高"声，"高"兼表意。古时棺有两层，内曰"棺"，外曰"椁"。上文所述《说文》对"椁"的解释为外棺，段玉裁注曰："木高者，以木为之，周于棺，如城之有高也。"《说文·高部》："高，度也，民所度居也。

---

① 萧旭.马王堆汉墓帛书《春秋事语》校补[J].《学灯》（网刊），2009（2）.
② 裘锡圭主编，湖南省博物馆、复旦大学出土文献与古文字研究中心编纂.长沙马王堆汉墓简集成（叁）[M].北京：中华书局，2014：179.

从回，像城郭之重，两亭相对也。"段玉裁注："按城曑字今作郭，郭行而曑废矣。"《管子·度地》："内为之城，外为之郭。"从"曑"之字，多有此特点，即所涉及事物均出现两相对框架，且此二框架为嵌套的"回"形结构模式，从"曑"之字指外层框架，如"廓"字，释意之一为"外周"，唐王度《古镜纪》："辰畜之外，又置二十四字，周绕轮廓。"又如，埠（墇），从"土"从"曑"，犹堤也。《玉篇·土部》引《山海经》："魊山是埠于海"。再如，"嶂"，山名，一说在山西省原平市西北，《山西通志》卷二十六引宋张忱《嶂山庙记》："嶂县据嶂山，县因山得名。予尝周览四顾，其崇岩弘岭，连峰叠嶂，四隅环合，列岫森然，周围拱抱，若城郭状，谓之嶂山，不亦宜乎！"

再来看"椁"字，从"曑"，有内外嵌套式的"回"形框架结构，那么两框架的相对距离便可以测算的，故引申为"度量"。上引《周礼·冬官考工记》："参分其牙围，而漆其二。椁其漆内而中诎之，以为之毂长"。孙诒让正义引阮元云："椁者，横充物内而度之之名也。"然后再引申至抽象含义的"揣度"也就水到渠成了。

补充一点，从"曑"之字，由本义外围框架可引申为"大"。如聏，大耳朵；霏《说文·雨部》："雨止云罢貌，从雨，郭声。"引申为空旷，《淮南子》："道生于虚霏，虚霏生宇宙"。但此引申意与本文所涉关系不大，故不赘述。

二、文本对读汇编

《左传·文公十三年》

晋人患秦之用士会也，夏，六卿相见于诸浮，赵宣子曰："随会在秦，贾季在狄，难日至矣，若之何？"中行桓子曰："请复贾季，能外事，且由旧勋。"郤成子曰："贾季乱，且罪大，不如随会，能贱而有耻，柔而不犯，其知足使也，且无罪。"乃使魏寿余伪以魏叛者以诱士会，执其帑于晋，使夜逸。请自归于秦，秦伯许之。履士会之足于朝。秦伯师于河西，魏人在东。寿余曰："请东人之能与夫二三有司言者，吾与之先。"使士会。士会辞曰："晋人，虎狼也，若背其言，臣死，妻子为戮，无益于君，不可悔也。"秦伯曰："若背其言，所不归尔帑者，有如河。"乃行。绕朝赠之以策，曰："子无谓秦无人，吾谋适不用也。"既济，魏人噪而还。秦人归其帑。其处者为刘氏。

《史记·晋世家》

七年，晋六卿患随会之在秦，常为晋乱，乃详令魏寿馀反晋降秦。秦使随会之魏，因执会以归晋。

《史记·秦本纪》

晋人患随会在秦为乱，乃使魏雠馀详反，合谋会，诈而得会，会遂归晋。

《韩非子·说难》

绕朝之言当矣，其为圣人于晋，而为戮于秦也，此不可不察。

显然，帛书本章所载随会归晋的故事，以《左传》记录为详，现梳理《左传》与帛书之异同如下（为方便讨论，人物姓名依帛书用字列出）。

魏州余入秦诈降以召随会、晓朝赠物并与随会言说的情节，二书所述相似。特别需要指出的是，晓朝之言二书几乎一致，帛书载："吾缯（赠）子，子毋以秦□□人，吾谋实不用□。"《左传》云："绕朝赠之以策，曰：'子无谓秦无人，吾谋适不用也。'"说明二书当有相同的文本来源。

两书载人物姓名、人物和事件的对应关系以及事件细节略有不同。首先，"随会"《左传》写作"士会"；"魏州余"《左传》作"魏寿余"[1]，"晓朝"《左传》作"绕朝"，此为二书人名之别。其次，帛书开头以"晋献公欲得随会也"作为事件起因，与《左传》所记不同。据《左传》鲁文公七年（晋灵公元年）因迎立公子雍失败，随会奔秦，受秦君重用，遂引起晋人担忧，鲁文公十三年（晋灵公七年）晋六卿相见，提出随会之患，而不是帛书所说由晋献公提出这个问题。帛书纪魏州余请求召回随会，据《左传》乃欲缺向赵盾提出召回随会，"乃使魏寿馀伪以魏叛者，以诱士会"此亦人物与事件对应之别。

---

① 《史记·晋世家》作"魏寿馀"；《史记·秦本纪》作"魏雠馀"，"州""寿""雠"，三字皆音近。

需要特别注意的是，关于随会生活的时代，《春秋事语》与《左传》《国语》《吕氏春秋》等传世文献的记载有所出入。《左传》文公六年载士会（随会）如秦，逆公子雍；文公七年记士会（随会）奔秦，在秦三年；鲁文公十三年晋六卿相见，提出士会（随会）之患。据《左传》的记载，推测随会应该大致生活在晋灵公时期（公元前620年至公元前607年，即鲁文公七年至鲁宣公二年）。此时代与《吕氏春秋》《国语》所记是相合的。《吕氏春秋》记："晋文公师咎犯、随会。"《国语·周语中》："晋侯使随会聘于周。"徐元诰《国语集解》注："晋侯，晋文公之孙、成公之子景公獳。"但是《春秋事语》帛书记随会是在晋献公时代（公元前676年至公元前651年，即鲁庄公十八年至鲁僖公九年），与《左传》等文献的记载相差三十多年。张政烺先生通过考证《春秋事语》的史料价值，认为《春秋事语》所载"晋献公欲得随会"有误："（该事件）见于《左传》文公十三年，当时是晋灵公七年，晋献公早已去世了。"① 张文所言极是，笔者补充清华简《系年》作为证据。《系年》第十章在叙述河曲之战史事中，描写了随会奔秦这一事件，在第九章对随会所处年代有所交代，该章云："晋襄公卒，灵公尚幼，大夫聚谋曰：'君幼，未可奉承也，毋乃不能邦？'欪求强君，乃命左行蔑与随会召襄公之弟雍也于秦。襄夫人闻之，乃抱灵公以号于廷，曰：'死人何罪？生人何辜？舍其君之子弗立，而召人于外，而焉将寘此子也？'大夫闵，乃皆背之曰：'我莫命招之。'乃立灵公，焉葬襄公。"可知，根据《系年》的记载随会当处晋灵公之时，《春秋事语》帛书所记为误。

---

① 张政烺.《春秋事语》解题[J]. 文物,1977（1）：36–39.

第五节

上博简《姑成家父》

　　《姑成家父》篇选自《上海博物馆藏战国楚竹书（五）》，竹书性质为故事类文献。本书主人公姑成家父，即春秋时期的晋国执政卿郤犨，简文主要讲了姑成家父"强立治众，欲以长建主君而御难"，却因此得罪了厉公等权贵，最终被杀害的故事。文本内容可与《左传》《国语》等相关记载相互印证，具有重要价值。整理者李朝远先生对竹书做了拼合、编联和系统的校释、校勘工作。全篇现存书简共10支，其中完简6支。4支残简中，上缺1字的基本完简1支，约缺4字的部分残简1支，仅存下半段的残简1支，仅存上半段的残简1支。竹书采用先写后编的编联方式，每简容字量为50字至56字。全篇共计466字，其中重文八，合文二，合文的重文一。竹书全篇书写风格较随意，字迹没有变化，出自同一书手，但抄手书写水平有限，文字有缮写和修改。从字体风格和用字来看，多数学者认为，虽然本篇内容为晋国文献，但抄手所抄底本是被完全"驯化"的楚文字写本，全篇显示了典型的楚文字特征。亦有学者认为，本篇楚文字转写不彻底，仍留有个别晋系文字特点（详见本篇讨论）。竹书原无篇题，整理者据"以人名篇"的古书命名原则取第一简前四字"姑成家父"为题。沈培先生根据文义在整理者分三组编联的基础上将1、2号简之间依次插入6、7、8简，陈伟先生、周凤五先生等诸位学者先后发文表示赞同，学界遂以此为共识。

一、释文与疑难字集释

姑（苦）戏（成）[1] 豪（家）父事敕（厉）公为士。夗（宪）行，正誷（迅）
弪（强）[2]，吕（以）见亚（恶）于敕（厉）公。敕（厉）公亡（无）道，虐于百
豨（豫）[3]。百豨（豫）反之。姑（苦）戏（成）豪（家）父吕（以）亓族参（三）
垟（郤）正（征）百豨（豫），不思（使）反，躬与（举）士凥（处）馆（馆）[4]，旦夕
绹（治）[5]之，思（使）又（有）君、[6] 臣之节。参（三）郤中立，吕（以）正上
下之誷（过），弪（强）于公豪（家）。鋆（栾）箸（书）欲乍（作）鞻（难），害
参（三）郤。胃（谓）姑（苦）戏（成）豪（家）父曰："为此殊（世）也从事，可
（何）吕（以）女（如）是亓疾与（欤）才（哉）？"[7] 于言又（有）之："襄（顀）
衰（颔）[8] 吕（以）至于含（今）才（哉）！亡（无）道正（政）也。伐尾遣适 [9]。
虐（吾）子悊（图）之。"姑（苦）戏（成）豪（家）父曰："吾敢欲襄（顀）衰（颔）
吕（以）事殊（世）才（哉）？虐（吾）櫪（直）立经（径）行，远慒（虑）悊（图）
逯（后）。唯（虽）不膏（当）殊（世），句（苟）义毋雋（久），立死可（何）戳
（伤）才（哉）！"鋆（栾）箸（书）乃退，言于敕（厉）公曰："参（三）垟（郤）
牢（厚），取宝（主）君之衆，吕（以）不圣（听）命，瘦（将）大害。"公思（惧），
乃命长鱼蜀（矫）□□□□□□□。垟（郤）哿（锜）䁖（闻）之，告姑（苦）戏
（成）豪（家）父曰："以吾族参（三）垟（郤）与□□□□于君，（幸）扺 [10] 则晋
酐（邦）之社裯（稷）可翠（得）而事也，不扺（幸）则取孚（免）而出。者（诸）
庚（侯）畜我，隹（谁）不吕（以）㡉（厚）？"姑（苦）戏（成）豪（家）父曰："不
可。君贵我而受（授）我衆，以我为能绹（治）。含（今）虐（吾）亡（无）能绹
（治）也，而因以害君，不义，型（刑）莫大安（焉）。唯（虽）翠（得）孚（免）而
出，吕（以）不能事君，天下为君者，隹（谁）欲畜女（汝）者（诸）才（哉）？初，
虐（吾）弪（强）立绹（治）衆，欲吕（以）长叀（建）宝（主）君而往（御）难。含
（今）宝（主）君不遣于虐（吾），故而反亚（恶）之。虐（吾）毋又（有）它，正公
事，唯（虽）死，安（焉）逃之？虐（吾）聒（闻）为臣者必思（使）君翠（得）志

于呂（己）而又（有）逡（后）青（请）。"姑（苦）戎（成）豪（家）父乃盨（宁）百豫（豫）。不思（使）从己立（莅）于廷。长鱼蜀（矫）塈（遣）[11]自公所，敔（拘）人于百豫（豫）以内（入），緣（囚）之。姑（苦）戎（成）豪（家）父専（捕）长鱼蜀（矫），桿（梏）者（诸）廷，与其妻，与其母。公恩（愠），亡（无）告，告扦门夫＝（强卯大夫）。强卯大夫曰："女（如）出内库之緣（囚），回而余（予）之兵。"强卯大夫衔（率）昌（以）睪（释）。长鱼蜀（矫）恻（贼）参（三）坪（郤）。郤可（锜）、郤至、姑（苦）戎（成）豪（家）立死，不用亓（其）衆。参（三）坪（郤）既亡，公家乃溺（弱）。銮（栾）箸（书）弋（弑）敕（厉）公厶。

[1] 戎

该字竹书中有两类近似字形：一为"戎"，二为"戎"。前者凡八见（见下表），后者仅见 7 号简 1 例。整理者皆隶定为"成"，黄人二先生据郭店竹简《鲁穆公固子思》"城（成）孙弋"句中的"城"字字形，认为上述两字形均应是"城"。①

字形	戎	戎	戎	戎
出处	1 号简	1 号简	2 号简	3 号简
字形	戎	戎	戎	戎
出处	5 号简	6 号简	9 号简	10 号简

今按：黄先生所说郭店简中的字形写作"戎""戎"，内部结构似由"土"和"丁"共用笔画而构成，与本篇字形还是有些差距的。李家浩先生指出，楚简中两种常被释作"成"的字，分别是"戎"（郭·19·35）与"戎"（郭·4·17），前者字从"丁"，是"成"字无误；后者其实应是"城"字，字形"是把土旁写在成旁之下，并把土与丁的笔画共用。"此说甚确。将本篇"成旁"之下的内部形态"十"（10 号简的字似从"土"，或因讹误使竖笔未露头）和李先生所说"成""城"二字的内部

---

① 黄人二.上博藏简第五册姑城家父试释[J].考古学报,2012（2）:163-176.

结构比较,答案便显而易见了。上述三字形内部结构分别为:"丁"(⿰)"丰"(⿰)"壬"(⿰)。显然"丰"与"丁"字的关系最近:"丰"形写法见于郭店简《忠信之道》7号简"⿰(成)",上博简《周易》15号简"⿰(成)",大概是将"丁"形的墨点讹为短横而成。墨点写作短横或横撇是很常见的楚文字写法,因此,我们这样推测是有道理的。如此,本篇7号简复增"土"旁的"⿰"字形自然可隶定为"城",该字字形与清华简《耆夜》9号简"⿰"字形几乎一样,中部同为"丰"形,应该是将"丰"与"土"形共用笔画而成。此种写法并非偶然,又见上博简《孔子诗论》6号简"⿰"。所以,本篇中除了7号简从土的字应隶定为"城",其他皆为"成"字。

[2] 为士。宛(宪)行,正訊(迅)㫑(强)

学者对本句的句读意见多有不同,文义理解亦有别,梳理如下:李朝远先生认为该句读为"为士宛行,正(征)訊强",其中"士宛行"为人名。"正"读作"征"。"訊强"为地名,地望待考。① 季旭升先生认为其断句应是"为士。宛行,正(征)訊强","宛行"谓委婉之行,不肯犯上之意;"正訊强"是说"正直而能力很强"。② 沈培先生读为"为士宛,行政訊(迅)㫑(强)",并指出"訊(迅)㫑(强)"迅猛强围。陈伟先生认为"为士。序行,尚迅强。"或"为士宛,行正訊(迅)㫑(强)","序行"似指以序行事,即循章办事。(亦读为"予行",自以为是意)"訊(迅)㫑(强)"迅猛强围,但第二种读法对"士宛"不好解释。萧圣中先生认为此句乃"为士宛(序),行正讯强。","宛"释为"序"从陈伟说,"士序"为官名。③ 冀小军先生读"为士。宛(序)行,尚訊(迅)㫑(强)","序行"当为动宾结构,意思是使行阵有序。④ 周凤五先生读作"为士宛(宪),行政訊(迅)㫑(强)",

① 马承源主编. 上海博物馆藏战国楚竹书(五)[M]. 上海:上海古籍出版社,2005:241.

② 季旭升. 上博五刍议(下)[EB/OL]. (2006-2-18)[2024-1-2]. http://www.bsm.org.cn/show_article.php? id=196.

③ 萧圣中. 上博竹书(五)札记三则[EB/OL]. (2006-5-17)[2023-9-1]. http://www.bsm.org.cn/show_article.php? id=345.

④ 冀小军.《苦成家父》补说[EB/OL]. (2006-6-12)[2024-1-2]. http://www.bsm.org.cn/show_article.php? id=363.

100 | 《春秋》类出土文献综合研究

将"宬"读为"宪",训为"法",简文是说姑成家父是晋国贵族的典范。① 刘洪涛先生认为"为士,宬(宛)行正誀(迅)弪(强)",并将"为士"训为"做士","宛"字从季旭升先生,依周凤五读为"宪","宪行"意思是"依法令行事"。② 日本学者浅野裕一先生乃读作"为士宬(宪),行征誀(讯)弪(强)",将"士宪"一词参照《仪礼·聘礼》文中所见的"士帅",释为"军队之统帅者"。③

今按:"士"后一字,原简写作"🔣",该字形又见于下出土文献:

字形	🔣	🔣	🔣	🔣	🔣
出处	包山简 2.127	包山简 2.62	右易宛弩牙	包山简 2.26	包山简 2.157
字形	🔣	🔣	🔣	🔣	🔣
出处	《陶汇》3.710	《玺汇》0256	《玺汇》0254	《玺汇》0305	九年将军张戈
字形	🔣🔣🔣				
出处	上博简《缁衣》第 6 简和第 12 简				

赵平安先生和冯胜君先生曾统计该字战国字形,并做过专门的考释。冯先生梳理了该字的金文字体演变(见下图),将其释为"宛"。该字从"🔣"形发展到"🔣"形,已经与"🔣"形的部件相同,只是部件排列方式的区别。古文字中,如果不是依靠偏旁之间的位置关系来表意的话,很多字既可以写成左右结构,又可以写成上下结构,所以"🔣"是"宛"。而简书中形如"🔣"的形休,冯先生认为是为避免与"令"形混淆,所以附加注声符号"🔣"。该声符匣组文部,"宛"影组元

① 周凤五.上博五《姑成家父》重编新释[C/OL].https://max.book118.com/html/2019/0304/8117113021002011.shtm.

② 刘洪涛:上博竹书《姑成家父》重读[EB/OL].(2007-3-27)[2024-1-2],HTTP://WWW.BSM.ORG.CN/SHOW_ARTICLE.PHP? ID=540.

③ 浅野裕一.《姑成家父》中的"百豫"[M]// 上博楚简与先秦思想.台北:万卷楼图书股份有限公司,2008:128.

部，古音相近。^①

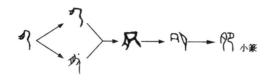

　　赵先生认为"𦥑"字为"宛"，从字形上看，该字从"宀""夗"声，"𣍼"即声符"夗"，和"邑"形体相似，但却有不同来源。它本是象形字，有两种构形方式，一是如简文中字"夕"旁与"卩"旁垂直重叠；另一种是在秦系文字中裂变为"夕"和"卩"横列，如小篆作"𡧡"，睡虎地秦墓竹简《日书》（乙种）195号作"𡧡"。从辞例上看，上博藏战国楚竹简《缁衣》第6简和第12简的三字"𧧻𧧻𧧻"在今本《缁衣》中与之相对应的字都写作"怨"。"怨"是假"宛"字为之，《汗简》《古文四声韵》和《说文》古文"怨"都是从心从宛省，应隶作"悤"，通"怨"。又如曾侯乙墓竹简第12号"𨛜"应释为"郔"，即文献所见楚国宛地，"郔"即"宛"之增累字。^②

　　综合两位先生的研究成果，笔者认为简文"𦥑"字是由"𧧻"形的"厶"形与"口"系联共用一笔而致，应从冯先生说释为"夗"（若按赵先生说，则"𧧻𧧻"字形拆解为"宀""一""卩"，其中短横的理据难以解释）。从上下文来看，该字在简文中的读法，周凤五先生观点"夗"读为"宪"更为准确。"夗"上古音属元部影母，"宪"属元部晓母；二字韵部相同，声母关系密切，音近可通。"宪"训为"法"，古书常见，如《穆天子传》卷三"乃发宪命"，郭璞注："宪，谓法令。""宪行"之"宪"在这里用作"行"的状语，"宪行"可以理解为依法令行事，如此可以与下文"直立径行"相对应。古书中有"行"前用名词作状语的辞例，如《大戴礼记·文王官人》"道行而不平"，王聘珍《解诂》引《尔雅》曰："道，直也。""道行"即为此例。

<hr />

①　冯胜君．释战国文字的"怨"[J]．古文字研究，2004（25）：281—285.
②　赵平安．战国文字中的"宛"及其相关问题研究（附补记）[EB/OL]．（2006-6-4）[2023-9-1]．http://www.bsm.org.cn/show_article.php？id=322.

"訵"即《说文》"讯"字古文,当没有异议,又见上博四《相邦》:"孔〓(孔子)曰:'女(如)訵。'"辞例。孟蓬生先生读"訵"为"讯"。弜即"强"字。"正"字应如字读,与下文"三邾中立,以正上下之过""吾毋有它,正公事"之"正"的用法、结构似一致,和下文"旦夕治之""强立治众"等"治"字同义,可以理解为"纠正""治理"的意思。那么"訵(迅)弜(强)"应该与"上下之过""公事"也是相呼应的,带有贬义,是姑成家父"正"的对象。沈培先生指出"讯强"与史墙盘铭文的"讯围"义近,甚确。笔者认为"迅强"即迅猛强围的意思,含有贬义,也正因为姑成家父有"正迅强"的行为,才会"见恶于厉公"。

总结一下,这句话的断句应为:"为士。匘(宪)行,正訵(迅)弜(强)。"首句到"见恶于厉公",总说姑成家父之行事风格,意思是姑成家父为厉公卿士,依法令行事,因纠正迅猛强围的人(或行为)而得罪了厉公。

[3] 百豫(豫)

今按:学者多以"百豫(豫)"为地名,地望待考。周凤五先生读为"白狄",认为百、白音近可通。豫,古音余纽鱼部;狄,定纽锡部,亦可通。周先生指出:"白狄原居于陕北,在秦、晋两大国之间叛服无常,时而助晋攻秦,后来逐渐东迁,越过太行山,在今河北省境内建立中山国。"[①]日本学者浅野裕一在周先生的理解之上,撰专文详细讨论了"百豫",指出该词词义系"白"的"部队",即由白狄国出身的士兵来组成,是已编制完成的部队。[②]笔者认为两种说法皆有道理,待进一步考证。

[4] 不思(使)反,躬与(举)士尻(处)琯(馆)

此句,学界有多种断句理解方式。整理者李朝远先生读为"不思反(返)廷,与士仇琯",意思是不想返回以廷告于晋君,与"士仇琯"(人名)。[③]何有祖先生

① 周凤五.上博五《姑成家父》重编新释[C/OL].https://max.book118.com/html/2019/0304/8117113021002011.shtm.

② 浅野裕一.《姑成家父》中的"百豫"[M]//上博楚简与先秦思想.台北:万卷楼图书股份有限公司,2008:128.

③ 马承源主编.上海博物馆藏战国楚竹书(五)[M].上海:上海古籍出版社,2005:241.

认为该句当是"不思反，躬与士处琯"，躬意思是亲身。沈培先生作"不思（使）反，躬与士处琯"，认为"不思反"当读为"不使反"，即不让百豫反。① 陈伟先生则读为"不思反躬。与士处馆"，"反躬"训为"自省"，指反省"见恶于厉公"之事；"琯"读为"馆"，训为"舍"，指"征百豫前线的临时住所"。② 周凤五先生乃读为"不思（使）反，躬与士处官"，并指出"处官"犹居官、任官。③ 曹银晶先生认为此句"不使反，躬举士处官"意思是亲自举荐贤才而使处官位，"处官"犹居官、任官。④ 刘洪涛先生作"不使反，躬举士处官"，认为"反"，与上文"百豫反之"之"反"，都理解为"反叛"之意，"躬"指亲自举士。这句话是说姑成家父亲自选拔贤才，使任官职，自己又夙兴夜寐地勤于政事，以安抚百豫民众的反抗情绪，实现君臣有节的理想状态。⑤ 浅野裕一先生提出反对意见，认为"尻琯"释作"居馆"，没有必要解释为"姑成家父亲自选拔贤才，使任官职"，本句应读为"不使反，躬举士处官"。⑥

今按：读"思"为"使"是楚简的常见用法，此观点由陈伟先生在讨论包山楚简时最早提出，后沈培先生做了详细的论证，见《周原甲骨文里的"囟"和楚墓竹简里的"囟"或"思"》一文，此不赘述。笔者在此补充一个证据：前句说"百豫反之"，本句说姑成家父征伐"百豫"，目的和结果是"不思（使）反"。很明显，两个"反"字都是针对"百豫"而言。第二句"不思（使）反"是"不思（使）（之）

① 浅野裕一.《姑成家父》中的"百豫"[M]// 上博楚简与先秦思想. 台北：万卷楼图书股份有限公司,2008：128.

② 陈伟.《苦成家父》通释 [EB/OL].（2006-2-26）[2023-9-1]. http://www.bsm.org.cn/show_article.php？id=239.

③ 周凤五 . 上博五《姑成家父》重编新释 [C/OL].https://max.book118.com/html/2019/0304/8117113021002011.shtm.

④ 曹银晶 . 上博竹书《姑成家父》"躬与士处官（从土）"小考 [EB/OL].（2007-3-7）[2023-9-1].http://www.bsm.org.cn/show_article.php？id=531.

⑤ 刘洪涛 . 上博竹书《姑成家父》重读 [EB/OL].（2007-3-27）[2024-1-2].http://www.bsm.org.cn/show_article.php？id=540.

⑥ 浅野裕一.《姑成家父》中的"百豫"[M]// 上博楚简与先秦思想. 台北：万卷楼图书股份有限公司,2008：128.

反"的省略写法，省略了"思（使）"的宾语"之"，显然"之"代指"百豫"，如此理解，文意顺畅。如"思"字不读为"使"而直接读为"思"，则"反"的行为发出者变成了姑成家父，这显然是有悖文义的。

"反"有训为"返回""反省""反叛"诸说。联系上文，"百豫反之"之"反"应与此处同意，训为"反叛"为宜。

"反"后一字，竹书作""，何有祖先生分析为从"身"从"吕"之字。该字亦有学者释作"廷"，楚文字"廷"作""（包山楚简2.7）、（上博四《昭王》第1简），从字形来看与简文中字有一定差距。上博三《周易》篇中同时出现了"廷"和"躬"，悉列于下，以供比较。很明显，从右边的"吕"形来看，该字与"躬"的相似度更高。此字又与新蔡甲一9号简""，新蔡零293号简""，"躬"字很类似，更证实了笔者观点。《说文》"躬，身也。"在此训为亲自当没有什么问题。

释字	字形		
廷			
躬			

"与"字，简文作""，从字形来看释作"与"无疑。"与"后的字，简文写作""，从字形看从"尸"从"几"，与包山楚简238简中的"凥"字字形""极近。《说文》以"処"为字头，以"处"为其异体；又以"凥"与"居"异字而同音，所以该字读"居"还是读"处"学界争执不休。笔者认为两种观点皆有比较充分的证据，不分高下，在此读为"居"还是读"处"皆有理。

"琯"从上文姑成家父带兵"征百豫"这一情节来看，笔者从陈伟先生，将"琯"读为"馆"，训"舍"，指"征百豫前线的临时住所"。

根据上述词语的解释，本句断读为"不思（使）反，躬与士凥琯（馆）"。

[5] 絧（治）

该字整理者训为"治"，沈培先生从之，陈伟先生将"治"读为"辞"，训为

"责备"。

今按:"絅"字形楚简常见,多释为"治",此处亦然。"且夕治之"紧接"躬与士尻(处)琯(馆)",是说姑成家父亲自到百豫前线早晚治理,目的和成果是后句"使有君臣之节",此句在赞扬姑成家父十分勤政。

[6]、

竹书"君"后有一墨点,沈培先生认为此符号性质与上博五《季庚子问于孔子》简 13"由丘观之"的"丘"字下的"句读符号"一样,很可能是抄写者误加上去的。① 苏建洲先生从沈先生观点,并补充《曹沫之阵》简 7"然而古 L 亦有大道焉"一例,认为此"L"标点亦为抄写者误加上去的。沈培先生随即发表《关于"抄写者误加'句读符号'"的更正意见》一文并指出:根据李家浩先生的提示,把此符号更改为"专有名词提示性符号",认为此符号"都是加在专有名词,特别是人名下面的,具有很强的规律性……即它们都是为了提示所标识的词语是一个专有名词,不要读成别的词语……这显然跟当时'一字表多词'的现象是有关系的。这样做,就是要提醒读者不必把所标识的词'破读'为别的词——它们仅仅是专有名词而已。……当然也能起到这样的作用,即:使这个专有名词跟它后面的文字有了明显的界线,读者不至于把后面的文字也混入这个专有名词当中"。孙伟龙、李守奎先生把这种符号称作"专名号",标于人名、地名等专有名词之后的标识符号,其作用类似现代标点中出现于"人名、地名、朝代名等专名下面"的"专名号",此类"专名号",上博简《季康子问孔子》亦有三例,皆位于人名"丘"之后,其性质应与上文提到的"专名号"相同。刘洪涛先生肯定了沈先生的观点,并进一步指出,"这是强调在这里要有所停顿,以'明确显示"君"和"臣"的分别'。这是很有见地的。简文在此加的这个标点符号,很可能就是强调不但臣要有'臣之

---

① 沈培.上博简《姑成家父》一个编联组位置的调整 [EB/OL]. (2006–2–22) [[2023–9–1]. http: //www.bsm.org.cn/show_article.php? id=219.

节'，君也要有'君之节'。"①

今按：笔者认为本简"君""臣"之语似不能认定为同上博五《季庚子问于孔子》简13"由丘观之"的人名"丘"一样的性质，也就是说这两个词是"专有名词"或"专名词"似有些牵强。但如学者所言，楚简中确实有不少在"人名"后加这种"提示符号"的例子。但此处"君臣"二字显然不能理解为人名专名词。综合观之，此处符号的作用为强调停顿。正如刘洪涛先生所言，目的是说"不但臣要有'臣之节'，君也要有'君之节'"。

[7] 可（何）吕（以）女（如）是亓疾与（欤）才（哉）?

本句的关键词是"疾"字，整理者认为是"操之过急"的意思。季旭升先生提出反对意见，将"疾"训作"疾恨、怨恨"②；陈伟先生训为"嫌怨"③；刘洪涛先生训为"勉力"，并指出这是栾书在挑拨姑成家父和厉公的关系。④

今按：在训上句"害"时，陈伟先生说："害有畏惧、顾忌义。如《史记·魏世家》云：'魏相田需死，楚害张仪、犀首、薛公。'竹书前面说郄犨'旦夕治之，使有君臣之节'，又说'三郄中立，以正上下之讹，强于公家'，这应该就是交代栾书之所以顾忌的缘由。而栾书对郄犨的说辞也只是劝其放弃原则立场，并未涉及危害三郄的地方，亦可为证。看来，栾书本来是想说服郄犨与他联手去除厉公，只是在劝说未遂后才转而在厉公面前构陷郄犨。"陈先生的观点甚确。这句正是栾书对郄犨的劝告，希望他放弃之前对厉公的维护，与自己联手除去厉公。所以"可（何）吕（以）女（如）是亓疾与（欤）才（哉）?"解释为"为什么要（对厉公）如此尽

① 刘洪涛.上博竹书《姑成家父》重读[EB/OL].（2007-3-27）[2024-1-2]，http：//www.bsm.org.cn/show_article.php？id=540.

② 季旭升.上博五刍议（下）[EB/OL].（2006-2-18）[2024-1-2]，http：//www.bsm.org.cn/show_article.php？id=196.

③ 陈伟.《苦成家父》通释[EB/OL].（2006-2-26）[2023-9-1].http：//www.bsm.org.cn/show_article.php？id=239.

④ 刘洪涛.上博竹书《姑成家父》重读[EB/OL].（2007-3-27）[2024-1-2]，http：//www.bsm.org.cn/show_article.php？id=540.

心尽力呢？"如此解释可与上文所记叙的姑成家父善征伐，勤于政事，强于公家相呼应。

[8] 襃（顦）袁（顇）

整理者将此二字隶定为"襃袁"，注二字均不识，待考。季旭升先生读为联绵词"顦顇"，意思是"不足，没有成就"。出自《离骚》"长顦顇亦何伤"之句。考释理由是"楚辞用'页'旁，《上博》用'衣'旁，其意一也。今台湾地区闽南语犹有类似词，意为马马虎虎、没有出息，当即古语之'顦顇'"①。陈伟先生从季先生释字，但释义理解不同，认为"顦顇"当训为"忧郁、愤懑"，亦作"欿憾"，理由是郄犨在晋国地位很高，成就斐然，他本人亦很有成就感，很高傲，释为"没有成就"恐与史籍的记载和塑造的人物形象和不符。陈先生引《离骚》"顦顇"一词在《楚辞》中作"欿憾"，《楚辞·哀时命》"志欿憾而不憺兮"，王逸注："憺，安。言己心中欿恨，意识不安。"这应该是指"郄犨特立径行、不与世俗合流的情绪"。②周凤五亦从"顦顇"之释读，列举此联绵词在传世文献和出土文献中的多种写法，如"坎傺""坎廪""垎轲""欿憾""坎壈""坎坷""坎垏""辚轲""欿懔""减淫""淊酶"等，认为在此简中当引申为"不得志"，"顦顇以至于今"意指"委屈退让的人，外表虽似失意，却能自保而活到现在"。③

今按：季旭升先生从文字学角度释为"顦顇"，遂为诸家所从，但对其词义的理解，学者们各有不同意见。"顦顇"《说文》作"顦顅"，云"面顦顅皃，饭不饱面黄起行也"，本意是形容人面黄肌瘦不得志的样子。前文讲到姑成家父的成就，结合典籍中所塑造的自尊、傲慢的人物形象来看，训为"没有成就"是不合适的。笔者认为解释为"不得志"更好，可以更好地与简文开头所记呼应。前文讲到姑成家

① 王宁.汉字字体研究的新突破——重读启功先生的《古代字体论稿》[J].三峡大学学报（人文社会科学版），2001（3）：25-29.

② 陈伟.《苦成家父》通释 [EB/OL].（2006-2-26）[2023-9-1]. http://www.bsm.org.cn/show_article.php? id=239.

③ 周凤五.上博五《姑成家父》重编新释 [C/OL].https://max.book118.com/html/2019/0304/8117113021002011.shtm.

父 "见恶于厉公"，又记载了他征伐百豫之战功，对厉公尽忠却被嫌弃，必然 "不得志"。栾书正是抓住这一点挑拨了姑成家父与厉公的关系。

[9] 伐厎遣适

整理者隶定作 "伐厎遣适"，未考文义。季旭升先生从字形相似角度改 "伐" 为 "戌"，疑为 "威" 字省形；改 "适" 为 "适"，亦未考句意。陈伟先生读 "伐" 为 "败"，释 "厎" 为 "氏"，读为 "是"，整句读为 "败是恬适"，意思是 "那样会不得安宁"。苏建洲先生从陈文 "适" 字释形。周凤五先生读为 "伐多狙达"，"伐" 训为自夸；"厎" 文献又作 "宅"，与 "度" 通假，此处读为 "多"；"伐多" 自夸战功，谓苦成家父以平定白狄的之战功自夸。"遣" 从辵，脑声，读为 "狙"，训为贪；"达"，所从声符为 "磔" 之古文；"狙达"，谓贪图富贵显达。①

今按："伐厎遣适" 竹书字形依次作 "⿰犬戈 ⿱之 ⿰𦥑遣 ⿰辶适"。

第一字 "伐"，楚文字习见字形为 "⿰亻伐"，本书中的字形与 "戌" 字近似。楚文字 "戌" 习见字形为 "⿰厂戌"，显然竹书字形左下的撇画并不被包裹于 "厂" 形之内，而是因书写潦草将竖笔写得有点像撇了，字形与 "伐" 字更近。再者，若释为 "戌"，认为是 "威" 之省形，未免过于古奥，且没有其他例证支持。故此字释为 "伐"。

"伐" 后一字的症结在于释为 "厎" 还是 "氏"。"厎" "氏" 楚文字习见写法如下表。显然，"厎" 字的区别性特征是 "Ɀ" 形结构，即使是最不明显的 "⿰厂氏"，也可以看出 "⿱七" 形两边延伸的弧度。"氏" 字，右部是斜竖，并不带有 "Ɀ" 形弧度。所以，竹书里的这个字无疑应该是 "厎"，但目前所见的 "厎" 字，最左边的长撇未见有省略的现象，不知为何该字无此撇。

---

① 周凤五. 上博五《姑成家父》重编新释: 中国简帛学国际论坛 2006 论文集 [C/OL].https://max.book118.com/html/2019/0304/8117113021002011.shtm.

字形	字形1	字形2	字形3	字形4
出处	上博《容成氏》 2 号简	上博《容成氏》 18 号简	上博《彭祖》1 号简	郭店《老子》乙 8 号简
字形	字形5	字形6	字形7	字形8
出处	郭店《缁衣》3 号简	上博《孔子诗论》 5 号简	上博《孔子诗论》 27 号简	郭店《忠信之道》 8 号简

第三字为"遁"。该字所从与上博三《周易》简 27:"辅颊舌"之"𦧑（舌）"字（从肉从舌），几乎无异，所以释为从"舌"从"辶"的"𨑶"比较好。如陈文所言，与郭店《缁衣》30 号简"慎勿出话"的"话"字所从近似，"话"字作"𧪝"。再加上苏建洲又补充的《玺汇》5677"𨑶"作"𨑶"形体这一证据，该字释为"𨑶"应该没有问题。

至于"伐尻遁𨑶"的意思，十分难以理解，待考。但是从上下文义来看，陈伟先生理解更甚。

[10] 幸（𤕦）

该字整理者称不识待考，可能是"成""就""果""济""获"等一类意思。季旭升先生释为从倒"矢"、从"犬"，认为是"幸"字。[①]何有祖先生释为从倒"矢"、从虎，亦认为是"幸"字。高佑仁先生反对何先生意见，指出虽然"犬"字写法与常见写法有异，但从"犬"还是在可以接受的范围。陈伟先生、周凤五先生、刘洪涛先生、浅野裕一先生均释"幸"，但并没有说明具体缘由。

今按:该字凡两见，字形为"𤕦""𤕦"，释为"幸"。其依据是上博四《昭王毁室》简 3"不𢁣（幸）仆之父之骨，在于此室之阶下"的"𢁣"字[②]。只是本简字左部的倒"矢"较之《昭王毁室》里的字有所省简。

---

① 季旭升.上博五刍议（下）[EB/OL].（2006-2-18）[2024-1-2],http://www.bsm.org.cn/show_article.php? id=196.

② 陈剑先生对做过详尽的考释，详见《释上博竹书〈昭王毁室〉的"幸"字》，载《汉字研究（第一辑）》，学苑出版社,2005 年，第 456-463 页。

[11] 𢦏（遣）

整理者疑同“册”，读为“策”，指策划，陈伟先生从之；陈剑、沈培先生迳释为“典”，并未详细解释。周凤五先生认为，该字乃“带”字之讹，读为“窃”，意思是偷偷地。[①]苏建洲先生亦释为“带”，并详细分析了上部为何不从“册”（笔者按：以下“𢦏”用“△”代替）：“楚简‘册’字有两个特点，一是其上两条竖笔上各有一横饰笔，是由西周金文‘册’作‘🜲’发展而来的；或是字形所从直笔，往往下端较长。但本简‘△’字上部作并不相同，可见‘△’绝非‘册’或‘典’字。”苏先生接着指出含有“带”字的字形，笔者总结如下表：显然简文中的“𢦏”字与“带”更近似（详细解释见苏文）。[②]“带”读为“遣”，训为“派遣”。

释字	带	带	緈	践	践
字形					
出处	花园庄451.3	子犯编钟	《玺汇》3870，燕玺	三体石经	燕王职壶
释字	无	无	带	带	无
字形					
出处	郭店《语丛四》22	包山263	马王堆汉墓帛书《战国纵横家书》276	马王堆汉墓帛书《养生方》193	郭店《穷达以时》13

今按：此字为“带”，苏先生的考证详尽可从。从上下文来看，长鱼矫“偷偷地”“自公所”外出似没有必要，所以苏先生读为“遣”，指从“公所”派遣长鱼矫出去办事，更合乎逻辑。

① 周凤五．上博五《姑成家父》重编新释[C/OL].https://max.book118.com/html/2019/0304/8117113021002011.shtm.
② 苏建洲:《〈苦成家父〉简9“带”字考释》[EB/OL].（2008-6-8）[2019.6.1],http://www.bsm.org.cn/show_article.php？id=835,2019年6月1日。

二、文本对读汇编

《春秋·成公十七年》

十有七年，春，卫北宫括帅师侵郑。夏，公会尹子、单子、晋侯、齐侯、宋公、卫侯、曹伯、邾人，伐郑。

六月，乙酉，同盟于柯陵。秋，公至自会。

齐高无咎出奔莒。

九月，辛丑，用郊。

晋侯使荀䓨来乞师。冬，公会单子、晋侯、宋公、卫侯、曹伯、齐人、邾人，伐郑。

十有一月，公至自伐郑。

壬申，公孙婴齐卒于狸脤。十有二月丁巳朔，日有食之。

邾子貜且卒。

晋杀其大夫郤锜、郤犨、郤至。

楚人灭舒庸。

《左传》

【成公十七年】

晋厉公侈，多外嬖，反自鄢陵，欲尽去群大夫而立其左右，胥童以胥克之废也，怨郤氏，而嬖于厉公，郤锜夺夷阳五田，五亦嬖于厉公，郤犨与长鱼矫争田，执而梏之，与其父母妻子同一辕，既矫，亦嬖于厉公。栾书怨郤至，以其不从己而败楚师也，欲废之，使楚公子茷告公曰："此战也，郤至实召寡君，与军帅之不具也，曰：此必败，吾因奉孙周以事君。"公告栾书，书曰："其有焉，不然，岂其死之不恤，而受敌使乎，盍尝使诸周而察之。"郤至聘于周，栾书使孙周见之，公使觇之信，遂怨郤至。厉公田，与妇人先杀而饮酒，后使大夫杀，郤至奉豕，寺人孟张夺之，郤至射而杀之，公曰，季子欺余，厉公将作难，胥童曰："必先三郤，族大多怨，去大族不偪，敌多怨有庸。"公曰："然。"郤氏闻之，郤锜欲攻公，曰："虽死，君必危。"郤至曰："人所以立，信知勇也，信不叛君，知不害民，勇不作乱，失兹三者，其谁与我，死而多怨，将安用之，君实有臣而杀之，其谓君何，我之有罪，吾死后矣，若杀不辜，将失其民，欲安得乎，待命而已，受君之禄，是以聚党，有党而争命，罪孰大焉。"壬午，胥童、夷羊五，帅甲八百，将攻郤氏，长鱼矫请无用众，公使清沸魋助之，抽戈结衽而伪讼者，三郤将谋于榭，矫以戈杀驹伯苦成叔于其位，温季曰，逃威也，遂趋，矫及诸其车，以戈杀之，皆尸诸朝。

【成公十九年】

十八年春，王正月庚申，晋栾书、中行偃使程滑弑厉公，葬之于翼东门之外，以车一乘。

《国语·晋语六》

既战，获王子发钩。栾书谓王子发钩曰："子告君曰：'郤至使人劝王战，及齐、鲁之未至也。且夫战也，微郤至王必不免。'吾归子。"发钩告君，君告栾书，栾书曰："臣固闻之，郤至欲为难，使苦成叔缓齐、鲁之师，己劝君战，战败，将纳孙周，事不成，故免楚王。然战而擅舍国君，而受其问，不亦大罪乎？且今君若使之于周，必见孙周。"君曰："诺。"栾书使人谓孙周曰："郤至将往，必见之！"郤至聘于周，公使觇之，见孙周。是故使胥之昧与夷羊五刺郤至、苦成叔及郤锜，郤锜谓郤至曰："君不道于我，我欲以吾宗与吾党夹而攻之，虽死必败，君必危，其可乎？"郤至曰："不可。至闻之，武人不乱，智人不诈，仁人不党。夫利君之富，富以聚党，利党以危君，君之杀我也后矣。且众何罪，钧之死也，不若听君之命。"是故皆自杀。既刺三郤，栾书弑厉公，乃纳孙周而立之，实为悼公。

关于"三郤之乱"古书所记大同小异，上述文献以《左传》最详细，简书却与《左传》有诸多不同，总结如下。

其一，《左传》中栾郤之怨，也就是栾书所构陷的对象是郤至。简书中，上文的"对象"变成了苦成家父。这是二书最显著的差别。

其二，苦成家父与厉公结怨的原因不同。《左传》中记载是因为栾书挑拨、设计诬陷，造成了厉公对苦成家父的怨恨；简书云："宪行，正迅强"即苦成家父依法令行事，纠正迅猛强圉的人（或行为），因而得罪了厉公。可见简书明显是对苦成家父有所褒奖的。

其三，关于栾书挑拨晋厉公与苦成家父关系的手法，简文与文献所记不同。《左传》云："(栾书)使楚公子茷告公曰，'此战也，郤至实召寡君，以东师之未至也，与军帅之不具也，曰：此必败，吾因奉孙周以事君。'公告栾书，书曰：'其有焉，不然，岂其死之不恤，而受敌使乎，盍尝使诸周而察之。'郤至聘于周。栾书使孙周见之，公使觇之信，遂怨郤至。"较之《左传》栾书精心设计的滴水不漏的诬陷大计，简书所记便显十分简单，仅仅因为栾书告诉厉公三郤势力过大且不听从厉公命令，威胁厉公的地位而使厉公生隙，简书云："言于敕(厉)公曰：'参(三)坪(郤)宔(厚)，取宝(主)君之衆，吕(以)不圣(听)命，瘦(将)大害。'"

其四，简书中增加了苦成家父征伐百豫战争的记载。

其五，《左传》中与厉公对话，诬陷郤至父的人是"楚公子茷"(为栾书指使)，简书中则是栾书。

其六，简文中记载了栾书先拉拢苦成家父，挑拨他与厉公的关系，遭拒失败后，才转而向厉公进谗言，诱使厉公除掉苦成家父。《左传》中没有栾书与苦成家父交谈的记录。

其七，郤锜听说厉公欲对三郤不利，想要先下手为强进攻厉公，郤至对其劝阻的理由有异。《左传》云："人所以立，信知勇也，信不叛君，知不害民，勇不作乱，失兹三者，其谁与我，死而多怨，将安用之，君实有臣而杀之，其谓君何，我之有罪，吾死后矣，若杀不辜，将失其民，欲安得乎，待命而已，受君之禄，是以聚党，有党而争命，罪孰大焉。"苦成家父从"信、智、勇"的角度立意。简书云："不可。君贵我而受(授)我衆，以我为能絧(治)。含(今)虐(吾)亡(无)能絧(治)也，而因以害君，不义，型(刑)莫大安(焉)。唯(虽)导(得)孚(免)而出，吕(以)不能事君，天下为君者，隹(谁)欲畜女(汝)者(诸)才(哉)？初，虐(吾)㞷(强)立絧(治)衆，欲吕(以)长圭(建)宝(主)君而征(御)难。含(今)宝(主)君不遹于虐(吾)，故而反亚(恶)之。虐(吾)毋又(有)它，正公事，唯(虽)死，安(焉)逃之？虐(吾)聕(闻)为臣者必思(使)君导(得)志于吕（己）而又（有）逡（后）青（请）。"简书主要从"君臣之义"的角度来立意。从此点可以看出，楚简所重视和宣扬的礼教与《左传》的侧重点不尽相同。

其八，长鱼矫杀害三郤的情节不同。《左传》记载长鱼矫假装与清沸魋打架，趁三郤去台榭为他们判断是非的时候，将苦成家父、郤锜杀死，又追杀了出逃的郤至。据简书记载，长鱼矫从百豫拘捕苦成家父，苦成家父（听说后）把长鱼矫同他的妻子、母亲都逮捕了，拘禁在朝廷上。厉公（闻知此事），很生气，没有可告诉的人，就告诉强卯大夫。强卯大夫说："不如释放内库的囚犯，发给他们兵器。"强卯大夫带领着囚犯，释放了长鱼矫，贼杀了三郤。

其九，杀厉公的主谋不同。《左传》记载，十八年春季，栾书、中行偃派程滑杀死晋厉公。简述仅记载栾书杀掉厉公。

从以上诸多不同可知，简书作者对苦成家父持肯定态度，把厉公与栾书作为反面人物加以塑造。所以整理者指出，"所记与《左传》《国语》等文献或相同相近，或不同。其基本立场似是同情三郤"的观点应当是十分正确的。

三、关于《姑成家父》的讨论

1. 竹书人物解析

将竹书与传世文献对读发现，竹书的人物姓名称谓与传世文献差异较大，现就本书涉及的人物略加分析讨论。

（1）姑成家父

竹书主人公"姑（苦）或城（成）豪（家）父"，即《左传》成公十四年和十七年、《国语·鲁语上》《国语·晋语六》的"苦成叔"，春秋鲁成公时期的晋国执政卿郤犨。"姑"鱼部见钮，"苦"鱼部溪钮，二字叠韵，见、溪旁转，可通假。"成"整理者认为是郤犨谥号，王辉先生从之，陈伟先生据《潜夫论》提出反对意见，认为"苦成"二字连读，为郤犨采邑之名，并引《元和姓纂》《路史》《国语·鲁语上》

证明。① "家"，本文字形从"爪"，隶定为"�"，是典型的楚文字写法。整理者认为"家"指卿大夫采邑；陈伟先生认为"家"为郤犨之字。"父"同"甫"是男子美称。对"成"为地名用字还是"谥号"的问题，"家"字是采邑名还是郤犨之字的问题尚存争议，本文将就此略做讨论。

出土文献和传世文献所见"郤犨"之名颇为繁杂，现统计如下表，以便分析。

郤犨之称	文献出处
郤犨 郤讐 郤州	《春秋·成公十一年》："晋侯使郤犨来聘，己丑，及郤犨盟"
	《国语·鲁语上》："子叔声伯如晋，谢季文子，郤讐欲予之邑，弗受也"
	《公羊传·成公十一年》："晋侯使郤州来聘，己丑，及郤州盟"
苦成叔	《左传·成公十七年》："矫以戈杀驹伯、苦成叔于其位"
	《国语·晋语六》："厉公六年，伐郑，且使苦成叔及栾黡兴齐、鲁之师"
苦成叔子 或叔子	《国语·晋语六》："见苦成叔子，叔子曰：'抑年少而执官者众，吾安容子'"
苦成叔家	《左传·成公十四年》："宁子曰：'苦成叔家其亡乎'"
	《国语·鲁语上》："夫苦成叔家欲任两国而无大德，其不存也，亡无日矣"
叔	《国语·周语下》："今郤伯之语犯，叔迂，季伐"
姑（苦）成 𡍄（家）父	（本篇）：姑（苦）成𡍄（家）父事厉公

"郤犨、郤讐、郤州"之称法乃古书最常见的"氏称＋名"结构，其他异称，古书中有过不少讨论，亦统计如下表。

出处	文本	说明
《元和姓纂》	晋卿郤犨食采苦成，因氏焉	苦成为采邑名

---

① 陈伟."苦成家父"小考[EB/OL].（2006-5-18）[2023-9-1].http://www.bsm.org.cn/show_article.php？id=346.

出处	文本	说明
《路史·国名纪五》	苦成也。王符云："郤犨采于苦，曰苦成"	苦成，一名苦
《通志·氏族略三》	苦为邑名，郤犨采邑，故苦氏即郤氏	"苦"为邑名
《通志·氏族略五》	苦成氏，姬姓郤犨别封于苦，为苦成子。《潜夫论》："苦成，城名，在盐池东北。"然此城因苦成子之封而得苦成城之名，其实"成"谥也。顾炎武《日知录》卷廿四"生称谥"亦认为"成"为郤犨之谥，且为生称谥	"苦"为邑名，"成"为谥号
《潜夫论·志氏姓》	郤犨食采于苦，号苦成叔。苦成，城名也，在盐池东北。后人书之或为"枯"；齐人闻其音，则书之曰"库成"；燉煌见其字，呼之曰"车成"；其在汉阳者，不喜"枯""苦"之字，则更书之曰"古成氏"	一说："苦"为邑名。一说："苦成"为邑名。注："苦"后讹为"苦成"
《春秋左传注》	苦成，晋国地名，在今山西运城东面稍北二十二里。据王符《潜夫论·志氏姓》与《通志·氏族略三》，以苦为邑名，郤犨采邑，故苦氏即郤氏。"成"为郤犨谥，"叔"为其字	"苦"为邑名，"成"为谥号
《万姓统谱》	郤犨号苦成子，"苦"为别封之采，以邑为氏。同篇又云："苦成子，以成子食苦邑，故以为氏，后讹为'苦成'，又为'库成'"	"苦"为邑名。注："苦"后讹为"苦成"

陈伟先生根据《国语·鲁语上》"子叔声伯如晋谢季文子"章记子叔声伯云"苦成氏有三亡"，认为"如果这在一定程度上是当时实录，也说明'成'不当是谥称"。白显凤先生据《春秋分记》卷十一郤犨之谥为"文"以及王应麟对"'成'为生称谥"论点的驳斥，亦认为"成"为地名用字。[①] 王应麟《困学纪闻》卷六云："顾宁人历引生而称谥，及《鲁语》鲍国谓子叔声伯曰：'子何辞苦成叔之邑。'以成为谥。不知下文称'苦成氏'，《晋语》称'苦成叔子'，《左传》'苦成叔傲，甯殖曰：苦成家其亡乎！'则成非谥，盖亦邑名。"至此，已经比较清楚"成"应该是地名。

---

① 白显凤.出土楚文献所见人名研究[D].长春：吉林大学博士论文，2017：173–174.

如《潜夫论·志氏姓》所言，原邑名为"苦"，后因齐人书曰"库成"或汉阳人不喜'枯''苦'之字，遂讹为"苦成"。出土文献中，"苦成"多写为"枯成"，如下表三晋玺印。

玺印				
出处	《玺汇》4049	《玺汇》4050	《玺汇》4051	《玺汇》4052

再来看"家"字，陈伟先生根据古人"父（甫）"多与字连言的规律推出"姑成家父"之"家"为郄犨之字。证据有二，首先《国语·鲁语上》记录鲍国与子叔声伯的对话，问句中有"苦成叔"的说法而答句改为"苦成叔家"，"苦成叔家"显然是郄犨的另一称谓。表示排行的伯仲叔季之后，往往连字称之。这和与"父（甫）"连称时字前父（甫）后正好相反。其次，从"犨"与"家"的关系来看，正是名与字的关系。陈文言："郄犨之'犨'，一作'州'。州作为一种居民组织，由若干家组成。如《周礼·地官·大司徒》说：'令五家为比，使之相保；五比为闾，使之相受；四闾为族，使之相葬；五族为党，使之相救；五党为州，使之相賙；五州为乡，使之相宾。《管子·度地》说：'故百家为里，里十为术，术十为州，州十为都。'郄犨（州）字'家'或与此有关。"①刘洪涛先生从之，并进一步指出："唐石经'家'上有'叔'字，与《鲁语》同。'叔'是排行，'家'是字。"②以上对"家"为"字"的考据十分翔实，且先秦文献中并没有"家"作为采邑名与男子美称"父（甫）"相连的例证，故此"家"当为郄犨之字。

（2）厉公

"厉公"简文写作""，整理者将第一字隶定为"敕"，季旭升先生提出，为避免读者对字形产生误会，依甲金文原形将"敕"改隶为"敕"。因古文字"攴"

---

① 陈伟."苦成家父"小考 [EB/OL].（2006-5-18）[2023-9-1].http：//www.bsm.org.cn/show_article.php？id=346.

② 刘洪涛.上博竹书《姑成家父》重读 [EB/OL].（2007-3-27）[2024-1-2],http：//www.bsm.org.cn/show_article.php？id=540.

旁与"刀"旁通用，所以"敇"为"刺"之异体。"刺""厉"古音相近，存在通假的可能性。晋厉公，春秋时晋国国君，公元前508年至公元前573年在位，名寿曼，《左传》作名州蒲，晋景公之子，是郤犨的君主。曾于鲁桓公二十六年率诸侯伐秦，将秦军逼退至泾；在位第六年，大败楚共王于鄢陵，从此威震诸侯；遂后自满淫逸，近嬖臣，杀三郤，最后被栾书、荀偃所杀。

（3）鑾箸（栾书）

"鑾箸"整理者隶定为"栾书"，指出："'书'为鱼部书纽，'箸'为鱼部端纽字，两字叠韵。栾书即栾武子，栾盾之子，曾于晋景公十一年为下军之将，十三年将中军，后又得宠于晋厉公，出师伐秦、伐郑。存世有著名青铜器《栾书缶》。"① 甚确，各家均从之。

（4）长鱼矞

"长鱼矞"，整理者云："长鱼矞，即'长鱼矫'。长鱼，复姓，矫又作蟜，晋厉公所宠之大夫。'矞'，从羽，高声。上古音'高'为宵部见母平声，'矫'为宵部见母上声，'高''矫'双声叠韵。"② 遂为各家所从。

（5）垟寄（郤锜）

整理者隶定为"垟奇"，杨泽生先生改隶定为"垟寄"，认为"寄"为"寄"字异体，读为"锜"。该字写作"𡥈"，与楚文字常见的"奇"字写法不同，从"宀"从"奇"。郤锜，三郤之一，乃郤克之子，因封于驹，号驹伯，又称郤子，晋厉公时为上军之将。

2. 字迹书写特点

简书文字书写风格奇特，抄手书写水平有限，文字有膳写和修改。郭永秉先生分析："《姑成家父》一篇的书手水平不高，有的字有明显的改动痕迹。如简1'君'字圈形的上半一笔，在该转弯的地方没有转，而是径直往下拖，错成了一

---

① 马承源主编.上海博物馆藏战国楚竹书（五）[M].上海：上海古籍出版社,2005：241.
② 马承源主编.上海博物馆藏战国楚竹书（五）[M].上海：上海古籍出版社,2005：241.

竖笔,造成横穿圈形一横折的折笔的位置,已被错写的那一长竖占去,但抄写者还是老老实实地把这一笔写在了原来的位置上,从图版看,这一折最后的顿笔在错写的一竖之外还是很清楚的。有的字写得很容易跟其他字混淆甚至有可能就是写了错字。如简6'为此世也从事'的'此'就跟简4'得免而出'的'出'字根本没有什么区别。"① 细看简文,发现书手起笔较重,尤以横笔为甚,收笔较轻为尖形。冀小军先生亦指出:"此篇文字在书写上颇有特色:大多位于字上方的短横,其左侧起笔处都有一近似竖笔的团块儿(如简1.3之'百'、字、3.2之'而'字、6.1之'正'字、8.1之'言'字、9.4之上'其'字),这大概是运笔时'逆入回锋'造成的。"② 全篇书写风格较随意,字迹没有变化,出自同一书手。从字体风格和用字来看,多数学者认为,虽然本篇内容为晋国文献,但抄手所抄底本为被完全"驯化的"楚文字写本,全篇显示了典型的楚文字特征。③ 冯胜君先生从古文字形体、用字角度分析,认为本篇并未受三晋书法风格的影响。孟岩先生通过对《姑成家父》全篇"家"字均写作楚系文字特有的"爪"形,来证实本篇为楚文字风格。下面就地域文字风格问题稍作讨论。

地域文字风格指文字在书写过程中所反映的区域整体特征。王宁先生说:"(字体风格)与书写紧密相连,它不但受书写者个性特征的影响,而且受地理范围和政治区划所形成的文化背景的影响,带有一定的时代、地域特征。政治分割时代越长,这种风格的区别越显著"④ 学界普遍认为,根据文字总体风格、字形特

---

① 郭永秉.说《姑成家父》简3的"取免"[EB/OL].(2006-4-19)[2023-9-1].http://www.bsm.org.cn/show_article.php? id=329.

② 冀小军.《苦成家父》补说[EB/OL].(2006-6-12)[2024-1-2]. http://www.bsm.org.cn/show_article.php? id=363.

③ 冯胜君《从出土文献看抄手在先秦文献传布过程中所产生的影响》一文主要从古文字形体、用字角度分析,认为本篇并未受三晋书法风格的影响。孟岩《〈姑成家父〉文本集释及相关问题研究》论文通过对《姑成家父》全篇"家"字均写作楚系文字特有的"爪"形,来证实这一观点。

④ 王宁.汉字字体研究的新突破——重读启功先生的《古代字体论稿》[J].三峡大学学报(人文社会科学版),2001(3):25-29.

征和用字特点的区别，战国文字可以分为秦系、楚系、晋系、齐系和燕系五系。何琳仪先生《战国文字通论（订补）》、胡小石先生《齐楚古金表》、汤余惠先生《略论战国文字形体研究中的几个问题》、曹锦炎先生《古玺通论》等著作中都曾对战国文字区域风格有过专章研究。战国楚系文字范围包括以楚国为中心的文化圈，即楚、徐、蔡、宋以及汉水、淮水二水之间星罗棋布的小国。目前出土的战国文字材料中，以楚系文字为大宗。结合本竹书用字特点，笔者就楚文字羡符略作梳理，并对照晋楚文字特点，以明晰竹书写风格。

羡符是汉字在发展演变过程中，出于对文字形体进行美化、装饰的需要或者其他原因而添加的与字音、字义均无关的符号。[①] 战国楚文字中就有大量的羡符存在，如多增"宀"旁，如"中"字作""（上博八·李 1）、"宅"作""（新蔡·甲三 11）；竖笔多有延伸，如"天"作""（郭店·语一 18）；"周"作""（清华二·系年 17）；增"爪"旁，如"家"作""（包山·202）、"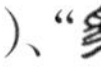"（上博四·柬 12）；"大"形较为松散，如""（上博七·吴 3）；"攴"笔上部多作一笔弯折，呈"乚"形，如"政"作""（上博二·鲁 3）等。

战国晋系文字使用地域较广，除了韩、赵、魏，还包括中山国、东周、郑、卫等国。[②] 晋系书写风格总体来看字体端庄大方，笔画平直、精严，刚劲有力，字形修长细劲。从羡符、笔画来看，晋系文字常于右侧弯曲笔画空隙处增饰笔，如"巳"字，作""（《玺汇》3340），又如"起"字作"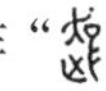"（施 244）；"口"下部笔画方折，作类似"凵"形，如"右"字作""（《集成》11336）、"吉"字作"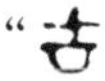"（珍战 226）；"隹"旁作""形，如"雚"字作""（三晋 56）；"亡"上部作"∧"形，写作"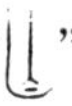"（铭文选 2.881）、""（《玺汇》4766）；"止"字上部作"X"形，左下部作"乚"，写作""（《玺汇》0895），"正"字写作""（集粹 256）等。用晋系文字书写的《书》类、《易》类、史类、诸子类、语类、原始诗类等文献，传入楚地之

① 吴建伟，王霞．战国楚文字常用羡符再探 [J]. 中国文字研究，2008（2）：90–93.

② 何琳仪．战国文字通论（订补）[M]. 南京：江苏教育出版社，2003：115.

后, 用楚文字转写不彻底, 有一些留下了晋系文字的特征的楚地文献:《赤鹄之集汤之屋》《尹至》《尹诰》《耆夜》《皇门》《金縢》《保训》《厚父》《命训》《筮法》《子仪》《良臣》《汤处于汤丘》《汤在啻门》《管仲》《越公其事》《祝辞》。①
接下来, 我们将梳理本竹书所涉非典型楚文字形体, 然后将这些特殊文字形体与典型楚系文字、晋系文字写法对比、再与清华简 ② 晋系文字风格的字形一一比对, 以分析本文文字构形特点。

首先, 梳理本竹书非典型楚文字写法如下表。

字	本竹书写法	典型楚文字写法与出处	竹书与楚文字异构类型
百		上博一·孔 13·17	
而		上博五·弟 9·7	
丌		上博一·孔 1·5	
尻		上博三·周 55·	长横上加短横
可		上博一·孔 4·18	
奇	该写法仅见本书, 凡两见	包山文书 75 号简	
稷			
天		上博二·容 19·22	

---

① 王永昌. 清华简文字与晋系文字对比研究 [D]. 吉林: 吉林大学,2018:159-165.
② 清华简是清华大学于 2008 年 7 月收藏的一批战国竹简, 属于战国中晚期文物, 文字书写主要是楚地风格, 杂糅晋系等地域风格。

字	本竹书写法	典型楚文字写法与出处	竹书与楚文字异构类型
下		上博二·容 7·7	
釜		未见	
讯		未见	
言		上博一·孔 8·45	长横上加短横
繇		上博三·周 26·32	
正		上博一·缁 2·15	
中		上博五·季 3·6	
至		上博一·孔 18·18	文字底端下加横
不		上博三·彭 3·2	
才		上博二·从甲 18·27	
因		上博三·亘 9·39	竖笔加短横
邦		上博一·缁 11·32	
罙		未见	

字	本竹书写法	典型楚文字写法与出处	竹书与楚文字异构类型
襃		未见	竖笔加短横
裣		上博五·三9·17	
弋		郭店《缁衣》5号简	
用		上博三·周8·33	
死		上博三·中23·9	✔形笔画一侧增添短横，作
难		上博二·从甲17·16	圆弧形笔画下加横画
宻		上博三·周9·11	中空构件内部增横画
书		曾侯乙墓1号简	
图		上博缁衣12号简	上从"止"形变异
莫		上博四·曹50·7	羡画短竖
事		上博五·弟11·13	羡画短捺
姑		上博内礼附简	女旁不出头

字	本竹书写法	典型楚文字写法与出处	竹书与楚文字异构类型
今		 上博四·曹 4·1	羡画短撇
既		 上博一·缁 11·8	羡符"="
亚 （恶）		 上博一·缁 9·4	羡符"十"
难		 上博四·曹 23·23	羡符"土"

接着，我们将《姑成家父》中非典型楚文字与典型晋系文字、清华简受晋系文字影响的文字形体对比梳理如下。

字	本竹书	晋系文字	楚系文字	清华简晋系文字特征	是否与晋系文字相似	
今		 中山王䥅方壶	 上博《曹沫之陈》4 号简	 《厚父》简 10	相似	晋系文字两短横之下有羡符撇
侯		 侯马三·二一	 包山 233 简	 《系年》简 8		晋系文字"侯"上无短横饰笔
难		 中山王䥅方壶	 上博《从甲》17 号简	 《子产》简 8	不相似	晋系文字中下部与楚文字有异
夕		 中山王䥅方壶	 上博《柬大王泊旱》9 号简	 《筮法》简 3		晋系文字左下方加斜笔
邦		 哀成叔鼎	 郭店《成之闻之》30 号简	 《良臣》简 9		晋系文字与楚系文字两部件位置相反

字	本竹书	晋系文字	楚系文字	清华简晋系文字特征	是否与晋系文字相似	
后	(字形)	(字形) 侯马七九·五	(字形) 郭店《老子》甲3号简	(字形) 《良臣》简5		晋系文字从"彳"，楚系文字从辵或从止
古	(字形)	(字形) 中山王礜方壶	(字形) 包山楚简173	(字形) 《厚父》简5		晋系文字口内加短横
百	(字形)	(字形) 中山王礜方壶	(字形) 上博《孔子诗论》13号简	(字形) 《良臣》简8	不相似	字形明显不同
与	(字形)	(字形) 中山王礜方壶	(字形) 包山楚简141	(字形) 《良臣》简8		晋系文字中的"与"字也往往在所从的"収"旁中添加饰符
因	(字形)	(字形) 中山王礜方壶	(字形) 上博《恒先》9号简	(字形) 《子产》简14		楚系文字外框围绕中间字形随体诘屈，晋系文字"口"形工整

　　细探上表可知，竹书"今""侯"的书写形式明显呈晋文字特点。除此之外，本篇在某些笔画细节方面亦有晋文字趋向：比如"口"形的底部，典型楚文字角度较大，呈现"凵"形如"(字形)"（郭店《老子》丙6号简），但本文"口"形的底部呈近似"▽"形，如"(字形)"（《姑成家父》4号简），与晋系文字较为相似如侯马盟书"(字形)"。基于上述分析可知，本篇楚文字转写不彻底，仍留有个别晋系文字特点。

第六节

马王堆汉墓帛书《韩魏章》

本篇选自马王堆汉墓帛书《春秋事语》第三章，为全书时间最晚篇章，记载了三家分晋之事，有少许残损，文义尚可疏通。

一、释文及疑难字词考释

【·知】伯韓（韩）、戆（魏）以□赵襄【子于】晋阳，深[1]□□☒智赫[2]曰："初君□□□□而用之，猷（猷—犹）尚[3]莫敢不服，肖（赵）氏□□□□□亡，二家之忧也。今韓（韩）波（陂／破）[4]而报，君弗见，是辱二主☒子恐兵之环之而佴（耻）为人臣[5]＝（臣，臣）恐□□□会也。今在□□□乡☒曰□□□□□□□□弗隋☒处（处）一于此，难胃（谓）不敢。"韓（韩）☒，三家为一，以反知☒。

[1] 深

旧注从郑良树先生[①]意见释作"深"，指水浸晋阳之深度，但标注"不知确否"。新注曰："'深'字之下尚有两字残笔，似无法释为与水深有关的字，《校释》之说可疑。所谓'深'字究竟是否应释读为'深'，亦无法完全确定。"[②]

---

① 郑良树. 竹简帛书论文集 [C]. 北京：中华书局，1982：19.
② 裘锡圭主编，湖南省博物馆、复旦大学出土文献与古文字研究中心编纂. 长沙马王堆汉墓简帛集成（叁）[M]. 北京：中华书局，2014：174.

今按：该字指存右半部分，写作""与马王堆汉墓帛书《合阴阳》篇"深内而上撅之""深"（写作""）右半部极其相似，故释为"深"应该是可信的。该字或可训为"深入"，与《左传·僖公十五年》"晋侯谓庆郑曰：'寇深矣，若之何？'"，以及《汉书·张汤传》"治陈皇后巫蛊狱，深竟党与，上以为能，迁太史大夫"之"深"用法相同。此"深"字当和后文"波（破）"相互应，"深"指战争开始阶段，联军深入进攻，但战争随即进入胶着状态，即《战国策·赵策一》所言"三国之兵乘晋阳城，遂战。三月不能拔"；"波（破）"指韩军破城门而入，即《战国策·赵策一》所言韩、魏之君曰："夫胜赵而三分其地，城今且将拔矣。""城将拔"之时，"波（破）"的解释详见本篇注释。①

[2] 智赫

关于"□赫"其人，学界有郑良树先生"杜赫说"②、徐勇先生"高赫说"③、裴锡圭先生"智赫"说④和"仇赫说"四种观点。

今按：结合史实、字形、出土文献文例来看，裴锡圭先生观点最为可信。详见下文"关于《韩魏章》的讨论"。

[3] 猷（猷—犹）尚

新注云："'猷'，原释文迳释为'犹'。此字为'猷'字异体，读为'犹'。'猷''犹'本来也是一字异体，用法分化是后来的事。"⑤

今按：新注所言甚确，笔者仅略作补充。"犹尚"为同义并列复式连词，古书常连用，译为"尚且"。《吕氏春秋·察微》："故智士贤者相与积心愁虑以求之，犹尚有管叔、蔡叔之事，与东夷八国不听之谋。"《左传·僖公五年》："亲以宠偪，犹

---

① 郑良树.竹简帛书论文集[C].北京：中华书局，1982：19.
② 郑良树.竹简帛书论文集[C].北京：中华书局，1982：27.
③ 徐勇.《春秋事语·韩、魏章》考辨[J].中国史研究.1988（3）：41.
④ 裴锡圭主编，湖南省博物馆、复旦大学出土文献与古文字研究中心编纂.长沙马王堆汉墓简帛集成（叁）[M].北京：中华书局，2014：174.
⑤ 裴锡圭主编，湖南省博物馆、复旦大学出土文献与古文字研究中心编纂.长沙马王堆汉墓简帛集成（叁）[M].北京：中华书局，2014：175.

尚害之，况以国乎？"

[4] 波（陂／破）

旧注仅列释文，未详析。新注认为，帛书此章的"波"疑用作"陂"。"波"在战国至西汉文字中常用作"陂"，"陂"由"陂堤"引申而有筑堤壅水的意思，可能是指韩氏筑陂壅水以助知氏决晋水灌晋阳的意思。如果对帛书文义理解大致正确，则至少韩氏是有实际作为的。《史记·魏世家》正义引《括地志》："《山海经》云悬瓮之山，晋水出焉，东南流注汾水。昔赵襄子保晋阳，智氏防山以水灌之，不没者三版。""防山以水灌之"语出《左传·昭公三十年》"吴子……遂伐徐，防山以水之"，杜预注："防壅山水以灌徐。"可见知氏也是防壅悬瓮山之水来灌晋阳的，帛书所谓"今韩（韩）波（陂／破）而报"似即此事。下文"君弗见"，也许是说知伯对此却视而不见，所以导致"辱二主"的结果。①

今按：似存在另一可能。"波"读为"破"，意思是攻破城门。《诗·豳风·破斧》："既破我斧，又缺我斨。"《史记·孙子吴起列传》："齐因乘胜尽破其军，虏魏太子申以归。"秦汉简帛古书中，亦常见"波"读为"破"的辞例：睡虎地秦简《日甲·土忌二》："冬三月之日，勿以筑（筑）室及波（破）地，是胃（谓）发蛰。"《周家台秦简·病方》："皋！敢告曲池，某痏某波（破）。"

帛书所言"初君□□□而用之""今韩（韩）波（陂／破）而报"，用"初""今"二字明确今昔对比。《战国策·赵策》："知伯曰：'兵著晋阳三年矣，旦暮当拔之而飨其利，乃有他心？'"由前述可知，"如今"乃是战争即将胜利的关键时刻。若笔者理解帛书所言正确，则可知率先破城攻入晋阳的乃是韩军。如此重大的军事胜利，韩军来报，知伯却"弗见"，必然会导致"是辱二主"的结果。帛书这样的描写与史籍记载的知伯的性格相符。《左传》谓"知（智）伯贪而愎"。"贪"指贪得无厌，好大喜功，骄奢淫逸；"愎"指刚愎自用，不纳谏言，独断专行。正是这两个致命缺点断送了知氏的基业，并使其身败名裂。韩魏二君也势必因知伯此

---

① 裘锡圭主编，湖南省博物馆、复旦大学出土文献与古文字研究中心编纂．长沙马王堆汉墓简帛集成（叁）[M]．北京：中华书局，2014：175．

举,更加担心灭赵之时知伯对韩魏用兵,与帛书所记"恐兵之环之"相合。

[5]子恐兵之环之而佴(耻)为人臣

本句中"子"的指代对象尚有可商榷之处。裘文认为"……子恐兵之环之而佴(耻)为人臣"句,是分析韩、魏之君心理之语。"……子"似即指韩、魏之君。[①]新注:"此语似当是智赫警告知伯('子'即知伯),韩、魏既忧且受辱,可能反过来联合赵氏反击知氏[即'兵之环(还)之'],知伯反将耻为人臣;下文'臣恐'云云,可能是智赫预判自己的下场。"[②]

今按:笔者认为裘锡圭先生的解释更恰。如按照新注理解,本篇智赫一直以"君"尊称知伯,何以此时改为"子",甚怪。况且据知伯的性格,应该也是不允许族人对自己不敬的。所以此处"子"指韩、魏二君更为合适。"佴"同"耻","佴"古音隶之部日纽,"耻"古音隶之部透纽,二字同部古音相近,可互通。耻,训为以……为耻。

二、文本对读汇编

《左传·哀公二十七年》

将门,知伯谓赵孟:"入之。"对曰:"主在此。"知伯曰:"恶而无勇,何以为子?"对曰:"以能忍耻,庶无害赵宗乎!"知伯不悛,赵襄子由是惎知伯,遂丧之。知伯贪而愎,故韩、魏反而丧之。

《战国策》

【赵策一】

知伯从韩、魏兵以攻赵,围晋阳而水之,城下不沉者三板。郗疵谓知伯曰:

---

① 裘锡圭.帛书《春秋事语》校读[M]// 裘锡圭学术文集第二卷(简牍帛书卷),上海:复旦大学出版社,2012:410.

② 裘锡圭主编,湖南省博物馆、复旦大学出土文献与古文字研究中心编纂.长沙马王堆汉墓简帛集成(叁)[M].北京:中华书局,2014:175.

"韩、魏之君必反矣。"知伯曰:"何以知之?"郗疵曰:"以其人事知之。夫从韩、魏之兵而攻赵,赵亡,难必及韩、魏矣。今约胜赵而三分其地。今城不没者三板,白灶生蛙,人马相食,城降有日,而韩、魏之君无熹志而有忧色,是非反如何也?"明日,知伯以告韩、魏之君曰:"郗疵言君之且反也。"韩、魏之君曰:"夫胜赵而三分其地,城今且将拔矣。夫二家虽愚,不弃美利于前,背信盟之约,而为危难不可成之事,其势可见也。是疵为赵计矣,使君疑二主之心,而解于攻赵也。今君听谗臣之言,而离二主之交,为君惜之。"趋而出。郗疵谓知伯曰:"君又何以疵言告韩、魏之君为?"知伯曰:"子安知之?"对曰:"韩、魏之君视疵端而趋疾。"郗疵知其言之不听,请使于齐,知伯遣之。韩、魏之君果反矣。……三国之兵乘晋阳城,遂战。三月不能拔,因舒军而围之,决晋水而灌之。围晋阳三年,城中巢居而处,悬釜而炊,财食将尽,士卒病赢。襄子谓张孟谈曰:"粮食匮,城力尽,士大夫病,吾不能守矣。欲以城下,何如?"张孟谈曰:"臣闻之,亡不能存,危不能安,则无为贵知士也。君释此计,勿复言也。臣请见韩、魏之君。"襄子曰:"诺。"

张孟谈于是阴见韩、魏之君曰:"臣闻唇亡则齿寒,今知伯帅二国之君伐赵,赵将亡矣,亡则二君为之次矣。"二君曰:"我知其然。夫知伯为人也,粗中而少亲,我谋未遂而知,则其祸必至,为之奈何?"张孟谈曰:"谋出二君之口,入臣之耳,人莫之知也。"二君即与张孟谈阴约三军,与之期日,夜,遣入晋阳。张孟谈以报襄子,襄子再拜。张孟谈因朝知伯而出,遇知过辕门之外。知过入见知伯曰:"二主殆将有变。"君曰:"何如?"对曰:"臣遇张孟谈于辕门之外,其志矜,其行高。"知伯曰:"不然。吾与二主约谨矣,破赵三分其地,寡人所亲之,必不欺也。子释之,勿出于口。"知过出见二主,入说知伯曰:"二主色动而意变,必背君,不如令杀之。"知伯曰:"兵著晋阳三年矣,旦暮当拔之而飨其利,乃有他心?必不然,子慎勿复言。"知过曰:"不杀则遂亲之。"知伯曰:"亲之奈何?"知过曰:"魏宣子之谋臣曰赵葭,康子之谋臣曰段规,是皆能移其君之计。君其与二君约,破赵则封二子者各万家之县一,如是则二主之心可不变,而君得其所欲矣。"知伯曰:"破赵而三分其地,又封二子者各万家之县一,则吾所得者少,不可。"知过见君之不用也，言之不听，出，更其姓为辅氏，遂去不见。张孟谈闻之，入见襄子曰："臣遇知过于辕门之外，其视有疑臣之心，入见知伯，出更其姓。今暮不去，必后之矣。"襄子曰："诺。"使张孟谈见韩、魏之君以夜期杀守堤之吏，而决水灌知伯军。知伯军救水而乱，韩、魏翼而击之，襄子将卒犯其前，大败知伯军而禽知伯。知伯身死，国亡地分，为天下笑，此贪欲无厌也。夫不听知过，亦所以亡也。知氏尽灭，唯辅氏存焉。

【秦策四】

秦昭王谓左右章："昔者六晋之时，智氏最强，灭破范、中行，又帅韩、魏以围赵襄子于晋阳，决晋水以灌晋阳，城不沈者三版耳。"中期推琴对曰："王之料天下过矣。昔者六晋之时，智氏最强，灭破范、中行，帅韩、魏以围赵襄子于晋阳。决晋水以灌晋阳，城不沉者三板耳。智伯出行水，韩康子御，魏桓子骖乘。智伯曰：'始吾不知水之可亡人之国也，乃今知之。汾水利以灌安邑，绛水利以灌平阳。'魏恒子肘韩康子，康子履魏恒子，蹴其踵。肘足接于车上，而智氏分矣。身死国亡，为天下笑……"

《史记》

【魏世家】

秦昭王谓左右曰："今时韩、魏与始孰强？"对曰："不如始强。"王曰："今时如耳、魏齐与孟尝、芒卯孰贤？"对曰："不如。"王曰："以孟尝、芒卯之贤，率强韩、魏以攻秦，犹无奈寡人何也。今以无能之如耳、魏齐而率弱韩、魏以伐秦，其无奈寡人何亦明矣。"左右皆曰："甚然。"中旗冯琴而对曰："王之料天下过矣。当晋六卿之时，知氏最强，灭范、中行，又率韩、魏之兵以围赵襄子于晋阳，决晋水以灌晋阳之城，不湛者三版。知伯行水，魏桓子御，韩康子为参乘。知伯曰：'吾始不知水之可以亡人之国也，乃今知之。汾水可以灌安邑，绛水可以灌平阳。'魏桓子肘韩康子，韩康子履魏桓子，肘足接于车上，而知氏地分，身死国亡，为天下笑。今秦兵虽彊，不能过知氏；韩、魏虽弱，尚贤其在晋阳之下也。"

【赵世家】

三国攻晋阳，岁余，引汾水灌其城，城不浸者三版。城中悬釜而炊，易子而食。群臣皆有外心，礼益慢，唯高共不敢失礼。襄子惧，乃夜使相张孟同私于韩、魏。韩、魏与合谋，以三月丙戌，三国反灭知氏，共分其地。于是襄子行赏，高共为上。张孟同曰："晋阳之难，唯共无功。"襄子曰："方晋阳急，群臣皆懈，惟共不敢失人臣礼，是以先之。"于是赵北有代，南并知氏，强于韩、魏。遂祠三神于百邑，使原过主霍泰山祠祀。

《国语·晋语》

晋阳之围，张谈曰："先主为重器也，为国家之难也，盍姑无爱宝于诸侯乎？"襄子曰："吾无使也。"张谈曰："地也可。"襄子曰："吾不幸有疾，不夷于先子，不德而贿。夫地也求饮吾欲，是养吾疾而干吾禄也。吾不与皆毙。"襄子出，曰："吾何走乎？"从者曰："长子近，且城厚完。"襄子曰："民罢力以完之，又毙死以守之，其谁与我？"从者曰："邯郸之仓库实。"襄子曰："浚民之膏泽以实之，又因而杀之，其谁与我？其晋阳乎！先主之所属也，尹铎之所宽也，民必和矣。"乃走晋阳，晋师围而灌之，沉灶产蛙，民无叛意。

《淮南子·人间训》

智伯求地于魏宣子。宣子弗欲与之。任登曰："智伯之强，威行于天下，求地而弗与，是为诸侯先祸也。不若与之。"宣子曰："求地不已，为之奈何？"任登曰："与之，使喜，必将复求地于诸侯，诸侯必植耳。与天下同心而图之，一心所得者，非直吾所亡也。"魏宣子裂地而授之。又求地于韩康子，韩康子不敢不予。诸侯皆恐。又求地于赵襄子。襄子弗与。于是智伯乃从韩、魏，围襄子于晋阳。三国通谋，禽智伯而三分其国。此所谓夺人而反为人所夺者也。何谓与之而反取之？

《韩非子·十过》

昔者智伯瑶率赵、韩、魏而伐范、中行，灭之。反归，休兵数年。因令人请地于韩。韩康子欲勿与，段规谏曰："不可不与也。夫知伯之为人也，好利而骜愎。彼来请地而弗与，则移兵于韩必矣。君其与之。与之彼狃，又将请地他国。他国且有不听，不听，则知伯必加之兵。如是，韩可以免于患而待其事之变。"康子曰："诺。"因令使者致万家之县一于知伯。知伯说，又令人请地于魏。宣子欲勿与，赵葭谏曰："彼请地于韩，韩与之。今请地于魏，魏弗与，则是魏内自强，而外怒知伯也。如弗予，其措兵于魏必矣。不如予之。"宣子曰："诺。"因令人致万家之县一于知伯。知伯又令人之赵请蔡、皋狼之地，赵襄子弗与。知伯因阴约韩、魏将以伐赵。襄子召张孟谈而告之曰："夫知伯之为人也，阳亲而阴疏。三使韩、魏而寡人不与焉，其措兵于寡人必矣。今吾安居而可？"张孟谈曰："夫董阏于，简主之才臣也，其治晋阳，而尹铎循之，其余教犹存，君其定居晋阳而已矣。"君是曰："诺。"乃召延陵生，令将车骑先至晋阳，君因从之。君至，而行其城郭及五官之藏。城郭不治，仓无积粟，府无储钱，库无甲兵，邑无守具。襄子惧，乃召张孟谈曰："寡人行城郭及五官之藏，皆不备具，吾将何以应敌？"张孟谈曰："臣闻圣人之治，藏于民，不藏于府库，务修其教，不治城郭。君其出令，令民自遗三年之食，有余粟者入之仓；遗三年之用，有余钱者入之府；遗有奇人者使治城郭之缮。"君夕出令，明日，仓不容粟，府无积钱。库不受甲兵。居五日而城郭已治，守备已具。君召张孟谈而问之曰："吾城郭已治，守备已具。钱粟已足，甲兵有余。吾奈无箭何？"张孟谈曰："臣闻董子之治晋阳也，公宫之垣皆以荻蒿楛楚墙之，其楛高至于丈，君发而用之。"于是发而试之，其坚则虽籍之劲弗能过也。君曰："箭已足矣，奈无金何？"张孟谈曰："臣闻董子之治晋阳也，公宫令舍之堂，皆以炼铜为柱质。君发而用之。"于是发而用之，有余金矣。号令已定，守备已具。三国之兵果至。至则乘晋阳之城，遂战。三月弗能拔。因舒军而围之，决晋阳之水以灌之。围晋阳三年。城中巢居而处，悬釜而炊，财食将尽，士大夫羸病。襄子谓张孟谈曰："粮食匮，财力尽，士大夫羸病，吾恐不能守矣！欲以城下，何国之可下？"张孟谈曰："臣闻之：'亡弗能存，危弗能安，则无为贵智矣。'君释此计者。臣请试潜行而出，见韩、魏之君。"张孟谈见韩、魏之君曰："臣闻：'唇亡齿寒。'今知伯率二君而伐赵，赵将亡矣。赵亡，则二君为之次。"二君曰："我知其然也。虽然，知伯之为人也，中粗而少亲。我谋而觉，则其祸必至矣。为之奈何？"张孟谈曰："谋出二君之口而入臣之耳，人莫之知也。"二君因与张孟谈约三军之反，与之期日。夜遣孟谈入晋阳，以报二君之反。襄子迎孟谈而再拜之，且恐且喜。二君以约遣张孟谈，因朝知伯而出，遇智过于辕门之外。智过怪其色，因入见知伯曰："二君貌将有变。"君曰："何如？"曰："其行矜而意高，非他时节也，君不如先之。"君曰："吾与二主约谨矣，破赵而三分其地，寡人所以亲之，必不侵欺。兵之着于晋阳三年，今旦暮将拔之而飨其利，何乃将有他心？必不然。子释勿忧，勿出于口。"明旦，二主又朝而出，复见智过于辕门。智过入见曰："君以臣之言告二主乎？"君曰："何以知之？"曰："今日二主朝而出，见臣而其色动，而视属臣。此必有变，君不如杀之。"君曰："子置勿复言。"智过曰："不可，必杀之。若不能杀，遂亲之。"君曰："亲之奈何？"智过曰："魏宣子谋臣曰赵葭，韩康子之谋臣曰段规，此皆能移其君之计。君与其二君约：破赵国，因封二子者各万家之县一。如是，则二主之心可以无变矣。"知伯曰："破赵而三分其地，又封二子者各万家之县一，则吾所得者少。不可。"智过见其言之不听也，出，因更其族为辅氏。至于期日之夜，赵氏杀其守堤之吏而决其水灌知伯军。知伯军救水而乱，韩、魏翼而击之，襄子将卒犯其前，大败知伯之军而擒知伯。知伯身死军破，国分为三，为天下笑。故曰：贪愎好利，则灭国杀身之本也。

《淮南子·人间训》

智伯率韩、魏二国伐赵。围晋阳，决晋水而灌之。城下缘木而处，县釜而炊。襄子谓张孟谈曰："城中力已尽，粮食匮乏，大夫病，为之奈何？"张孟谈曰："亡不能存，危不能安，无为贵智士。臣请试潜行，见韩、魏之君而约之。"乃见韩、魏之君，说之曰："臣闻之，唇亡而齿寒。今智伯率二君而伐赵，赵将亡矣。赵亡则君之次矣。及今而不图之，祸将及二君！"二君曰："智伯之为人也，粗中而少亲，我谋而泄，事必败，为之奈何？"张孟谈曰："言出君之口，入臣之耳，人孰知之者乎？且同情相成，同利相死。君其图之。"二君乃与张孟谈阴谋，与之期。张孟谈乃报襄子。至其日之夜，赵氏将杀其守堤之吏，决水灌智伯。智伯军救水而乱。朝、魏翼而击之，襄子将卒犯其前，大败智伯军，杀其身而三分其国。襄子乃赏有功者，而高赫为赏首。群臣请曰："晋阳之存，张孟谈之功也。而赫为赏首，何也？"襄子曰："晋阳之围也，寡人国家危，社稷殆。群臣无不有骄侮之心者，唯赫不失君臣之礼，吾是以先之。"由此观之，义者，人之大本也，虽有战胜存亡之功，不如行义之隆。故君子曰："美言可以市尊，美行可以加人。"

《说苑·敬慎》

申旗伏瑟而对曰："王之料天下过矣。当六晋之时，智氏最强，灭范中行氏，又率韩魏之兵以围赵襄子于晋阳，决晋水以灌晋阳之城，不满者三板，智伯行水，魏宣子御，韩康子为骖乘，智伯曰：'吾始不知水可以亡人国也，乃今知之；汾水可以灌安邑，绛水可以灌平阳。'魏宣子肘韩康子，康子履魏宣子之足，肘足接于车上，而智氏分，身死国亡，为天下笑。"

三、关于《韩魏章》的讨论

本篇所载"□赫"的议论可补史籍之缺，关于"□赫"究竟是谁，学界未达成共识，主要观点如下：

郑良树先生认为此人是战国初期的游士"杜赫"，引《吕览·务大篇》《淮南子·道应训》《楚策·楚杜赫说楚王章》《韩策·公仲以宜阳之故章》等篇为证[①]；裘锡圭先生据该残字字形与"智"字相合，认为此人乃知氏族人"智赫"，至于"智"不用"知"的现象，与本章赵氏之"赵"用字相同，新注从此观点[②]；有学者认为此人乃赵国策士"仇赫"；徐勇先生认为其人应该是赵襄子的谋臣高赫。[③]

杜赫为楚国著名谋臣，见于《战国策》"杜赫说楚王以取赵""杜赫欲重景翠于周""田忌亡齐而之楚""杜赫见楚宣王留封田忌于江南""公仲以宜阳之故仇甘茂"等篇，结合历史事件及相关君王在位年代推算，杜赫活跃政坛时间当在公

---

① 郑良树.竹简帛书论文集[C].北京：中华书局，1982：22

② 裘锡圭主编，湖南省博物馆、复旦大学出土文献与古文字研究中心编纂.长沙马王堆汉墓简帛集成（叁）[M].北京：中华书局，2014：177.

③ 徐勇.《春秋事语·韩、魏章》考辨[J].中国史研究.1988（3）：41.

元前 356 年至公元前 299 年，晚于帛书中所述三家灭知伯（前 454 年）一百余年。从帛书内容看，此议论之语为时人所言，故帛书中人物不可能为杜赫。

高赫其人见于《韩非子·难一》《吕氏春秋·孝行览》《史记·赵世家》《淮南子》《说苑·复恩篇》等书，乃赵襄子谋臣。《韩非子·难一》："襄子围于晋阳中，出围，赏有功者五人，高赫为首赏。张孟谈曰：'晋阳之事，赫无大功，今为赏首何也？'襄子曰：'晋阳之事，寡人国家危，社稷殆矣，吾群臣无有不骄侮之意者，唯赫不失君臣之礼，是以先之。'"从史事的时间范畴来分析，有学者认为《韩魏章》中的"□赫"应该就是赵襄子的谋臣高赫。但细想仍有可疑，赵襄子谋臣高赫为何要向知伯进谏，于情理不通，且从字形来看，残字与"高"字形相去甚远。

此人亦非仇赫，徐勇先生指出："在《战国策·东周》'谓周最曰仇赫之相宋'章和《赵策三》'赵使机（仇）赫之秦'章中，记有叫仇赫的赵国策士，杨宽《战国史》中的《战国大事年表》考证，赵国派仇赫入宋为相是在前 298 年，因此，'□赫'也不是仇赫。"[①]

此人究竟是谁，须从帛书字形说起。残字字形为"㝬"，对比马王堆汉墓帛书习见的"智"字形"㗾""㗾""㗾""㗾""㗾"，发现二字下部写法极其相似，故裘先生之说此字为"智"当可从，"□赫"乃知氏族人最为可信。新注云需参考裘文关于本章赵氏之"赵"，用字说明来解释用"智"不用"知"的现象：帛书存在一章之中，甚至一行之中异字并用的情况。事实上，马王堆汉墓帛书《老子》乙本《道篇》"智慧出"作"知"，《战国纵横家书》"智能免国"作"知"。纵观"智"字形演变历史，乃知其卜"曰"乃西周时期所添饰笔，因此可得"知"孳乳分化而为"智"，且出土文献中二字常混用。除上例外，马王堆汉墓帛书中亦有《刑德》（甲篇）"不智（知）春秋冬夏"；《战国纵横家书》"必先智（知）之"；《天下至道谈》"日智（知）时"，"智舍"用作"知礨"。在金文和楚简中，"智"字亦读"知"：毛公鼎："引唯乃智余非。……外入（内）母（毋）敢无闻智。"中山王大鼎："含（今）

① 徐勇.《春秋事语·韩、魏章》考辨 [J]. 中国史研究 .1988（3）：41.

舍（余）方壮，智天若否。""诒（辞）死辠（罪）之又（有）若（赦），智为人臣之宜（义）施（也）。""迟（使）智社禝（稷）之赁（任）……"又中山王䥅方壶："余智其忠諆（信）施"包山楚简135："……皆智其杀之。"长沙子弹库楚帛书甲："民人弗智。"又郭店楚简《五行》简25："见而智之，智也。闻而智之，圣也"等篇，"智"字皆读"知"。

综上，结合史实、字形、出土文献文例来看，裘锡圭先生观点最为可信，"智赫"乃知氏族人无疑。

第五章

郑国《春秋》类出土文献综合研究

马王堆汉墓帛书《伯有章》

本篇选自马王堆汉墓帛书《春秋事语》第六章，主要记载了郑国七穆之间的一次内部斗争"伯有之乱"，本篇帛书保存完好。

一、释文及疑难字词考释

□郑伯有☑是杀我也。[1] 遂弗听。伯有亦弗芒 [2]，自归□□ [3]，伯有闭室 [4]，县（悬）钟而长歡＝（饮酉——酒）。闵子【辛闻之】曰 [5]:【伯】有必及矣。吾闻之，□□事君（无）无罪，礼下（无）无惌（怨），谁（推）贒（贤）让能 [6]，同立（位）之人弗与□，□德守也。亓（其）次明备以候适（敌），□□□有惌（怨）而使公子往，是以同立（位）之人鲜（解）邦恶也。□赠□□□□也。今有不行而□□咎君☑□□□□□闭室县（悬）钟而长歡＝（饮酉——酒）饮酉（酒），是怒亓（其）心而耤（藉）之閒（间），非□也。三者皆失而弗知畏，☑【伯】有，而使【子】产相。

[1] □郑伯有☑是杀我也。

今按：帛书"是杀我也"，《左传·襄公二十九年》作："郑伯有使公孙黑如楚，辞曰：'楚、郑方恶，而使余往，是杀余也。'""是杀我也"当为子晳（即公孙黑）严拒伯有之语。但旧注、新注均未作引号标示，似不妥。笔者认为，标点应改为："郑伯有☑是杀我也"。但惜帛书残缺，不可知其语始于何也。

[2] 伯有亦弗芒

旧注以为"芒"疑当读为"攺",《说文》:"抚也。"是说伯有不安抚公孙黑。一说,芒即茫,《方言》曰:"遽也。"弗芒是不慌不忙的意思。[1]张政烺《〈春秋事语〉解题》云:"《伯有章》记载郑国的执政伯有是个酒鬼,和公孙黑闹矛盾。公孙黑想杀他,'伯有亦弗芒,自归其家',关门夜饮。这里的'芒'是着急的意思,'弗芒'就是现代口语中的'不慌不忙',古代文字材料和现代口语对应得如此明白,是很少见的。"[2]裘文和新注均仅列旧注观点,未详释。[3]萧旭先生以为"芒"读为"誙",《说文》:"言曌,责望也。"朱骏声曰:"按:怨望字,史、传皆以'望'为之。"桂馥说同。萧文认为此句言公孙黑不听,伯有亦未怨恨他。[4]

今按:帛书载"遂弗听",后紧接"伯有亦弗芒,自归",可知二者争执之后,伯有归家饮酒,两件事应是接连发生的。故本句应对应《左传·襄公三十年》:"既而朝,则又将使子晳如楚,归而饮酒。"而非《左传·襄公二十九年》载:"伯有将强使之。子晳怒,将伐伯有氏,大夫和之。"也就是本次已不是伯有首次命子晳出使楚国了,二人矛盾已达到不可调和的地步,故而伯有招致杀身之祸。在此剑拔弩张的紧急关头,如若将"芒"理解为"怨恨"似不符合史书所塑造的伯有的性格。伯有骄奢淫逸,目中无人的性格,屡见于《左传》,如襄公二十七年,"文子告叔向曰:'伯有将为戮矣!诗以言志,志诬其上,而公怨之,以为宾荣,其能久乎?幸而后亡。'叔向曰:'然。已侈!所谓不及五稔者,夫子之谓矣。'文子曰:'其余皆数世之主也。子展其后亡者也,在上不忘降。印氏其次也,乐而不荒。乐以安民,不淫以使之,后亡,不亦可乎?'"襄公二十八年,穆叔评价曰:"伯有无戾于郑,郑必有大咎。敬,民之主也,而弃之,何以承守?郑人不讨,必受其

---

① 马王堆汉墓帛书整理小组.马王堆汉墓帛书(叁)[M].北京:文物出版社,1983:9.
② 张政烺.《春秋事语》解题[J].文物,1977(1):36-39.
③ 裘锡圭主编,湖南省博物馆、复旦大学出土文献与古文字研究中心编纂.长沙马王堆汉墓简帛集成(叁)[M].北京:中华书局,2014:180.
④ 萧旭.马王堆汉墓帛书《春秋事语》校补[J].学灯(网刊),2009(2).

辜，济泽之阿，行潦之苹藻，置诸宗室，季兰尸之，敬也。敬可弃乎？"襄公三十年，"子产相郑伯以如晋，叔向问郑国之政焉。对曰：'吾得见与否，在此岁也。驷、良方争，未知所成。若有所成，吾得见，乃可知也。'叔向曰：'不既和矣乎？'对曰：'伯有侈而愎，子晳好在人上，莫能相下也。虽其和也，犹相积恶也，恶至无日矣。'……大夫聚谋，子皮曰：'《仲虺之志》云：乱者取之，亡者侮之。推亡固存，国之利也。罕、驷、丰同生。伯有汰侈，故不免。'"结合伯有的性格，这一次，他再次要求子晳如楚，甚至不惜打破先前与郑国大夫们的结盟（《左传·襄公二十九年》："十二月己巳，郑大夫盟于伯有氏。"），面对子晳的再次拒绝，伯有不可能不怨恨，且帛书下文闵子辛对于伯有的议论明确指出其未能"礼下（无）无惄（怨）"，故萧文解释不妥。同理，若将"芒"理解为"安抚"，则帛书中句子理解为"子晳再次违抗伯有的命令，伯有也没有安抚子晳"。此"亦"字似是说伯有曾安抚过子晳，或伯有应安抚子晳。据《左传》，前次之争，子晳即要置伯有于死地，二人在郑国大夫调解下才得以表面和解，不存在伯有安抚子晳之说。这一次，事态急剧恶化，更不存在伯有应安抚子晳之说。因此笔者认为"芒"释为"改"或"謹"均不适宜。

"弗芒"当为"不慌不忙"之意。伯有、子晳再次争斗于朝堂之上，子晳再次违令，伯有却不慌不忙回家饮酒，足可见其傲慢自恃，与史书记载相符合。《孟子·公孙丑章句上》："宋人有闵其苗之不长而揠之者，芒芒然归，谓其人曰：'今日病矣，予助苗长矣！'"焦循正义："《方言》：'茫，遽也。'急遽所以致罢倦。"芒、忙皆从"亡"得声，古音相近。"芒"亦即"慌"，"芒""慌"皆从"亡"得声，《集韵·荡韵》上声曰："慌，或作芒。""芒"不管通"忙"，抑或通"慌"，皆表匆忙貌，"弗芒"即张氏所说"不慌不忙"之意。下文闵子辛的议论"三者皆失而弗知畏"，伯有此时的"不慌不忙""饮酒为乐"正是契合了"弗知畏"。因此，此"芒"字释义当以旧注为胜。

[3] 自归□□

新注云：此处后二字原整理者据所缀的一块残片（即本文所附残片 22 号之

右半）释读为"亓（其）□"，裘文谓次字残存上端，似是"家"或"室"字。并补说明为：但这小块小片最上所存残笔与前文"归"字笔画不密合，拼合根据似不足，残片最下一字亦非从"宀"。今已将此片剔除，释文打两个缺文符号。①

[4] 伯有闭室

《校释》对读《左传·襄公三十年》："郑伯有耆酒，为窟室，而夜饮酒，击锺（钟）焉。朝至未已……既而朝，则又将使子皙如楚。归而饮酒。庚子，子皙以驷氏之甲伐而焚之，伯有奔雍梁，醒而后知之，遂奔许。"释"闭室"为"窟室"之别称。② 裘文否之，认为"闭"当为动词。③ 新注赞同裘文观点。④

今按：裘文所说极是。虽帛书"闭室"对应《左传》"窟室"，但"闭""窟"二字却难以找到通假条件，故此处"闭"当为动词，关闭之意。与《左传·成公十七年》："闭门而索客。"辞例相同。按照一般的语法规律，把"伯有闭室"理解为动宾结构短语更为顺遂，主语是"伯有"，动词是"闭"，宾语是"室"。

[5] 闵子【辛闻之】曰

今按："闵子辛"不见于其他出土文献和传世文献，但在《春秋事语》中出现三次，除本章外还有十一章《鲁桓公少章》及十五章《鲁庄公有疾章》，本章为首现。此人多作为后代人评议所述之事，每次均记为"闵子辛闻之曰"。张政烺先生认为："闵子辛此人它书不见，疑即闵子骞。《说文》三篇上：'辛，罪也，从干二，读若愆。辛辛形近，愆骞音同，闵子骞名损，辛、愆和损义亦相应。"⑤ 唐兰、郑良树、吴荣先生均持此观点，并提出了一些补证。但杨伯峻先生怀疑闵子辛是见于

① 裘锡圭主编，湖南省博物馆、复旦大学出土文献与古文字研究中心编纂.长沙马王堆汉墓简帛集成（叁）[M].北京：中华书局，2014：180.
② 郑良树.竹简帛书论文集 [C].北京：中华书局，1982：19.
③ 裘锡圭.帛书《春秋事语》校读 [M]// 裘锡圭学术文集第二卷（简牍帛书卷），上海：复旦大学出版社，2012：72-95.
④ 裘锡圭主编，湖南省博物馆、复旦大学出土文献与古文字研究中心编纂.长沙马王堆汉墓简帛集成（叁）[M].北京：中华书局，2014：180.
⑤ 张政烺.《春秋事语》解题 [J].文物，1977（1）：36-39.

《左传》，长于议事论理的鲁国大夫闵子马。① 新注则认为不管闵子辛是闵子骞还是闵子马，目前无法论定；甚至闵子辛实为另一个人的可能性，也还不能完全排除。② 笔者同意新注观点，因缺乏史料，此人不可确识。

[6] 谁（推）賢（贤）让能

旧注和裘锡圭先生都释为"议贤让能"。新注再次校对后指出，"议"所在的帛片稍有错位，右旁实不从"我"，而是从"隼"，自当释为"谁"。"谁"在马王堆汉墓帛书以及秦汉文字中多用为"推"，此处"谁"字亦为"推"。"推贤让能"语见《荀子·仲尼》。③

二、文本对读汇编

《左传》

【襄公二十九年】

郑伯有使公孙黑如楚，辞曰："楚、郑方恶，而使余往，是杀余也。"伯有曰："世行也。"子皙曰："可则往，难则已，何世之有？"伯有将强使之。子皙怒，将伐伯有氏，大夫和之。十二月己巳，郑大夫盟于伯有氏。裨谌曰："是盟也，其与几何？《诗》曰：'君子屡盟，乱是用长。'今是长乱之道也。祸未歇也，必三年而后能纾。"然明曰："政将焉往？"裨谌曰："善之代不善，天命也，其焉辟子产？举不逾等，则位班也。择善而举，则世隆也。天又除之，夺伯有魄，子西即世，将焉辟之？天祸郑久矣，其必使子产息之，乃犹可以戾。不然，将亡矣。"

① 杨伯峻.春秋左传注（修订版）[M].北京：中华书局,1990：1192.

② 裘锡圭主编，湖南省博物馆、复旦大学出土文献与古文字研究中心编纂.长沙马王堆汉墓简帛集成（叁）[M].北京：中华书局,2014：181.

③ 裘锡圭主编，湖南省博物馆、复旦大学出土文献与古文字研究中心编纂.长沙马王堆汉墓简帛集成（叁）[M].北京：中华书局,2014：181.

【襄公三十年】

郑伯有耆酒，为窟室，而夜饮酒击钟焉，朝至未已。朝者曰："公焉在？"其人曰："吾公在壑谷。"皆自朝布路而罢。既而朝，则又将使子晳如楚，归而饮酒。庚子，子晳以驷氏之甲伐而焚之。伯有奔雍梁，醒而后知之，遂奔许。大夫聚谋，子皮曰："《仲虺之志》云：'乱者取之，亡者侮之。推亡固存，国之利也。'罕、驷、丰同生。伯有汰侈，故不免。"

《公羊传·襄公三十年》

郑良霄出奔许，自许入于郑，郑人杀良霄。

《穀梁传·襄公三十年》

郑良宵出奔许，自许入于郑，郑人杀良霄。不言大夫，恶之也。

本章记载郑国七穆之间的一次内部斗争"伯有之乱"。七穆是春秋时期郑国执政的七家卿大夫家族的合称，包括驷氏、罕氏、国氏、良氏、印氏、游氏、丰氏。本文主人公之一伯有良宵是良氏家族，另一主人公子晳是驷氏的代表，文章末尾提到的子产是国氏家族代表。帛书记载了楚郑交恶之际，伯有派子晳出访楚国，子晳严词拒绝，伯有归家饮酒作乐，终招致杀身之祸。事见《左传》襄公二十九年、襄公三十年，且《左传》更详，但帛书所载闵子辛的议论为其独有，未见其他史册。关于伯有之死的记载亦见《公羊传》《穀梁传》，但极其简略。

第六章

楚国《春秋》类出土文献综合研究

第一节

上博简《成王为城濮之行》

《成王为城濮之行》选自《上海博物馆藏战国楚竹书（九）》，原整理者陈佩芬先生认为此篇可分为甲、乙两本，共 9 简，其中甲本简 5 支、乙本简 4 支。后有学者提出整理者所分甲、乙两本可能实为一本，且学界多采此说。简文原无标题，整理者取首句七字定题。简文起首完整，无结语，内容与城濮之战相关，可与《左传·僖公二十七年》等文献对读，具有重要价值。

一、释文及疑难字词

城（成）王为成（城）仆（濮）之行，王囟（使）子叒（文）[1] 耆（教）[2] 子玉。子叒（文）遅（治）帀（师）[3] 于畋（瞑）[4]，一日而鑫（毕），不敢 [5]（戮）一人。子玉受（治）帀（师），出之炗（蔿）[6] 叒。三日而鑫（毕），渐（斩）三人。墾（举）邦加（贺）子（文），以亓（其）善行帀（师）。王遑（归），客于子＝叒（文）（子文，子文）甚憙（喜），盦（合）邦以畲＝（饮酒）。远（蔿）白（伯）理（嬴）犹约（弱），夐（寡）寺（持）仴（侑）畲＝（饮酒）子＝叒（子文，子文）墾（举）胀贻 [7] 白（伯）理（嬴）曰：敦（谷）虏（于）余（蒐）为楚邦老，君王孚（免）余皋（罪）。吕（以）子玉之未患，君王命余受（治）帀（师）于畋（瞑），一日而鑫（毕），不敢（戮）一人。子玉出之犬（蔿），三日而鑫（毕），渐（斩）三人。王为余宾，墾（举）邦加（贺）余，女蜀（独）不余见，是为天弃，不思正人之心。伯珵（嬴）曰：“君王胃（谓）子玉未患（习），命君耊（教）之。君一日而蠹（毕），不敚（杀）[一人]……子玉之帀（师）既败帀（师）已，君为楚邦老，惪（喜）君之善而不敠（制）子玉之帀（师）之。”

[1] 叀（文）

为方便表达，将该字用“△”表示，整理者认为“△”隶定为“虘”，“子虘”即“子叔”，读为“子蘧”即蘧伯玉，春秋卫灵公时大夫。此人外宽而内直，直己而不直人。相传年五十而知四十九年之非，勤于改过。吴季札过卫，赞许为君子，孔子称其行，至卫，寄居于其家。① 苏建洲②、陈伟③、高佑仁④ 等学者认为，整理者隶定为“虘”不可信，应将该字改释作“叀”，并认为此字楚文字习见，多读为“文”。⑤

今按：“△”应隶定为“叀”，简文凡四见，字形分别为“（甲1）”（甲1）、“（甲2）”（甲2）、“（甲3）”（甲3）、“（甲4）”（甲4）。

该字字形屡见楚简，详见下表。

字形						
出处	包山楚简（二）190简	《仰二五》30号简	郭店《语丛二》5号简	郭店《尊》17号简	郭店《性自命出》17号简	郭店《性自命出》20号简

陈伟先生对读传世文献，指出郭店楚简《语丛一》即“△”对应《礼记·坊记》《淮南子·齐俗训》中的“节文”，故“△”读为“文”。李天虹先生详细分析了该字在楚简文字中的所有用例，得出该字读为“文”字时语义最为通畅的结论。李零先

① 马承源主编. 上海博物馆藏战国楚竹书（九）[M]. 上海：上海古籍出版社，2012：141-154.

② 苏建洲. 初读《上博九》札记（一）[EB/OL].（2013-1-6）[2023-9-9].http://www.bsm.org.cn/show_article.php？id=1776.

③ 陈伟.《成王为城濮之行》初读[EB/OL].（2013-1-5）[2023-9-9].http://www.bsm.org.cn/show_article.php？id=1771.

④ 高佑仁.《上博九》初读[EB/OL].（2013-1-8）[2023-9-9].http://www.bsm.org.cn/show_article.php？id=1789.

⑤ 马承源主编. 上海博物馆藏战国楚竹书（九）[M]. 上海：上海古籍出版社，2012：141-154.

生也在《郭店楚简校读记（增订本）》（前揭）中也将《语丛》三篇所见"△"均读为"文"。此后"△"为"文"成为学界共识。简文此处亦不例外，应读为"文"。如此，简文主人公"子文"即"自毁其家，以纾国难"，被孔子誉为"忠"的楚国令尹斗谷于菟。此人先后率师灭弦，逼随附楚，屡立战功，为楚国北上争霸作出突出贡献。后因子玉伐陈有功，让出令尹之位。整理者误认为此事在城濮之战之后，未能利用《左传·僖公二十七年》所记子玉练兵之事对读而致误。

[2] 斈（教）

学者统一将该字隶定为"斈"，但对于其释意却有以下不同的理解。

其一，释为"教"。整理者认为"斈"简文用作"教"，意思是教授知识。《广韵》："教，训也。"《战国策·秦策一》："兵法之教"，高诱注："教，习也。"《周礼·地官·师氏》："掌国中失之事以教国子弟"，郑玄注："教之者，使识旧事也。"《吕氏春秋·贵公》："愿仲父之教寡人也"，高诱注："教，犹告也。"① 俞绍宏先生亦释为"教"，意思是"训也、习也、告也"②。

其二，读为"效"，训为"致""授"。陈伟先生提出此观点，主要依据《左传》相关内容推此词义。陈文曰："《左传·僖公二十三年》：楚成得臣帅师伐陈，讨其贰于宋也，遂取焦夷，城顿而还。子文以为之功使为令尹。叔伯曰：'子若国何？'对曰：'吾以靖国也。夫有大功而无贵仕，其人能靖者与有几。'简文盖即谓此。"③

其三，读为"校"。张新俊先生从古文字字形、字音出发得此结论。斈，从"言""爻"声，"爻"声之字与"交"声之字相通，"校""斈""𡄚"皆属见母宵部字，音近可通。"校"，释为比、量、考校。此句的意思是成王到城濮之前，让子文与子玉进行阅兵的较量。④ 季师旭升古文字读书会从子文、子玉官职及二人不同知

① 马承源主编．上海博物馆藏战国楚竹书（九）[M]．上海：上海古籍出版社,2012：141–154.
② 简帛网论坛．读《成王为城濮之行》札记 [EB/OL]．（2013–1–5）[2023–9–9].http://www.bsm.org.cn/bbs/read.php？.
③ 武汉大学中国文化研究院编：郭店楚简国际学术研讨会论文集 [C]．武汉：湖北人民出版社,2000：144.
④ 张新俊．《成王为城濮之行》字词考释三则 [J]．黄河文明与可持续发展,2014（2）：128–135.

名度考虑，认为二人皆为楚国名将，不应将此理解为"教"，且下文提及二人演练战阵之事，还是应释为"校"，训为考量为宜。[①]

今按：该字从"爻"从"言"，楚文字习见，均释为"教"。如上博《缁衣》13号简"长民者教之以德"，郭店《缁衣》24号简"教之以政"，此处亦释为"教"。"敩"与"教"皆爻声，直接读为"教"是没有问题的。上述学者释为"校"的主要原因有二：一是考虑下文提及的二人军事演练之事，二是考虑二人的官职身份。其实下文的二人演练战阵也可以是看作子文的一种实战演练教习方法，类似现在的"实训教学"，只是简文作者没有详细描写教学的过程，而是突出了二人不同演练结果，以子文"一日而纂（毕），不戮（戮）一人"与子玉"出之大（莽），三日而聥（毕），渐（斩）三人"对比，高下立见：子文之水平远在子玉之上，自有作为老师的资本。且《左传》云："楚成王三十五年率师伐陈，取二邑，子文以其有功，以令尹之职让之（子玉）。"可知虽"子文""子玉"都做过楚国令尹，但是"子玉"令尹之位，确是"子文"让给他的，也就是说"子文"是"子玉"的前辈。楚王让前辈指导后辈治兵之事，于情于理都是说得通的。"敩"字本简文凡二见，分别为甲1"王使子文敩子玉"和乙3"命君敩之"，从上下文文义关系看，理解为都"传授"之义，是十分顺畅的。

[3] 逨（治）帀（师）

"帀（师）"前一字简文三见，分别写作如下的形体。

标记符号	简文字形	简文辞例
A1	（甲1）	子文 A1 帀（师）于□
A2	（甲2）	子玉 A2 帀（师），出之□
A3	（乙1）	君王命余 A3 帀（师）于□

① 季师旭升古文字读书会. 上博九《成王为城濮之行》集释 [EB/OL].（2013-1-27）[2023-9-9]. http://www.gwz.fudan.edu.cn/SrcShow.asp? Src_ID=2008.

学界对此字多有讨论，根据字形隶定的不同，分类总结如下。

第一种观点：隶定为"叟"或从"叟"之字。

其一，释为"遵"或"叟"，读为"受"。如上表，整理者认为 A1、A3 为一字，隶定为"遵"，读为"受"，是接受、承受之意，与《上海博物馆藏战国楚竹书（六）》中《用曰》第 5 简"遵物于天"（读为"受物于天"）首字用法相同；把 A2 释作"叟"，亦读为"受"。"叟"亦见青铜器乖伯簋铭文"雁叟大命"，包山楚简 25 号简"叟肌"，其用法均与《仪礼·丧服》"受以小小功衰"之"受"相同，为承、继之意。①

其二，释为"遵"或"叟"，读为"搜"。陈伟先生认为该字为"叟（A2）"，亦写作"遵"（A1、A3），疑并读为"搜"，检阅，阅兵之意。与《左传·宣公十四》年："晋侯伐郑，为邲故也。告于诸侯，搜焉而还。"之"搜"同意，可理解为检阅车马。如此则"叟师"即可对读《左传》"治兵"。有学者发帖讨论，认为该字字形或与"娄"字形有关，但未找到确证，并补充指出："《左传·襄公二十五年》有'数甲兵'，杜预注：'阅数之。'而襄公二十四年又有'搜军实'，洪亮吉《诂》引《周礼疏》：'数'。成公二十六年又有：'搜乘补卒。'杜预注：'阅也。'宣公十四年：'搜焉而还。'杜预注：'简阅车马。'可见在'阅数'这个意思上，'搜''数'是一样的，表示的应该是同一个词，朱骏声就说'搜'又借为'搜，为数'。简文中的这个字读为'搜'或'数'皆可。'搜'在古书中又用为狩猎义，虽然跟'阅数'的'搜'应该是同一词分化出来的，但简文此字跟狩猎无关，应当是'阅数'的意思。"②

第二种观点：释定为"受"或从"受"之字。

其一，直接释作"受"，不必破读。苏建洲先生认为 A1 隶定为"遵"，A2 直接释为"受"，同时指出有些学者释为"叟"，读为"受"是没有必要，这个字本身就

---

① 马承源主编.上海博物馆藏战国楚竹书（九）[M].上海：上海古籍出版社,2012：146-147.
② 简帛网论坛.读《成王为城濮之行》札记[EB/OL].（2013-1-5）[2023-9-9].http://www.bsm.org.cn/bbs/read.php?.

是"受"字。①

其二，读为"授"。李守奎先生认为 A2 辞例为"受师"，A3 应隶定作"逡"，读为"授"，意为传授、教。"授师"即交付军队并指导示范，与甲篇二号简的"受师"字形不同，用法也不同。②

其三，释作"受"，读为"搜"。网友汗天山认为 A1、A2、A3 皆是"受"字，或可读为"搜"，训为聚，意同"治兵"。③

其四，释作"逡"，读为"衍"或"延"。张崇礼先生认为简文中此字应读为"衍或延"，训为布、陈。理由是其字声旁不是"叟"；从上下文看，"不管是训为检阅还是演习，都很难和后文的一天或三天相匹配。"张文指出："这个字的演变序列还是比较清楚的，可以上溯到金文的'迍（逆）。'迍舟'又作'逆侃'，侃应读为衍或延，义为延请。简文中此字也应读为衍或延，训为布、陈。衍师，调度军队，布阵。与后文'行师'照应。"④

其五，释作"受"，读为"治"。赖怡璇先生认为此三字皆为"受"，A2 字形为"受"字明显，其他二下形只是稍有变化而已。传抄古文可见"受"作"𠬪""𠬪"，与"𣑯"所从部件同。至于 A1 作"𣑯"，应只是臼形笔画相连，而下方的"又"形写成直笔，如"𡙁"（上博一《性情论》简 30）"𡩋"（上博三《周易》简 37），而"又"形作三笔也是可能的，如"𠂇"（包山简 58），所以 A1 从"受"亦是没有问题的。或可读为"治"：从语音关系上看，"受"（端纽幽部）与"治"（定纽之部），语音相近，二字可通；从文本对读来看，"治师"即为《左传》中的"治兵"，"兵"

---

① 苏建洲 . 初读《上博九》札记（一）[EB/OL].（2013-1-6）[2023-9-9].http://www.bsm.org.cn/show_article.php？id=1776.

② 李守奎、白显凤 .《成王为城濮之行》通释 [J]. 中国文字研究,2015（1）：79-83.

③ 简帛网论坛 . 读《成王为城濮之行》札记 [EB/OL].（2013-1-5）[2023-9-9].http://www.bsm.org.cn/bbs/read.php？.

④ 简帛网论坛 . 读《成王为城濮之行》札记 [EB/OL].（2013-1-5）[2023-9-9].http://www.bsm.org.cn/bbs/read.php？.

与"师"皆指军旅，指整饬军队①。（按：赖怡璇先生同时指出，也可以考虑释为"受"读为"搜"，意思也是相近的。笔者细审发现，赖先生声母判断有误，"受"中古禅母是浊声母，上古音依黄侃说可归入定母，无归端母之理。故此说不准确。）

季师旭升古文字读书会隶定为"受"，依据是 A2 之字形上博二《子羔》简 7 "受命之民"之"受"字作，或可作为佐证。A3 右旁"受"虽与常见"受"字略异，但细检该字竖笔略有斑驳，臼字中间笔画应更为明显，原字形应与包山楚简简 6 "奔得受之"之"受"字作相类。A1 下半部，赖怡璇认为"又形写成直笔"，其说可从。②

第三种观点：释作"曳"或从"曳"之字。

张新俊先生认为 A2 只是偶然与"受"字同形而已，实际上并不同字，怀疑简文中的 A2 可释作"曳"，A1 和 A3 可以隶定作"遗"，与金文中读作"匜"的字形体有关。A2、A1（所从声旁）很有可能由彭子射匜""、以邓匜""甚至曾少宰黄仲酉匜""或王子造匜""（所从声旁）这种形体变化而来。A3 则可能由唐子仲濒儿匜""或王子申匜""（所从声旁）这种形体变化而来，可读为"阅"。"阅""曳"均属余母月部字，可以相通，阅师即检阅军队。③

第四种观点：释为"遗"。

其一，释为"遗"，义为"置"。孙合肥先生认为 A1 与楚简"遗"字（""""）基本形同，A3 可能为 A1 的讹变，或是《清华大学藏战国竹简（叁）》中《良臣》简 8 "遗"（写作""）的基础上增加表行动意义的形符"攴"；A2 是 A3 的省体，形符"攴"为"又"替换。也有可能 A2 是""省"彳"后，"止"旁为"又"所替换。其形体轨迹试推测如下图。

① 赖怡璇.《成王为城濮之行》"受"字补说 [EB/OL].（2013-1-8）[2023-9-9].http://www.bsm.org.cn/show_article.php? id=1791.
② 季师旭升古文字读书会.上博九《成王为城濮之行》集释 [EB/OL].（2013-1-27）[2023-9-9].http://www.gwz.fudan.edu.cn/SrcShow.asp? Src_ID=2008.
③ 张新俊.《成王为城濮之行》字词考释三则 [J].黄河文明与可持续发展,2014（2）:128-135.

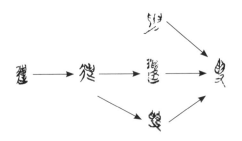

　　简文"遗师",即"置师"。文例与《礼记·檀弓上》:"天不遗耆老"。孔颖达疏:"遗,置也。"《文选·屈原·湘君》:"遗余珮兮澧浦",吕延济注:"遗,置也。"相同。①

　　其二,释为"遗",读为"治"。王宁先生亦释为"遗",根据《左传·僖公二十七年》对读"治兵"一词,该字当读为"治"。盖"治"字古或读盈之切,即读若"怡",与"遗"字乃同余纽双声、之微通转叠韵,为音近通假。②

　　其三,释为"遗",读为"选"。网友鸤鸠从孙合肥先生改释"遗"的意见,但认为该字读为"选"。从语音上看,楚简"遗"很多从"少(沙)"得声,与"徙"通自不待言,而"徙"与"选"通,又不待言,"选"有整齐的意思。简文"遗(选)师"就是使军队整齐,即整饬军队。从对读文本来看,《左传》僖公二十七年"治兵"也是出师前的整饬工作。又,银雀山汉简《孙膑兵法》"兵之胜在于篹(选)卒",传统观点认为是选择士卒,疑也是整饬士兵的意思。③笔者认为"徙"与"选"展转相通,其说未善。

　　第五种观点:释作"建"。

　　网友易泉认为 A1 的写法类郭店《老子》乙 10、11 号简"建"字写法。A1 可

① 孙合肥 . 读上博九《成王为成仆之行》札记 [EB/OL].（2013−1−8）[2023−9−9].http：//www.bsm.org.cn/show_article.php？id=1792.

② 王宁 . 上博九《成王为成仆之行》释文校读 [EB/OL].（2013−1−10）[2023−9−9].http：//www.bsm.org.cn/show_article.php？id=1804.

③ 简帛网论坛 . 读《成王为城濮之行》札记 [EB/OL].（2013−1−5）[2023−9−9].http：//www.bsm.org.cn/bbs/read.php？.

分析为左右相对称的"手"形握住一竖（所树之物），下有一手（即"又"）给所树之物固定用力方向，不过"又"容易和那竖笔结合成"木"形，可视为"建"字省（或变）体。"建师"，与诸文中所提及的"治师""置师"意义相近。《成王为城濮之行》涉及子文、子玉在军队军力建设能力方面的一场大比武。①

今按：首先从辞例和字形来看，这三形为一字异体是没有异议的。针对第一种"隶定为'叟'或从'叟'之字"的观点，张新俊先生已指出问题所在，十分正确。张文说："在目前所见到的楚文字中，尚未见到'叟'字。先秦古文字中的'叟'字，与以上 A 字不同。上博简《用曰》第 5 号简作'受勿（物）于天'，不作'遱'，整理者此处征引有误。另外对 A2 的解释中，所引乖伯簋、包山楚简 25 号简中所谓的'叟'字，其实都是'受'字。因此，整理者对 A 字的隶定、释读恐不可信。陈伟先生怀疑 A 读作'搜'的意见，也就没有了着落。"②

针对第二种释为"受"的观点，孙合肥先生在《读上博九〈成王为城濮之行〉札记》有所反驳："我们认为此字与古文字'受'字迥然有别，不能释为'受'。关于'受'字字形，董莲池先生有考证（详见董莲池：《说文解字考正》，作家出版社，2005 年，第 157 页）：'受'甲骨文作 ，一律从受从舟，无舟省例。今学者认为此字兼表授、受，所从之'舟'即表授受之物，同时也兼表该字读音。甚是。西周承袭上举甲骨文后一种写法。至战国，所见仍从舟，唯陶文所见作 ，与篆文所从同，睡虎地秦简中仍然把'受'字写作 ，从舟之迹仍可考见。董先生的意见至确，至今发现的古文字中'受'皆从舟，没有例外。《清华大学藏战国竹简（叁）》'受'字皆从舟作 形，《上海博物馆藏战国楚竹书（一～五）文字编》所收'受'字，除二形例外（按，此二形非'受'字，下文将讨论），余皆从舟作' '形。"网友易泉先生针对"受"，提出反对意见："A2、A3 与郭店《语丛三》5 号简的'受'字（写作' '）写法类似，不过 A2、A3 左右更对称，而郭店《语丛三》5 号简的

---

① 简帛网论坛．读《成王为城濮之行》札记 [EB/OL].（2013-1-5）[2023-9-9].http://www.bsm.org.cn/bbs/read.php？．

② 张新俊．《成王为城濮之行》字词考释三则 [J]．黄河文明与可持续发展，2014（2）：128-135.

'受'字左右展开的手形（类'勿'）的写法右较左偏上，其实即使郭店《语丛三》5号简的'受'字在众多楚简'受'字形体中也是比较省变的类型，这种左下右上的不对称至少还保留其他'受'字的痕迹。A2、A3其实应该跟'受'字有别，跟其他几种释法如'曳'等也有差别。"①

针对第五种释为"建"的观点，季师旭升故字读书会提出反对，依据是："'建'字见于楚简有以下形态（见下表），可知楚简'建'字右旁下半部从'少'，与A1右旁下半部相异，而A2与A3明显从'又'，与'建'字相去又较远些。"②

字形		
出处	郭店楚简《老子》甲简38	郭店楚简《缁衣》简46
字形		
出处	上博四《采风曲目》简3	上博五《季庚子问于孔子》简9

笔者认为上述学者对释作"'曳'或从'曳'之字"、释为"建"两种观点的反驳意见理据比较充分。但"受"字无舟省例的说法似有问题。上述学者提到的"🔣""🔣""🔣""🔣""🔣"等几种"受"字的字形皆无"舟"形，是对"受字无舟省例"看法的有利反击。若释为"建"，则形体轨迹过于牵强，有过度推理的嫌疑。从A2的字形来看，该字还是于"受"字形最为相似的，所以笔者认为A1、A3为'遥'，A2为'受'，根据文本，"受师"应为李守奎先生所说，意思是交付军队并指导示范。

[4] 于皮（睽）

第二字整理者隶定为"汥"，《说文·水部》："水都也。从水，支声。"段玉裁

① 简帛网论坛. 读《成王为城濮之行》札记 [EB/OL].（2013-1-5）[2023-9-9].http://www.bsm.org.cn/bbs/read.php？.
② 季师旭升古文字读书会. 上博九《成王为城濮之行》集释 [EB/OL].（2013-1-27）[2023-9-9].http://www.gwz.fudan.edu.cn/SrcShow.asp？Src_ID=2008.

注："水都者，水所聚也。"① 高佑仁先生隶定为"殺"，从"兆"声，未详加考释。苏建洲先生与高文义见相同。② 陈伟先生释作"敔"，认为此即《左传·僖公二十七年》"楚子将围宋，使子文治兵于睽"之"睽"。网友无语亦持此观点，进一步考察睽地地望云："既然是围宋，则该地距离宋不会太远，从路线上看，睽比较可能在陈国境内，陈国后为楚兼并，战国时期自然算楚邑。睽在成为楚邑之前属陈国，二者虽存在国名、地名范围大小之别，仍可以对应。"③ 网友易泉认为，其左部写法不是楚简常见的"兆"而是"申"字，故隶定为"畡"，读为"陈"。曹方向先生进一步指出可能是从"申"声，属真部字。"睽"字属舌根音脂部。两字韵部对转，可能存在通假关系。网友槛外人从"畡"隶定，读为"申"训告诫之意。与《尚书·多士》："今予惟不尔杀，予惟时命有申。"同义。④ 网友家兴认为，此地疑为新蔡简中的"寻"地。⑤ 网友天涯倦客认为此即"扑"字，即《左传》中的"睽"，"睽"当是"眺"字之形讹。⑥ 王宁先生也认为此字为实楚简文字中的"扑"字，提出"字形可参看《楚系简帛文字编（增订本）》327—328页所列字形。《左传》作'睽'，当是'眺'字之形讹，'扑''眺'音近通用。对于这个地方杜预注也仅云'楚邑'，其具体地点不详。"⑦ 网友天涯倦客从"扑"字形，指出此字与《左传》"睽"，二者读音差距较大，所以可能二者之间必有一误。有可能抄手本来是想写成"卜"的（"卜""睽"

① 马承源主编.上海博物馆藏战国楚竹书（九）[M].上海：上海古籍出版社,2012：141–154.
② 苏建洲.初读《上博九》札记（一）[EB/OL].（2013–1–6）[2023–9–9].http://www.bsm.org.cn/show_article.php？id=1776.
③ 简帛网论坛.读《成王为城濮之行》札记[EB/OL].（2013–1–5）[2023–9–9].http://www.bsm.org.cn/bbs/read.php？.
④ 简帛网论坛.读《成王为城濮之行》札记[EB/OL].（2013–1–5）[2023–9–9].http://www.bsm.org.cn/bbs/read.php？.
⑤ 简帛网论坛.读《成王为城濮之行》札记[EB/OL].（2013–1–5）[2023–9–9].http://www.bsm.org.cn/bbs/read.php？.
⑥ 简帛网论坛.读《成王为城濮之行》札记[EB/OL].（2013–1–5）[2023–9–9].http://www.bsm.org.cn/bbs/read.php？.
⑦ 王宁.上博九《成王为成仆之行》释文校读[EB/OL].（2013–1–10）[2023–9–9].http://www.bsm.org.cn/show_article.php？id=1804.

古音同)，而误写成了"卟"。① 季师旭故字升读书会隶定为"毅"，如何通读，待考。②（今按："卟""睽"古音声母类别对立，韵部无重叠，且缺乏令文献辞例支撑，二字古音并不相同。）

今按：该字简文凡两例，字形分别为甲 1 ，乙 1 ，左旁所从既似"申"，又似"兆"，不是很好判断。"申"楚文字多写作""（郭店《太一生水》5 号简右旁，""郭店《性自命出》7 号简左旁），从"兆"的字形如""（郭店《老子》甲 25 号简），""（上博《容成氏》40 号简）。该字对应《左传》"睽"是没有问题的，若左旁从"申"，从音理上说，"申"声字属真部字，"睽"字属舌根音脂部，韵部对转，可能存在通假关系。因声母未详，只能说存在通假可能，不可视为定论。若从"兆"只能判定简文和《左传》必有一错字，但高佑仁先生联系清华简《楚居》简 9、10 指出："至成王自箬郢徙袭郢，郢徙□□□居睽郢。至穆王自睽郢徙袭为郢。"清华简原考释者在"睽"字下指出：《左传·僖公二十七年》："楚子将围宋，使子文治兵于睽"。杜预注："睽，楚邑。"有清华简的"睽"当证据，《左传》是错字的概率非常低。所以，笔者姑且将该字隶定为"毅"，读为"睽"。③

补充一点：曹方向先生反对释为"寻"，理由是"'寻'字楚系简牍中多见，并不是这样写的。据研究，'寻'字本义是用手丈量，两手都指向左边，简文两见此字，并不是这样写的。释'寻'不可从"。④ 不是"寻"字的理据已经比较充分了，不再赘述。

① 王宁．上博九《成王为成仆之行》释文校读 [EB/OL].（2013-1-10）[2023-9-9].http://www.bsm.org.cn/show_article.php? id=1804.

② 季师旭升古文字读书会．上博九《成王为城濮之行》集释 [EB/OL].（2013-1-27）[2023-9-9]. http://www.gwz.fudan.edu.cn/SrcShow.asp? Src_ID=2008.

③ 高佑仁．《上博九》初读 [EB/OL].（2013-1-8）[2023-9-9].http://www.bsm.org.cn/show_article. php? id=1789.

④ 曹方向．上博九《成王为城濮之行》通释 [EB/OL].（2013-1-7）[2023-9-9].http://www.bsm. org.cn/show_article.php? id=1783.

[5] 敓

原注释隶定"敓",读为"逸",引《说文·辵部》:"逸,失也。从辵、兔,兔谩訑善逃也。""不逸"则可解释为奔跑得不快的士兵。陈伟先生提出反对,认为此字隶定为"敓"(从"肉"),《左传》作"戮",疑二字音近通假。① 网友不求甚解,认为此字"挞",原字从逸声,清华简《系年》从逸声之字读为"挞"。② 曹方向先生认为,此字仍为楚系简牍中与"逸"有关的字,因楚简"句"多从"丩"不从"勹",简文此字三见,本例作"🖼"(原简该字残损严重),乙本简 2 作"🖼"、简 3 作"🖼"(原简该字残损严重),乙本简 2 左上部只是偶然接近楷书中的"句"字,读为"挞",为击笞之意。他进一步指出,本字《左传》对应的词是"戮"。"戮"字除了有"杀"意,典籍中也泛指刑罚,故《荀子》有"戮之以五刑"之说。五刑不都是杀,因此"挞""戮"之间的差别也不是特别大。③ 苏建洲先生指出本字与《集成》4311 中师㸚簋的"敓"读为"肆"的字形相近,乙 2 的所谓"句"形似可以考虑由兔讹变而来。后世传抄或根据这种字形误以为从"句"而读为"戮"也不能排除。④ 陈剑、张崇礼、王宁先生认为此字隶定作"遬",读为"肆",杀之意。李守奎先生认为整理者"敓"隶定正确,上从兔下从肉的偏旁,西周金文习见,故本字上兔省形下肉,源自西周金文,此字以音近假借为"肆","肆"心母质部,解剥义之肆;"挞"喻母质部,读音相近,故两者互通。"挞"《说文·手部》"笞击也",简文子文不挞一人与下文子玉斩三人相对比。⑤ 季师旭故字升读书会认为左半部

① 陈伟.《成王为城濮之行》初读 [EB/OL].(2013-1-5)[2023-9-9].http://www.bsm.org.cn/show_article.php? id=1771.

② 简帛网论坛. 读《成王为城濮之行》札记 [EB/OL].(2013-1-5)[2023-9-9].http://www.bsm.org.cn/bbs/read.php? .

③ 曹方向. 上博九《成王为城濮之行》通释 [EB/OL].(2013-1-7)[2023-9-9].http://www.bsm.org.cn/show_article.php? id=1783.

④ 苏建洲. 初读《上博九》札记(一)[EB/OL].(2013-1-6)[2023-9-9].http://www.bsm.org.cn/show_article.php? id=1776.

⑤ 李守奎、白显凤.《成王为城濮之行》通释 [J]. 中国文字研究,2015(1):79-83.

释为"句"形：检""原简似从中间裂开，我们将原简裂开处拉近调整为""，裂开处似有一竖笔，而与常见"兔"形上半部作""不同。""左半部应可释为"句"，可参上博四《柬大王泊旱》简14"句"字作""以及郭店《性自命出》简23"敂"字作""。故认为隶定为"敳"，可通读为"戮"。①

今按：此字于简文中出现两处，字形作：""甲1、""乙2，辞例皆为"一日而蠡（毕），不～一人"。可知其为同一字的不同形体。季师旭故字升读书会的隶定"敳"更有理，其理由已十分详尽充分，从之，不赘述。

[6] 出之炌（蔫）

最后一字为全篇难点，简文凡两见，辞例同为"子玉受币（师）出之～"，两字字形差异较大，分别写作"B1 （甲本第2简）、B2 （乙本第2简）"。该字释读学界主要有三种意见。

第一种观点隶定为从"吴"之字。持此种观点的学者多将B1隶定作"殳"，具体释读意见有所差异：第一种意见认为B1隶定作"殳"，B2释作"夫"，将该字据乙本释作"夫"。整理者持此观点，并指出该字据《左传·哀公元年》"夫屯昼夜九日"，杜预注："夫，犹兵也。"训作"兵士"。②第二种意见认为该字隶定作"殳"，视为"吴"之变体，读为"虞"。网友易泉持此观点，认为该字为"吴"的主要理由是：郭店《唐虞之道》3、9、10、13等号简"吴"字的写法为""与该字左部所从相似。根据《孙子·谋攻》：虞待不虞者，胜。杜牧注："虞，有备预也。""△"可训为准备。③曹方向先生也认为"△"从"吴"旁。季师旭升古文字读书会疑从"吴"，读为"蔫"详见下文。④

---

① 季师旭升古文字读书会.上博九《成王为城濮之行》集释[EB/OL].（2013-1-27）[2023-9-9]. http://www.gwz.fudan.edu.cn/SrcShow.asp？Src_ID=2008.

② 马承源主编.上海博物馆藏战国楚竹书（九）[M].上海：上海古籍出版社,2012：147.

③ 简帛网论坛.读《成王为城濮之行》札记[EB/OL].（2013-1-5）[2023-9-9].http://www.bsm. org.cn/bbs/read.php？.

④ 季师旭升古文字读书会.上博九《成王为城濮之行》集释[EB/OL].（2013-1-27）[2023-9-9]. http://www.gwz.fudan.edu.cn/SrcShow.asp？Src_ID=2008.

第二种观点，释为"刖"。网友苦行僧认为该字为甲骨文中"刖"字（"🏃"《屯》857）、"🏃"《合》6007）、"🏃"《合》6008）的流变。未释意。①

第三种观点将该字读为"蔿"。诸多学者对应《左传》，将该字读为"蔿"，但释读理由不尽相同。陈伟先生仅指出："此字在'甲本'中有一些附加部分，而'乙本'只作'太'。《左传》作'蔿'。"未详细阐释。王宁先生解释较为详细，释作"攲"，认为 B1 从攴犬声，B2 字形"犬"，似截去一臂之形，是奇偶的"奇"字。考释理由为："《山海经·大荒西经》：'有人名曰吴回，奇左，是无右臂。'郭璞注：'即奇肱也。'《山海经》中又有'奇肱国'，盖即一臂之人，是独臂可称'奇'。故该简之字当是'攲'字，音与奇偶之'奇'同，古音均见纽歌部，'蔿'匣纽歌部，为音近通假，故'攲'或'奇'均即'蔿'，楚地名。"②季师旭升古文字读书会云："在通读方面，'吴'为疑纽鱼部；'蔿'为匣纽歌部。声同类，鱼歌旁转，声韵可通。故'毇'可读为'蔿'。'蔿'地，待考。"③

今按：从"吴"似不确。该字与郭店《唐虞之道》3、9、10、13 等号简"吴"字（写作"🏃"）的写法乍看确实十分类似，但细看还是有本质的区别。郭店"吴"字仍是从"口"的，只不过把"口"形写在了字的右边，但"口"的两个竖笔还是十分明显的，而且这两个竖笔呈现相交的走向，构成"口"字的封闭结构。而本字从 B1 来看两竖笔明显没有相交，并不能构成封闭结构，呈现"艹"形，因此不是"口"字；从 B2 来看，只作一个竖笔，更不可能是"口"。

释为"刖"亦不合理。从甲骨文字形来看，似很难解释该字的"断臂"之形。且楚文字"刖"的写作"🏃"（包山文书 116 号简）、"🏃"（包山文书 146 号简），与字形实在差距太大。

---

① 简帛网论坛. 读《成王为城濮之行》札记 [EB/OL]. (2013–1–5) [2023–9–9].http://www.bsm.org.cn/bbs/read.php? .

② 王宁. 上博九《成王为成仆之行》释文校读 [EB/OL]. (2013–1–10) [2023–9–9].http://www.bsm.org.cn/show_article.php? id=1804.

③ 季师旭升古文字读书会. 上博九《成王为城濮之行》集释 [EB/OL]. (2013–1–27)[2023–9–9].http://www.gwz.fudan.edu.cn/SrcShow.asp? Src_ID=2008.

B2 字形"犬",象截去一臂之形,非常形象,但释作"奇"字,仅有《山海经》的证据,且推测成分过多,亦有牵强。

董珊先生《楚简中从"大"声之字的读法》一文,给了笔者很大的启发:B2 从"大"字,见于楚文字,B1 只不过释 B2 的繁化,不妨从 B2 入手进行分析。

B2 的字形见于以下楚文字:

字形	楚文字及出处			
鈘 （鈘）	鈘 天星观（997）			
袄 （袄）	袄 包山 210	袄 新蔡甲一：7	袄 新蔡甲三：146	袄 天星观（29）
犬	犬 包山 229	犬 望山 1–54	犬 新蔡甲三：3	犬 新蔡甲三：300、307

李珊先生认为,楚遣策所记的"鈘（鈘）"或"犬"应即文献中的"害""轄"或"轪"字,是指车害,同时我们也指出"铚"为车辖,"鐈"或"鐈"为飞軨。这些是楚墓遣策着重记载的车轮部件。[1]楚文字以外的战国文字当中,亦有类似此字的身影,如"犬"（《集成》15·9735）等,但与该字还是有所差别的。学者们大多将这批字理解为"大"的分化字,与"大"读音相似,这一点应该是正确的。该字从"大"得声,与匣纽歌部的"蔦"是阴入对转,二字读音可能是相近的。

[7] 远（蔦）白（伯）珵（嬴）犹约（弱）,頁（寡）寺（持）佋（侑）畬＝（饮酒）子＝叟（子文,子文）酆（举）脧赂

首先,对"远（蔦）白（伯）珵（嬴）"进行考释。原考释:"蘧伯玉"即蘧瑗、子蘧。学界对读《左传》之后,指出此句对应"蔦贾尚幼"句。杜注曰:"蔦贾,伯

---

① 董珊.楚简中从"大"声之字的读法 [EB/OL].（2007-7-8）[2023-9-9].http：//www.bsm.org.cn/show_article.php? id=592.

嬴，孙叔敖之父。"《左传》楚氏名蒍、蒍或通用。珵、嬴音近通假，此人为蒍贾①②。

其次，对"（寡）頁"进行考释。原考释隶定为"頁"，即"寡"，认为是王侯自称谦辞。网友不求甚解亦认为此字为"寡"，但释意不同，"寡（顾）寺（持）肉（？）饮酒"可能是反过头拿着肉喝酒的意思，表示蒍贾只吃喝而不贺子文。张崇礼先生认为是"寡"，读为"顾"，训为"乃"。网友苦行僧释为"顾"，读为"居"，本句可认为"倨，志于饮酒"。无详解。网友无语认为，简文的所谓"寡"有可能是"须"字或其误字。③高佑仁先生直接释此字为"须"，迟缓之意。④王宁先生认为"须寺"，当读为"须时"，"须"古训"待"，有迟后义，"须时"是很晚、迟后的意思。《左传》作"后至"。⑤李守奎先生认为此字为"顾"，简文虚化为转折连词。与《战国策·赵策》"秦被其劳而赵受其利，虽强大不能得之于小弱，而小弱顾能得之强大乎？"中同用法，顾训为"乃"。⑥季师旭升古文字读书会认为原简字形释为"寡"，疑读为"后"。"寡"为溪纽鱼部；"后"为匣纽侯部，声同类，韵部鱼侯旁转。⑦（今按："寡"声母为见母，不是溪母前读有误。）

今按：简文该字写为"寡"，现将上文学者提出的几种考释意见相关字形列于下表。

① 陈伟.《成王为城濮之行》初读 [EB/OL].（2013-1-5）[2023-9-9].http://www.bsm.org.cn/show_article.php? id=1771.

② 苏建洲.初读《上博九》札记（一）[EB/OL].（2013-1-6）[2023-9-9].http://www.bsm.org.cn/show_article.php? id=1776.

③ 简帛网论坛.读《成王为城濮之行》札记 [EB/OL].（2013-1-5）[2023-9-9].http://www.bsm.org.cn/bbs/read.php? .

④ 高佑仁.《上博九》初读 [EB/OL].（2013-1-8）[2023-9-9].http://www.bsm.org.cn/show_article.php? id=1789.

⑤ 王宁.上博九《成王为成仆之行》释文校读 [EB/OL].（2013-1-10）[2023-9-9].http://www.bsm.org.cn/show_article.php? id=1804.

⑥ 李守奎、白显凤.《成王为城濮之行》通释 [J]. 中国文字研究,2015（1）：79-83.

⑦ 季师旭升古文字读书会.上博九《成王为城濮之行》集释 [EB/OL].（2013-1-27）[2023-9-9]. http://www.gwz.fudan.edu.cn/SrcShow.asp? Src_ID=2008.

考释	字形及出处		
须	 包山文书 130 号简	 包山文书 88 号简	 上博五《三德》1 号简
寡	 郭店《老子》甲 2 号简	 上博《孔子诗论》9 号简	 上博《缁衣》12 号简
顾	 郭店《缁衣》34 号简	 上博五《弟子问》8 号简	 上博五《鲍叔牙与隰朋之谏》4 号简

从简文字形来看，下部的"人"形"卂"形态还是十分明显的，而且"人"形两边的笔画对称呈现"穴"形，这些正是"寡"字的字形特点。"寡"字始见于西周金文，作"𡨄""𡨄"形，构形为一人独居于一室。后来为了使字形均衡，在"人"形两旁附加对称的装饰性的笔画，作"卂"（战国），《说文》小篆作"寡"，下部"人"形和对称饰笔合在一起呈"分"字形。"顾"以"寡"为声符，且以"寡"为"顾"之本字。因此这个字字形来看更应该释为"寡"。再来比较"须"字，本意表示人头上毛发茂盛，所以从"页"从"彡"，"彡"为"三"的变形，表示数量多。"彡"形不必有"人"形结构亦不必追求刻意对称，与简文中的字形还是有所差距的。本句对应《左传》"蒍贾尚幼，后至，不贺"简文字对应"后至"一词，或可参照。因此，笔者从季师旭升古文字读书会意见，以为"寡"当读为"后"，对应"后至"。

再次，对"侜"进行考释。原考释释为"侜"，读为"舟"，认为是古代饮酒器，器形似小船，为椭圆形平底器，两侧设小耳，亦称为耳杯。

不少学者提出异议，曹方向先生指出，此若分析为左边从人、右边从"肉"，破读为"肉"是没有问题的，"持肉饮酒"从文义上看也没有什么障碍。[①] 张崇礼先生认为从肉人声，当释湇，羹，肉汁。饮，原有重文号，疑衍。意为蒍伯瑆犹弱，不饮酒。王宁先生则认为是"侜"当是"侑"之或体，本义是劝酒，这里是敬酒之意；

---

① 曹方向.上博九《成王为城濮之行》通释 [EB/OL].（2013-1-7）[2023-9-9].http://www.bsm.org.cn/show_article.php？id=1783.

"须时侑饮酒"意思是伯珵很晚才向子文敬酒。①

今按：该字写作""，字形来看，右边应该是从"肉"的。从文义逻辑来看，王宁先生的释读意见更合逻辑，笔者从之。

最后，对"脞贻"进行考释。原考释释为"为贾"即"蒍贾"，春秋时楚国期思人，字伯嬴，多智谋。②武汉网友苏建洲先生则认为释为"蒍贾"的字，字形均不合。所谓"为"这似与俎形近，参见弟子问10、《望山》2·45"四皇俎"之"俎"（"俎"作""）。③曹方向先生认为第一字左边从肉，右边从立，"其词义可能和伯珵'持肉'的所谓'肉'字以类相从"。关于第二字，曹先生指出："学者们所释都括注问号，大概主要是从语法和文义来判断。此字中间的一竖笔过细，尚不知是不是文字原有笔画。作为一个可能，笔者（曹方向）认为此字上部是从'尔'，九店56号楚墓所出简43有'尔'（作''）字近。如果这个思路有一定的合理性，此字可能和清华简中用作'遂'的''字有关。"④网友槛外人认为此二字为"肉宾"，与前文文义对应。(按"夏（寡）寺（持）伩（侑）酓＝（饮酒）"句网友槛外人认为"寡寺肉饮酒"，寡字作"少"讲。正因为白（伯）珵"寡寺肉饮酒"，所以子文特意"举肉宾伯珵"。宾，即以客礼待之。网友流行认为此字当释为"责"，此形上面所从的"束"是草率的写法，意为责备、谴责；张崇礼先生认为此字从肉从立，见于《广雅·释器》，羹。或以为古汁字。第二字隶定作"贻"，训为"赠"。网友天涯倦客认为二字释作"脞售"，读为"酬楈"。意同《左传·成公十六年》："行人执楈承饮，造于子重。"⑤王宁先生也认为二字释作"脞售"，读为

---

① 简帛网论坛 . 读《成王为城濮之行》札记 [EB/OL].（2013-1-5）[2023-9-9].http://www.bsm.org.cn/bbs/read.php？.

② 马承源主编 . 上海博物馆藏战国楚竹书（九)[M]. 上海：上海古籍出版社,2012：148.

③ 苏建洲 . 初读《上博九》札记（一）[EB/OL].（2013-1-6）[2023-9-9].http://www.bsm.org.cn/show_article.php？id=1776.

④ 曹方向 . 上博九《成王为城濮之行》通释 [EB/OL].（2013-1-7）[2023-9-9].http://www.bsm.org.cn/show_article.php？id=1783.

⑤ 简帛网论坛 . 读《成王为城濮之行》札记 [EB/OL].（2013-1-5）[2023-9-9].http://www.bsm.org.cn/bbs/read.php？.

"酬槉"。第一字"脂售","槉"是一种酒器;"售"读为"酬",答也。这句话的意思是伯嬴向子文敬酒,故子文举槉而答之。① 季师旭升故字读书会将第一字隶定作"脂",至于该字如何通读,待考。② 第二字从张崇礼释为"贻"上半部可视为"吕"的讹形,如何通读,待考。

今按:二字简书写作"⿰"。显然整理者的隶定与字形差距甚远,不确。第一字右旁从"立",写法近似郭店《老子》甲21号简"⿱",郭店《穷达以时》3号简"⿱";左旁为"肉",写法类似包山文书145号简"⿰",所以第一字应该释作"脂"。"脂"在《中华大字典》中的解释是一种肉羹、肉杂,这里应该用的是本意。第二个字,中间的一个极细的竖笔,从高清图版文字墨笔深浅来看,似不是原文字的笔画。该字上半部的"⿱"很像上博《周易》55号简"台"字的上半部"吕"形作"⿱"("台"作"⿱")但没有左边的竖折,有可能是书者的讹误,但不能把握。如果将该字理解为从"贝"从"吕"声,那么应该像张崇礼先生说得那样,读作"贻",训为"赠"。这句话的意思是子文举肉羹赠予伯嬴。

二、文本对读汇编

《左传·僖公二十七年》

使子文治兵于睽,终朝而毕,不戮一人。子玉复治兵于蒍,终日而毕,鞭七人,贯三人耳。国老皆贺子文,子文饮之酒。蒍贾尚幼,后至不贺。子文问之。对曰:"不知所贺。子之传政于子玉,曰:'以靖国也。'靖诸内而败诸外,所获几何?子玉之败,子之举也。举以败国,将何贺焉?子玉刚而无礼,不可以治民,过三百乘,其不能以入矣。苟入而贺,何后之有?"

① 王宁.上博九《成王为成仆之行》释文校读[EB/OL].（2013-1-10）[2023-9-9].http://www.bsm.org.cn/show_article.php? id=1804.

② 季师旭升古文字读书会.上博九《成王为城濮之行》集释[EB/OL].（2013-1-27）[2023-9-9].http://www.gwz.fudan.edu.cn/SrcShow.asp? Src_ID=2008.

简文主要记载了在城濮之战前，成王积极练兵迎战，命子文教习子玉训兵之法的故事。内容主要涉及子文与蒍贾的对话，属于语类文体。相关史实见于《左传·僖公二十七年》，可通过简文了解楚成王时期楚国主要势力集团之间的矛盾。

简文与《左传》的基本故事情节、所涉人物，有以下异同。相同处在于：二文都记叙了子文、子玉的治兵情况。除蒍贾外，举邦皆向子文表示祝贺。最后通过蒍贾与子文的对话，表现他对子文的不满、对子玉的不屑。情节不同在于：关于治兵天数，简文记录子文、子玉的差别是"一日和三日"，《左传》中记载为"终朝和终日"。又关于成绩，简文说子玉斩三人，而《左传》记子玉"鞭七人，贯三人耳"。简文载"王逴，客于子文"，明确提出了此次贺宴的组织者是楚王，而在《左传》中仅记"国老皆贺子文"无涉"楚王"。"子文""子玉"是楚国当权势力集团若敖氏的代表，从简文所记楚王对其二人的重用、犒劳、拉拢可以窥察当时楚国世家大族的势力。蒍贾作为蒍氏代表，在楚王面前对子文、无礼，对子文、子玉极力否定，是因为若敖氏英勇善战，为楚国开疆拓土做了极大的贡献，这必然损害了蒍氏集团的利益。同时也威胁这楚王的权势，楚成王对若敖氏既十分依赖又有所不满，在史籍的记载中也可以看出此种迹象。

楚成王四十年，子玉曾两次请战，第一次子玉的理由是"王遇晋至厚，今知楚急曹、卫而故伐之，是轻王"。遭到成王拒绝后，再次请战，理由是："非敢必有功也，愿以间执谗慝之口"。此语似是针对蒍贾而言，足见楚权利集团之间的矛盾。在重耳过楚归国时，子玉即以"此必为楚之大患"的理由，建议成王杀重耳，遭到成王拒绝后，子玉又请求扣押子犯，亦遭成王拒绝。城濮之战楚国战败后，成王更是迁怒于子玉，子玉最后因此死去。

三、关于《成王为城濮之行》的讨论

学界对本篇的简序编联尚未达成共识，笔者在此略加讨论。

简长 33.1 厘米至 33.3 厘米，宽 0.6 厘米，竹简上、下平头，各设两道编绳，契口位于竹简右侧。上契口距离顶端9厘米左右，两契口之间约为16.2厘米，下契口距离尾端8.1厘米左右。本篇满简书写于竹黄，字体工整，字距疏朗，每简约书22至23字。全文共计209字，其中合文二、重文四。有两简残损严重，仅剩数字（整理者原注：一本共4简，残损严重，其中2简完整，另外2简仅数字，共计71字）。

为方便说明，现将整理者竹简编号及释文列表如下。

整理者竹简编号	整理者释文
甲本1号简	城（成）王为成（城）仆（濮）之行。王囱（使）子虐（蘧）晝（教）子玉。子虐（蘧）遝（受）帀（师）于汝，一日而聾（职），不敚（逸）（戮杀）一人。子
甲本2号简	玉叟帀（师）出之，毁（夫）三日而聾（职）渐（斩）三人。毄（举）邦加（贺）子虐（蘧），吕（以）亓（其）善行帀（师）。王遏（归），客于子=虐（＝）（子蘧，子蘧）甚悥（喜）
甲本3号简	㠯（合）邦吕（以）酓=（饮酒）。远（蘧）白（伯）理（玉）犹约，貫（寡）寺（持）俕（舟）酓=（饮酒）子=虐（子蘧，子蘧）毄（举）为（爲）贾（贾）、白（伯）理（玉）曰：敎虡余（谷于菟）为
甲本4号简	蜀（独）不余见飤（食），是为天弃，不思正人之心。白（伯）睔（玉）曰：君王胃（谓）子玉未患
甲本5号简	帀（师），既败帀（师）也。君为楚邦正？悥（喜）君之善而不㦬（惄）子玉之帀（师）之
乙本1号简	楚邦老，君王免余辠（罪），吕（以）子玉之未患。君王命余遝（受）帀（师）于汝，一日而聾（职）
乙本2号简	不敚（逸）一人。子玉出之，扶（夫）三日而聾（职）渐（斩）三人。王为余矦（侯），举邦加（贺）余，女（如）
乙本3号简上	命君晝（教）之。君一日而，不
乙本3号简下	言虖（乎）君子才（哉）窜（问）……
乙本4号简	……子玉之

关于本篇的编联方法，学界多有讨论，但仍未达成共识，现将学者提出的编联说法附表如下。

学者	编联方式	理由
陈伟①	整理者分为甲乙两本。其实很可能只是一本。现列乙本中重复的文句，有可能是后面的追述。其中整理者将 4 号简两段的缀合固不可从	
简帛网汗天山②	甲 1+ 甲 2+ 甲 3, 乙 1, 乙 2, 甲 4+ 甲 5, 乙 3 上 它篇简文：乙 3 下乙 4 今按：其释文认为甲 3 和乙 1 之间、乙 2 和甲 4 之间有缺文	无说
简帛网不求甚解	甲 1+ 甲 2+ 甲 3+ 乙 1+ 乙 2+ 甲 4+ 甲 5+ 乙 3 上 + 乙 4 它篇简文：乙 3 下乙 4	无说
简帛网jdskxb	甲 1+ 甲 2+ 甲 3+ 乙 1+ 乙 2+ 甲 4	无说
简帛网鱼游春水①	甲 1+ 甲 2+ 甲 3+ 乙 1+ 乙 2+ 甲 4+ 乙 3 上 + 乙 4+ 甲 5 它篇简文：乙 3 下	为什么甲 4 下可直接接在乙 3 上？因为甲 1 说"王使子文教子玉"，乙 1 又说：君王"以子玉之未患，君王命余搜师于睽"。所以甲 4+ 乙 3 上："君王谓子玉未患，命君教之。"还是合乎文理的。 乙 4 残缺过度，可能是乙 3 上接下去说的话。甲 5 作最后一简，文义未足。但是"既败师"不论是蔿贾预测之说，还是城濮战后之事，其下不应再有"命君教之"。所以，感觉上要把乙 3 上接在甲 4 之下，乙 4 虽残，姑且接其后

① 陈伟 .《成王为城濮之行》初读 [EB/OL].（2013-1-5）[2023-9-9].http：//www.bsm.org.cn/show_article.php？id=1771.

② 简帛网论坛 . 读《成王为城濮之行》札记 [EB/OL].（2013-1-5）[2023-9-9].http：//www.bsm.org.cn/bbs/read.php？.

学者	编联方式	理由
曹方向①	甲 1+ 甲 2+ 甲 3+ 乙 1+ 乙 2+ 甲 4+ 乙 3 上 + 乙 4+ 甲 5 它篇简文：乙 3 下	因为甲 1 说"王使子文教子玉"，乙 1 又说君王"以子玉之未患"，命子文搜师。甲 4+ 乙 3 上段，编联之处的简文连读为"君王谓子玉未患，命君教之"，文理似颇为通顺。此外，乙本简 4 可以排到甲本简 5 之前。这枚残片之所以可以直接接到甲本简 5 之前，因为整理者介绍说，乙本简 4 下端是齐整的，推测这是一段简尾。甲本简 5 简首虽缺了一些，但还能看到简头。两简相次，从形制上看有可能的。且两枚简编联处的简文文义似乎也有迹可循。这样就将全部甲、乙本的简都编联起来了。只不过因为残简（主要指乙本简 4）缺损文字过多，对残简的处理办法可能有较大风险。另外，按照这种编联，甲本简 5 之后还有缺简，故事主体却似乎即将结束。估计甲本简 5 之后的缺简不会太多。尚未公布的上博简中是否还有属于本篇的简未被整理者发现，也许只能等将来再作讨论
王宁①	甲 1+ 甲 2+ 甲 3+ 乙 1+ 乙 2+ 甲 4+ 甲 5+ 乙 3 上 + 乙 4 它篇简文：乙 3 下	对于此篇的编联，认为简文应为一篇记载的三段叙述，依照叙述的先后可分为甲 1+ 甲 2+ 甲 3 为一段，乙 1+ 乙 2 为一段，甲 4+ 甲 5+ 乙三上为一段，乙 4 残缺太多至于文末待考。我们认为甲 3 和乙 1 说话者皆为子文，故将乙 1+ 乙 2 组置于甲 1+ 甲 2+ 甲 3 组后。而甲 4+ 甲 5+ 乙三上说话者皆是蒍伯嬴所以放在同一组。参考不求甚解先生缀合复原本，重新予以编联。原文简 3 缀合有误，海天游踪先生认为"乙本简 3 的拼合恐有问题，下段残简'□言（？）乎？君子才（宀 / 昏耳）□'，书手与《民之父母》《武王践阼》《颜渊问于孔子》同一人，要归回《颜渊问于孔子》"。不求甚解先生之编联本即将甲 3 号简剔除

① 王宁 . 上博九《成王为成仆之行》释文校读 [EB/OL].（2013–1–10）[2023–9–9].http://www.bsm.org.cn/show_article.php？id=1804.

学者	编联方式	理由
季师旭升古文字读书会①	甲 1+ 甲 2+ 甲 3，乙 1+ 乙 2，甲 4+ 甲 5+ 乙 3 上，乙 4 它篇简文：乙 3 下	无说
草野友子②	甲 1+ 甲 2+ 甲 3+ 乙 1+ 乙 2+ 甲 4+ 乙 3 上 + 乙 4+ 甲 5 它篇简文：乙 3 下	无说
张峰③	甲 1+ 甲 2+ 甲 3+ 乙 1+ 乙 2+ 甲 4+ 乙 3 上 + 乙 4+ 甲 5	无说
冯胜君④	甲 1+ 甲 2+ 甲 3+ 乙 1+ 乙 2+ 甲 4+ 乙 3 上 + 乙 4+ 甲 5 它篇简文：乙 3 下	无说
李守奎⑤	甲 1+ 甲 2+ 甲 3+ 乙 1+ 乙 2+ 甲 4+ 甲 5+ 乙 3 上 + 乙 4 它篇简文：乙 3 下	无说
俞绍红⑥	甲 1+ 甲 2+ 甲 3+ 乙 1+ 乙 2+ 甲 4+ 乙 3 上 + 乙 4+ 甲 5 它篇简文：乙 3 下	无说

综合来看，学界关于"本篇分为甲、乙本，乙本 3 号简下段不属于本篇（网友不求甚解）此部分字体与本篇文字不同，而与上博简《武王践阼》等篇抄写字体相同"的观点已达成共识，从文本内容来看，将"甲 1+ 甲 2+ 甲 3+ 乙 1+ 乙 2+ 甲 4"

---

① 季师旭升古文字读书会. 上博九《成王为城濮之行》集释 [EB/OL].（2013-1-27）[2023-9-9]. http://www.gwz.fudan.edu.cn/SrcShow.asp？Src_ID=2008.
② 草野友子. 上博楚简《成王为城濮之行》的内容与结构. 简帛文献与古代史第二届出土文献青年学者国际论坛论文集 [C]. 上海：中西书局，2015：24–32.
③ 张峰. 上博（九）·《成王为城濮之行》释读 [J]. 学术交流，2014（11）：145–150.
④ 冯胜君. 上博九《成王为城濮之行》补释 [J]. 出土文献与古文字研究，2015（1）：359–364.
⑤ 李守奎、白显凤.《成王为城濮之行》通释 [J]. 中国文字研究，2015（1）：79–83.
⑥ 俞绍宏. 上海博物馆藏楚简校注 [M]. 北京：中国社会科学出版社，2016：693–700.

相接编联,"乙3上 + 乙4"相接编联是没有什么问题的。如上表,关于此文的编联问题,学界的主要分歧主要在于"甲4+ 甲5"还是"甲4+ 乙3上"。

欲解决此简文编联问题,需首先解释"乙3上"与"乙4"为同一简的命题。王宁先生首先提出:"此简(乙4)当是一支简的最下面一截,很可能与乙3简同属一简,乙3是该简的上段,此简是该简的最下段,故可与甲5简连读。"随后草野友子先生、于立芳同学对"乙3上或可与乙4编联"这一观点做了详细的阐述,十分正确。从各简可容字数来看,乙3上段11字(包括残字),乙4为残简,存3字,如果将乙3上段与乙4如下图拼合,则中间残缺部分大约15厘米。按照简文复述的部分可补11字内容:"一人。子玉三日而毕,斩三人。"(此为草野友子先生补文),如此缀合增添补文之后此简共计25字,符合本书各简书写字数。

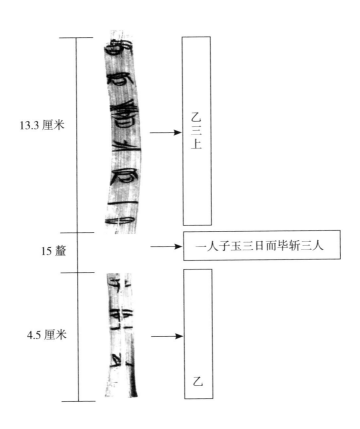

13.3厘米 → 乙三上

15釐 → 一人子玉三日而毕斩三人

4.5厘米 → 乙

其次，从形制来看，乙 3 上段，上平头，有第一契口，应是简头；乙 4，下平头，没有契口，推测这是一段简尾；两残简都有中央部分的龟裂，理论上说，二残简可以拼合。完整的简文内容是："命君喬（教）之。君一日而，不□（戮）（乙 3 上段）（一人。子玉三日而毕，斩三人。）子玉之（乙 4）。"为方便下文描述，暂将此重新拼合的简命名为"新简"。新简的最后一个词组是"子玉之"，很明显应该后接名字构成领属结构。前文已述"甲 1+ 甲 2+ 甲 3+ 乙 1+ 乙 2+ 甲 4"密合不可分，应相接编联，那么只剩下甲 5。甲 5 以一"币（师）"字开头，与乙 4 拼合，语法上恰好符合我们说的"领属结构"，索性我们将其拼合，再从语义层面进行验证。"乙 3 上 + 乙 4+ 甲 5"拼合之后为"命君喬（教）之。君一日而，不□（戮）一人。子玉三日而毕，斩三人。子玉之币（师），既败币（师）也。君为楚邦正？憙（喜）君之善而不悊（悊）子玉之币（师）之"虽然末尾有缺文，但是从文义上说是顺畅的。再从简文形制上验证，乙 4 位于"新简"简尾部，甲 5 简可以看得出是简头。所以两简顺编，从形制来看是完全可能的。所以"乙 3 上 + 乙 4+ 甲 5"顺编，无论从形制、文义还是文法来看，都是合乎逻辑的。

　　总上，更为合理简文编联顺序是：甲 1+ 甲 2+ 甲 3+ 乙 1+ 乙 2+ 甲 4+ 乙 3 上 + 乙 4+ 甲 5，简文文义并不完整，疑有缺简。

第二节

上博简《郑子家丧》

本篇选自《上海博物馆藏楚竹书》第七册，有甲、乙两本，文本基本无异，仅行次略有不同。甲本完整，书写工整，竹简两端平齐，长33.1厘米至33.2厘米，宽0.6厘米，厚0.12厘米，两道编线，契口在右侧，满简书写于黄面，字体工整，字距紧密，各简字数在31字至36字不等，共235字，其中合文三。乙本数简残损，全篇存214字，缺20字，可据甲本补足，字距疏朗，字体与甲本差异较大，如"而"字，甲本写作"𠕁"中部两横笔内弯，下部两竖笔向外弯曲；乙本写作"𠕁"中部两横笔外展，下部两竖笔略内弯，显然不是同一书手所为。乙本简长34厘米至47.5厘米，宽0.6厘米，厚0.12厘米，两道编线，右侧契口极浅，亦满简书写。乙本讹误之处较多，如"没"字误写作"及"，形如"𠬝"；畏字误写作"思"，形如"𢘆"、用字不甚稳定、更有2处脱文，1处多字。值得说明的是，李松儒先生考察乙本字迹特征时发现，其字迹与上博六《庄王既成·申公臣灵王》《平王问郑寿》三篇字迹特征具备同一性，详见《〈郑子家丧〉甲乙本字迹研究》。竹书本无篇题，整理者遂以开头四字为题，但故事的主人公并不是郑子家，而是楚庄王。

一、释文及疑难字词

下列释文主要依甲本所做，所缺之字，据乙本补出。

奠（郑）子豪（家）𠮷（丧），鄾（边）人釜（来）告，戕（臧－庄）王豪[1]

（就）夫=（大夫）而与之言曰："奠（郑）子豪（家）杀亓（其）君，不穀曰欲呂（以）告大夫。呂（以）邦之愲（悕）呂（以）忑（及）于含（今），天逡（厚）楚邦思为诸侯正 [2]，含（今）奠（郑）子豪（家）杀亓（其）君，牆（将）保亓（其）蘽（宠）炎 [3]呂（以）戛（没）内（入）堂（地）[4]。女（如）上帝䰟（鬼）神呂（以）为蒸（怒），虘（吾）牆（将）可（何）呂（以）會（答）。唯（虽）邦之愿（悕），牆（将）必为师。"乃记（起）师，回（围）奠（郑）三月。奠（郑）人青（请）亓（其）故，王命會（答）之曰："奠（郑）子豪（家）遑（颠）遑（覆）天下之豊（礼），弗畏（愧）䰟（鬼）神之不羕（祥），愍恻亓（其）君 [5]。我牆（将）必囟（使）子豪（家）[6]毋呂（以）城（成）名立于上而咸（灭）炎于下 [7]。"奠（郑）人命呂（以）子良埶（质）[8]，命（盟）。思（使）子豪（家）利（枨）木三畬（寸），[9]紏（疏）索呂（以）絑，毋敳（敢）丁（正）门而出。[10]敠（掩）之城至（基），王许之。币（师）未还，晋人涉，牆（将）救奠（郑）。王牆（将）还，大夫皆进，曰：君王之记（起）此师，呂（以）子豪（家）之古（故）。含（今）晋人牆（将）救子豪（家），君王必进币（师）以迊（应）之，[11]王女（安）还军呂（以）乃（应）之，与之戰（战）于两棠，大败晋币（师）女（安—焉）。

[1] 裹

"臧（臧–庄）王裹（就）夫=（大夫）而与之言曰"句"就"字学界争议颇大。整理者直接释作"就"，无说。陈伟先生认为"就"字释为"会、集"，为使动用法，"就大夫"意思是说召集大夫前来。① 俞绍宏先生从之。② 巫雪如先生反驳"就"之使动用法，指出"训为'即'的'就'在先秦是一个必须带处所的及物动词，因此不太可能出现使动用法。事实上，在现存的先秦文献中也没有'就'作使动词的例子。在这段简文中，大夫并不是单指一个人，这一点从简6的'大夫皆进'就可以证明。如果说'庄王就大夫'是庄王亲自去造访每位大夫的家，这恐怕与事实不

---

① 　陈伟.《郑子家丧》通释 [EB/OL].（2009–01–10）[2023–2–1],http://www.bsm.org.cn/show_article.php? id=964#_edn1#_edn1.

② 　俞绍宏 . 上海博物馆藏楚简校注 [M]. 北京：中国社会科学出版社,2016：565.

合，因为当时庄王应该是同时对着众位大夫说话的。因此，在这个句子中'就'不能训为'造访'了。'就'应训作'趋近'，可反映楚庄王纡尊降贵的态度。"① 宋华强先生认同，巫先生所指出的"就"字理解为使动用法和训为"造访"的存在的问题，但是他同时指出，"把'就'字解释为'趋近''靠近'，似乎和解释为'造访'并无本质区别，因为'造访'就是趋近其处而访问的意思。"且文中的大夫并非年迈或地位特殊、声望隆盛需要君王给以特殊待遇，因此释为"造访"不确。宋先生怀疑"就"字读为"肃""宿"或"速"，表示"一种恭敬的延请"，与殷墟花园庄东地卜辞常见贵族"速"，春秋早期叔家父簠有"用速先后诸兄"，《诗·小雅·伐木》有"以速诸父"，《仪礼·特牲馈食礼》"乃宿尸"，《公食大夫》"速宾之类是也"，《礼记·乡饮酒义》"主人亲速宾及介"，辞例中的"宿"或"速"用法相同。② 李天虹先生认为"就"应释为"造访"，并指出此处与《礼记·祭义》："是故朝廷同爵则尚齿。七十杖于朝，君问则席；八十不俟朝，君问则就之，而弟达乎朝廷矣。"郑注："就之，就其家也"，孔疏："若君有事问之，则就其室"。"就"释为"造访"用法相同。③ 林清源先生认为，当时的情形应是召集大夫共同研商应对突发变局之政策，因此"就"字宜训作"召集"，林先生进一步指出"就"释为"召集"之意的通假选项："'就'字上古音属从纽幽部，若要训作'召集'义，则其通假字可容许多种不同的选项：其一，读为精纽幽部的'揫（揪）'，《说文》训作'聚'；其二，读为见纽幽部的'纠'，《玉篇》训作'收'；其三，读为见纽幽部的'鸠'，《尔雅·释诂下》训作'聚'；其四，读为从纽缉部的'集'，《广雅·释诂三》解作'聚'。'揫''揪''纠''鸠''集'诸字音近义切，可能具有同源词关系。简文'就'字，

① 巫雪如.楚简考释中的相关语法问题试探 [EB/OL].（2009-6-14）[2023-2-1].http://www.bsm.org.cn/show_article.php? id=1093.

② 宋华强.《郑子家丧》《平王问郑寿》"就"字试读 [EB/OL].（2009-7-15）[2023-2-1].http://www.bsm.org.cn/show_article.php? id=1118.

③ 李天虹.《郑子家丧》补释 [EB/OL].（2009-1-12）[2023-2-1].http://www.bsm.org.cn/show_article.php? id=967#_ftnref.

究竟应采哪种读法最为合适，仍须进一步斟酌考量。"① 苏建州先生在林文基础上加以补充，认为"就"读为"召"，从声韵角度证明了"就"与"召"的通假关系："就"，从纽幽部；"召"，"召集"义读为"章纽宵部"；"呼"义读为"定纽宵部"，均与"就"声韵皆近。出土文献、传世文献辞例可证明"就"字可与章纽字相通、与定纽亦有关系，且幽宵旁转相通相当常见，因此"就"与"召"也有辗转相通。②

今按："就"字简文写作""，上述学者已经指出"就"理解为使动用法不妥，那么"就"的两种理解"造访""趋近"还是"召见"，哪种更胜呢？还应以文义为本进行分析。

巫雪如先生以下文"大夫皆进"证明此处楚王谈话的对象不是一位大夫，于是得出"庄王亲自去造访每位大夫的家，这恐怕与事实不合"，"就"不可训为"造访"的结论，恐怕与文章论述不符。简文"大夫皆进"，是在"（王）乃起师，围郑三月。……王将还"的时候，距离章首之事，已逾三月，不能据此得出巫先生的结论。再者，林清源先生以情境研判，得出"'造访''邀请''趋近'三说均与简文所述紧张情势相违，应当无法成立"的结论亦关乎其对下文的理解。林先生说"当时楚庄王所以召集群臣聚会，显然是因'边人来告'有'郑子家亡'的紧急情资，为了迅速拟妥回应此一突发变局的策略，在这场类似今日的临时国安会议中，大家各司其职共同研商，原本即是群臣分内之事，此时楚庄王实在没有必要纡尊降贵逐一造访每位大夫，并恭敬地邀请他们出席会议"，显然紧急情形是基于下句"奠（郑）子豪（家）杀丌（其）君，不穀日欲㠯（以）告大夫。㠯（以）邦之惕（恫）㠯（以）恐（及）于含（今），大逡（厚）"而得出的。这句中的关键是对"日"的理解。陈伟先生在《〈郑子家丧〉初读》一文中指出："日，整理者无说。《左传》文公七年：'日卫不睦，故取其地。'杜预注：'日，往日。'《国语·晋语一》：

① 林清源．上博七《郑子家丧》通解（未刊稿），转引自苏建洲：《〈郑子家丧〉甲1"就"字释读再议》[EB/OL].（2010-5-1）[2023-2-1].http：//www.gwz.fudan.edu.cn/SrcShow.asp？Src_ID=01138.

② 苏建洲.《郑子家丧》甲1"就"字释读再议 [EB/OL].（2010-5-1）[2023-2-1].http：//www.gwz.fudan.edu.cn/SrcShow.asp？Src_ID=01138.

'曰，君以骊姬为夫人，民之疾心固皆至矣。'韦昭注：'曰，昔日也。'庄王与大夫言当去子家之乱有一段时间，故有此语。"后在《〈郑子家丧〉通释》一文中改释为："曰，每日。《易·大畜》：'刚健笃实辉光，日新其德。'孔颖达疏：'故能辉耀光荣，日日增新其德。'先前小文与复旦读书会均训为'每日（今按：陈伟先生笔误，应为往日）'，不确。"不管训成"每日"还是"往日"都是与下句"以邦之恟（病）以忞（及）于今"相呼应的。这句话意思大概是说楚国有难及至于今，处理子家弑君之事因而滞后。如此，则楚王是在向大夫解释，至今才把子家去世的事情告诉大臣的原因，也就是说林先生理解的为了迅速回应子家去世的突发变局，今日安排了临时国安会议，与事实不相符合。想必林先生是将"日"字理解成了"今日"，若如此理解，则下句"以邦之恟（病）以忞（及）于今"无法顺畅解释。因此，笔者认为"就"可理解为"造访"，与上博六《平王问郑寿》"竞平王就郑寿，讯之于屈庙"中的"就"用法相同，《平王问郑寿》篇此句，董珊先生 ①、周凤五先生 ②、沈培先生 ③、刘信芳先生 ④ 都理解为平王到郑寿那里去请教，而非召郑寿至楚王宫商议。可见，春秋国君去臣子家拜访请教并非孤例。且楚简中多见"戛"读为"就"，如上文分析，"就"字可训读，那么就不必要读为其他通假的字，以免画蛇添足之嫌。

[2] 呂（以）邦之愲（恟）呂（以）忞（及）于含（今），天逡（厚），楚邦思为诸侯正

关于本句的断句和理解学界有很多不同意见，现将本句的疑难处整理如下。

① 董珊.读《上博六》杂记 [EB/OL].（2007–7–10）[2023–2–1], http://www.bsm.org.cn/show_article.php? id=603.
② 周凤五.上博六《庄王既成》《申公臣灵王》《平王问郑寿》《平王与王子木》新探 [J]. 传统中国研究集刊,2007（1）：58–67.
③ 沈培.《上博（六）》字词浅释（七则）[EB/OL].（2007–7–20）[2023–2–1].http://www.bsm.org.cn/show_article.php? id=642.
④ 刘信芳.《上博藏六》试解之三 [EB/OL].（2007–8–9）[2023–2–1].http://www.bsm.org.cn/show_article.php? id=694.

本句的第一个疑难处是"㤅"字。

第一种意见将该字读为"㤅"。整理者陈佩芬先生"㤅"读为"㤅",训为"忧"。① 冯时先生认同整理者的意见,并指出"邦之㤅"即子家弑君之事。② 凡国栋先生亦持此说,并指出"㤅"字亦见上博二《从政》篇甲 8 号简。③

第二种意见将该字读为"病"。陈伟先生把"㤅"改读为"病",并指出此前所见楚简中的"病"皆从"方"作,此从"丙"或可能是"病"的另一种写法④,复旦大学出土文献与古文字研究中心研究生读书会(下文简称为"复旦大学读书会")从之⑤。俞绍宏先生亦从之,但未作详细解释。⑥ 郭永秉先生亦认为该字隶定为"㤅"读为"病",并解释了张新俊先生对于该字隶定的异议(张先生隶定意见详见下段)。郭先生认为,该字"丙"字之所以讹从"矢"形,是因为战国文字的"大"形和"矢"相混,是很常见的现象。如郭店楚简《老子》甲组 33 号用作"㹜"(读为"猛")字,李守奎先生指出"所从酋为讹形",且"㤅"与"㤅"二字中古呼皆不相同,"㤅"与"㤅"并无古文献和出土文字证据;再者,从文例来说"'邦之㤅'的说法颇为牵强,显然不如'邦之病'来得文从字顺"。⑦

第三种意见是将该字隶定作"㤅",读为"㤅"。张新俊先生首先提出此观点,他认为本字并非从"丙",除文字丙中间所从为"大",而此字所从为"矢",其上部与"侯"字最为接近,故应隶定为"㤅",从心、从口(口为增繁无义偏旁)、矦

① 马承源主编.上海博物馆藏战国楚竹书(七)[M].上海:上海古籍出版社,2008:171.

② 冯时.《郑子家丧》与《铎氏微》[J].考古,2012(2):76–83.

③ 凡国栋,《上博七·郑子家丧》校读札记两则 [EB/OL].(2008–12–31)[2023–2–1].http://www.bsm.org.cn/show_article.php? id=920.

④ 陈伟.《郑子家丧》初读 [EB/OL].(2008–12–31)[2023–2–1],http://www.bsm.org.cn/show_article.php? id=919.

⑤ 复旦大学出土文献与古文字研究中心研究生读书会.《上博七·郑子家丧》校读 [EB/OL].(2008–12–31)[2023–2–1].http://www.gwz.fudan.edu.cn/Web/Show/584.

⑥ 俞绍宏.上海博物馆藏楚简校注 [M].北京:中国社会科学出版社,2016:565.

⑦ 李守奎编著.楚文字编 [M].上海:华东师范大学出版社,2003:838.

声的字，读为"恼"，二字语音关系密切可通假，训为"祸乱"。^①李天虹先生从张先生对该字隶定之说，但认为此字是"![字]"（隶定为"憂"）的讹字。"憂"字见上博二《从政》甲篇第8简"猛则亡亲"之"猛"。但因《郑子家丧》中的这个字读为"病"最合古书习惯，然"憂"不从"丙"声，所以李先生怀疑实际该字乃为"憂"之讹字，还是读为"病"。^②

第四种观点是隶定作"瘨"或"瘨"，即《说文》的"寎"字（二字区别即"厂"或"厂"改"宀"，省"爿"添"心"旁），"寎""病"为一字。高佑仁先生提出此观点，他首先指出："'![丙]'中间从'![大]'形，'![字]'中间则从'![矢]'形，目前还没有看过楚简'丙'字中间有'![大]'讹作'![矢]'的确切证据。此外，哪怕将'![丙]'中间的'![大]'改易作'![矢]'，它与'![字]'还有个很明显的差异，此即'丙'字一般上半都从'![宀]'形，但憂字或从'厂'或从'广'，这也是'丙'字所没有的写法。"^③其释字依据有三：首先，"![字]""![字]""![字]""![字]""![字]"等字中间的"![矢]"形，就是一般"丙"字（"![字]"）的讹变，因为古文字"![人]"形与"![宀]"形常是相通的（详参《〈郑子家丧〉〈竞公疟〉诸"病"字的构形考察》文内《"![人]"形与"![宀]"形相通字举例表》）。其次，"寎"通作"瘨"。因为古文字中"宀""厂""广"在偏旁中都是可以替换的^④，因此，《郑子家丧》中从"厂"、从"心"、"酉"声"![字]"字（隶定作"瘨"字），可以通作《竞公疟》中从"爿"、从"厂"、"酉"声的"![字]"（隶定作"瘨"字）。再次，"![字]"（瘨）就应即《说文》的"寎"字。只不过"瘨"字的"宀"改为"厂"而已。《郑子家丧》的写法在此基础上省"爿"添"心"旁，亦是"寎"字。《说文》："寎（![字]），卧惊病也。

---

① 张新俊.《郑子家丧》"瘨"字试解 [EB/OL].（2012-1-2）[2023-2-1].http://www.gwz.fudan.edu.cn/Web/Show/604.

② 李天虹.上博七《郑子家丧》补释 [J].江汉考古,2009（3）:110-113.

③ 高佑仁.《郑子家丧》《竞公疟》诸"病"字的构形考察 [EB/OL].（2010-1-4）[2023-2-1].http://www.bsm.org.cn/show_article.php? id=1200.

④ 参见刘钊先生《古文字构形学》第十六章"古文字构形演变条例"中已指出：古文字中"厂""宀"二字在用做表意偏旁时有时可以通用，古文字中"厂""宀"二字在用做表意偏旁时可以通用。

从癯省，丙声。"马叙伦《说文解字六书疏证》云："王筠曰：'痈、病一字'，伦按：《广雅》'痈，病也'。"

第五种观点是隶定作"庽"或"厡"，仍为"悟"字，读为"变"。李咏健先生提出此观点，证据有三：其一古文字中"厂"或"广"常为附加的无义偏旁。（详见刘钊《古文字构形学》"古文字中一些字可加厂旁为繁化"，以及萧毅《楚简文字研究》"古文字中'厂'常为附加的无义偏旁"的相关论证。）[1]，其二，"庽"或"厡"字与"便"同从"丙"声，亦可读为"变"。"丙"古音帮纽阳部；"变"帮纽元部，二字帮纽双声，阳、元通转，且于省吾《甲骨文字释林》指出"更（夏）"从丙声，乃古文"鞭"字。因此"庽"或"厡"字与"变"字可以通假。其三，读为"变"与文义相符。李先生如是说："《说文·言部》云：'变，更也。'引申指非常的变故。如《大戴礼记·哀公问五义》：'应变而不穷也。'王聘珍《大戴礼记解诂》云：'变者，谓非常之事。'《白虎通义·灾变》云：'变者，非常也。'《汉书·刘向传》'乃使其外亲上变事'，颜师古注云：'非常之事，故谓之变也'皆其例。非常之事，可指政治上或军事上的重大突发事件，如政变、兵变。如《汉书·高后纪》：'待吕氏变，而共诛之。'颜师古注：'变，谓发动也。'或指'变乱'，如《汉书·尹翁归传》'奴客持刀兵入市圈变'，颜师古注：'变，乱也。'简文'以邦之变''虽邦之变'，当谓国家发生非常之事，或取'政变''变乱'等义。"[2]

第六种观点是读为"迫"。单周尧先生在释上博二《从政甲》"悟则亡新"之"悟"字时发表此观点。（因《从政》与本篇讨论的字为同一字，故亦将此作为第六种观点列出。）"悟"读为"迫"，在音韵上可通的："悟"，古音帮纽阳部，"迫"帮纽铎部，二字帮纽双声，阳铎对转。《淮南子·原道》"昔者冯夷大丙之御也"，高诱注："'丙'或作'白'。"《文选·枚乘·七发》李善注引《淮南子》此文，"大丙"作"太白"，是"丙"声与"白"声古通之证。因此，"悟"读为"迫"。《说文·人部》："促，迫也。"《广雅·释诂一》："迫，急也。"是"迫"字有"促迫""急迫"

① 李咏健.《上博七·郑子家丧》"利木"试释 [J]. 九州学林,2011（49）：82-94.
② 李天虹. 竹书《郑子家丧》所涉历史事件综析 [J]. 出土文献,2010（1）：185-193.

之义。①

今按：笔者首先将上文提到的字形相似的楚简文字字形、辞例整理列表如下。

	甲本第1号简	乙本第2号简	辞例
《郑子家丧》	[字形]	[字形]	以邦之悟
	甲本第3号简	**乙本第3号简**	**辞例**
	[字形]	[字形]	"售（虽）邦之悟"
《竞公疟》	第10号简		辞例
	[字形]		贫苦约㤅[字形]
《从政》	甲本8号简		辞例
	[字形]		悟则亡新

从字形图看，《郑子家丧》中讨论的字（为方便表述，将该字以"A"代替）"口"部之上的部件确实与楚简常见的"丙"形差距较大，楚简"丙"字作"[字形]"（包山楚简 2.31）"[字形]"（天卜）"[字形]"（九店楚简 56.40）"[字形]"（新零 418），与"侯"更相似，楚简"侯"字作"[字形]"（包山楚简 2.243）"[字形]"（郭店《老子》甲 .18）"[字形]"（帛丙 11.3）。高佑仁先生对于"A 字中间的'夨'形，是一般'丙'字（[字形]）的讹变"的论述已十分清晰明白，从这个意义上说该字仍是"丙"声字。再仔细比较 A 字上部与楚简"丙"字字形，如"[字形]"（《郑子家丧》甲本第 1 号简上部）与"[字形]"（新零 418），主要差别在于中部的"个"形与"冂"，其上部几乎无差。因此，笔者认为没有必要将隶定字附加"厂"或"广"旁，该字仍隶定为"悤"或"悟"为宜。陈伟先生指出楚简中的"病"皆从"方"作，此从"丙"或可能是"病"的另一种写法，不确。清华简《保训》篇简 3 有"病"字，作"[字形]"，很明显该字从"丙"。这个

---

① 单周尧，黎广基 . 读上博楚竹书《从政》甲篇"则亡新"札记 [J]. 中国文字研究，2007（1）：48–49.

从"丙"的这个"病"字与 A 字的区别仅在于形旁"心"的区别。楚简中的"病"字多作"疠"（包山楚简 2.152）、"疠"（郭店《老子甲》36）、"疠"（新零 209），无一例从"心"，帛书中字从"心"似乎有特殊的含义。从上表可知，只有《竞公疟》的字是不从"心"的，其辞例"贫苦约妁疠"，"疠"字整理者释为"疾"，并谓此句与《晏子春秋·内篇谏上·景公信用谗佞赏罚失中晏子谏》篇中的"民愁苦约病"意思相同。陈剑先生已经论证简文"妁"字应为衍文，简文与《晏子春秋》"愁苦约病"句正相对应。从上下文来看，此处"病"就是指的平常所说的"疾病"。上表中从"心"的字，辞例分别为"以邦之悟""售（虽）邦之悟""悟则亡新"都是站在国家的角度来讨论的。从"心"应含有忧虑不安、忧愁恐惧、忧国忧民之情感。而"恓"与"病"的区别就在于形符从"心"表示"忧虑（心病）"，形符从"疒"表示"身病"。"疠"字与 A 字声符相同皆从"丙"，其字形区别恰似"病"与"恓"的区别。从上下文来看，笔者以为释为"恓"更胜一筹。姚小鸥先生对"病"和"恓"的细微差异做过很好的说明："'病''恓'既皆由'丙'得声，由'丙'得声的'恓'字又有'持'的意思，可见'恓'可有'忧'而持之不去的意思。"① 此用"恓"字恰恰了说明楚国的忧患已久，所以楚王没有早把郑子家之事告诉大夫，与楚王之言的意思更相符。学者们将该字释为"病"的一重要原因是根据古书的习惯，读为"病"与文义最合。其实"邦之忧"在文献中亦常见。如《周礼·春官·大宗伯》："以凶礼哀邦国之忧，以丧礼哀死亡。"

综上，笔者认为 A 字应隶定为"悟"，释为"恓"，不但更接近原简字形，而且与文义更恰。

本句的第二个疑难处是"忞"字。

"忞"，整理者《集韵》同"急"，读"急"，《五音韵集》"疾也"，"忞"为古文。陈伟先生和复旦大学读书会认为"急"即从"及"，不必隶作"忞"。凡国栋先生读为"及"，训为"至"。

---

① 姚小鸥.《孔子诗论》第九简黄鸟句的释文与考释 [J]. 北方论丛 .2022（4）：56–57.

本句的第三个疑难处是"正"字。

"正"字,整理者训为"善",并引《仪礼》郑注为证。① 复旦大学读书会解释为"主宰"。② 陈伟先生认为"正"有官长义,这里指担当诸侯盟主。③ 郝士宏先生认为"正"义当训为"长",这里透露出指庄王想要谋求"诸侯长"的野心。④

今按:"正"字训为"长"有理,兹不赘述。

本句的第四个疑难处是"天"字。

该字字形整理者据字形来定为"天"。⑤ 侯乃峰先生改释作"天"。侯先生指出:"若无辞例的影响,俨然是'天'字。楚简中'天''而'多有混讹,实为常见现象。(从本篇字形来看)二者区别还是较为明显的。可见,若是抄写者想写成'而'字,似乎不应该两个抄本(且两个当非同一抄手所为)都写作近似'天'字形的。"⑥ 李天虹先生 ⑦、高佑仁先生 ⑧ 从之,其他先生仍从整理者释为"天",详见下表。

今按:本篇中相关字形以及楚简常见"天""而"写法见下表。

① 马承源主编.上海博物馆藏战国楚竹书(七)[M].上海:上海古籍出版社,2008:174.

② 复旦大学出土文献与古文字研究中心研究生读书会.《上博七·郑子家丧》校读 [EB/OL].(2008-12-31)[2023-2-1].http://www.gwz.fudan.edu.cn/Web/Show/584.

③ 陈伟.《郑子家丧》通释 [EB/OL].(2009-01-10)[2023-2-1],http://www.bsm.org.cn/show_article.php? id=964#_edn1#_edn1.

④ 郝士宏.读《郑子家丧》小记 [EB/OL].(2009-1-3)[2023-2-1].http://www.gwz.fudan.edu.cn/Web/Show/602.

⑤ 马承源主编.上海博物馆藏战国楚竹书(七)[M].上海:上海古籍出版社,2008:174.

⑥ 侯乃峰.《上博(七)·郑子家丧》"天后(厚)楚邦"小考 [EB/OL].(2009-1-6)[2023-2-1].http://www.gwz.fudan.edu.cn/Web/Show/626.

⑦ 李天虹.《郑子家丧》补释 [EB/OL].(2009-1-12)[2023-2-1].http://www.bsm.org.cn/show_article.php? id=967#_ftnref.

⑧ 高佑仁.《郑子家丧》《竞公疟》诸"病"字的构形考察 [EB/OL].(2010-1-4)[2023-2-1].http://www.bsm.org.cn/show_article.php? id=1200.

《郑子家丧》	甲本简2	乙本简2	乙本简4"天"	甲本简1"而"	甲本简4"而"	甲本简5"而"	乙本第简1"而"	乙本简5"而"
其他楚简常见"天"字	信阳楚简1.09			郭店《老子》(甲)简7			上博二《容成氏》简42	
其他楚简常见"而"字	包山楚简2.13			郭店《老子》甲简7			上博二《从甲》简1	

对比可知"天"和"而"字的区别,主要在于中部撇笔、捺笔的走势,二笔相离向外为"天",相对向内为"而"。笔者认为从书手的书写习惯来看,这个字还是更似"天"字的。学者们释作"而"的原因,的确如侯乃峰先生所言,受到了惯用辞例"而后"的影响。但把"后"读为"厚",句义便顺畅了。侯乃峰先生对此提出了充分的理据:其一,从音韵关系来看,"后"与"厚"二字古音同为侯部匣纽,自可通假。其二,从辞例来看,楚简可见二字通假情况。如上博二《容城氏》第45简"諆乐于酉",即读为"厚乐于酒"。其三,从文义来看,这句话意思是在说上天厚待楚邦,使它成为诸侯之长。既承上句"以邦之病以及于今",又启下句"今郑子家杀其君"。我们如此读法,在句意的理解上,则是以为楚庄王说这句话时,已经是具备了"诸侯正(长)"的地位,掌握了发动战争的主动权,而不当理解为他欲谋取"诸侯正(长)"的地位。不然,他后面所说的为"上帝鬼神"代言的话就成为无稽之谈了。因为楚邦若非"诸侯正(长)",而是庄王此时欲谋取"诸侯正(长)"的地位而尚未得到,那么"上帝鬼神"为何要责怒楚邦呢?[1] 李松儒先生在比较本篇字迹时,指出乙本的抄手习惯上将"而"字的下面两竖笔向内弯曲作"",而甲本抄手的书写习惯是将"而"字下面的两竖笔向外弯曲作"",甲

---

[1] 侯乃峰.《上博(七)·郑子家丧》"天后(厚)楚邦"小考[EB/OL].(2009-1-6)[2023-2-1]. http://www.gwz.fudan.edu.cn/Web/Show/626.

本简 4 中“而”字写作“”，这显然是受到了乙本“而”字写法的影响。乙本因简 4“而”字的缺失造成乙本“而”字仅出现两例，不过，在《平王问郑寿》简 2 中“而”字亦作乙本形状，这证明了将“而”下面的两竖笔向内弯曲的写法是乙本抄手的书写特征。[①] 从写手书写特征来看，此处所讨论的字确实与甲乙本书手常写的“而”字形不同。综上，笔者认为该字释为“天”为宜。

本句的第五个疑难处是断句及句义理解。

诸家对相关内容断句及句义理解多有不同意见，现将主要学者观点整理如表。

学者	断句	释意	重点字说明
陈佩芬[②]	以邦之怲，以急于今，而后楚邦思为诸侯正	以后楚国需考虑对待诸侯亲善	——
凡国栋[③]	以邦之怲，以及于今，而后楚邦思为诸侯正	——	——
李天虹[④]	以邦之愿，以及于今。天后楚邦思为诸侯正	子家杀其君，庄王每日都想告知大夫（以讨之），因为楚邦之“愿”，一直拖延至今。上天厚待楚邦，使它成为诸侯之长	“邦之病”，大概是说楚国有内忧外患。张新俊先生认为这里的“邦之病”，指宣公四年（前 605）楚国发生的内乱，有一定道理。据《左传》，宣公四年到宣公十年，晋、楚争霸处于胶着状态，期间楚国未占到优势；宣公八年，楚又有群舒之叛，这些可能都与所谓“邦之病”有关

① 李松儒 .《郑子家丧》甲乙本字迹研究 [EB/OL].（2007-10-19）[2023-2-1].https://www.sohu.com/a/198811638_713036.

② 马承源主编 . 上海博物馆藏战国楚竹书（七）[M]. 上海：上海古籍出版社，2008：171.

③ 凡国栋先生与整理者断句相同，仅把“急”改读为“及”。见凡国栋：《〈上博七 · 郑子家丧〉校读札记两则》，2008 年 12 月 31 日，http://www.bsm.org.cn/show_article.php? id=9202020 年 3 月 20 日。

④ 李天虹 .《郑子家丧》补释 [EB/OL].（2009-1-12）[2023-2-1].http://www.bsm.org.cn/show_article.php? id=967#_ftnref.

学者	断句	释意	重点字说明
复旦大学读书会①	以邦之病以急。于今而后,楚邦思为诸侯正	从今往后楚国应该做诸侯的主宰	——
侯乃峰②	以邦之恓,以急于今,天厚楚邦,使为诸侯正	上天厚待楚邦,使他成为诸侯之长	——
陈伟	初句读为:"以邦之病以急,于今而后,楚邦思为诸侯正。"③ 后改读为:"以邦之病以及于今而后。楚邦思为诸侯正"④	楚国有难及至于今,处理子家弑君之事因而滞后,楚国担当诸侯盟主	——
宋华强⑤	以邦之病以及于今而后,楚邦思为诸侯正	由于楚国有难,与诸位大夫商讨处理子家弑君之事拖延至今,楚国担当诸侯盟主	——
冯时⑥	以邦之恓已急于今,而后楚邦使为诸侯正	子家弑君之事,已如今日之急迫也。日后楚国要作为诸侯霸主	——

---

① 复旦大学出土文献与古文字研究中心研究生读书会.《上博七·郑子家丧》校读 [EB/OL]. （2008-12-31）[2023-2-1].http://www.gwz.fudan.edu.cn/Web/Show/584.

② 侯乃峰.《上博（七）·郑子家丧》"天后（厚）楚邦"小考 [EB/OL]. （2009-1-6）[2023-2-1]. http://www.gwz.fudan.edu.cn/Web/Show/626.

③ 陈伟.《郑子家丧》初读 [EB/OL].（2008-12-31）[2023-2-1], http://www.bsm.org.cn/show_article.php？id=919.

④ 陈伟.《郑子家丧》通释 [EB/OL].（2009-01-10）[2023-2-1], http://www.bsm.org.cn/show_article.php？id=964#_edn1#_edn1.

⑤ 宋华强.《郑子家丧》"以及于今而后"小议 [EB/OL].（2009-6-9）[2023-2-1].http://www.bsm.org.cn/show_article.php？id=1073#_ftn6.

⑥ 冯时.《郑子家丧》与《铎氏微》[J]. 考古,2012（2）: 76-83.

学者	断句	释意	重点字说明
李咏健①	以邦之变，以及于今，而后楚邦思为诸侯正	谓楚庄王早欲将郑子家弑君之事告知大夫，但因当时楚国发生非常之事，故庄王未有将该事相告，而滞后至今。日后楚国要作为诸侯霸主	"邦之变"从张新俊、李天虹说法
张新俊②	以邦之诇以急 ……	楚庄王在数年前就想把它告诉楚大夫，因为楚国当时正遭受祸乱而形势危急	张新俊先生认为这里的"邦之病"，指宣公四年（前605）楚国发生的内乱
高佑仁③	以邦之病以及于今，天厚楚邦使为诸侯正	——	——
小寺敦④	……于今而后楚邦使为诸侯正	从今往后楚国要做诸侯长	——

今按：结合上述"而"释为"天"的结论，笔者认为此句句读为"以邦之恀以及于今，天厚楚邦使为诸侯正"更佳。不但如侯先生所说，如此释读既与后文庄王为上帝鬼神代言之语相合，又与当时的史实相符。《左传·宣公三年》楚庄王将楚国大军直逼东周都城洛邑，与周天子比权量力，问鼎中原。彼时的楚国国力强盛，庄王更是表现了问鼎中原的霸气和野心。多年过去了，庄王借天命再现"楚邦为诸侯正"的野心。但这时的楚王不仅没有称霸中原，不能贸然宣称自己要为诸侯

① 李咏健.《上博七·郑子家丧》"毋敢排门而出"考 [EB/OL].（2011-4-15）[2023-2-1].http://www.bsm.org.cn/show_article.php？id=1453#_edn9.
② 张新俊.《郑子家丧》"愿"字试解 [EB/OL].（2012-1-2）[2023-2-1].http://www.gwz.fudan.edu.cn/Web/Show/604.
③ 高佑仁.上博楚简庄、灵、平三王研究 [D].台南：成功大学，2011：317-318.
④ 小寺敦.上博楚简《郑子家丧》的史料性格：结合小仓芳彦之学说 [J].出土文献，2011（1）：203-214.

长，只能借助上天授命，鬼神所托。如此，对郑国的讨伐便有了正当的理由与动机。

[3] 牁（将）保丌（其）龏（宠）炎

本句的异议在于对"龏（宠）炎"一词的释读和理解。整理者陈佩芬读为"㤺"，释为"多恶"，句义为"将保持其罪恶的行径"。① 陈伟先生据包山270、272号简"灵光"的"光"字改释此字为"光"，同时指出乙本作"炎"，或楚文字"光"有此写法，或转抄致误。"宠光"一词见于《左传·昭公十二年》记昭子曰："必亡。宴语之不怀，宠光之不宣，令德之不知，同福之不受，将何以在？"程少轩先生从之，并进一步指出《国语·鲁语上》"未可知也。'若血气强固，将寿宠得没，虽寿而没，不为无殃。'既其葬也，焚，烟彻于上。"可与本段对读，所以第一字当释为"宠"。复旦大学读书会将"龏炎"读为"恭严"或"恬淡"。"龏（右上或从'兄'）"，再者"恭"字从"心"，甲乙本"龏"都加上形符"心"所以可以读为"恭"；"炎"的上古音属云母谈部。"严"的上古音属疑母谈部，二者语音关系极近，可以通假；"恭严"可训为"肃敬、端庄、威严"。读书会进而提出辞例证据：形容一个社会地位比较高的人"恭"或"严"在典籍中很常见，而"恭严"连言的例子也是有的，不过时代更晚，如《文子·道德》："何谓礼？曰：为上即恭严，为下即卑敬。"《东观汉记·沛献王辅传》："沛献王辅，性恭严有威"或读为"恬淡"，因"懢铦"字又见马王堆汉墓帛书《老子》乙"铦懢为"，"铦懢"通行本作"恬淡""恬憺"，马王堆汉墓帛书《老子》甲作"铦襄"，郭店《老子》作"鎬繏"。通过以上异文可知，"懢铦"读为"淡"，而"恬""淡"声音又相近。"锬"就有与"铦""恬"相通的例子（参看高享、董治安，齐鲁书社，《古字通假会典》，第248页）。所以"龏炎"可以读为"恬淡"。"恬淡"意为清净、宁静。读书会认为，本句在说楚庄王认为不能让郑子家在弑君之后，甚至死后仍然保持恭严或者清净状态，要让他"死得难看"，才有了以后的种种行动。刘信芳据《说文》对"恭""炎"的解释把"龏（恭）炎"理解为"荣耀性的谥称"，并解释，"原本并非确指，释读

---

① 马承源主编.上海博物馆藏战国楚竹书（七）[M].上海：上海古籍出版社，2008：174.

也不必求之过深，理解为好的名誉就可以了。"①整句话的意思刘先生理解为，"楚庄王的意思是，郑公子家弑君，颠覆天下之礼，人世间已是荒唐如此；倘若再以正面的谥称入于地下，亵渎神灵，上帝鬼神必然震怒。此所以为楚庄王出兵之口实，在神道设教的背景下，楚庄王的理由是很充分的"。

高佑仁先生指出"憷"声符为"龙""卄"，是二声结构的字，古文字"龏"常读作"恭"，"恭"与"卄"音近，因此"龙""卄"相通，故"憷"读为"憷"不可信。该字释作"恭"或"宠"皆有文字构形和通假的证据。对比楚文字常见"炎""光"形，第二字更似"炎"字。故该词释为"恭炎"或"宠炎"。②"憷悢"与"恬淡"置于文例中不适合。陈伟先生将"炎"分为二形，有些问题，高先生认为，"本处的'𤓶''𤓰'字形的'火'旁都没有横笔，换言之虽然楚简'炎''光'确实有相混的情况，但本简二字是能否读'光'，似也不能排除，但恐要更多证据补足。"高先生指出，此"炎"与后文"毋以成名位于上，而灭炎于下"之炎意义相同，当一起考释。详见下文对"灭炎于下"之"炎"的说明。③"恭炎"或读为"恭严"，可倒言为"严恭"，为金文习语。又"炎"本身有盛大、光荣等一类正面意蕴，所以也存在如字读的可能。

侯乃峰先生认为二字直接读为"宠炎"。"宠"训为"尊荣、光耀"，"炎"训为"热"，借指权势，古人"以太阳之炎热喻人之权势，义亦与此相承。"如成语"趋炎附热"，又如《左传·文公七年》："酆舒问于贾季曰：'赵衰、赵盾孰贤？'对曰：'赵衰，冬日之日也；赵盾，夏日之日也。'"元人马祖常撰《石田文集》卷十二《勅赐赠参知政事胡魏公神道碑》有"于富贵宠炎未尝动于意"之语；"宠炎"或作"宠焰（燄）"。宋人陈均撰《九朝编年备要》卷三十："故左右交口称誉，一辞宠焰

---

①　刘信芳.《上博藏六》试解之三 [EB/OL].（2007-8-9）[2023-2-1].http://www.bsm.org.cn/show_article.php？id=694.

②　高佑仁.上博楚简庄、灵、平三王研究 [D].台南：成功大学，2011：317-318.

③　高佑仁.释《郑子家丧》的"灭严"[EB/OL].（2009-1-14）[2023-2-1].http://www.gwz.fudan.edu.cn/web/show/657.

赫然。"①

李松儒先生从字迹角度、书手写字习惯方面分析了甲乙本的"炎"字，仍倾向于将此字释作"光"。"我们这里暂时还不能把这个字归入误字之列，因为在已出土的竹简中，多字同形的例子很多，这与抄手用字习惯有很大关系，'炎'与'光'在字形上也是很相近的，如果说乙本抄写的错误多，误把'光'做'炎'是很有可能的，不过甲本在纠正乙本的基础上还未将此字改正，那么，很有可能这两个抄手（或者其中之一）书写'光'字的习惯就是写作'炎'形，不过我们并没有看到这两个抄手所书写的'炎'和'光'的更多字形，所以我们只能做猜测至此。"② 小寺敦先生读为"恭严"（仅列释文未进一步解释）③，林清源先生亦然。④ 冯时先生读为"恭俭"，未作进一步释义。⑤

今按：二字字形甲本作"龏炎"，隶定作"龏炎"；乙本作"龏炎"，隶定作"龏炎"。

乙本"龏"字形与郭店楚简《老子》乙第5简的"龏"字、第6简的"龏"字形密合，辞例分别为"何谓宠辱""宠为下也"，读为"宠"。

甲本的"龏"字，比乙本多了"廾"旁，古文字中从"龙""廾"的字多读为"恭"，似未见读作"宠"的。包山楚简41简的"恭夫人"之"恭"字，写作"龏"与甲本的"龏"字字形极其相似。因此，正如高佑仁先生所言，这个字读为"宠"

---

① 侯乃峰.上博（七）字词杂记六则 [EB/OL].（2009-1-16）[2023-2-1].http://www.gwz.fudan.edu.cn/Web/Show/665.

② 李松儒.《郑子家丧》甲乙本字迹研究 [EB/OL].（2007-10-19）[2023-2-1].https://www.sohu.com/a/198811638_713036.

③ 小寺敦.上博楚简《郑子家丧》的史料性格：结合小仓芳彦之学说 [J].出土文献,2011（1）：203-214.

④ 林清源.上博七《郑子家丧》通解（未刊稿），转引自苏建洲：《〈郑子家丧〉甲1"就"字释读再议》[EB/OL].（2010-5-1）[2023-2-1].http://www.gwz.fudan.edu.cn/SrcShow.asp? Src_ID=01138.

⑤ 冯时.《郑子家丧》与《铎氏微》[J].考古,2012（2）：76-83.

和"恭"都是有道理的。但是，甲本是依据乙本为底本抄写的[①]，有可能甲本加"廾"是书手的理解或习惯，因此该字据乙本释读或更准确，即释为"宠"。

再来看第二个字"炎"。有学者指出楚文字"光""炎"字形相近易讹混之说，但仔细比较二字的字形，差别还是十分明显的，似不易混用，详见下表。

释字	字形及出处		
光	包山楚简 2·220	王山楚简 2·49	郭店楚简《老子》甲 27
炎	帛书甲本 6·1	包山楚简 2·102	九店楚简 56·35

"光"字甲骨文作""上从"火"下从跪坐人形，到了商周两代的金文阶段开始讹变，如毛公鼎""，边上的两道火苗已拉平近于横线，人也不是跪姿了；到了战国楚文字，下部进一步讹变，已经看不出来是人形了，但是与上部"火"形的区别还是很明显的。"炎"，同文会意，从上下叠加两个"火"字。二字上部所从皆为"火"，我们仅将欲释之字下部与"光""炎"下部部件比较即可。为清晰说明，现将字形与出处列表如下。

出处	甲本字下部	乙本字下部	"光"字下部	"炎"字下部
字形				

如此比较，欲释字下部并没有"光"字下部所从"丫"形的竖笔，非常明显，这个字是从两个"火"的，也就是"炎"字。

---

① 详见李松儒：通过上述的误字、用字不稳定、脱文现象对《郑子家丧》甲、乙本的字迹进行考察（抄写速度的变化虽然不能作为证据，但可以同以上三个方面配合使用），我们推测上博《郑子家丧》甲、乙本的抄写情况是：《郑子家丧》乙本的抄写者根据一个底本抄写完成的。而《郑子家丧》甲本的字迹受乙本的影响较多，应该是在乙本的基础上进行校对后抄写完成的。

值得特别注意的是，高佑仁先生指出，学者们多以包山楚简 272 简之"光"字从二"火"之形，作为楚文字"炎"与"光"相混的例证。此字字形如下表。

出处	原简字形	包山楚简文字编	楚系简帛文字	高佑仁摹写
字形				

细审原简字形，下部模糊不清，似不能排除高佑仁先生的说法。综合包山楚简的同一书手字迹来看（注：根据沈成彦《包山楚简笔迹研究》①从笔法特征、搭配比例特征、字形特征、标点符号特征、整体布局特征、文字写法特征六个方面比对，265—277 简属于同一笔迹类型），"光"字 270 简写作""，276 简写作""""，268 简写作""，277 简写作""，272 简的""字形，很可能是下部所从"火"字"丫"笔与别的笔形黏连造成图版不清或笔形不规范所致。综上，笔者认为欲释之词为"宠炎"，意思应该近似于"宠光"。"宠"，意思是恩宠，宠爱。《易·师》："在师中吉，承天宠也。"孔颖达疏："'承天宠'者，释'在师中吉'之义也。正谓承受天之恩宠，故中吉也。"

"炎"即火光；光芒。班固《答宾戏》："其君天下也，炎之如日。"李善注："《说文》曰：炎，火也。谓光照也。"文献常见"光炎"一词，亦同义复指，《韩诗外传》卷一："日月不高，则所照不远；水火不积，则光炎不博。"《后汉书·任光传》："使骑各持炬火，弥满泽中，光炎烛天地。"

因此"宠炎"就是"宠光"，恩宠光耀、盛大之意，辞例见于传世文献《左传·昭公十二年》记昭子曰："必亡。宴语之不怀，宠光之不宣，令德之不知，同福之不受，将何以在？"又见于迟父钟铭"用邵乃穆，丕显宠光"。

[4]吕（以）叟（没）内（入）堕（地）

本句第二字，甲本、乙本字形不同，甲本写作""隶定作"叟"，乙本写作

---

① 沈成彦.包山楚简笔迹研究 [D].上海：华东师范大学,2013.

"𣥺"隶定作"及"。整理者认为甲乙本都应释作"以及入地",就是死的意思。① 陈伟先生亦认为二字皆释为"及",甲本近似"𣳚"的字是"及"字的异写。"入地",汉人语,尤言下葬。② 复旦大学读书会认为甲乙本字形不同,必有一字讹误,从文义来看应理解为"入葬"一类的行动而不是"死",因此应以"𣳚"(没)为正字,"及"是讹字,③ 李天虹先生从之④。李松儒先生在比较甲乙二本笔迹,谈到该字时说"《郑子家丧》乙本有一些字形上的讹误,但甲本抄手所抄内容基本未出现讹误,并在乙本出现错误的地方均是正确的",亦认为乙本此字为讹字。⑤ 小寺敦先生⑥、林清源先生从之⑦。

今按:上述学者所说有理,"𣳚"(没)为正字,"及"是讹字。"没于地"常见于先秦文献:如《晏子春秋·内篇杂(上)》作"若以大夫之灵,得保首领以没于地"。《左传·襄公十三年》:"若以大夫之灵,获保首领以殁于地,唯是春秋窀穸之事,所以从先君于祢庙者……"《左传》作"殁于地",即人去世之后埋葬于地下。"牆(将)保亓(其)宠炎㠯(以)𣳚(没)内(入)堕(地)"这句话的意思是说郑子家弑君,若以恩宠荣光葬于地下。

[5]憗惻亓(其)君

本句整理者读为"戕折其君"。引《后汉书·卢植传论》:"当植抽白刃严阁

① 马承源主编.上海博物馆藏战国楚竹书(七)[M].上海:上海古籍出版社,2008:174、181.

② 陈伟.《郑子家丧》通释[EB/OL].(2009-01-10)[2023-2-1],http://www.bsm.org.cn/show_article.php?id=964#_edn1#_edn1.

③ 复旦大学出土文献与古文字研究中心研究生读书会.《上博七·郑子家丧》校读[EB/OL].(2008-12-31)[2023-2-1].http://www.gwz.fudan.edu.cn/Web/Show/584.

④ 李天虹.上博七《郑子家丧》补释[J].江汉考古,2009(3):110-113.

⑤ 李松儒.《郑子家丧》甲乙本字迹研究[EB/OL].(2007-10-19)[2023-2-1].https://www.sohu.com/a/198811638_713036.

⑥ 小寺敦.上博楚简《郑子家丧》译注:附史料的性格に关する小考[J].东洋文化研究所纪要,2009:14.

⑦ 林清源.上博七《郑子家丧》通解(未刊稿),转引自苏建洲:《〈郑子家丧〉甲1"就"字释读再议》[EB/OL].(2010-5-1)[2023-2-1].http://www.gwz.fudan.edu.cn/SrcShow.asp?Src_ID=01138.

之下，追帝河津之间，排戈刃，赴戕折，岂先计哉？……"之"戕折"为证，意为戕害、伤害。^①陈伟先生^②、复旦大学读书会将第二字读为"贼"，引《孟子·告子上》："将戕贼杞柳而后以为桮棬也"，赵岐注："戕犹残也。"为证，词的意思是残贼，残杀、毁坏。^③何有祖先生亦持此观点。冯时先生提出异议，认为第一字通"怆"。冯先生如是说：《易·小过》："从或戕之。"马王堆汉墓帛书则作"臧"。《易·丰》："自臧之。"《经典释文》作"中本作戕"，故"戕""臧"互通。《庄子·在宥》："乃使脔卷，怆囊。"《经典释文》："怆。崔本作戕。"故"戕""怆"可通。这些字在古音是双声叠韵字，"怆恻"是双声联绵词，《文选·寡妇赋》："思缠绵以瞀乱兮，心摧伤以怆恻。"因此该词释为"怆恻"，训为悲伤。^④

今按：二字，甲本写作"🔲🔲"，乙本写作"🔲🔲"，写法无异。

从上下文来看，此句是说子家弑其君，冯时先生所释"怆恻"于文义不合。关于此二字的释读以上诸位先生已经表述的十分清晰明白，笔者仅附加一辞例为证。《尚书·盘庚中》："汝共作我畜我，汝有戕则在乃心。"孔传："戕，残也。"杨树达曰："则假为贼。"

[6] 我牺（将）必囟（使）子豪（家）

本句第一字甲乙本字形差异较大，其释读存在诸多意见。

整理者认为甲本此字未释待考，仅描摹原形，据乙本可读为"我"，这句的意思是"我一定要子家考虑到后果"。^⑤陈伟先生释作"屄"读为"夷"，简文中该

---

① 马承源主编.上海博物馆藏战国楚竹书（七）[M].上海：上海古籍出版社，2008：176.

② 陈伟.《郑子家丧》通释 [EB/OL]. (2009-01-10) [2023-2-1], http://www.bsm.org.cn/show_article.php? id=964#_edn1#_edn1.

③ 复旦大学出土文献与古文字研究中心研究生读书会.《上博七·郑子家丧》校读 [EB/OL]. (2008-12-31)[2023-2-1].http://www.gwz.fudan.edu.cn/Web/Show/584.

④ 冯时.《郑子家丧》与《铎氏微》[J]. 考古,2012（2）：76-83.

⑤ 马承源主编.上海博物馆藏战国楚竹书（七）[M].上海：上海古籍出版社，2008：176.

字为郑灵公"子夷"之名。① 其后在《〈郑子家丧〉通释》一文中，陈伟先生将此字改释为"余"，与乙本"我"字相对。② 复旦大学读书会亦认为应释作"余"，但为"余"字讹写，"可与《郭店·太一生水》简 14 的 余 字相对照。之所以抄手会将此字抄成 ，可能是承上一字'君' 的上部而讹，或者把'余'的上半 抄成了 ，抄到一半发现不对，又草率地补上了'余'字下半的五笔"①。小寺敦先生亦以此说为确。④ 李松儒先生指出此字为"我"字，是甲本书手据乙本抄写时字形讹变所致。该字与楚文字"义"字下所从之"我"形 非常相似，所以甲本中的字也应该释为"我"。⑤

今按：该字甲本作" "，乙本作" "。从字形上看，正如李松儒先生所言，与"义"字下所从之"我"形" "非常相似，所不同的是"'我'字上部的'戈'符讹作形，形左边略有残缺，以至于与'戈'符有些差异。并且'我'字下部写得较为竖直，就讹作'示'形了"。⑥ 从字形来看，该字应为"我"字。但学者们将"我"的身份定为郑灵公是一种误解。因为从文义来看，不可能是郑灵公，因彼时灵公已死很久，不可能再将子家怎样。

[7] 毋吕（以）城（成）名立于上而威（灭）炎于下

本句中第一个需重点讨论的字是"而"后的"威"字。该字整理者隶定作"戒"，

① 陈伟.《郑子家丧》初读 [EB/OL].（2008-12-31）[2023-2-1], http：//www.bsm.org.cn/show_article.php？id=919.

② 陈伟.《郑子家丧》通释 [EB/OL].（2009-01-10）[2023-2-1], http：//www.bsm.org.cn/show_article.php？id=964#_edn1#_edn1.

① 复旦大学出土文献与古文字研究中心研究生读书会.《上博七·郑子家丧》校读 [EB/OL].（2008-12-31）[2023-2-1].http：//www.gwz.fudan.edu.cn/Web/Show/584.

④ 小寺敦.上海博楚简《郑子家丧》译注：附史料的性格に关する小考 [J]. 东洋文化研究所纪要, 2009：14.

⑤ 李松儒.《郑子家丧》甲乙本字迹研究 [EB/OL].（2007-10-19）[2023-2-1].https：//www.sohu.com/a/198811638_713036.

⑥ 李松儒.《郑子家丧》甲乙本字迹研究 [EB/OL].（2007-10-19）[2023-2-1].https：//www.sohu.com/a/198811638_713036.

"戎"字待考，句义不明。① 复旦大学读书会认为，似从"亦"，当是"灭"的宾语，待考。② 凡国栋先生比较信阳长台观2号墓2组3号简"灭"字作""、上博五《三德》10、11号简"灭"字作""，亦认为该字为"灭"。③ 宋华强先生从之。④ 冯时先生认为此字从"戈"从"必"，并以"戈"得声，读作"戜"，训作"藏"，此句意指享有随葬的礼制。⑤ 高佑仁先生指出，冯时先生所指随葬的礼制，与文义不符，此处是庄王要向子家进行讨伐，不可能还为子家争取享有随葬的礼制。⑥

今按：本句中"而"后一字字甲本写作""，左部稍残损，乙本残无。从字形来看，的确甚似凡国栋先生指出的"灭"字，且释为"灭"与文义相合。故从凡文，该字迳释为"灭"。

本句中第二个需重点讨论的字是"灭"后的字，为方便叙述，以下以"□"代之。

"□"字整理者疑释作"鼎"，并加问号表示尚有疑问，且认为鼎于下三字属下简句首，句义不明。⑦ 复旦大学读书会认为"□"从"亦"，是灭的宾语，待考。"灭□于下"就是不使子家成礼而葬，正好是简文下一句的内容。⑧ 凡国栋先生认为"□"字其上从西，下从"夊"，当是"复"字，同简"颠覆"之"覆"从"辵"，该字应该是省去了这个偏旁。可读作"覆"。灭覆，即灭亡之义。⑨ 高佑仁先生认为该字

① 马承源主编.上海博物馆藏战国楚竹书（七）[M].上海：上海古籍出版社,2008：176.

② 复旦大学出土文献与古文字研究中心研究生读书会.《上博七·郑子家丧》校读[EB/OL].（2008–12–31）[2023–2–1].http://www.gwz.fudan.edu.cn/Web/Show/584.

③ 凡国栋.《上博七·郑子家丧》校读札记两则[EB/OL].（2008–12–31）[2023–2–1].http://www.bsm.org.cn/show_article.php? id=920.

④ 宋华强：《郑子家丧》"灭光"试解[EB/OL].（2009–6–12）[2023–2–1].http://www.bsm.org.cn/show_article.php? id=1079.

⑤ 冯时.《郑子家丧》与《铎氏微》[J].考古,2012（2）：76–83.

⑥ 高佑仁.上博楚简庄、灵、平三王研究[D].台南：成功大学,2011：317–318.

⑦ 马承源主编.上海博物馆藏战国楚竹书（七）[M].上海：上海古籍出版社,2008：176.

⑧ 复旦大学出土文献与古文字研究中心研究生读书会.《上博七·郑子家丧》校读[EB/OL].（2008–12–31）[2023–2–1].http://www.gwz.fudan.edu.cn/Web/Show/584.

⑨ 凡国栋.《上博七·郑子家丧》校读札记两则[EB/OL].（2008–12–31）[2023–2–1].http://www.bsm.org.cn/show_article.php? id=920.

是"炎"字，其说云："乙本作'炎'，或楚文字'光'有此写法，或转抄致误。但是《郑子家丧》的'𤈦''炎'字形构基本上没不同，陈伟先生分为二形，有些问题。另外，楚简中的'光'字有两种写法，第一种作'𤈦'（包207），上从火下半从人跪跽之形，第二种作'𤈦'（包272），字形已有所讹变，上半仍视成从'火'，而下半则讹作'火'形，使之与从二'火'的'炎'字（𤈦帛甲6.1）产生类化。但是本处的'𤈦''炎'字形的'火'旁都没有横笔，换言之，虽然楚简'炎''光'确实有相混的情况，但本简二字是能否读'光'，似也不能排除，但恐要更多证据补足。"①

甲本简2"懡炎"与该句"灭炎"对语，一正一反，这里"'灭'指绝尽、毁灭之意，正因不愿意让郑子家'懡炎'入葬，因此才要出兵攻打，让他灭绝其'炎'，两个'炎'字在字形、意义上，都必须一起考释"。关于该字的训读，高先生指出了两种意见："如果采读作'严'看法，这里的'炎'可解释成'威严'，让郑庄王死得连最后的威严、尊严都灭绝，若采'光'的释法，'光'也有光彩、光荣的意思，《诗·大雅·韩奕》：'不显其光。'郑玄笺：'光，犹荣也。'即灭绝其光荣，但是就文义而言，'灭严于下'的读法会比较好。"②宋华强先生认为从字形上看，高先生认为甲本简2的字和"□"字是同一个字是可信的；从上下文义来看，高先生认为二字必须一起考释也是可从的，但从字形考虑，甲本简2的字和"□"字"火"上不加横笔，大概就是有意与"炎"有所区别，以免误认。所以甲本简2的字和"□"字都应释为"光"，并举古书中"灭光"之语为证，如《汉书·刘向传》："孝惠时，有雨血、日食于冲、灭光星见之异。"《全上古三代秦汉三国六朝文·全三国文》卷五十三载伏义《与阮嗣宗书》："蹜迹灭光，则无四皓岳立之高。"《晋书·后妃传上》载左贵嫔《元皇后诔》："奄忽崩殂，湮精灭光。"《晋书·天文志中》："赤彗分为昭明，昭明灭光，以为起霸起德之征，所起国兵多变。"宋先生进一步指出"灭光"既是与上文"宠光"相照应，又是借用天象术语来比喻庄王将使

---

① 高佑仁. 上博楚简庄、灵、平三王研究 [D]. 台南：成功大学，2011：317–318.
② 高佑仁. 上博楚简庄、灵、平三王研究 [D]. 台南：成功大学，2011：317–318.

子家不但在世上声名扫地，葬在地下也颜面无存。这种一语双关的语言现象，在《左传》中是常见的。①

今按：笔者认为此字为"炎"，相关字形讨论参见注释。在此补充一点，宋华强先生认为"甲本简2的字和'□'字'火'上不加横笔，大概就是有意与'炎'有所区别，以免误认"，其实不然。楚文字"炎"字或从"炎"之字的"火"上加不加横笔都十分常见。"火"上不加横笔如郭店《老子》丙5号简"䍺"；"火"上加横笔如包山文书81号简"䍺"；还有上不加横下加横的情况，如郭店《语丛四》23号简"䍺"。因此"火"上加不加横笔似不能作为"光"和"炎"字形的区别。

甲本简2的"宠炎"和此处的"灭炎"是相对而言的，上文已论述"炎"即火光、光芒、火焰。此处与"灭"，恰好证明了"炎"字作为火光、火焰的解释。后世多见"炎"借指权势、运势，大概承于此用法。"炎"指人的权势用法如唐柳宗元《宋清传》："吾观今之交乎人者，炎而附，寒而弃，鲜有能类清之为者。"《宋史·李垂传》："焉能趋炎附势，看人眉睫。"《红楼梦》第一○七回："这些趋炎奉势的亲戚朋友……贾宅有事，都远避不来。"鲁迅《华盖集·通讯》："现在常有人骂议员，说他们收贿，无特操，趋炎附势，自私自利"。"炎"训为火光；火焰，见于《书·洛诰》："无若火始燄燄。"唐石经作"炎炎"。《左传·庄公十四年》："人之所忌，其气焰以取之。"阮元校勘记曰："焰，石经初刻作'炎'。《汉书·艺文志》《五行志》引传文并作'炎'。"《后汉书·任光传》："（世祖）使骑各持炬火，弥满泽中，光炎烛天地。"《资治通鉴·晋穆帝永和四年》："四面纵火，烟炎际天。"胡三省注："读作'燄'。"此训可参见"炎炀"。"炎／火"亦指王朝、帝国的运势，如以五行中的火来附会王朝历运的称"火德"《史记·秦始皇本纪》："始皇推终始五德之传，以为周得火德，秦代周，德从所不胜。"张守节正义："秦以周为火德。能灭火者水也，故称从其所不胜于秦。"《文选·袁宏》："火德既微，运

① 宋华强：《郑子家丧》"灭光"试解 [EB/OL].（2009-6-12）[2023-2-1].http://www.bsm.org.cn/show_article.php？id=1079.

缠大过。"李善注:"火德,谓汉也。班固《汉书·高纪赞》曰:'旗帜尚赤,协于火德。'"宋周密《齐东野语·用事切当》:"淳熙中,孝宗及皇太子朝上皇于德寿宫,置酒赋诗为乐,从臣皆和。周益公(必大)诗云:'一丁扶火德,三合巩皇基。'盖高宗生于大观丁亥,孝宗生于建炎丁未,光宗生于 绍兴丁卯故也。"清袁枚《赤壁》诗:"汉家火德终烧贼,池上蛟龙竟得云。"所以,把这个字释为"炎"从文化传统层面来理解,也是没有问题的。

[8] 奠(郑)人命吕(以)子良埶(质)

学者们不同的断句,造成了对本句不同的理解,进而对相关的史实有不同的意见。

学界主要的句读意见有二:其一,句读读为"郑人命以子良为执命",意思是郑人请求让子良充当执事人,代表郑国与楚国协商。整理者[①]、林清源先生[②]从此观点。其二,句读为"郑人命以子良为质","执"读为"质","命"字属下读,与《左传·宣公十二年》"潘尪入盟,子良出质"对读。陈伟先生[③]、杨泽生先生[④]、高佑仁先生[⑤]、李天虹先生[⑥]持此观点。

今按:结合《左传》和上下文来看,此处句读第二种更佳。"执事"一般官位不高,没有必要以"子良"来担任。子良即公子去疾是郑穆公庶子,郑襄公的弟弟,郑灵公被杀时郑人欲立之为君,以非贤亦非长推辞,郑人遂立郑襄公。后为良氏,是七穆成员中第一位执政卿者,史称"七穆元勋"。从其地位来看,应该不会仅仅做一个"执事",且若此处以子良为"执事",则与《左传》的说法有所矛盾。

---

① 马承源主编.上海博物馆藏战国楚竹书(七)[M].上海:上海古籍出版社,2008:176.

② 林清源.《上博(七)郑子家丧》文本问题检讨[J]古文字与古代史(第三辑),2012:329-356.

③ 陈伟.《郑子家丧》通释[EB/OL].(2009-01-10)[2023-2-1],http://www.bsm.org.cn/show_article.php? id=964#_edn1#_edn1.

④ 杨泽生.读《上博六》札记(三则)[EB/OL].(2007-7-24)[2023-2-1].http://www.bsm.org.cn/show_article.php? id=658.

⑤ 高佑仁.上博楚简庄、灵、平三王研究[D].台南:成功大学,2011:317-318.

⑥ 李天虹.上博七《郑子家丧》补释[J].江汉考古,2009(3):110-113.

[9] 命（盟）。思（使）子豪（家）利（椓）木三奮（寸）

本句是学界讨论的重点、难点。

第一字"命"，前文已述，整理者主张属上读，"执命"为一词。陈伟先生认为此字意思是"请求"，与上一"命"字相同，是"郑人向楚人请求另一件事"，但"命思"（"思"用作"使"）连言，还是第一次看到。①李天虹先生依据古书中"命"与"明""盟"有通用之例首次提出"命"应读为"盟"，训为"结盟"与前文"为质"并列。李先生进一步指出，此语意在说郑人请求以子良为质并结盟，薄葬子家，庄王许之，可与《左传·宣公十二年》"郑伯肉袒牵羊以逆"庄王，庄王"退三十里，而许之平。潘尪入盟，子良出质"，其"许之平""入盟""出质"，并可与简文"王许之""盟""为质"对读。②杨泽生先生同意李天虹先生释为"盟"的意见，但是认为此"盟"字不是"结盟"。据史实，楚、郑之间应该没有结盟之事，"盟"的意思应该是订立盟约。杨先生指出5号简薄葬子家的情形应该就是盟约的内容。5号简内容为"奠（郑）人命吕（以）子良为埶（质），命思（使）子豪（家）利木三奮（寸），緤索以共（从糸），毋敢□门而出。□之城基"；而其后文6号简跟着说"王许之"，应该是楚王同意、批准了这个惩罚性的盟约③。高佑仁先生提出反对意见，认为此字仍应读为"命"，理由是，若刻意依据《左传·宣公十二年》"潘尪入盟，子良出质"读作"盟"，则"盟"字单独成句，文句上下不通顺。④

今按：笔者认为此"命"字读为"盟"为胜。杨泽生先生提出"楚、郑之间应该没有结盟之事"似乎不确。《史记·郑世家》记载："六年，子家卒，国人复逐其族，以其弑灵公也。七年，郑与晋盟鄢陵。八年，楚庄王以郑与晋盟，来伐，围郑三月，

① 陈伟.《郑子家丧》通释 [EB/OL].（2009-01-10）[2023-2-1].http://www.bsm.org.cn/show_article.php? id=964#_edn1#_edn1.
② 李天虹.《郑子家丧》补释 [EB/OL].（2009-1-12）[2023-2-1].http://www.bsm.org.cn/show_article.php? id=967#_ftnref.
③ 杨泽生.上博简《郑子家丧》之"利木"试解 [J].中山大学学报（社会科学版），2009（6）：50-53.
④ 高佑仁.上博楚简庄、灵、平三王研究 [D].台南：成功大学，2011：317-318.

郑以城降楚。楚王入自皇门，郑襄公肉袒擎羊以迎，曰：'孤不能事边邑，使君王怀怒以及弊邑，孤之罪也。敢不惟命是听。君王迁之江南，及以赐诸侯，亦惟命是听。若君王不忘厉、宣王，桓、武公，哀不忍绝其社稷，锡不毛之地，使复得改事君王，孤之愿也，然非所敢望也。敢布腹心，惟命是听。'庄王为却三十里而后舍。楚群臣曰：'自郢至此，士大夫亦久劳矣。今得国舍之，何如？'庄王曰：'所为伐，伐不服也。今已服，尚何求乎？'卒去。晋闻楚之伐郑，发兵救郑。其来持两端，故迟，比至河，楚兵已去。晋将率或欲渡，或欲还，卒渡河。庄王闻，还击晋。郑反助楚，大破晋军于河上。十年，晋来伐郑，以其反晋而亲楚也。"吕静先生指出："楚庄王六年开始，到十七年的十二年间，楚国频繁征伐中原郑、陈、宋三国，并通过盟誓，强迫三国服从于楚。"而《左传》也多记楚国与小国"盟而还"。因此据《史记》来看，郑襄公还是与楚庄王结盟了，所以楚庄王才说，"今已服，尚何求乎？"所以笔者认为"命"读为"盟"，训为"结盟"较妥。

"利（栎）木"一词是学界讨论的重点，可依据对其语法结构的理解将学界观点概括为二。

其一，认为"利"是动词，"木"是宾语，此时"利木"为述宾结构；其二，认为"利木"为偏正短语，"利"为某种质地的棺木，修饰"木"字。更清晰地展示诸学者观点，特列表如下。

	学者	观点	证据
"利木"为述宾结构	陈伟①	"利"读为"梨"	《管子·五辅》："是故博带梨，大袂列，文绣染，刻镂削，雕琢采。"尹知章注："梨，割也"

① 陈伟.《郑子家丧》通释[EB/OL].（2009-01-10）[2023-2-1]，http://www.bsm.org.cn/show_article.php? id=964#_edn1#_edn1.

	学者	观点	证据
"利木"为述宾结构	李天虹 ①	"利"读为"梨","梨"为"离"的借字	古书中"利"或从"利"声之字和"离"通假的例子比较常见。《仪礼·士冠礼》:"离肺,实于鼎。"郑玄注:"离,割也。"《韩非子·说林上》:"隰子归,使人伐之,斧离数创,隰子止之。"王先慎集解:"离,割也"
	冯时 ②	"利木"即"斲棺",即杜预理解的"以四年弒君故也。斲薄其棺,不使从卿礼"	《一切经音义》"斲木"注:今之犁也
"利木"为偏正结构	高佑仁 ③	"利"读为"剺"	"梨""离"都是"剺"之借字,《说文》:"剺剥也。划也。" 郭宝钧在《山彪镇与琉璃阁》中指出,第55号墓有被斫削过的墓椁出土。这说明先秦时期匠人确实掌握了以平凿斫削的技艺,此可作为"斲棺"之说的旁证
	复旦大学读书会 ④	"利木三寸"为梨木制的三寸薄棺,是不以礼制葬子家之举,在当时还被看作一种惩罚的措施	与《墨子·节葬》的"桐棺三寸","葛以缄之"如出一辙。 《礼记·檀弓》曰:"夫子制于中都,四寸之棺,五寸之椁"。 《左传·哀公二年》:"桐棺三寸,不设属辟……下卿之罚也"
	葛亮 ⑤	同上	《郑子家丧》的作者把郑人主动"斲子家之棺",改编成了在楚军的逼迫下才这么做。这么一改,就增加了楚王伐郑的正义性

---

① 李天虹.《郑子家丧》补释[EB/OL].(2009-1-12)[2023-2-1].http://www.bsm.org.cn/show_article.php?id=967#_ftnref.

② 冯时.《郑子家丧》与《铎氏微》[J].考古,2012(2):76-83.

③ 高佑仁.上博楚简庄、灵、平三王研究[D].台南:成功大学,2011:317-318.

④ 复旦大学出土文献与古文字研究中心研究生读书会.《上博七·郑子家丧》校读[EB/OL].(2008-12-31)[2023-2-1].http://www.gwz.fudan.edu.cn/Web/Show/584.

⑤ 葛亮.《上博七·郑子家丧》补说[EB/OL].(2009-1-5)[2023-2-1].http://www.gwz.fudan.edu.cn/SrcShow.asp?Src_ID=616.

	学者	观点	证据
"利木"为偏正结构	一虫①	同上	大概杜预的时代还是能见到与《郑子家丧》类似的古书，所以进行了合理注解。随着这类古书的逐渐亡佚，后来学者失去了像《郑子家丧》中这样的异文的对照，才会将《左传》的"斲子家之棺"曲解为见于汉魏古书的意为"剖棺见尸"的"斲棺"。总之，《左传》中的"斲子家之棺"的意思应当是斫薄子家之棺，降低其葬的等级
	杨泽生②	"利木"应读作"厉木"，从古代的葬俗角度提出"厉木"就是古书常见的"恶木"	第一，从读音来看，"利"字古音在来母质部，"厉"在来母月部；二字声母相同，韵母相近，可以相通，如上博简《曹沫之阵》18 号简"缮甲利兵"，"利兵"即"厉兵"。 第二，从文义来看，"厉"有"恶"义。 如《诗·小雅·正月》："今兹之正，胡然厉矣？"毛《传》："厉，恶也。"《诗·大雅·桑柔》："谁生厉阶？至今为梗。"毛《传》："厉，恶。"《诗·大雅·瞻卬》："孔填不宁，降此大厉。"毛《传》："厉，恶也。"《国语·齐语》："设之以国家之患而不疚，退问之其乡，以观其所能而无大厉，升以为上卿之赞。"韦昭注："厉，恶也。" 第三，古书常见的"恶木"。如《诗·国风·七月》："采荼薪樗，食我农夫。"毛《传》："樗，恶木也。"《诗·小雅·鹤鸣》："乐彼之园，爰有树檀，其下维榖。"毛《传》："榖，恶木也。"《庄子·逍遥游》："惠子谓庄子曰：'吾有大树，人谓之樗。其大本臃肿而不中绳墨，其小枝卷曲而不中规矩，立之涂，匠者不顾。'……"成玄英疏："樗，栲漆之类，嗅之甚臭，恶木者也。"《楚辞·七谏》："斩伐橘柚兮，列树苦桃。"王逸注："苦桃，恶木"

① 一虫. 由《郑子家丧》看《左传》的一处注文 [EB/OL]. (2009-1-3) [2023-2-1]. http://www.gwz.fudan.edu.cn/web/show/609.

② 杨泽生. 读《上博六》札记（三则）[EB/OL]. (2007-7-24) [2023-2-1]. http://www.bsm.org.cn/show_article.php? id=658.

学者	观点	证据
林清源①	同意杨泽生先生说	
李咏健②	"利木"应读作"栗木"	"利木三寸"与《墨子》《左传》之"桐棺三寸"对读,但"桐木"并非"恶木","桐棺三寸"的语意重点在于"三寸"而非棺木材质,故此"利木"不一定是"恶木",作为薄葬之制,"利木三寸"的重点也在于"三寸"之制,而非"利木"。所以"利木"可以为一般棺椁用的木材。 语音上说,"栗"与从"利"声的"飔"可通:《说文》"飔,风雨暴疾也。从风利声。读若栗。""栗"与从"利"古音皆来纽质部,音近可通。出土的战国墓外椁盖柏板用材为栗木。古文献记载,栗木常用于丧祭,如周人以栗木为社主。结合《诗经》《左传》的记载,郑人喜于道路两旁种植栗树,更易取材。(要子家就地取材,以栗木制成三寸薄棺,使他不能以卿礼下葬)

（"利木"为偏正结构）

今按:"利木"甲本写作"𣏙𣏙",乙本写作"𣏙𣏙"。上述两种观点的症结在于,对子家是否已死的判断(详见下文论断)。笔者认为,此时子家已死。因此,第一种观点使子家"斲薄其棺",恐有违常理。第二种观点,"利木"为偏正结构,作名词来用是正确的。

至于第二种观点,学者们提出"利木三寸"与《墨子》《左传》之"桐棺三寸"对读,甚确。

《墨子·节葬下》所说"桐棺三寸"的那段话引述如下:"故古圣王制为葬埋之法,曰:棺三寸,足以朽体;衣衾三领,足以覆恶……昔者尧北教乎八狄,道死,

① 林清源.《上博(七)郑子家丧》文本问题检讨 [J] 古文字与古代史(第三辑),2012:329-356.
② 李咏健.《上博七·郑子家丧》"毋敢排门而出"考 [EB/OL].(2011-4-15)[2023-2-1].http://www.bsm.org.cn/show_article.php? id=1453#_edn9.

葬蛮山之阴，衣衾三领，榖木之棺，葛以缄之，既淽而后器，满堁无封。已葬，而牛马乘之。舜西教乎七戎，道死，葬南己之市，衣衾三领，榖木之棺，葛以缄之，已葬，而市人乘之。禹东教乎九夷，道死，葬会稽之山，衣衾三领，桐棺三寸，葛以缄之，绞之不合，通之不堁，土地之深，下毋及泉，上毋通臭。既葬，收余壤其上，垄若参耕之亩，则止矣。"《左传·哀公二年》说："若其有罪，绞缢以戮，桐棺三寸，不设属辟，素车朴马，无入于兆，下卿之罚也。"陆德明《经典释文》对其中的"桐棺三寸"进行了很好的解释："《礼记》云：'夫子制于中都，四寸之棺，五寸之椁，以斯知不欲速朽也。'郑康成注云：'此庶人之制也。'案礼，上大夫棺八寸，属六寸；下大夫棺六寸，属四寸。无三寸棺制也。棺用难朽之木，桐木易坏，不堪为棺，故以为罚。墨子尚俭，有'桐棺三寸'。"

"桐棺三寸"作为降低葬礼的等级有两方面内容。其一，选用容易腐烂的木材，此用材为"桐木"。《礼记·檀弓上》说："天子之棺四重，水兕革棺被之，其厚三寸；杝棺一，梓棺二。"说明彼时棺木的取材与身份等级相关。至于以"桐木"为棺，陆德明《经典释文》说，指出"桐木易坏，不堪为棺"，故以为"恶木"。孔颖达也有类似观点，"《记》有杝棺、梓棺，杝谓椴也，不以桐为棺。"简子言桐棺者，郑玄云："凡棺用能溼之物，梓、椴能溼，故礼法尚之。"桐易腐坏，亦以桐为罚也。其二，减少棺木厚度，致其速朽。孙诒让注释前引《墨子》"棺三寸"所说："《荀子·礼论》篇说刑余罪人之丧'棺厚三寸，衣衾三领'，《吕氏春秋·高义篇》云楚子囊死，'为之桐棺三寸'，是皆示罚之法。"

[10] 毋敄（敢）丁（正）门而出

门前一字的字形漫漶，甲本作"𢆶"，乙本作"𠂇"。整理者隶作"厶"，读为"私"，以《淮南子·泛论训》"私门成党"，为证，认为"私门"即"得以私行请托之权门"或"家门"。[①] 复旦大学读书会比较该字字形与楚文字"丁"，认为"'丁'字都是先写一个折笔，再用墨团填实，或者在转折处直接顿出墨团。甲本

① 马承源主编.上海博物馆藏战国楚竹书（七）[M].上海：上海古籍出版社，2008：177.

的左下角残缺，乙本的折笔比写得其他'丁'字长，但是结构、笔顺都是相同的"。"丁门"是一个动宾结构，读为"当门"。读书会认为这句的意思是，"棺木不许从城门出城，只能埋在内城的城墙底下。"后修改了释读意见，认为"丁"不能读为"当"，只能训作"当"。①刘信芳先生从"丁（当）门"之说，但认为门应指庙门或殡宫门。刘文如是说："门应指庙门或殡宫门。《礼记·曲礼上》：'居丧之礼毁瘠不形，视听不衰，升降不由阼阶，出入不当门隧。'居丧者所以出入不当门隧者，是因为特殊之时，须给鬼神留下通道。则周人出丧当门而出，乃题中之义。简文所云子家之丧'毋（敢）丁（当）门而出'者，《礼记·檀弓上》'及葬，毁宗躐行，出于大门，殷道也。学者行之'，注：'明不复有事于此。周人浴不掘中霤，葬不毁宗躐行。毁宗，毁庙门之西而出，行神之位在庙门之外。'孔疏'庙门之西'云：'庙门西边墙也。'依周礼，子家之丧若是正常丧礼，不毁宗躐行。而楚人施压，不得当门而出，则必毁庙墙。庙墙既毁，有如殷道不复有事于此。可知简文'毋（敢）丁（当）门而出'，盖子家死后不得入宗庙之谓。"②何有祖先生隶作"巳"读作"犯"。"犯门"指违禁强行打开城门，以《左传·襄公二十三年》："乃盟臧氏，曰：'毋或如臧孙纥干国之纪，犯门斩关。'"为证。李松儒先生将甲本、乙本该字与楚简中"丁"字字形比较，认为此字为"丁"，释作"厶""犯""夕"不妥。③冯时先生同意何有祖先生读作"犯"的观点，认为"犯"的意思是"私自逃走"。冯文云：郑国的形势是夹在晋、楚之间，所以在与楚国缔结的条约上有"誓不叛楚"的相关要求。（《左传》文公十七年及宣公十一年皆有记载郑国摇摆在晋、楚之间的事）。《礼记·檀弓下》："犯人之禾。"郑玄注："犯，躐也。"《礼记·坊记》："民犹犯齿"。郑注："犯"犹"僭"也。《礼记·学记》："学不足躐等"，《正义》云："躐，踰

① 复旦大学出土文献与古文字研究中心研究生读书会.《上博七·郑子家丧》校读 [EB/OL].（2008-12-31）[2023-2-1].http://www.gwz.fudan.edu.cn/Web/Show/584.

② 刘信芳.《上博藏六》试解之三 [EB/OL].（2007-8-9）[2023-2-1].http://www.bsm.org.cn/show_article.php? id=694.

③ 何有祖.读《上博六》札记 [EB/OL].（2009-7-9）[2023-2-1].http://www.bsm.org.cn/show_article.php? id=596.

越也。"① 陈伟先生亦认为该字为"丁",但认为"丁门"之义待考。郝士宏先生在《读〈郑子家丧〉小记》一文中指出"丁"应读为"正",丁为端纽耕部,正为照三耕部,二字古音极相近,《诗经》《孔子家语》《左传》等文献记载侧门出葬并非礼之常故,所以简文言葬子家不敢以"正门"而出。② 林清源先生认为该字为"丁",读如"正",因为"棺木进出门户的路线也有详细规范,各门中以正门为最尊重,是迎宾、行礼之处,侧门旁户,则为出入之便门,或供不重要的宾客出入","丁门"很可能是《左传·宣公十二年》所说的"皇门"。高佑仁先生亦释为"丁",读为"正"。③

程燕先生指出,何有祖先生隶定"𢀓"读作"犯"不确,因该字与"犯"所从的"⺈、⺈、⺈"明显不同,所以将此字释作"𢀓"恐不确。认为读书"丁"字的意见亦不妥,因"△"字折笔比"丁"字写得长,还是有区别的。另外,读作"当门"似乎与"棺木不许从城门出城"意思联系不大。程燕先生认为此字是"夕"("夕"字的结构、笔势皆与该字同,只是虚框与填实的不同,古文字中填实与虚框往往无别),读作"藉",训为"踏",简文"毋敢藉门而出"即不敢踏着门出去。④ 李天虹先生认为该字释为"丁","丁"本身有"当"的意思,故不必改读,引《尔雅·释诂》:"丁,当也。"《诗·大雅·云汉》:"宁丁我躬。"毛传:"丁,当也。"为证。⑤ 刘云先生认为该字释为"丁",读为"经",二字古音相近可通假,"毋敢(敢)丁(经)门而出"的意思就是"不要从门中走出",不从门中走出去,那就

① 冯时.《郑子家丧》与《铎氏微》[J]. 考古,2012(2):76-83.
② 陈伟.《郑子家丧》通释 [EB/OL].(2009-01-10)[2023-2-1],http://www.bsm.org.cn/show_article.php? id=964#_edn1#_edn1.
③ 林清源.上博七《郑子家丧》通解(未刊稿),转引自苏建洲《〈郑子家丧〉甲1"就"字释读再议》[EB/OL].(2010-5-1)[2023-2-1].http://www.gwz.fudan.edu.cn/SrcShow.asp? Src_ID=01138.
④ 程燕.上博七读后记 [EB/OL].(2008-12-31)[2023-2-1],http://www.gwz.fudan.edu.cn/Web/Show/586.
⑤ 李天虹.《郑子家丧》补释 [EB/OL].(2009-1-12)[2023-2-1].http://www.bsm.org.cn/show_article.php? id=967#_ftnref.

只能破墙而出了，这样解释正和刘信芳先生对文义的十分恰当的理解相吻合。①
李咏健先生释作"勹"，读为"排"，"勹"（幽部）读为"排"（微部），在声韵上可通，引"《礼记·曲礼下》云：'苞屦、扱衽、厌冠，不入公门。'郑玄注：'苞，或为菲。'是'苞'与'菲'通。'菲'从'非'声，而'苞'从'包'声，'包'从'勹'声。是其证。'排'亦从'非'声，故'勹'读为'排'"为古籍中二字相通的证据，就文义来看，"毋敢勹门而出"即"毋敢排门而出"，意谓"不敢推门而出"，"门"指的是城门。②

今按：从字形来看，"△"字与"丁"字最为相似，故从多数学者，释作"丁"。就周代时期的礼仪制度来看，"丁"字读为"正"为宜，学者们做了很好的解释，此不再赘述。

[11] 君王必进帀（师）以迟（应）之，

关于"迟"字，有诸多观点，现整理如下表。

观点	学者	理据
隶定作"迟"，读为"进"，进军之意	陈佩芬	字形相似
释为"仍"，因，从之意，这里指听从大夫们的建议	陈伟	未详细说明
隶定作"迟"，读为"应"或"膺"，意为"迎击"	复旦大学出土文献与古文字研究中心研究生读书会	文例证据：《战国策·齐策一》："使章子将而应之"。《战国策·燕策二》："夫以苏子之贤，将而应弱燕，燕必破矣"。《诗·鲁颂·閟宫》："戎狄是膺，荆舒是惩"。《孟子·滕文公下》："无父无君，是周公所膺也"。赵岐注："是周公所欲伐击也"

① 刘云. 上博七词义五札 [EB/OL].（2009–3–17）[2023–2–1].http://www.bsm.org.cn/show_article.php? id=1004#_ftn11.
② 李咏健.《上博七·郑子家丧》"毋敢排门而出"考 [EB/OL].（2011–4–15）[2023–2–1].http://www.bsm.org.cn/show_article.php? id=1453#_edn9.

观点	学者	理据
隶定作"迈",读为"应"	单育辰	此字又见上博四《東大王泊旱》简 17:"将为客告。太宰迈而谓之……新蔡甲三·99:"牺马,先之以一璧,迈而解之"。此"迈"字《東大王泊旱》那锢原多释篇"起",《新蔡》那锢或释"乃",看来是释错了。从字义看,读为"应"倒是有可能的
隶定作"迈",读为"应",意思是"应击",与"膺"无关	孟蓬生	古音联系紧密:迈"日钮于"应"影纽关系较近"。"膺"是一般出击,在此处晋军出兵,楚军反击之意不符
释为"迈"训作"往、及"	何有祖	此字见于新蔡等简"迈"字,《集韵》训"往"或"及",即《说文》训"惊声"之"廼"的异文
释为"迈",读为"仍"训为"就",是往就、趋赴的意思	陈伟	《老子》第三十八章:"上礼为之而莫之应,则攘臂而仍之。"吴澄《道德真经注》卷三就解释说:"此专言义。上礼者,在礼之上,义也。攘,却也,犹言捋也。仍,就也。义不足感人,故为之而莫之应。人不来就我,则我将往就人矣。故将却其袂于臂以行而就之也。甚言其劳拙之状。"《老子》第六十九章:"吾不敢为主而为客,不敢进寸而退尺。是谓行无行,攘无臂,执无兵,仍无敌。"《楚辞·远游》:"仍羽人于丹丘兮。"这些文句中的"仍"也训作往就、趋赴,似无不顺适。前揭《诗》孔疏引《尔雅·释诂》训"仍"为"因"。"因"也有这种用法。《国语·郑语》:"公曰:'谢西之九州,何如?'对曰:'其民沓贪而忍,不可因也。'"韦昭注:"因,就也。"简文此处和下文的"仍"字,也应该如此作解,是往就晋师的意思。此字复旦读书会也改释为"迈",疑读为"应"或"膺"
释为"迈",读为"笞","打击"之意	月有晕	史墙盘"广猷楚荆",裴锡圭先生释"猷"作"笞",打击之意。"能""乃"古音相通,古书也有通用的例子,因此释为"迈",读为"笞","打击"之意

观点	学者	理据
释为"迈",读作"迎"	杨泽生	我们认为,复旦学者指出"迈"表示"迎击"一类意思是很正确的,但其所列文献中的"应"和"膺"都是"击"的意思,与简文"迈"还表示"迎"义并不密合。其余各说也同样没有解决"迈"应表示"迎"义的问题。我们怀疑"迈"可以直接读作"迎"。"迈"字古音属日母蒸部,"迎"则属疑母阳部。从声母来说,日、疑二母分别为舌上音和喉音,看起来颇有差别。但在形声字中有日、疑二母的字相谐的情况,如"饶""绕""荛""桡""娆"等属日母宵部,其声旁"尧"属于疑母宵部。而在一些方言中,"日""疑"二母的字更是混而不分。从韵母来说,蒸部字可以和阳部字相通,如《左传·昭公二十五年》"章为五声",《左传·昭公元年》作"征为五声";《礼记·檀弓下》"杜蒉洗而扬觯",郑玄注:"《礼》'扬'作'腾'。"《礼记·乡饮酒义》"盥洗扬觯",郑玄注:"'扬',今《礼》皆作'腾'。"《礼记·射义》"扬觯而语",郑玄注:"今《礼》'扬'皆作'腾'。"《吕氏春秋·举难》"则问乐腾与王孙苟端埶贤",《新序·杂事四》"乐腾"作"乐章"(高亨,1989)。"征""腾"为蒸部字,"章""扬"属阳部字。这是从读音来说的。从简文文义看,后面"与之战于两棠,大败晋师焉"说的才是切实的"打击",而之前的"迈"表示"迎敌"的迎无疑非常合理。《越绝书》卷七:"吴晋争疆,晋人击之,大败吴师。越王闻之,涉江袭吴,去邦七里而军阵。吴王闻之,去晋从越。越王迎之,战于五湖。三战不胜,城门不守,遂围王宫,杀夫差而僇其相。伐吴三年,东乡而霸。"所说"越王迎之,战于五湖"与简文"王安(焉)还军迈之,与之战于两棠"文例正相同

今按:该字甲本写作"",乙本写作""。

从字形来看,从"乃"从"辵",应释为"迈"字,而不是"起"字。下表楚文字

"乃"字形可供对比。

楚文字"乃"	郭店《老子》乙 16 号简	上博《子羔》12 号简	郭店《唐虞之道》9 号简

从上下文来看，"含（今）晋人牺（将）救子豢（家），君王必进帀（师）以乃（仍）之"，最后一个字"之"若代指大夫，则可将"辺"解释为"因，从"之意，指听从大夫们的建议。但此处很明显是众大夫向楚王进谏之语，最后一个字"之"应该代指晋军，所以"辺"为"因，从"的解释不妥。

下文"王安（焉）还军辺之，与之战于两棠，大败晋帀（师）安（焉）"之"辺"字显然与此句之"辺"意思相同，用法相同。联系两个"辺"来看，解释为"应对"，以表达晋军先行出兵，楚王正当反击之意更合文义，也符合简文中楚王竭力营造的自己"正义出兵"的人设。需要特别补充的是，杨泽生先生读作"迎"，虽合理，但综合上博四《柬大王泊旱》17 号简、新蔡甲三·99 中对该字的理解。解释为"应"，更洽。（相关字形、辞例见下表）对于该字的训读理解，参见孟蓬生先生的解释，此不赘述。

出处	辞例	字形
《柬大王泊旱》简 17 号简	"将为客告。"太宰辺而谓之：君皆楚邦之将军，作色而言于廷，王事可	
新蔡甲三·99	牺马，先之以一璧，辺而归之	

附 1：乙本释文

[奠（郑）]子豢（家）凸（芒一亡），郙（边）人逩（逨一来）告。戒（庄）王寡（就）夫＝（大夫）而与（与）之言曰："奠（郑）子豢（家）杀亓（其）君，不敓（谷）日欲吕（以）告夫＝（大夫），【乙1】吕（以）邦之悤（恓）吕（以）急于含（今），天逐（厚）楚邦囟（使）为者（诸）矦（侯）正。□[今]奠（郑）子豢（家）𣏂（杀）亓（其）君，牺（将）保亓（其）㒸（恭）炎，吕（以）及（殁）内

（入）埅（地）。女（如）上帝□□[槐（鬼）]【乙2】[神]㠯（以）为薏（怒），虐（吾）牆（将）可（何）㠯（以）畲（答）? 唯（虽）邦之愿（恤一病），牆（将）必为币（师）。"乃记（起）币（师），回（围）奠（郑）三月。奠（郑）人情（请）亓（其）古（故），王命畲（答）之□[曰："奠（郑）]【乙3】[子]豪（家）遇（颠）退（覆）天下之豊（礼），弗思（畏）槐（鬼）神之不恙（祥），慼（戕）侧（贼）亓（其）君，我牆（将）必凶（思一使）子豪（家）□□□□□□□[毋㠯（以）城（成）名立于上，□□□□[而威（灭）炎于]【乙4】下。"奠（郑）人命㠯（以）子良为蓺（质），命凶（使）子豪（家）利（栎）木三畲（寸），綻（疏）索㠯（以）绖，毋敔（敢）丁（正）门而出，敓（掩）之城【乙5】至（基）。王许之。币（师）未还，晋人涉，牆（将）救奠（郑）。王牆（将）还。夫=（大夫）皆进，曰："君王之记（起）此币（师），㠯（以）子豪（家）之古（故）。含（今）晋[人]【乙6】□□□[牆（将）救]子豪（家），君王必进币（师）㠯（以）迡（应）之!"王女（安）还军迡（应）之，与之战于两樘（棠），大败晋币（师女（安一焉）。【乙7】

附2:《郑子家丧》甲乙本字迹对照表

	没（殁）	悢	丁	我
甲本	（殁）（第2简）	（畏）（第4简）	（第4简）	（第4简）
乙本	（及）（第2简）	（思）（第4简）	（第4简）	（第4简）

	含（今）	后	者	奠
甲本	（第2简）	（遁）（第2简）	（第2简）	（第2简）

続表

	含（今）	后	者	奠
乙本	（第2简）	（逡）（第2简）	（第2简）	（第2简）

	懅/戁	可	會（答）	起
甲本	（懅）（第2简）	（第3简）	（第3简）	（起）（第3简）
乙本	（戁）（第2简）	（第3简）	（第3简）	（起）（第3简）

	起	青（请）	女（安）	基
甲本	（起）（第6简）	（青）（第3简）	（第7简）	（亞）（第6简）
乙本	（起）（第6简）	（情）（第3简）	（第7简）	（亞）（第6简）

	晋	迈		女（安）
甲本	（第6简）	（第7简）	（第7简）	（第7简）
乙本	（第6简）	（第7简）	（第7简）	（第7简）

甲本	天	（第1简）	（第4简）	（第5简）
甲本	囟/思	（第2简）	（第4简）	（第5简）
甲本	亓	（第1简）	（第2简）	（第4简）
乙本	廛	（第2简）	（第3简）	——

二、文本对读汇编

《春秋经》

【宣公四年】

夏六月乙酉，郑公子归生弑其君夷。

【宣公十二年】

楚子围郑。夏六月乙卯，晋荀林父帅师及楚子战于邲，晋师败绩。

《左传》

【宣公十年】

郑子家卒。

【宣公四年】

楚人献鼋于郑灵公。公子宋与子家将见。子公之食指动，以示子家，曰："他日我如此，必尝异味。"及入，宰夫将解鼋，相视而笑。公问之，子家以告，及食大夫鼋，召子公而弗与也。子公怒，染指于鼎，尝之而出。公怒，欲杀子公。子公与子家谋先。子家曰："畜老，犹惮杀之，而况君乎？"反谮子家，子家惧而从之。夏，弑灵公。书曰："郑公子归生弑其君夷。"权不足也。君子曰："仁而不武，无能达也。"

凡弑君，称君，君无道也；称臣，臣之罪也。

【宣公十二年】

十二年春，楚子围郑，旬有七日。郑人卜行成，不吉；卜临于大宫，且巷出车，吉。国人大临，守陴者皆哭。楚子退师。郑人修城。进复围之，三月，克之。入自皇门，至于逵路。

郑伯肉袒牵羊以逆，曰："孤不天，不能事君……敢布腹心，君实图之。"左右曰："不可许也，得国无赦。"王曰："其君能下人，必能信用其民矣，庸可几乎！"退三十里而许之平。

【宣公十二年】

潘尪入盟，子良出质。

【宣公十年】

郑人讨幽公之乱，斲子家之棺，而逐其族。

【宣公十二年】

夏六月，晋师救郑。知庄子曰："此师殆哉。《周易》有之，在《师》䷆之《临》䷒，曰：'师出以律，否臧凶。'执事顺成为臧，逆为否，众散为弱，川壅为泽，有律以如己也，故曰律。否臧，且律竭也。盈而以竭，天且不整，所以凶也。不行谓之《临》，有帅而不从，临孰甚焉！此之谓矣。果遇，必败，彘子尸之。虽免而归，必有大咎。"韩献子谓桓子曰："彘子以偏师陷，子罪大矣。子为元师，师不用命，谁之罪也？失属亡师，为罪已重，不如进也。事之不捷，恶有所分，与其专罪，六人同之，不犹愈乎？"师遂济。……闻晋师既济，王欲还，嬖人伍参欲战。令尹孙叔敖弗欲，……令尹南辕、反旆，伍参言于王曰："晋之从政者新，未能行令。其佐先縠刚愎不仁，未肯用命。其三帅者，专行不获。听而无上，众谁适从？此行也，晋师必败。且君而逃臣，若社稷何？"王病之，告令尹改乘辕而北之，次于管以待之。楚子北师次于郔，沈尹将中军，子重将左，子反将右，将饮马于河而归。闻晋师既济，王欲还，嬖人伍参欲战。令尹孙叔敖弗欲，曰："昔岁入陈，今兹入郑，不无事矣。战而不捷，参之肉其足食乎？"参曰："若事之捷，孙叔为无谋矣。不捷，参之肉将在晋军，可得食乎？"令尹南辕反旆，伍参言于王曰："晋之从政者新，未能行令。其佐先縠刚愎不仁，未肯用命。其三帅者专行不获，听而无上，众谁适从？此行也，晋师必败。且君而逃臣，若社稷何？"王病之，告令尹，改乘辕而北之，次于管以待之。

晋师在敖、鄗之间。郑皇戌使如晋师，曰："郑之从楚，社稷之故也，未有贰心。楚师骤胜而骄，其师老矣，而不设备，子击之，郑师为承，楚师必败。"彘子曰："败楚服郑，于此在矣，必许之。"栾武子曰："楚自克庸以来，其君无日不讨国人而训之于民生之不易，祸至之无日，戒惧之不可以怠。在军，无日不讨军实而申儆之于胜之不可保，纣之百克，而卒无后。训以若敖、蚡冒，筚路蓝缕，以启山林。箴之曰：'民生在勤，勤则不匮。'不可谓骄。先大夫子犯有言曰：'师直为壮，曲为老。'我则不德，而徼怨于楚，我曲楚直，不可谓老。其君之戎，分为二广，广有一卒，卒偏之两。右广初驾，数及日中；左则受之，以至于昏。内官序当其夜，以待不虞，不可谓无备。子良，郑之良也。师叔，楚之崇也。师叔入盟，子良在楚，楚、郑亲矣。来劝我战，我克则来，不克遂往，以我卜也，郑不可从。"赵括、赵同曰："率师以来，唯敌是求。克敌得属，又何矣？必从彘子。"知季曰："原、屏，咎之徒也。"赵庄子曰："栾伯善哉，实其言，必长晋国。"

楚少宰如晋师，曰："寡君少遭闵凶，不能文。闻二先君之出入此行也，将郑是训定，岂敢求罪于晋。二三子无淹久。"随季对曰："昔平王命我先君文侯曰：'与郑夹辅周室，毋废王命。'今郑不率，寡君使群臣问诸郑，岂敢辱候人？敢拜君命之辱。"彘子以为谄，使赵括从而更之，曰："行人失辞。寡君使群臣迁大国之迹于郑，曰：'无辟敌。'群臣无所逃命。"

楚子又使求成于晋，晋人许之，盟有日矣。楚许伯御乐伯，摄叔为右，以致晋师，许伯曰："吾闻致师者，御靡旌摩垒而还。"乐伯曰："吾闻致师者，左射以菆，代御执辔，御下两马，掉鞅而还。"摄叔曰："吾闻致师者，右入垒，折馘，执俘而还。"皆行其所闻而复。晋人逐之，左右角之。乐伯左射马而右射人，角不能进，矢一而已。麇兴于前，射麇丽龟。晋鲍癸当其后，使摄叔奉麇献焉，曰："以岁之非时，献禽之未至，敢膳诸从者。"鲍癸止之，曰："其左善射，其右有辞，君子也。"既免。

晋魏锜求公族未得，而怒，欲败晋师。请致师，弗许。请使，许之。遂往，请战而还。楚潘党逐之，及荥泽，见六麋，射一麋以顾献曰："子有军事，兽人无乃不给于鲜，敢献于从者。"叔党命去之。赵旃求卿未得，且怒于失楚之致师者。请挑战，弗许。请召盟。许之。与魏锜皆命而往。郤献子曰："二憾往矣，弗备必败。"郤子曰："郑人劝战，弗敢从也。楚人求成，弗能好也。师无成命，多备何为。"士季曰："备之善。若二子怒楚，楚人乘我，丧师无日矣。不如备之。楚之无恶，除备而盟，何损于好？若以恶来，有备不败。且虽诸侯相见，军卫不彻，警也。"郤子不可。士季使巩朔、韩穿帅七覆于敖前，故上军不败。赵婴齐使其徒先具舟于河，故败而先济。

潘党既逐魏锜，赵旃夜至于楚军，席于军门之外，使其徒入之。楚子为乘广三十乘，分为左右。右广鸡鸣而驾，日中而说。左则受之，日入而说。许偃御右广，养由基为右。彭名御左广，屈荡为右。乙卯，王乘左广以逐赵旃。赵旃弃车而走林，屈荡搏之，得其甲裳。晋人惧二子之怒楚师也，使轵车逆之。潘党望其尘，使骋而告曰："晋师至矣。"楚人亦惧王之入晋军也，遂出陈。孙叔曰："进之。宁我薄人，无人薄我。《诗》云：'元戎十乘，以先启行。'先人也。《军志》曰：'先人有夺人之心'。薄之也。"遂疾进师，车驰卒奔，乘晋军。桓子不知所为，鼓于军中曰："先济者有赏。"中军、下军争舟，舟中之指可掬也。

晋师右移，上军未动。工尹齐将右拒卒以逐下军。"楚子使唐狡与蔡鸠居告唐惠侯曰："不谷不德而贪，以遇大敌，不谷之罪也。然楚不克，君之羞也，敢藉君灵以济楚师。"使潘党率游阙四十乘，从唐侯以为左拒，以从上军。驹伯曰："待诸乎？"随季曰："楚师方壮，若萃于我，吾师必尽，不如收而去之。分谤生民，不亦可乎？"殿其卒而退，不败。

王见右广，将从之乘。屈荡户之，曰："君以此始，亦必以终。"自是楚之乘广先左。晋人或以广队不能进，楚人惎之脱扃，少进，马还，又惎之拔旆投衡，乃出。顾曰："吾不如大国之数奔也。"

赵旃以其良马二，济其兄与叔父，以他马反，遇敌不能去，弃车而走林。逢大夫与其二子乘，谓其二子无顾。顾曰："赵傻在后。"怒之，使下，指木曰："尸女于是。"授赵旃绥，以免。明日以表尸之，皆重获在木下。

楚熊负羁囚知莘。知庄子以其族反之，厨武子御，下军之士多从之。每射，抽矢，菆，纳诸厨子之房。厨子怒曰："非子之求而蒲之爱，董泽之蒲，可胜既乎？"知季曰："不以人子，吾子其可得乎？吾不可以苟射故也。"射连尹襄老，获之，遂载其尸。射公子榖臣，囚之。以二者还。

及昏，楚师军于邲，晋之余师不能军，宵济，亦终夜有声。

丙辰，楚重至于邲，遂次于衡雍。潘党曰："君盍筑武军，而收晋尸以为京观。臣闻克敌必示子孙，以无忘武功。"楚子曰："非尔所知也。夫文，止戈为武。武王克商。作《颂》曰：'载戢干戈，载櫜弓矢。我求懿德，肆于时夏，允王保之。'又作《武》，其卒章曰'耆定尔功'。其三曰：'铺时绎思，我徂维求定。'其六曰：'绥万邦，屡丰年。'夫武，禁暴、戢兵、保大、定功、安民、和众、丰财者也。故使子孙无忘其章。今我使二国暴骨，暴矣；观兵以威诸侯，兵不戢矣。暴而不戢，安能保大？犹有晋在，焉得定功？所违民欲犹多，民何安焉？无德而强争诸侯，何以和众？利人之几，而安人之乱，以为己荣，何以丰财？武有七德，我无一焉，何以示子孙？其为先君宫，告成事而已。武非吾功也。古者明王伐不敬，取其鲸鲵而封之，以为大戮，于是乎有京观，以惩淫慝。今罪无所，而民皆尽忠以死君命，又可以为京观乎？"祀于河，作先君宫，告成事而还。

是役也，郑石制实入楚师，将以分郑而立公子鱼臣。辛未，郑杀仆叔子服。君子曰："史佚所谓毋怙乱者，谓是类也。《诗》曰：'乱离瘼矣，爰其适归？'归于怙乱者也夫。"

《公羊传》

【宣公四年】

夏六月乙酉，郑公子归生弑其君夷。

【宣公十二年】

楚子围郑。

夏六月乙卯，晋荀林父帅师及楚子战于邲，师败绩。

大夫不敌君，此其称名氏以敌楚子何？不与晋而与楚子为礼也。曷为不与晋而与楚子为礼也？庄王伐郑，胜乎皇门，放乎路衢。郑伯肉袒，左执茅旌，右执鸾刀，以逆庄王曰："寡人无良，边垂之臣，以干天祸，是以使君王沛焉，辱到敝邑。君如矜此丧人，锡之不毛之地，使帅一二耋老而绥焉，请唯君王之命。"庄王曰："君之不令臣交易为言，是以使寡人得见君之玉面，而微至乎此。"庄王亲自手旌，左右抚军退舍七里。将军子重谏曰："南郢之与郑相去数千里，诸大夫死者数人，厮役扈养，死者数百人，今君胜郑而不有，无乃失民臣之力乎？"庄王曰："古者杅不穿、皮不蠹，则不出于四方。是以君子笃于礼而薄于利，要其人而不要其土，告从不赦不详，吾以不详道民，灾及吾身，何日之有？"既则晋师之救郑者至，曰："请战。"庄王许诺。将军子重谏曰："晋，大国也，王师淹病矣，君请勿许也。"庄王曰："弱者吾威之，强者吾辟之，是以使寡人无以立乎天下？"令之还师而逆晋寇。庄王鼓之，晋师大败，晋众之走者，舟中之指可掬矣。庄王曰："嘻！吾两君不相好，百姓何罪？"令之还师而佚晋寇。

《穀梁传》

【宣公四年】

夏，六月，乙酉，郑公子归生弑其君夷。

【宣公十二年】

楚子围郑。

夏，六月，乙卯，晋荀林父帅师及楚子战于邲，晋师败绩。

绩，功也。功，事也。日其事，败也。

《史记·郑世家》

灵公元年春，楚献鼋于灵公。子家、子公将朝灵公，子公之食指动，谓子家曰："佗日指动，必食异物。"及入，见灵公进鼋羹，子公笑曰："果然！"灵公问其笑故，具告灵公。灵公召之，独弗予羹。子公怒，染其指，尝之而出。公怒，欲杀子公。子公与子家谋先。夏，弑灵公……

六年，子家卒，国人复逐其族，以其弑灵公也……

八年，楚庄王以郑与晋盟，来伐，围郑三月，郑以城降楚。楚王入自皇门，郑襄公肉袒擊羊以迎，曰："孤不能事边邑，使君王怀怒以及弊邑，孤之罪也。敢不惟命是听。君王迁之江南，及以赐诸侯，亦惟命是听。若君王不忘厉、宣王，桓、武公，哀不忍绝其社稷，锡不毛之地，使复得改事君王，孤之愿也，然非所敢望也。敢布腹心，惟命是听。"庄王为却三十里而后舍。楚群臣曰："自郢至此，士大夫亦久劳矣。今得国舍之，何如？"庄王曰："所为伐，伐不服也。今已服，尚何求乎？"卒去。晋闻楚之伐郑，发兵救郑。其来持两端，故迟，比至河，楚兵已去。晋将率或欲渡，或欲还，卒渡河。庄王闻，还击晋。郑反助楚，大破晋军于河上。

《说苑·立节》

邲之战，楚大胜晋，归而赏功。

《说苑·复恩》

楚人献黿于郑灵公，公子家见公子宋之食指动，谓公子家曰："我如是必尝异味。"及食大夫黿，召公子宋而不与；公子宋怒，染指于鼎，尝之而出，公怒欲杀之。公子宋与公子家谋先，遂杀灵公。子夏曰："春秋者，记君不君，臣不臣，父不父，子不子者也；此非一日之事也，有渐以至焉。"

《吕氏春秋·仲冬纪·至忠》

荆庄哀王猎于云梦，射随兕，中之。申公子培劫王而夺之。王曰："何其暴而不敬也？"命吏诛之。左右大夫皆进谏曰："子培，贤者也，又为王百倍之臣，此必有故，愿察之也。"不出三月，子培疾而死。荆兴师，战于两棠，大胜晋，归而赏有功者。申公子培之弟进请赏于吏曰："人之有功也于军旅，臣兄之有功也于车下。"王曰："何谓也？"对曰："臣之兄犯暴不敬之名，触死亡之罪于王之侧，其愚心将以忠于君王之身，而持千岁之寿也。臣之兄尝读故记曰：'杀随兕者，不出三月。'是以臣之兄惊惧而争之，故伏其罪而死。"王令人发平府而视之，于故记果有，乃厚赏。申公子培，其忠也可谓穆行矣。穆行之意，人知之不为劝，人不知不为沮，行无高乎此矣。

《新书·先醒》

庄王围宋伐郑，郑伯肉袒牵羊，奉簪而献国。庄王曰："古之伐者，乱则整之，服则舍之，非利之也。"遂弗受。

乃南与晋人战于两棠，大克晋人，会诸侯于汉阳，申天子之辟禁，而诸侯说服。

《新序·杂事》

楚庄王伐郑，克之。郑伯肉袒，左执旄旌，右执鸾刀，以迎庄王。曰："寡人无良边陲之臣，以干天下之祸。是以使君王昧焉，辱到弊邑，君如怜此丧人，锡之不毛之地，唯君王之命。"庄王曰："君之不令臣交易为言，是以使寡人得见君王之玉面也，而微至乎此！"庄王亲自手旌，左右麾军，还舍七里。将军子重进谏曰："夫南郢之与郑相去数千里，诸大夫死者数人，斯役死者数百人，今克而不有，无乃失民力乎？"庄王曰："吾闻之，古者盂不穿，皮不蠹，不出四方，以是君子重礼而贱利也，要其人不要其土，人告从而不赦，不祥也，吾以不祥立乎天下，菑之及吾身，何日之有矣。"

既而晋人之救郑者至，请战，庄王许之，将军子重进谏曰："晋，强国也，道近力新，楚师疲势，君请勿许。"庄王曰："不可。强者我避之，弱者我威之，是寡人无以立乎天下也。"遂还师以逐晋寇，庄王援枹而鼓之，晋师大败，晋人来渡河而南，及败，奔走欲渡而北，卒争舟，而以刃击引，舟中之指可掬也，庄王曰："嘻，吾两君之不能相也，百姓何罪。"乃退师，以轶晋寇。《诗》曰："柔亦不茹，刚亦不吐。不侮鳏寡，不畏强御。"庄王之谓也。

晋人伐楚，三舍不止。大夫曰："请击之。"庄王曰："先君之时，晋不伐楚，及孤之身，而晋伐楚，是寡人之过也。如何其辱诸大夫也？"大夫曰："先君之时，晋不伐楚，及臣之身，而晋伐楚，是臣之罪也。请击之。"庄王俛泣而起，拜诸大夫。晋人闻之曰："君臣争以过为在己，且君下其臣犹如此，所谓上下一心，三军同力，未可攻也。"乃夜还师。孔子闻之曰："楚庄王霸其有方矣。下士以一言而敌还，以安社稷，其霸不亦宜乎？"《诗》曰："柔远能迩，以定我王。"此之谓也。

上博七《郑子家丧》篇记载了郑大夫子家死后，楚庄王因其弑郑灵公而出兵伐郑，庄王欲降低子家葬礼的等级，不使从卿礼葬之，晋人此时发兵救郑，与楚军战于两棠，晋军大败之事。简文所记史实，散见于《左传》宣公四年、十年、十二年和《史记·郑世家》《说苑·复恩》《吕氏春秋·仲冬纪·至忠》《新书·先醒》《新序·杂事》等文献。上博九《陈公治兵》亦对"两棠之战"有所记载，如第4简"战于漳之澨（汼），帀不（绝）；或（又）与晋人战于两棠，帀不绝。"

《郑子家丧》所记可与传世文献对读，能够反证古书。如"使子家栎木三寸"之语可与《左传·宣公十年》郑人"斲子家之棺"对读，可证杜注、孔疏对于郑人"斲子家之棺"的目的是"不使从卿礼"的分析是正确的，而杨伯峻《春秋左传注》、沈钦韩《春秋左传补注》、刘文淇《春秋左氏传旧注疏证》等以斲棺为"剖棺见尸"的理解是错误的（详见字词注释）。又如简文记有晋楚两棠之战，可与《左传》"邲之战"对应，简文为考察"两棠"与"邲"的关系提供了重要的史料。

但是值得注意的是，简文虽有传世文献为比较，但却有诸多不同之处，因此有学者对简文的史料品性提出质疑。下文将以简文与《左传》的异同为重点，展开讨论。按照故事主线，将全文分割为五部分进行对比、讨论。

第一部分，关于郑子家去世的记载，见于《左传·宣公十年》和《史记》，边人向庄王通报消息是简文独有的记录。

此处需要说明的是，春秋中期的郑国，因其高度战略意义的地理位置，常成为晋楚争霸的牺牲品，在夹缝中求生。据《左传》，楚庄王在位二十三年共发动了二十四次战役，其中伐郑的战争有十二次，足见郑国对于庄王称霸的特殊意义。自子家弑灵公（前605）至子家去世（前599）的这几年间，楚国对郑国频繁发动战事。

公元前605年，鲁宣公四年，夏子家弑灵公，同年冬，楚伐郑，郑未服也。

公元前604年，鲁宣公五年，庄王出兵讨伐郑、陈，陈国和楚国媾和，晋国的荀林父救援郑国，攻打陈国。

公元前603年，鲁宣公六年，楚军攻打郑国，取成而还。

公元前600年，鲁宣公九年，楚庄王为了厉地战役的缘故，进攻郑国。晋国的郄缺率兵去救援郑国，郑襄公在柳棼打败了楚军。

公元前 599 年，鲁宣公十年，郑国和楚国讲和，诸侯的军队进攻郑国，讲和以后回国。楚庄王再次进攻郑国。晋国的士会去救郑国，在颍水北面赶走了楚军。诸侯的军队在郑国留守。

"子家弑灵公"事件发生后的数年间，庄王屡次伐郑，但没有以臣弑君为理由。非但如此，在子家去世（前 599）至简文记载的楚王侵郑，晋楚两棠之战（前597）期间，楚王亦对郑有军事行动：鲁宣公十一年（前 598）春，楚庄王发兵进攻郑国，到达栎地，郑从楚，与楚讲和。为何庄王非但没有在子家弑君之后当即发难（虽屡次发动侵郑战争，但均未以此为由），甚至都没有将此事告诉大夫，为何在"子家弑灵公"后八年，"子家卒"后两年，才出兵讨伐弑君之臣呢？最为合理的解释，想必就是《郑子家丧》的作者对以上楚侵郑的史实刻意忽略，为的是给简文中庄王伐郑寻找正义和正当的理由，站在庄王的角度美化战争。《郑子家丧》的作者对史料取舍的目的，大概是弘扬庄王之霸业，并宣传楚王依礼法治国安邦之道。

第二部分，楚庄王与大夫说明讨伐郑国的理由。楚王对大夫解说道，因为楚邦忧患已久未能及时告知大夫郑子家弑君之事，我（楚王）如今要遵循上天的旨意，以诸侯长身份伸张正义，出兵伐郑。

我们先来看第一个层次"郑子家弑其君"。《左传》《史记》详细记载了子家杀灵公之事，详见前文对读《左传·宣公四年》《史记·郑世家》。可知灵公被杀的导火索是楚人献鼋、公子宋染指鼋羹；杀君事件的主谋是公子宋，公子宋先发制人，逼迫子家杀灵公；子家劝说公子宋无果又被其威逼，无奈之下弑灵公。所以《春秋经》曰："郑公子归生弑其君夷。"《左传》评论道："权不足也。君子曰：'仁而不武，无能达也。'凡弑君，称君，君无道也；称臣，臣之罪也。"但在简文中丝毫没有提到公子宋，原因或有二。其一，当时"子家弑灵公"已成为各诸侯国的共识。其二，简文作者欲烘托庄王伐郑战争的正义性，需把子家塑造成罪徒，自然需要刻意忽略对子家有利的史料。

还需要特别注意的是，据传世文献记载，楚王以他国臣子弑君为由发动的战争仅有因"夏徵舒弑君"伐陈那一次，并未见简文所记的这次伐郑的战争。庄王伐陈那次战役在前598年，即宣公十一年，仅比此次讨伐子家之战早一年，且发生在子家死后，不得不令人怀疑《郑子家丧》的作者用了"移花接木"之术，将伐陈之战的起因、性质链接到了本次伐郑战争之上。《左传·宣公十一年》关于伐陈战争的相关记载如下："冬，楚子为陈夏氏乱故，伐陈。谓陈人无动，将讨于少西氏。遂入陈，杀夏徵舒，辕诸栗门，因县陈。陈侯在晋。申叔时使于齐，反，复命而退。王使让之曰：'夏徵舒为不道，弑其君，寡人以诸侯讨而戮之，诸侯、县公皆庆寡人，女独不庆寡人，何故？'对曰：'犹可辞乎？'王曰：'可哉。'曰：'夏徵舒弑其君，其罪大矣，讨而戮之，君之义也。'抑人亦有言曰：'牵牛以蹊人之田，而夺之牛。'牵牛以蹊者，信有罪矣；而夺之牛，罚已重矣。诸侯之从也，曰讨有罪也。今县陈，贪其富也。以讨召诸侯，而以贪归之，无乃不可乎？'王曰：'善哉！吾未之闻也。反之，可乎？'对曰：'可哉！吾侪小人所谓取诸其怀而与之也。'乃复封陈，乡取一人焉以归，谓之夏州。故书曰：'楚子入陈，纳公孙宁、仪行父于陈。'书有礼也。"

如果笔者上述推理正确，那简文作者为何要将讨伐夏徵舒的战争嫁接到讨伐子家的战争之上呢？简文作者为何不直接选择讨伐夏徵舒的伐陈之战来表达楚王的威猛、正义呢？大概最主要的原因是，伐陈之战的结果是庄王把陈国设置为县，这就是显示出庄王的贪婪。用正义之战号召诸侯，结果却以贪婪来谋取私利，庄王的光辉形象大打折扣，若以此史料写文，则势必有辱庄王形象。于是简文作者选取了同样弑君的郑子家，并巧用移花接木之术，为侵郑之战中之以侵陈之战同样的正当理由。特别是简文后文写到，庄王处了子家就要班师回朝，在臣子的劝说下才与晋国交战，更凸显了庄王的伟大形象。不得不说简文作者选材十分巧妙，伐陈与伐郑战争相继爆发，时间非常接近，且两次战争都以楚王胜利告终，如此则使简文更有可信度，既合情又合理，并再次印证了"天厚楚邦思为诸侯正"之语。

再来看第二个层次，简文"郑子家亡"边人来告"庄王言于大夫"没有特别的时间说明，看似是相继发生、间隔时间不长的几个事件，但据《左传》来看，此一连串的事件间隔了八年。因此，此次伐郑距离"郑子家弑其君"和"郑子家卒"时间太久，若直接以之为理由，必不能说服众人。于是楚王"以邦之恓（病）以及于今"的理由搪塞，并附加"天厚楚邦思为诸侯正"，以天命作保。联系相关史实，便知此为楚王的强行狡辩。上述楚王讨伐夏徵舒的伐陈之战，发生在简文所记战争的前一年，也就是在楚王所说的"邦之恓（病）"的时期，前 599 年夏徵舒弑陈灵公，第二年庄王即联合诸侯伐陈。同样是"邦之恓（病）"的时期，同样是讨伐弑君之徒，为何伐陈国，楚国反应如此迅速，而伐郑国要在"子家弑其君"之后八年呢？甚至这八年楚王都未将此事告知与大夫亲信，实在令人费解。况且楚王在"邦之恓（病）"的时期，屡屡对外发动争霸战争，如上文所述这八年间楚王单是讨伐郑国的战争就多达六次。因此"邦之恓（病）"的理由实在难以自圆其说。再者，郑灵公即位不满一年即被子家所杀，如此重大的国际新闻，不能没有任何风声，大夫们这期间更不可能一点不知其事。这些说辞，不过是楚王的政治辞令罢了。

最后来看第三个层次"要遵循上天的旨意作为诸侯长来伸张正义出兵伐郑"。本部分内容记载了楚庄王对于战争理由的议论，为竹书独有，未见于其他传世文献。关于此次伐郑之理由，简文明确是因子家弑其君，与《左传》《史记》记载不同。《史记·郑世家》有明确的记载："八年，楚庄王以郑与晋盟，来伐，围郑三月，郑以城降楚。"《左传》在战争前一年即宣公十一年记载："郑既受（楚）盟于辰陵，又徼事于晋"；宣公十二年记楚子围郑，可以推知《左传》认为此次楚侵郑的目的亦是因为郑先前背楚亲晋，晋国士会之言证实了这一点："楚军讨郑，怒其贰而哀其卑，叛而伐之，服而舍之，德刑成矣。伐叛，刑也；柔服，德也。二者立矣。"可知，关于楚伐郑的目的，《左传》与《史记》理解相同。可知简文作者在楚邦楚王之立场立言、立论，阐述楚王用兵的正义性。

第三部分，伐郑战争的记载。关于伐郑战争情况简文记曰"乃起师，围郑三月"与《左传·宣公十二年》所记"十二年春，楚子围郑，……三月，克之"密合，亦与《史记·郑世家》"八年，楚庄王以郑与晋盟，来伐，围郑三月，郑以城降楚"

之"围郑三月"密合。李天虹先生 ① 指出:"杜预注:'楚子退师。郑人修城。进复围之。三月,克之'云:'哀其穷哭,故为退师,而犹不服,故复围之九十日。'孔疏:'知非季春克之者,下云六月晋师救郑,及河,闻郑既及楚平,桓子欲还,是将欲至河,郑犹未败,至河闻败,犹欲还师。在国闻败,师必不发。若是季春克之,不应比至六月而晋人不闻,以此知三月非季春也。'在竹书,'三月'明显应和'围郑'连读,可证《左传》注疏说是。"再者,《左传·宣公十二年》记载了夏六月,晋军欲救郑,到达黄河,听到郑国已经和楚国讲和时,荀林父和随武子的对话,随武子说:"善。会闻用师,观衅而动。德刑政事典礼不易,不可敌也,不为是征。楚军讨郑,怒其贰而哀其卑,叛而伐之,服而舍之,德刑成矣。伐叛,刑也;柔服,德也。二者立矣。昔岁入陈,今兹入郑,民不罢劳,君无怨讟,政有经矣。荆尸而举,商农工贾不败其业,而卒乘辑睦,事不奸矣。……"值得特别注意的是,对话中提到的"荆尸"一词,一说"荆尸"为"楚月名"。1975年末在湖北云梦睡虎地秦墓发现的竹简《日书》甲种有秦楚月名的对照表,秦历正月楚月写为"刑尸"即《左传》中的"荆尸",凡两见。除上述"荆尸而举"外,亦见庄公四年楚武王于周正三月伐随一事:"春,王三月,楚武王荆尸授师孑焉,以伐随。"曾宪通对《左传》两处的"荆尸"做了很好的研究:"旧注以为《左传·宣公十二年》'三月'非季春,乃九十日也。下文随武子称此次行动为'事时',理由是'荆尸而举,商农工贾,不败其业。'按上二事均指楚师出征之时间而言,庄公四年言'春三月',宣公十二年仅言'春',不知始于何月。"刘文淇《春秋左氏传旧注疏证》云:"'经传皆言春围郑(经:十有二年春,楚子围郑。传同)不知围以何月始。围经旬有七日,为之退师,闻其修城,进围三月,方克之,则初至于克,凡经一百二十许日,盖以三月始围,六月乃克也。此疏证旧注围九十日之义'。据此,则宣公十二年'荆尸而举'乃指'三月始围',与庄公四年'荆尸授师'一样,其时皆在周历三月。疑《左传》之'刑尸',与楚简之'刑尸',秦简之'刑夷'乃音近相通,都是指代楚历

① 李天虹.上博七《郑子家丧》补释[J].江汉考古,2009(3):110–113.

正月的代月名。周历建子，比夏历早两个月，'王三月'正是夏历正月，与'秦楚月名对照表'所示历数相合。杜预《春秋左氏传集解》释'荆尸'为'荆，楚也，尸，陈也，楚武王始更为此法，遂以为名。'此或即'荆尸'为楚历正月代月名之由来。此说如不误，则'荆尸'之名可上溯至楚武王五十一年（前689），而楚代月名的历史亦可追溯至春秋前期了。"[①]"荆尸"月份的对应关系亦说明简文"围郑三月"应"围九十日"之义。此为出土文献证古人对古书之正确理解的一个例证。

第四部分，楚、郑两国交涉。简文所记与《左传》颇有相似的事件和细节：首先，二书都记载了楚国与郑国的交涉；其次，都记叙了楚郑讲和的结果（《郑子家丧》："王许之。"《左传》："……退三十里而许之平"）；再次，都有郑国入盟出质的记载（《郑子家丧》："郑人命以子良为质，盟。"《左传》："潘尪入盟，子良出质。"）；最后，对子家有相似的处理。[《郑子家丧》："思（使）子豪（家）利（栋）木三奢（寸），絚（疏）索吕（以）绖，毋敢（敢）丁（正）门而出。敌（掩）之城埜（基）"《左传》："郑人讨幽公之乱，斲子家之棺，而逐其族。……（楚军）入自皇门，至于逵路。"]二书对相关史实的记载非常相似，这说明二书应有共同的史料来源，且故事主体框架在上博简时代已经基本定型。简文与《左传》之记载最大的不同是相同事件却所属的不同人物。如二书虽都记录了楚、郑交涉对话之事，但人物却大相径庭。简文中对话的主人公是"楚庄王"与"郑人"，而《左传》中对话的主人公是"楚庄王"与"郑襄公"，更有"郑伯肉袒牵羊以逆"的细节描写。又如"郑国入盟出质"的记载，简文仅记"子良"一人，而《左传》记云："潘尪入盟，子良出质。"其次，简文与《左传》在相同的故事框架下细节有所差异。如对子家斲其棺，不使从卿礼的记载，依简文是郑国人提出的建议，楚庄王同意了，楚郑取平，且时间应该在楚伐郑之后，晋救郑两棠之战之前。《左传》则记在子家死后，郑人遂即斲子家之棺，逐其族，比简文所记早了二年。李天虹先生[②]、

---

① 刘文淇撰. 春秋左氏传旧注疏证 [M]. 北京：科学出版社，1959.
② 李天虹. 竹书《郑子家丧》所涉历史事件综析 [J]. 出土文献，2010（1）：185–193.

林清源先生 [①]、高佑仁先生 [②]、西山尚志先生 [③] 皆指出简文此处的时间叙述与古籍记载不合。

第五部分，晋楚两棠大战。首先需要说明的是，简文与《左传》都有相同的细节即"楚王还军以应之"，《公羊传》"（王）令之还师，而逆晋寇"，亦然。简文中记录了庄王本欲还师，在大夫劝说之下方才迎战；《左传》亦有大夫劝战之语。简文与《左传》亦有诸多不同：首先简文楚大夫对楚庄王的劝谏是竹书独有的；其次《左传》详细描写了战争的情况和晋军将领的战争态度，而简文只是简单记录了战争结果，无涉其他；再次，战争发生地的名字不同，简文记为"两棠"而《左传》记为"邲"。以下将重点讨论"两棠"与"邲"的关系。文献中"两棠"与"邲"的记载如下表。

两棠		邲	
《郑子家丧》	与之戵（战）于两棠，大败晋帀（师）女（安—焉）	《春秋》	夏六月乙卯，晋荀林父帅师及楚子战于邲，晋师败绩
《吕氏春秋·至忠》	荆兴师，战于两棠，大胜晋，归而赏有功者	《左传》	及昏，楚师军于邲……丙辰，楚重至于邲，遂次于衡雍
《新书·先醒》	乃南与晋人战于两棠，大克晋人	《公羊传》	夏六月乙卯，晋荀林父帅师及楚子战于邲，师败绩
《说苑·尊贤》	又有士曰上解于，王将杀之，出亡走晋；晋人用之，是为两堂之战	《穀梁传》	夏，六月，乙卯，晋荀林父帅师及楚子战于邲，晋师败绩
《盐铁论·险固》	楚有汝渊、满棠之固而灭于秦	《说苑·立节》	邲之战，楚大胜晋，归而赏功
上博九《陈公性治兵》	又与晋人战于两棠，师不继		

---

① 林清源.《上博（七）郑子家丧》文本问题检讨 [J] 古文字与古代史（第三辑），2012：329–356.

② 高佑仁.上博楚简庄、灵、平三王研究 [D]. 台南：成功大学，2011：317–318.

③ 西山尚志.上博楚简《郑子家丧》中的墨家思想 [J]. 齐鲁文化研究，2010：244–249.

关于此二地名的关系，历代学者做了诸多研究。《吕氏春秋·至忠》及《新书·先醒》皆将晋楚交战之地记作"两棠"。刘知几提出质疑。《史通·外篇》云："且当秦、汉之世，《左氏》未行，遂使《五经》、杂史、百家诸子，其言河汉，无所遵凭。……楚、晋相遇，唯在邲役，而云二国交战，置师于两棠。"

孙人和在《左宧漫录·两棠考》指出："两棠即邲也。按《水经·济水》注：'济水于荥阳，又兼邲目。《春秋·宣公十三年》晋楚之战，楚军于邲，即是水，音卞。（《公羊》何注亦云'邲水'。）京相璠曰：'在敖北。'是荥阳境内，济水所经，小水及支流皆得邲名。《汉书·地理志》：'河南郡荥阳卞水冯池皆在西南有狼汤渠'（《水经·河水》及《济水》注并作'蒗荡渠'，《说文》作'浪汤渠'，同。）……（古冯池）东北流，历敖山南。春秋晋楚之战，设伏于敖前，谓是也。冯与卞邲声亦相近。因以邲目境内济水之水流。故狼汤渠亦有邲名。……两棠即狼汤，文异音同。楚败晋师，即在此处……总言之，则曰战于邲，军于邲。析言之，则曰战于两棠。两棠即狼汤，可无疑矣。"① 孙文的结论是"两棠"即"狼汤"，"邲"与"两棠"是总言与析言的关系。杨伯峻先生云："邲本为水名，即汴河，汴河亦曰汴渠。其上游为荥渎，又曰南济，首受黄河，在荥阳曰蒗荡渠。两棠即蒗荡，文异音同。"李零先生指出："泌水为汴水，入荥阳曰'蒗荡渠'，即简文作'两棠'，《吕氏春秋·至忠》、贾谊《新书·先醒》提及此役，皆曰战于'两棠'。"葛亮先生详细对比了《郑子家丧》两棠之役的记录与《左传》等书对邲之役的记载，得出"《郑子家丧》的问世为两棠之役即邲之役提供了直接的证据"的结论。吴良宝先生认为"两棠（堂）"即"狼汤渠"但"两棠"与"邲"是析言与总言关系的意见不可信，实则两棠为总言，邲为析言。吴文云："狼汤渠分河的地方是和济水在一起"，"狼汤（两棠）是有着多条支流的较大的水道名，而邲水则是狼汤渠分自河水至于荥阳附近的河段，所以两棠、邲之间是总言和析言的关系。"②

"两"上古音在来母阳部，"狼"上古音亦在来母阳部，二字自可通假无疑。

① 新建设编辑部．文史（第二辑）[M]．北京：中华书局，1964：43．
② 吴良宝．战国楚简"河潍"、"两棠"新考 [J]．文史，2017（1）：283–287．

"棠"在定母阳部,"汤"在透母阳部,透母定母为舌头音,故"棠""汤"二字亦可通。因此"两棠"与"狼汤"同音,为一地的观点是十分正确的。欲厘清"两棠(狼汤)"与"郔"之间的关系,还需研究"河雍(河滩)"一地。上博简《平王与王子木》、清华简《系年》中还有一个地名"河滩",有学者指出此即郔地,先略作讨论如下。相关文献列表如下。

出土文献	《平王与王子木》 (第2、3简)	吾先君庄王跖河滩之行
	《系年》 (第76简)	王内陈,杀征舒,取其室以予申公。连尹襄老与之争,兑之少孔。连尹捷于河滩
传世文献	《韩非子·喻老》	楚庄王既胜狩于河雍,归而赏孙叔敖,孙叔敖请汉间之地,沙……而邦大治。举兵诛齐,败之徐州,胜晋于河雍,合诸侯于宋,遂霸天下
	《淮南子》卷十八 《人间训》	昔者,楚庄王既胜晋于河、雍之间,归而封孙叔敖,辞而不受
	《史记·滑稽列传》	庄王既胜晋于河雍,归而封孙叔敖,而辞不受病疽将死
传世文献	《水经注·济水》引《竹书纪年》	《竹书纪年》曰:郑侯使韩辰归晋阳及向。二月,城阳、向,更名阳为河雍,向为高平
	《吕氏春秋·不苟》	缪公能令人臣时立其正义,故雪殽之耻而西至河雍也
	《左传·宣公十二年》	丙辰,楚重至于郔,遂次于衡雍
	《史记·楚世家》	夏六月,晋救郑,与楚战。大败晋师河上,遂至衡雍而归

陈伟先生认为上博简《平王与王子木》所记庄王河滩之行,即是《左传·宣公十二年》所载"郔之战"。《系年》篇的整理者认为,《系年》所载"河滩"一地,《左传》宣公十二年称"衡雍",《韩非子·喻老》作"河雍",在今河南原阳西,与"郔"同地。《国语·晋语七》:"获楚公子谷臣与连尹襄老。"说襄老被获,与简文

同。① 子居先生发文支持"河雍即衡雍"一说②，吴良宝先生提出反对意见，他认为，衡雍是具体的城邑名；"河滩"是一个范围稍大的地名，二者不能等同，楚、晋交战的"河滩"就是《左传》中的"邲"，指的是狼汤渠与济水分流之前的区域，不必为具体的某个地点，邲也不是城邑名。③ 笔者认为吴良宝先生的考证颇为可信，如此，则三地的关系为：《左传》中的"邲"即上博简《平王与王子木》、清华简《系年》《韩非子·喻老》等书所载之"河滩"，指的是狼汤渠与济水分流之前的区域。而"两棠（狼汤）"与"邲"或"河滩"是总言与析言的关系。（"河滩""邲"与"两棠"的关系，详见《平王与王子木》篇的讨论）

三、关于《郑子家丧》的讨论

本篇是否为以墨家思想为基础而成的文献，学界多有讨论。西山尚志先生认为简文《郑子家丧》"上帝鬼神（甲本第 3 简）""郑子家颠覆天下之礼，弗愧鬼神之不祥（第 3—4 简）""使子家利木三寸，疏索以纮，毋敢正门而出。（第 5 简）"皆属墨家用语，且简文处理子家之棺的方法体现了墨家独创的"棺三寸论"。因此，得出结论"《郑子家丧》是以墨家思想为基础而成的文献，并且包含了利用墨家用语而展开的新观点。"④（以下西山先生观点均出自该篇）笔者以为，《郑子家丧》一文确有鬼神赏罚、降低丧葬等级的内容，但若据此判读其为墨家文献，未免过于牵强。原因详列于下。

---

① 清华大学出土文献与保护中心编、李学勤主编 . 清华大学藏战国竹简贰（下册）[M]. 上海：中西书局, 2011: 170、72.

② 子居 .《战国楚简"河滩""两棠"新考》商榷 [EB/OL].（2012-10-2）[2023-2-1].http://www.360doc.com/showweb/0/0/927606401.aspx.

③ 吴良宝 . 战国楚简"河滩"、"两棠"新考 [J]. 文史, 2017（1）: 283-287.

④ 西山尚志 . 上博楚简《郑子家丧》中的墨家思想 [J]. 齐鲁文化研究, 2010: 244-249.

1."上帝鬼神"是春秋战国时期比较普遍的世界观范式

春秋战国时期社会结构和思想发生了前所未有的巨变,人们的鬼神世界观也呈现出诸多的时代特色,主要构成要素为天、帝、鬼、神。

(1)天

简文言"天厚楚邦,为诸侯正"之"天"在春秋战国人心中仍占有重要的地位。上博简《诗论》孔子有"文王在上,于邵于天,吾美之。"之言;《庄子·天道》曰:"莫神于天,莫富于地,莫大于帝王。"春秋战国时期的"天命观"与西周时期不同。"天命"的内涵由西周时期特指国祚之命扩展到了佑护赐福之命、委以重任之命;其外延也由周天子专属下移至诸侯、贵族大夫阶层。除简文中楚庄王外,秦国、晋国、蔡国、中山国出土的青铜器都有关于"天命"的相关记载。如春秋早期的秦公镈铭文:"秦公曰:我先祖受天令,商宅受国……公及王姬曰:余小子,余夙夕虔敬朕祀……"春秋晚期的蔡侯钟记载:"蔡侯申曰:余虽末少子,余非敢宁忘,有虔不易,佐佑楚王。崔崔豫政,天命是遅,定均庶邦,休有成庆。既聪于心,诞中厥德。均(君)子大夫,建我邦国。"(《集成》00210)春秋晚期的晋公盆记载,晋公曰:我皇祖唐公,膺受大命,左右武王……(《集成》10342)春秋楚墓出土的㦸戈,其铭曰:"新命楚王酓,肤受天命。"战国时期中山王罍鼎铭文记载罍自述:"吾先考成王早弃群臣,寡人幼童,未通智,唯傅姆是从,天降休命于朕邦,有厥忠臣賙,克顺克卑,亡不率仁,敬顺天德,以佐佑寡人。"出土文献多记载国君作礼器求天佑助,传世文献则多见诸侯争霸中,崛起的大国霸主之命为"天所授"的论述。如春秋时期《左传·桓公六年》随楚大战,随侯欲逐楚军,随大夫季梁劝阻道:"天方授楚,楚之赢,其诱我也,君何急焉?……"又如《左传·成公十六年》晋楚鄢陵大战,范匄以"晋、楚唯天所授,何患焉?"一语鼓舞晋军士气,范文子云:"国之存亡,天也。"郤至亦评价道:"旧不必良,以犯天忌。我必克之。"可见当时国运天定,霸主天授是比较普遍的观念。

此时在人们的观念中,"天"亦扮演惩恶扬善的角色。《墨子·法仪》有云:"然则奚以为治法而可？故曰：莫若法天。天之行广而无私，其施厚而不德，其明久而不衰，故圣王法之。既以天为法，动作有为，必度于天。天之所欲则为之，天所不欲则止。然而天何欲何恶者也？天必欲人之相爱相利，而不欲人之相恶相贼也。奚以知天之欲人之相爱相利，而不欲人之相恶相贼也？以其兼而爱之，兼而利之也。奚以知天兼而爱之，兼而利之也？以其兼而有之，兼而食之也。"《左传·襄公二十九年》郑国伯有之乱，在然明问及政权归属时，裨谌议论道："善之代不善，天命也，其焉辟子产？举不逾等，则位班也。择善而举，则世隆也。天又除之，夺伯有魄，子西即世，将焉辟之？天祸郑久矣，其必使子产息之，乃犹可以戾。不然，将亡矣。"若有违天命，天将降下灾祸以示惩戒。违天必受责罚之观念足可见。《左传·僖公二十三年》子玉请求楚成王杀重耳以绝后患时，成王如是说："天将兴之，谁能废之。违天必有大咎。"上博简《三德》有云："敬者得之，怠者失之，是谓天常，天神之（□。毋为□□），皇天将举之；毋为伪诈，上帝将憎之。忌而不忌，天乃降灾；已而不已，天乃降异。其身不没，至于孙子。阳而幽，是谓大惑；幽而阳，是谓不祥。齐齐节节，外内有辨，男女有节，是谓天礼。敬之敬之，天命孔明。如反之，必遇凶殃。"①

《郑子家丧》简文中言"天厚楚邦，为诸侯正"正是庄王利用此时世人对"天"之敬畏而为兴师郑国所找的冠冕堂皇的理由。

（2）帝

春秋战国时期，人们十分崇尚"帝"，但祭祀"上帝"已不再是周天子的专属权利了，《史记》中的"骝驹、黄牛、羝羊各三，祠上帝西畤"，记载了秦襄公对于上帝的祭祀；到了秦文公时，司马迁言，"文公梦黄蛇自天下属地，其口止于鄜衍……于是作鄜畤，用三牲郊祭白帝焉。"描写了文公对五方上帝之一，主西方之神"白帝"的祭祀。"帝"与"天"一样，可合称为"昊天上帝"（《左传·成公十三年》），亦有惩恶扬善之功，时人"请于帝"可以惩治无礼不义之徒。《左传·僖公

① 马承源主编.上海博物馆藏战国楚竹书（五）[M].上海：上海古籍出版社,2005：289-290.

十年》狐突与太子申生的对话："（申生）告之曰：'夷吾无礼，余得请于帝矣。将以晋畀秦，秦将祀余。'对曰：'臣闻之，神不歆非类，民不祀非族。君祀无乃殄乎？且民何罪？失刑乏祀，君其图之。'君曰：'诺。吾将复请。七日新城西偏，将有巫者而见我焉。'许之，遂不见。及期而往，告之曰：'帝许我罚有罪矣，敝于韩。'"又如成公十年，晋景公梦见厉鬼复仇，厉鬼有言曰："杀余孙，不义。余得请于帝矣！"于是晋景公如厕而卒。"帝"亦可通过托梦等形式，委以重任。《史记·封禅书》曾记载："秦缪公立，病卧五日不寤；寤，乃言梦见上帝，上帝命缪公平晋乱。史书而记藏之府。而后世皆曰秦缪公上天。"时人的观念中先王多在"帝"之左右，以"佐事上帝"，赐福子孙。《左传·昭公七年》："且追命襄公曰：'叔父陟恪，在我先王之左右，以佐事上帝。'"春秋秦公簋铭文中写道："不显朕皇祖受天命，十又二公，在帝之坏。"

值得注意的是，晁福林先生认为："在春秋战国之际，上帝还只是天廷的重要成员，还不足以成为天廷的代表，故而墨子谓'洁为粢盛酒礼，以祭祀上帝鬼神而求祈福于天'。然而，到了战国时期，人们则常常强调皇天上帝的神威，不再把天摆在压倒一切的地位。"甚确，"帝"在战国时期被称为"皇天上帝"，受到最隆重的祭祀。秦《诅楚文》刻有铭文："今楚王熊相康回无道，……内之则暴虐不辜，……外之则冒改久心，不畏皇天上帝，及不显大神巫咸之光烈威神……率诸侯之兵，以临加我，欲灭伐我社稷，伐灭我百姓，求蔑法皇天上帝及不显大神巫咸之恤。……繄（亦）应受皇天上帝及不显大神巫咸之几灵德，赐克剂楚师，且复略我边城。"战国时期各诸侯国君主虽然有僭礼而郊祭"天"之事，但却为偶见，并不为常例。帝与天的关系在战国时期已经有了比较明确的观念，即帝为天廷的主宰。如楚帛书记："帝曰：'繇！敬之哉！毋弗或敬。惟天乍（作）福，神则各（格）之；惟天乍（作）妖，神则惠之。钦敬惟备，天像是则，咸惟天……。下民之戒，敬之毋弍！'"记载了帝居于"天""神"之上，以其至高无上的地位告诫下人要顺天敬神。《郑子家丧》简文中"上帝鬼神"以"上帝"居首位，概因其所具有的最高权位。

（3）鬼

在甲骨文和西周铭文中，"鬼"并不是后世所认为的"鬼神之鬼"。春秋战国时期的人鬼多为先王、先公、先君、先祖等祖先神，有时也包含已逝的有功之臣或枉死之徒。如《左传》之"人鬼"有祝融、皋陶、盘庚、周公、鲁庄公、鲁襄公、鲁僖公、齐姜、哀姜、伯有、彭生等。此外，鬼还指人死后的精气或魂魄。《说文解字》云："鬼，人所归为鬼。从人，象鬼头。鬼阴气贼害，从厶。"至于鬼到底是什么，许慎也没有说清楚。《礼记·祭义》："众生必死，死必归土，此之谓鬼。"也认为人之所归即为鬼。"《韩诗外传》有更详尽的解说：'鬼者，归也。精气归于天，肉归于地土，血归于水，脉归于泽，声归于雷，动作归于风，眼归于日月，骨归于木，筋归于山，齿归于石，膏归于露，毛归于草，呼吸之气复归于人。'这当然是一种牵强附会的说法，但说明当时人们不过把鬼看作人死亡的代名词。人死之后，灵魂化鬼，鬼归于自然大地；而并没有后来对鬼的形状的那么复杂多样的描述。"①《左传·宣公四年》楚令尹子文且泣曰："鬼犹求食，若敖氏之鬼，不其馁尔？"杨伯峻注："馁，饿也。不其馁尔，犹言不将饥饿乎，意谓子孙灭绝，无人祭祀之。"后因以"馁而之鬼"指不能享受祭祀之鬼。《左传·昭公七年》子产在被问及伯有是否还能作鬼时答道："能。人生始化曰魄，既生魄，阳曰魂。用物精多，则魂魄强。是以有精爽，至于神明。"

在春秋时人的观念中，祖先神多会保佑子孙、赐福社稷，若有所求，可向祖先神祷告。《左传·哀公二年》卫大子祷曰："曾孙蒯聩敢昭告皇祖文王、烈祖康叔、文祖襄公：郑胜乱从，晋午在难，不能治乱，使鞅讨之。蒯聩不敢自佚，备持矛焉。敢告无绝筋，无折骨，无面伤，以集大事，无作三祖羞。大命不敢请，佩玉不敢爱。"时人祭祀人鬼以求庇佑，但认为鬼神只享用本族人的祭祀，百姓也不祭祀别族，有"神不歆非类，民不祀非族"（《左传·僖公十年》之说）。

祭祀祖先乃社会之公序良俗，如若执行不善，他国可以此为由声讨。如《左

---

① 吴康编著. 中国鬼神精怪 [M]. 长沙：湖南文艺出版社，1992：前言 4.

传·僖公二十六年》记云:"夔子不祀祝融与鬻熊,楚人让之,对曰:'我先王熊挚有疾,鬼神弗赦而自窜于夔。吾是以失楚,又何祀焉?'秋,楚成得臣、斗宜申帅师灭夔,以夔子归。"夔国国君因不祭祀先祖被楚王所灭。如果停止了对祖先的祭祀,国君就会遭受疾病之苦。《左传·昭公七年》晋平公有病,梦见黄熊入于寝门,问子产是何厉鬼,子产答曰:"以君之明,子为大政,其何厉之有?昔尧殛鲧于羽山,其神化为黄熊,以入于羽渊,实为夏郊,三代祀之。晋为盟主,其或者未之祀也乎?"韩宣子祭祀鲧,晋平公的病就逐渐痊愈了。如果强死之人没有得到相应的祭祀,就会变成"厉鬼"作祟。《左传》中著名的伯有的故事当是此类,《左传·昭公七年》曰:"郑人相惊以伯有,曰'伯有至矣',则皆走,不知所往。铸刑书之岁二月,或梦伯有介而行,曰:'壬子,余将杀带也。明年壬寅,余又将杀段也。'及壬子,驷带卒,国人益惧。齐、燕平之月壬寅,公孙段卒。国人愈惧。其明月,子产立公孙泄及良止以抚之,乃止。子大叔问其故,子产曰:'鬼有所归,乃不为厉,吾为之归也。'……及子产适晋,赵景子问焉,曰:'伯有犹能为鬼乎?'子产曰:'能。人生始化曰魄,既生魄,阳曰魂。用物精多,则魂魄强。是以有精爽,至于神明。匹夫匹妇强死,其魂魄犹能冯依于人,以为淫厉,况良霄,我先君穆公之胄,子良之孙,子耳之子,敝邑之卿,从政三世矣。郑虽无腆,抑谚曰蕞尔国,而三世执其政柄,其用物也弘矣,其取精也多矣。其族又大,所冯厚矣。而强死,能为鬼,不亦宜乎?'"

在时人的观念中,人死魂不灭,鬼或可以幻化为某种形式参与世间活动,或可以对仇人进行报复。如《左传·庄公八年》记载公子彭生因齐襄公与鲁庄公之私人恩怨替罪而死,化为大豕向襄公寻仇一事。"冬十二月,齐侯游于姑棼,遂田于贝丘。见大豕,从者曰:'公子彭生也。'公怒曰:'彭生敢见!'射之,豕人立而啼。公惧,队于车,伤足丧屦。反,诛屦于徒人费。弗得,鞭之,见血。走出,遇贼于门,劫而束之。费曰:'我奚御哉!'袒而示之背,信之。费请先入,伏公而出,斗,死于门中。石之纷如死于阶下。遂入,杀孟阳于床。曰:'非君也,不类。'见公之足于户下,遂弑之,而立无知。"除此种鬼魂幻化为某物复仇之外,亦可见鬼魂幻化为人形之记载。如《左传·僖公十年》记载了狐突遇见死去的太子申生，"秋，狐突适下国，遇大子，大子使登，仆，而告之曰：'夷吾无礼，余得请于帝矣。将以晋畀秦，秦将祀余。'对曰：'臣闻之，神不歆非类，民不祀非族。君祀无乃殄乎？且民何罪？失刑乏祀，君其图之。'君曰：'诺。吾将复请。七日新城西偏，将有巫者而见我焉。'许之，遂不见。及期而往，告之曰：'帝许我罚有罪矣，敝于韩。'"此外，亦多见鬼借梦境复仇。如《左传》成公十年、襄公十八年、昭公七年、哀公十七年分别记载了赵氏祖先化为厉鬼向晋景公复仇、晋厉公向荀偃复仇、郑伯有向驷带、子晳复仇、浑良夫向卫侯复仇，均为被复仇者在梦境中遇复仇者，而梦多预示现实，被复仇者多死于非命。由于彼时生产力水平低下，人们对自然界的认识水准亦十分有限，往往将身心所患之疾病与厉鬼作祟相联系，如上博简二《容成氏》载曰："当是时也，疠役（疫）不至，妖祥不行，祸灾去亡，禽兽肥大，卉木晋长。"厉鬼害人，时人往往有驱鬼治病的习俗。大致写于战国晚期及秦始皇时期的睡虎地秦简日书《诘咎》有诸多相关记载。如，"一宅中无故而室人皆疫，或死或病，是是疫鬼在焉，正立而埋，其上旱则淳，水则干。掘而去之，则止矣。"又如，"一宅之中无故室人皆疫，多梦寐死，是是乳鬼埋焉，其上无草如席处，掘而去之，则止矣。"再如，"人无故一室人皆疫，或死或病，丈夫女子堕须裸发黄目，是是狋人生为鬼。以沙人一升室其舂臼，以黍肉食狋人，则止矣。"分别记载了疫鬼、乳鬼、狋鬼如何害人以及驱鬼治病的方法。此外，人们还多用"桃弓""棘条"等灵性植物以及污秽类、矿物类灵物驱鬼。如《左传·昭公四年》"桃弧棘矢，以除其灾"，《睡虎地·日甲·诘》亦有："人毋（无）故攻之不已，是是刺鬼。以桃为弓，牡棘为矢，羽之鸡羽，见而射之，则已矣。"

需要说明的是，本文所讨论的"鬼"是一个狭义概念。而《墨子·明鬼》中提道："古之今之为鬼，非他也，有天鬼；亦有山水鬼神者；亦有人死而为鬼者"，其所认为的"鬼"是一个广义范畴的概念，其中"天鬼"即本文讨论的"天"，"山水鬼神"属于下文讨论的地祇，"人鬼"即本部分讨论的狭义概念的"鬼"。

（4）神

《说文解字》云："神，天神，引出万物者也。"，其字形始见于西周金文，原为"申"后加义符"示"，其金文辞例多与祭祀"天神"相关。如西周中期的瘨簋铭文曰："其敦祀大₌神₌妥多福，瘨万年宝。"起初，"鬼"多指祖先神，"神"多指天神，在春秋战国时期，天神已构成一个神仙系统，《左传》记载的天神就有"帝""上帝""天""天使""日月星辰""大火""彗星""云"等。除天神系统之外，还包括社稷和山川河海等地祇，人们对其祭祀，以去旱减涝，实现风调雨顺、国泰民安。《左传·昭公元年》记子产云："山川之神，则水旱疠疫之灾，于是乎禜之。"《说苑·辨物》："齐大旱之时，景公召群臣问曰：'天不雨久矣，民且有饥色，吾使人卜之，祟在高山广水，寡人欲少赋敛以祠灵山可乎？'"上博简《鲁邦大旱》亦有此祭名山大川以救旱的记载。此外，彼时人们认为人鬼可以化为日月星辰、山川河流之神的守护者以佑助子孙，因此神仙系统之中亦包括"人鬼"之神。如《左传·昭公元年》曰："唐人是因，以服事夏、商。其季世曰唐叔虞。当武王邑姜方震，大叔梦帝谓己：'余命而子曰虞，将与之唐，属诸参，其蕃育其子孙。'及生，有文在其手曰：'虞'，遂以命之。及成王灭唐而封大叔焉，故参为晋星。由是观之，则实沈，参神也。昔金天氏有裔子曰昧，为玄冥师，生允格、台骀。台骀能业其官，宣汾、洮，障大泽，以处大原。帝用嘉之，封诸汾川。沈、姒、蓐、黄，实守其祀。今晋主汾而灭之矣。由是观之，则台骀，汾神也。"《礼记·月令》中记有比较系统的关于此时神仙系统的总结："命四监，大合百县之秩刍，以养牺牲，令民无不咸出其力，以共皇天上帝、名山大川、四方之神；以祠宗庙社稷之灵，以为民祈福。"可知"皇天上帝""名山大川""四方之神""社稷之灵"组成了完整丰富的神仙体系。春秋以降，随着各诸侯国势力的崛起，呈现了各具特色的神仙祭祀系统。如湖北天兴观一号楚墓出土的占筮楚简记载了对"司命""司祸""地宇""云君""大水""东城夫人"等神灵的祭祀；而秦国多祭祀五帝，如《史记·秦本纪》有秦国国君"乃用骝驹、黄牛、羝羊各三，祠上帝西畤"的记录。

人们祭祀神灵的目的有多样，可以求子、选嗣、盟誓、朝见天子、避免凶灾、治愈疾病、祈求战争胜利等。与人们对"鬼"的认识不同，春秋战国时人认为一切的神灵都是正义的化身，不存在善恶之别。它们听从民意，看重德行，并据此降福抑或降灾。《左传·僖公五年》载"非德，民不和，神不享"便是极好的概括。文献中也记载了诸多关于神与民、德关系的议论。如《左传·桓公六年》季梁论曰："所谓道，忠于民而信于神也。上思利民，忠也；祝史正辞，信也。今民馁而君逞欲，祝史矫举以祭，臣不知其可也。……夫民，神之主也。是以圣王先成民而后致力于神。故奉牲以告曰'博硕肥腯'，谓民力之普存也，谓其畜之硕大蕃滋也，谓其不疾瘯蠡也，谓其备腯咸有也。奉盛以告曰'洁粢丰盛'，谓其三时不害而民和年丰也。奉酒醴以告曰'嘉栗旨酒'，谓其上下皆有嘉德而无违心也。所谓馨香，无谗慝也。故务其三时，修其五教，亲其九族，以致其禋祀。于是乎民和而神降之福，故动则有成。今民各有心，而鬼神乏主，君虽独丰，其何福之有！君姑修政而亲兄弟之国，庶免于难。"在古人的世界观中，神往往借助高耸入天的山岳，陟降于天界与人间，以驱恶扬善。《左传·庄公三十二年》记载，有神明在莘地下降，周惠王问其故，内史答曰："国之将兴，明神降之，监其德也；将亡，神又降之，观其恶也。故有得神以兴，亦有以亡，虞、夏、商、周皆有之。""神居莘六月。虢公使祝应、宗区、史嚚享焉。神赐之土田。史嚚曰：'虢其亡乎！吾闻之：国将兴，听于民；将亡，听于神。神，聪明正直而壹者也，依人而行。虢多凉德，其何土之能得！'"可见，神依据人民的意愿或给予佑助，使国之将兴。若或君王做出不利于民的行为，天神则会给予惩罚，使国之将亡。

为神祭祀也要守礼，合乎身份等级，否则会使神灵发怒。如《左传·哀公六年》："三代命祀，祭不越望。"《公羊传·僖公三十一年》："诸侯山川有不在其封内者，则不祭也。"《国语·楚语》："天子遍祀群神品物，诸侯祀天地、三辰及其土之山川，卿、大夫祀其礼，士庶人不过其祖。"《晏子春秋》："（景公）师过泰山而不用事，故泰山之神怒也。"《论语·八佾》："季氏旅于泰山。子谓冉有曰：'女弗能救与？'对曰：'不能。'子曰：'呜呼！曾谓泰山不如林放乎？'"

春秋时人常将"鬼""神"二字连用，或泛指所有神灵，或特指祖先之神。战国时期百家争鸣，诸子对鬼神的认识颇有不同（下文将做重点讨论）。但是，在君王和普通民众的世界观中，"天""帝""鬼""神"都具有超自然的神力，决定或干预人间世界，惩恶扬善，监督君王臣子的言行，维护社会的礼序。简文中楚庄王所言"如上帝鬼神以为怒，吾将何以答"，正是时人鬼神世界观的体现。不能仅凭"上帝鬼神"一词在《墨子》中出现较多，就狭隘地说此为墨家思想。

2. 关于"鬼神之不祥"与"颠覆国家之礼"的讨论

（1）"鬼神之不祥"

西山尚志先生引《墨子·公孟》篇所言："公孟子谓子墨子曰：'有义不义，无祥不祥。'"子墨子曰："古圣王皆以鬼神为神明，而为祸福，执有祥不祥，是以政治而国安也。自桀纣以下皆以鬼神为不神明，不能为祸福，执无祥不祥，是以政乱而国危也。故先王之书《子亦》有之曰：'亓傲也出，于子不祥。'此言为不善之有罚，为善之有赏。"得出结论：只有《墨子》中有以"鬼神"为执行"不祥"的主体。

诚然，此确可证"鬼神"是执行"不祥"的主体，但鬼神作为不祥之主体并不是《墨子》所独有的。睡虎地秦简日书《诘咎》篇就有所谓"鬼害民罔（妄）行，为民不羊（祥）"的说法。西山先生又引《墨子·法仪》："爱人利人者，天必福之；恶人贼人者，天必祸之。曰杀不辜者，将不祥焉。"《墨子·天志上》："且吾言杀一不辜者，必有一不祥。杀不辜者谁也？则人也。予之不祥者谁也？则天也。若以天为不爱天下之百姓，则何故以人与人相杀，而天予之不祥？此我所以知天之爱天下之百姓也。"证只有《墨子》中有以"天"作为执行"不祥"的主体。天降不详亦非孤例，如《左传·僖公三十三年》晋原轸曰："秦违蹇叔，而以贪勤民，天奉我也。奉不可失，敌不可纵。纵敌患生，违天不祥。必伐秦师"，"违天不祥"即是一例。又如《吕氏春秋·应同》曰："凡帝王者之将兴也，天必先见祥乎下民。黄帝之时，天先见大螾大蝼。黄帝曰：'土气胜。'土气胜，故其色尚黄，其事则土。及禹之时，天先见草木秋冬不杀。禹曰：'木气胜。'木气胜，故其色尚青，其事则木。及汤之时，天先见金刃生于水。汤曰：'金气胜。'金气胜，故其色尚白，其事则金。及文王之时，天先见火，赤乌衔丹书集于周社。文王曰：'火气胜。'火气胜，故其色尚赤，其事则火。"再者，"不祥"的意思是不善、不吉利，凶灾。若不囿于"不祥"辞例，如上文所述鬼神惩罚奸恶，降下凶灾是时人十分常见的观念。这种鬼神之说、因果报应的观念，并不仅限于《墨子》。故仅以此处，简文作者选了"鬼神不祥"这个词，就说是墨家作品，未免牵强。

（2）"颠覆天下之礼"

西山先生云《郑子家丧》"郑子家颠覆天下之礼，弗畏鬼神之不祥"之语是立足于《墨子·鲁问》中提倡国家无礼时要尊天事鬼的说法而成的。揣摩简文文义，此说法有诸多不妥。

首先，依简文来看，子家弑其君，乃个人行为，无法由此推及国家层面的"无礼"。且郑人要求对子家执行"利木三分"等系列惩罚恰恰说明了郑人守礼，对子家无礼的憎恨。

其次，西山先生所举"尊天事鬼"的观念是墨子强调对天帝鬼神的祭祀。而简文的意思是说鬼神降下不祥并未谈及祭祀，与祭祀无关。

再次，春秋时期，因违礼而遭到上天鬼神惩罚的思想亦不仅限于《墨子》。《左传·宣公十五年》赵同向周天子献俘时表现得不恭敬，违反了"天下之礼"，刘康公云："不及十年，原叔必有大咎，天夺之魄矣。"上博简《三德》亦有云："敬者得之，怠者失之，是谓天常，天神之（□。毋为□□），皇天将举之；毋为伪诈，上帝将憎之。……谓天礼。敬之敬之，天命孔明。如反之，必遇凶殃。"① 此二文为不从天礼，遭天之惩罚之例。《左传·僖公十年》太子申生的鬼魂说："夷吾无礼，余得请于帝矣。将以晋畀秦，秦将祀余。"狐突劝阻之后，申生借巫人之口云："帝许我罚有罪矣，敝于韩"，此为因无礼而遭人鬼惩罚之例。由此可见，《郑子家丧》中"颠覆天下之礼，遭天、帝、鬼、神之罚"的鬼神思想来判定该篇属于墨家学派是不充分的。

---

① 马承源主编.上海博物馆藏战国楚竹书（五）[M].上海：上海古籍出版社,2005：289-290.

3. 对子家不以礼葬可能是时人对有罪之臣的一种惩罚措施，非墨家独创的"棺三寸论"

首先，从目的层面来看，简文与墨子"棺三寸论"大相径庭。墨子"棺三寸论"体现其反对厚葬，主张"衣三领，足以朽肉，棺三寸，足以朽骸，堀穴深不通于泉，流不发泄，则止。死者既葬，生者毋久丧用哀"的节葬之法（《墨子·节用》），以实现"不失死生之利"的目的。（《墨子·节葬》）。而简文中"利木三寸"的目的是对子家弑君的惩罚，是为不使上帝鬼神发怒，而对"将保其宠炎以殁入地"丧葬方式的改正。简文可对读《左传·宣公十年》："郑子家卒。郑人讨幽公之乱，斲子家之棺，而逐其族。改葬幽公，谥之曰'灵'。"杜注：以四年弑君故也。斲薄其棺，不使从卿礼。有文献记载：君大棺八寸，属六寸，椑四寸。上大夫大棺八寸，属六寸。下大夫大棺六寸，属四寸。士棺六寸。然则子家上大夫，棺当八寸，今斲薄其棺，不使从卿礼耳。可知杜预、孔颖达对于郑人"斲子家之棺"目的亦是"不使从卿礼"。墨子提倡的"棺三寸论"是一种不使人民穷乏的节葬方式，并没有惩罚的目的，此是二者的最大不同。

其次，西山先生提到"战国末期之后，诸子广泛认为'棺三寸论'是墨家独创的思想"，并引《庄子·天下》《管子·揆度》为例证之。为方便讨论，将二文相关内容列出。《庄子·天下》："黄帝有咸池，尧有大章，舜有大韶，禹有大夏，汤有大濩，文王有辟雍之乐，武王周公作武。古之丧礼，贵贱有仪，上下有等，天子棺椁七重，诸侯五重，大夫三重，士再重。今墨子独生不歌，死无服，桐棺三寸而无椁，以为法式。以此教人，恐不爱人；以此自行，固不爱己。未败墨子道，虽然，歌而非歌，哭而非哭，乐而非乐，是果类乎？其生也勤，其死也薄，其道大觳；使人忧，使人悲，其行难为也，恐其不可以为圣人之道，反天下之心，天下不堪。墨子虽独能任，奈天下何。离于天下，其去王也远矣。"《管子·揆度》："管子曰：'匹夫为鳏，匹妇为寡，老而无子者为独。君问其若有子弟师役而死者，父母为独，上必葬之，衣衾三领，木必三寸，乡吏视事，葬于公壤。若产而无弟兄，上必赐之匹马之壤。故亲之杀其子以为上用，不苦也。……'"庄子、管子关于"棺三寸论"的论述均是在"节葬"观点之下的讨论，换句话说，我们可以说墨子独创了"棺三寸论"的节葬思想，但不可以说墨子独创了"棺三寸"的丧葬方式。相反，"棺三寸"在时人的观念中是一种对罪人的惩罚性的丧葬方式。《左传·哀公二年》赵鞅起誓说："若其有罪，绞缢以戮，桐棺三寸，不设属辟，素车朴马，无入于兆，下卿之罚也。"《礼记·檀弓》曰："夫子制于中都，四寸之棺，五寸之椁。"复旦大学读书会指出简文"利木三寸"即言"桐棺三寸"，正是不以礼制葬子家之举，即《左传》所言"下卿之罚"。《荀子·礼论》云："君子贱野而羞瘠，故天子棺椁七重，诸侯五重，大夫三重，士再重。然后皆有衣衾多少厚薄之数，皆有翣菨文章之等，以敬饰之，使生死终始若一；一足以为人愿，是先王之道，忠臣孝子之极也。天子之丧动四海，属诸侯；诸侯之丧动通国，属大夫；大夫之丧动一国，属修士；修士之丧动一乡，属朋友；庶人之丧合族党，动州里；刑余罪人之丧，不得合族党，独属妻子，棺椁三寸，衣衾三领，不得饰棺，不得昼行，以昏殣，凡缘而往埋之，反无哭泣之节，无衰麻之服，无亲疏月数之等，各反其平，各复其始，已葬埋，若无丧者而止，夫是之谓至辱。"可知"棺椁三寸"是受到刑罚的一种制裁方式，是最大的耻辱。

再次，西山先生提出"这些所谓'棺三寸论'往往与'衣衾三领''葛以缄之'搭配。"先生的说法有些片面。简文中的对子家完整的惩罚措施是"使子家利木三寸，疏索以纮，毋敢正门而出，掩之城基"。"不以正门"的处罚见于《左传·昭公五年》，叔促子谓季纱曰："带受命于子叔孙曰：'葬鲜者自西门。'"杜注："不以寿终为鲜，西门非鲁朝正门。"即谓葬"不以寿终"不从正门而出。"掩之城基"的处罚方式见《左传·僖公三十三年》，"楚令尹子上侵陈、蔡。陈、蔡成，遂伐郑，将纳公子瑕，门于桔柣之门。瑕覆于周氏之汪，外仆髡屯禽之以献。文夫人敛而葬之郐城之下。""不以正门""掩之城基"均不见于《墨子》，由此，只取"利木三寸，疏索以纮"便认为是《墨家》学派的作品，是片面的。

小寺敦先生亦对简文"墨家文献说"提出异议，他指出："在《郑子家丧》中确有对鬼神发怒的认识……但是《郑子家丧》的直接问题并非于此，而是子家受到了正式埋葬一事的是非与否的问题……《墨子·明鬼下》篇中有阐述对死者进行祭祀的重要性的部分，而《郑子家丧》的观点与此有所错位。这类因果报应的鬼神观念，并不限于《墨子》……并不能认为本篇的鬼神观只跟《墨子》有关系，有什么特别的意义……《郑子家丧》中不见这种怀疑主义的内容（《鬼神之明》中倡说"鬼神不明"之新说），楚庄王所借口攻击郑国的理由是由于（上帝）鬼神的愤怒。断定《郑子家丧》是墨家学派文献的意见，仍然有思考的余地。"① 小寺先生的观点甚确，不无启发。

　　综上，笔者认为西山先生判定《郑子家丧》为墨家学派文献的结论证据不足。

---

① 小寺敦. 上博楚简《郑子家丧》译注：附史料の性格に关する小考 [J]. 东洋文化研究所纪要, 2009：14.

第三节

上博简《申公臣灵王》

　　《申公臣灵王》选自《上海博物馆馆藏楚竹书（六）》，简文与《庄王既成》合抄一卷，第一简背部居中有合篇篇题"臧（庄）王既成"四字。在未正式发表之前，李零先生《简帛古书与学术源流》一书中将本篇定名《哉于析遂》。①《上海博物馆馆藏楚竹书（六）》发表时，本篇整理者陈佩芬先生根据简文内容加标题《申公臣灵王》。虽不少学者对题名中"申公"一词尚存异议，但学界仍多以整理者拟名为统一用法。全篇共四简，皆为完简。竹简规格与上博简楚国故事类《成王为城濮之行》《郑子家丧》（甲本）《灵王遂中》《平王问郑寿》《平王与王子木》《君人者何必安哉》（甲本）《王居》《命》《邦人不称》等诸篇相仿，简长大多在33厘米左右，约战国尺一尺四寸。本篇满简书写，每简最后一字到简末端都留有一定空间（按：整理者认为的《庄王既成·申公臣灵王》抄写格式为"简首尾不留白"是不完全正确的。）前三简书二十六字，最后一简书十一字，简文正文共计89字[未计入第一简背部"臧（庄）王既成"四字]。字体书写工整，字距相近。字迹与《平王问郑寿》相似，故福田哲之②、高佑仁③、李松儒④等学者认为《庄王既成·申

---

①　李零. 简帛古书与学术源流 [M]. 北京：生活·读书·新知三联书店, 2004：274.

②　福田哲之. 别笔和篇题——《上博（六）》所收楚王故事四章的编成 [EB/OL].（2008–11–15）[2023–1–2], http://www.bsm.org.cn/show_article.php? id=896.

③　高佑仁. 上博楚简庄、灵、平三王研究 [D]. 台南：成功大学, 2011：34–38.

④　李松儒. 战国简帛字迹研究 [D]. 长春：吉林大学, 2012.

公臣灵王》与《平王问郑寿》为同一书手所写。简文记叙了枊述之战中申公子皇（《左传》作"陈公穿封戌"）与王子围（即楚灵王）争夺郑囚皇颉，王子围即位为楚灵王后与申公子皇和解之事。争囚事件见《左传·襄公二十六》所载城麇战役；灵王、申公子皇和解的对话见《左传·昭公八年》相关记载。

一、释文及疑难字词

戜 [1]（御）于枊（棘）述（遂），繍（申）公子皇暜 [2] 皇子。王子回（围）敚（夺）之。繍（申）公埩（争）之。王子回（围）立为王。繍（申）公子皇见王。王曰："繍（申）公忘夫枊（棘）述（遂）之下虏（乎）？"繍（申）公曰："臣不智（知）君王之牅（将）为君，女（如）臣智（知）君王之为君，臣牅（将）或至安。"[3] 王曰："不敔（谷）㠯（以）笑繍（申）公，氏（是）言弃之。[4] 含（今）日繍（申）公事不敔（谷），必㠯（以）氏（是）心。"繍（申）公㞷（跪）拜，记（起）畬（答）："臣为君王臣，君王孚（免）之死，不㠯（以）晨（辱）钬（斧）锧 [5]。可（何）敢心之又（有）？"[6]

[1] 戜

简文发布后，学界对该字做了积极的讨论，主要观点有以下几种。

其一，读为"御"。整理者将此字隶定为从"戈""吾"声，并说明此字不见于《说文》，与包山楚简第 143 简（按：应为 34 简或 39 简，整理者简序误）"戜公周童耳"首字相同，读若"吾"，未详释。[①] 李学勤先生 [②]、陈伟先生 [③]、徐少华先生 [④]、

---

① 马承源主编.上海博物馆馆藏楚竹书（六）[M].上海：上海古籍出版社,2007：239.

② 李学勤.读上博简《庄王既成》两章笔记 [EB/OL].（2007-7-16）[2023-1-2],http://www.confucius2000.com/admin/list.asp? id=3212.

③ 陈伟.读《上博六》条记 [EB/OL].（2007-7-9）[2023-1-2],http://www.bsm.org.cn/show_article.php? id=597.

④ 徐少华.楚竹书《申公臣灵王》与《平王与王子木》两篇补论 [J].江汉考古,2009（4）：125-129.

高佑仁先生①读此字为"御"，表示抵御、抗敌之义。理由是从文字学上考虑，此字即"吾"，此处用作动词，通"御"，《广韵·模韵》曰："吾，御也。"《汉书》卷十九《百官公卿表上》："中尉，秦官……武帝太初元年更名执金吾。"颜师古注引应劭曰："吾者，御也，掌执金革以御非常。"故"吾""御"通假。简文字在"吾"后附加"戈"字，高佑仁先生认为是"敔"字异体。楚文字中"戈"旁与"攴"旁皆有扑打义，常混用。从文本对读角度讲，简文记载与《左传·襄公二十六》"楚侵郑"一事相关，《左传》记载"遂侵郑，五月，至于城麇。郑皇颉戍之，出，与楚师战"，相关史实简文写作"敔（御）于枋述"，故读为"御"与申公抵御对方而征战之故事发生背景相合。

其二，训为"禁"。何由祖先生②指出，该字与包山34号简"𢦏"字，《三德》17号简"敬天之𢼠"之"敔"同，依陈剑先生观点③，该字训为"禁"，古书或作"圄""圉"和"御""禦"等，意思类似马王堆汉墓帛书《老子》乙本卷前古佚书《十大经·正乱》："上帝以禁。帝曰：毋乏（犯）吾禁……"

其三，读为"圉"。周凤五先生④（笔者按：周文认为简文主人公申公子瘅，所述之事申公子瘅与王子围争夺马驹）认为此字与"圉"同音通假，当读为"圉"。此处与《左传·哀公十四年》："初，孟孺子泄将圉焉于成"之"圉"用法相同。杜注："圉，畜养也。""圉"字指牧马相关事务，从上下文义看，可能是挑送马匹之意。

其四，读为"牾"。俞绍宏先生⑤认为该字为"牾"异体，"牾"字构型取于牛顶角，引申出违逆不合之意，在此意思为"抵牾"，即在枋述这个地方，申公子皇

———————————

① 高佑仁.上博楚简庄、灵、平三王研究[D].台南：成功大学，2011：317-318.
② 何有祖.读《上博六》札记[EB/OL].（2019-11-10）[2023-1-2]，http://www.bsm.org.cn/show_article.ph p？id=596.
③ 陈剑.《三德》竹简编联的一处补正[EB/OL].（2006-4-1）[2023-1-2]，http://www.bsm.org.cn/show_ar ticle.php？id=311.
④ 周凤五.上博六《庄王既成》《申公臣灵王》《平王问郑寿》《平王与王子木》新探[J].传统中国研究集刊，2007（1）：58-67.
⑤ 俞绍宏.上海博物馆藏楚简校注[M].北京：中国社会科学出版社，2016：487.

与王子围产生抵牾，就是我们常说的两人"顶上了"。

其五，读为"晤"。台湾大学刘文强先生[①] 对训为"御"或"圉"的观点提出异议，刘文认为若训为"御"或"圉"，其后应接续受事，传世文献、出土文献皆未见"御于"辞例，故此释法有文法上的问题。他进一步提出此字应是"晤"，"晤，遇也。"引朱骏声《说文通训定声》："晤，明也，从日，吾声。（假借）为遌，《诗·东门之池》：'可与晤歌。'《传》：'晤，遇也。'《笺》：'犹对也。'"证之《尔雅·释诂》"遇，遌也；遌，见也""晤"又借为"遌"，"相遇惊也"，声音既通，义又相符；且"晤于"无此词例，但"遇于"则有，故该句宜释为"晤于栃隧"，即申公子鼍既与王子围"遇于栃隧"。

今按：该字从"戈""吾"声，竹书写作"�"，亦见上博简二《从政》甲 17 号简和包山文书 34 号简"付举之（关）𢺇（敔）公周童耳"。包山文书的"敔公"之"敔"，39 号简写作"�"、70 号简写作"�"、125 号简写作"�"，所以说楚文字"𢺇"与"敔"是一个字。如高佑仁先生所言古文字偏旁"攵""戈"往往互用，如郭店楚简《成之闻之》第 10 简"攻"写作"�"，从"工"从"戈"；郭店楚简《老子》甲第 39 简"攻"写作"�"，从"工"从"攵"。又如同样的字包山楚简第 134 号简写作"�"，第 138 号简偏旁换作"戈"，写作"�"。

"敔"在文献中多训为"禁"，如我们前面提到的上博简二《从政》甲 17 号简的"𢺇"字，辞例为，"小人先人则（绊）𢺇（敔）之。"意思是小人如果领先，就阻碍他人前进，用绳索把人系绊、套牢。又如上博简五《三德》17 号简"敬天之敔之"，陈剑先生训"敔"为"禁"。"𢺇"字即"敔"字异体，《说文》："敔，禁也"。段注："敔为禁御本字，御行则敔废矣。"古书中"御""御""圉"为同一词。简文字从"戈"，亦可知其与"战事"相关，此指双方交战于此。本文讲穿封戌与楚灵王的故事，见于《左传·襄公二十六年》："楚子、秦人侵吴……五月，至于城麇。郑皇颉成之，出，与楚师战，败。穿封戌囚皇颉，公子围与之争之，……"通过文献

① 刘文强. 申公臣灵王王（二）——"遇于栃隧"[J]. 岭南学报，2016（1）：247–255.

对读可知，"戠"字训为"御"为宜，与《左传》中楚侵郑、郑处于御守方相合。

[2] 酋

整理者将该字隶定为上从"之"下从"首"的字，读为"首"。（为表述方便，此从"之"从"首"的字以"△"代替。）① 继整理者之后，学界有以下考释、训读意见。

其一，释为"止"，训读为"囚"。李学勤先生读为"止"，释为俘获。② 陈伟先生对读《左传》"穿封戌囚皇颉"认为"△"读为"止"，训为"囚"。③ 曹方向先生亦认为该字读为"止"，为俘获之意。《左传·隐公十一年》："公（桓公）之为公子也，与郑人战于狐壤，止焉。郑人囚诸尹氏，赂尹氏而祷于其主钟巫，遂与尹氏归而立其主。"先言"止"后言"囚"说明，"止""囚"二字有别。简文中"止"与马王堆汉墓帛书《春秋事语》长万章"及鲁、宋战，长（万）生止焉"之"止"字用法相同。"生止"对应《史记·宋世家》"生虏"，与"△"相同，训为"获，执"。④ 林宛臻反对沈培先生读为"得"的观点，认为"△"上部为"止"，下部为"首"像执获或禁制的俘虏，为形声兼会意字，释为"止"，读为"囚"或"俘获"。⑤

其二，释作"首"，训为"囚"或"守"。凡国栋先生对楚简"首"字形体做了梳理分析，认为"△"字是"首"字，上部并不从"止"，学者们疑似的"止"而是人头发形态之讹变，与"囚"音近通假，可直接读为"囚"。⑥ 刘信芳先生释文中在"△"后添括号，作"（囚？执？）"，未加详释。⑦ 徐少华先生亦认为"△"为"首"之

---

① 马承源主编. 上海博物馆馆藏楚竹书（六）[M]. 上海：上海古籍出版社，2007：239.

② 李学勤. 读上博简《庄王既成》两章笔记 [EB/OL].（2007-7-16）[2023-1-2]，http://www.confucius2000.com/admin/list.asp？id=3212.

③ 陈伟. 读《上博六》条记 [EB/OL].（2007-7-9）[2023-1-2]，http://www.bsm.org.cn/show_article.php？id=597.

④ 曹方向. 上博简所见楚国故事类文献校释与研究 [D]. 武汉：武汉大学，2013.

⑤ 林宛臻. 上海博物馆藏战国楚竹书（五）、（六）疑难字研究 [D]，台北：台湾师范大学，2010.

⑥ 凡国栋. 读《上博楚竹书六》记 [EB/OL].（2007-7-9）[2023-1-2]，http://www.bsm.org.cn/show_article.php？id=599.

⑦ 刘信芳. 说穿封戌之"心" [EB/OL].（2007-7-8）[2023-1-2]，http://www.bsm.org.cn/show_article.php？id=702.

异构，但此处通作“守”，训为“保护、守视”。[1]从音韵上看，首、守二字古音皆为书纽幽部，完全一样；从辞例上看，《玉篇》卷 11 “宀”部“守”条：“视也、护也”；《诗·大雅·凫鹥》毛序“能持盈守成”，孔颖达疏曰：“守是身护之”，即为以身相护之意。徐文指出简文的意思是申公子皇守护王子或太子。至于申公何以守护皇子，应与楚君郏敖被弑杀的宫廷变故有关。

其三，释读为“置”。何有祖先生参照郭店《尊德义》28 号简“置”字（作“”）与“△”字上部相同，释“△”为“置”，释放的意思。与《国语·郑语》：“褒人褒姁有狱，而以为入于王，王遂置之。”韦昭注：“置，赦褒姁。”《史记·吴王濞列传》：“击反虏者，深入多杀为功，斩首捕虏比三百石以上者皆杀之，无有所置。”张守节《正义》：“置，放释也。”“置”辞例相同。何文同时指出：“王子回与陈公争功，陈公败诉，王子回带走皇颉。简文说陈公释放皇颉，当是一种比较委婉的说法。竹简的书写者似在尽量淡化两者之间的矛盾。”[2]

其四，释作“戴”。沈培先生根据上博六《慎子曰恭俭》第 5 号简“首△茅芙（蒲），筱（莜）执櫨（鉏）”中“△”字读为“戴”，遂认为楚简中上从“之”下从“首”的字从“之”得声，均读为“戴”。沈培先生认为“△”字“似乎既可以看作是为‘得’而造的形声字，也可以看作是为‘戴’而造的形声字。”《申公臣灵王》中的“△”在简文中应读为“得”。沈文随即指出“得”在战国文字中是一个非常常见的字，一般都写作从又从贝（实际上“贝”已简写成了目形）。现将沈培先生解释为何“得”字又作△形的疑虑，引述如下：“其实，战国文字中‘得’还有一种写法，《郭简·老子甲》简 36 ‘得与亡孰病’的‘得’即作‘’形，应当是从贝之声而读为‘得’。此句‘亡’字下面也加‘贝’形，与‘得’取义相同，都是指财货的得与亡。可见，战国文字中‘得’字并非只有一种固定的写法。因此，我们

① 徐少华 . 上博简申公臣灵王及平王与王子木两篇疏正 [J]. 古文字研究（第二十七辑）.2008：480–481.

② 何有祖 . 读《上博六》札记 [EB/OL].（2019–11–10）[2023–1–2]，http://www.bsm.org.cn/show_article.ph p? id=596.

把《申公臣灵王》中的'△'读为'得'，并非没有一点字形上的根据。[今按:《上博（五）·鬼神之明》简 2 背和简 2 正'此以桀折于鬲山，而受△于只社，身不没，为天下笑。'△也当读为'得'。'得'都是抓获、捕获的意思]。"沈文最后讨论了"△"字的造字本义，有一定的启发意义，亦引述如下:"我们说'△'可以看作是为'得'而造的形声字，主要是比照前面所说《老子》简中的'得'字而说的，得财货之'得'可以作形声字而写成从贝之声，那么，得人即抓获人的'得'自然也可以作从首从之声的写法（以人的'首'代表人）。说此字也可能是专门为'戴'而造的形声字，这大概也能理解。《上博（二）·容成氏》简 9 '履地戴天'的'戴'就是一个形声字，从首从式得声。因此可以把'△'看作是这种写法的'戴'字的异体。需要注意的是，为'戴'而造的这个形声字，特意把声符写在上面，大概是因为所戴的东西都在头上面的缘故。这种形声字的构造方式是颇有意思的，充分说明在战国时代，字形的位置关系仍然有表意作用。"① 范常喜先生认为沈培先生综合众说，将"△"释读为"戴"，于形于义均可信从，但不同意其读为"得"，训为"抓获、捕获"的意见。范文认为释作"戴"，可训为"尊奉，拥戴"，即申公子皇拥戴新的皇子，与下文"繢公曰:'臣不知君王之将为君'"的记述相照应。并举《书·大禹谟》:"众非元后何戴，后非众罔与守邦。";《国语·周语上》:"庶民不忍，欣戴武王。"韦昭注:"戴，奉也。"张衡《东京赋》:"而欣戴高祖。"证明"戴"训为"尊奉，拥戴"，是文献中常见的用法。② 周凤五先生同意沈培先生观点，认为此字即包山楚简"戴"字，但因文义理解不同，周文的释意不同，认为"△"训为"乘"，段注:"乘者，覆也。上覆之则下戴之。"简文中的意思是指套马拉车，也就是说申公子亹送了一匹马套上车轭。③

---

① 沈培. 试释战国时代从"之"从"首（或从'页'）"之字 [EB/OL].（2007-7-17）[2023-1-2],http://www.bsm.org.cn/show_article.php? id=630.

② 范常喜. 读《上博六》札记六则 [EB/OL].（2007-7-25）[2023-1-2],http://www.bsm.org.cn/show_artic le.php? id=667.

③ 周凤五. 上博六《庄王既成》《申公臣灵王》《平王问郑寿》《平王与王子木》新探 [J]. 传统中国研究集刊,2007（1）: 58-67.

其五，释作"捷"。陈剑先生认为简文"△"亦见于上博简九的《邦人不称》篇，第 3 号简有"三战而三耆（写作''），而邦人不称勇焉"；上博简五《鬼神之明》第 2 号简简背的"此以桀折于鬲山而纣耆于只袜"，并与清华简《系年》中多见"截"字辞例相近，应为同一词，均为"捷获"之"捷"字异体、繁体。"捷"字西周金文作""""；三体石经《春秋》古文"捷"字作""，多从"屮"声。"耆""截"与西周春秋金文从"屮"（捷）之字的字形关系是"截"省去"戈"旁的大部，变为"耆"形。"屮"（捷）形左上角从"中"形书写时笔画错位写为从"止／之"形，然后"戈"旁横笔之左半与"止／之"形的下横笔共用，而讹作"屮"形。因战争捷获常可包括取得敌人首级，故在"屮"形下加"首"，即"截"字。①

此外，黄丽娟先生认为"△"从"止"从"首"，止、首皆声，是因为韵部相近而拼合而成的双声符字，且此种拼字法在楚简中常见。高佑仁先生认为"△"读"囚"与"得"皆有可能。高文进一步指出，从音韵角度考虑，未见"囚"与任何"之"相关字的通假例证，而端纽之部的"耆"与端纽职部的"得"，音韵关系非常接近。②"△"释为"止"，读为"囚"音理可通，但正如高佑仁先生所言，目前的资料来看，缺乏"囚"与任何从"之"字的通假例证，因此稍显证据不足。

今按："△"简文写作，将"△"释读为"置"，似与所对读的《左传》文字"囚"的意思差距甚远，恐不可从。

先来从字形角度讨论"△"究竟是独体字"首"还是从"止"从"首"的合体字问题。楚简"首"字主要形体如下。

字形					
出处	上博《周易》10 号简	包山丧葬 276 号简	郭店语《丛四》5 号简	包山丧葬 1 号牍	上博五《鬼神之明融师有成氏》2 号简背

---

① 陈剑. 简谈《系年》的"截"和楚简部分"耆"字当释读为"捷"[J]. 安徽大学学报（哲学社会科学版），2013（6）：67–70.

② 高佑仁. 上博楚简庄、灵、平三王研究 [D]. 台南：成功大学，2011：362.

沈培先生已针对凡文指明："按照他（凡国栋先生）的说法，《郭简·语丛四》'首'作'𦥑'，上面画出头发形态，由此，他推测包山牍1、《鬼神之明》的两形上面的'止'形就应该看作是'首'形上人的头发形态之讹变，而不是从'止'。'△'字大概也是这样看待的。持这样的看法，其实是又回到了以前大家对此字的认识程度，大概是不可取的。的确，战国文字中有些'首'字写得确实像△形，例如，滕壬生（1995：713）所录天星观所出遣策'白羽之𦥑'等辞的'𦥑'等字。但是，像包山牍1、《鬼神之明》等简中的'△'则明显是从'之'从'首'的写法，不能与之混淆。"① 沈先生所言甚确，笔者略作补充：凡先生引用的包山丧葬276号简"首"字，文例为"四马△首""△"下也有合文符号，当读为"之首"，且"△"下一字为"首"，说明"△"不可能是"首"字。笔者认为《申公臣灵王》的"△"字与上博简六《慎子曰恭俭》第5号简"首菁（戴）茅芙（蒲）"第二字形态极似，应是一字，列表比较如下。

出处	《申公臣灵王》	《慎子曰恭俭》
字形		

《慎子曰恭俭》"首菁（戴）茅芙（蒲）"第一字"首"写作"𦥑"，是很常见的楚文字写法；第二字从"止"从"首"之字，学者多释为"戴"，"茅蒲"何有祖先生释作簦笠，这句话的意思便十分清楚了。"△"字再次与"首"并列，又一次证明了此二字不可能都是"首"字。

确定了"△"字不是独体字"首"，再来分析"△"所从部件。"△"下部从"首"无疑，上部所从，学者大多认为是"之"或"止"，且并没有作严格的区分。笔者认为"△"字上部所从应该是"之"而非"止"字。二字楚简字形对比如下表。

---

① 沈培. 试释战国时代从"之"从"首（或从'页'）"之字 [EB/OL].（2007-7-17）[2023-1-2]，http://www.bsm.org.cn/show_article.php? id=630.

之	郭店《老子》甲 2 号简	上博《孔子诗论》4 号简	包山文书 3 号简	清华简《尹诰》3 号简	清华简《保训》6 号简
止	郭店《语丛一》105 号简	上博《缁衣》16 号简	上博《周易》48 号简	郭店《六德》48 号简	郭店《语丛三》53 号简

如表,楚文字"之"和"止"的主要区别在于"Y"形笔画以外的部分:"之"除"Y"形后还剩两笔,多相交作">"形;"止"除"Y"形后还剩一笔,多为折形或弧形。"△"字上半部形如"",很明显是"之"字。

"𢼒"字出土文献习见,上从"之",下从"首"或从"页""百"。"首""页"同源本为一字,《说文解字》"首,百同,古文百也。"现将此字辞例分类列出。[①]

序号	字形	读为	辞例	出处
1		戴（姓）	𢼒	《古玺汇编》3376
2		戴（姓）	𢼒	《古玺汇编》3487
3		戴（姓）	𢼒童页	《古玺汇编》3645
4		戴	一瓶𢼒因（絪）	信阳楚简 2.21
5		戴	御,良鸟𢼒翠造。	信阳楚简 2.4
6		戴	聰番,皉首	包山楚简 牍 1
7		戴	一和甲,𢼒胄,绿组之縢;御右二贞犍甲,皆𢼒胄,紫縢。	包山简 269—270、包山牍 1

① 该表部分参考沈培先生《试释战国时代从"之"从"首（或从'页'）"之字》所举辞例。

序号	字形	读为	辞例	出处
8		得	此以桀折于鬲山，而受（纣）耆于只社，身不没，为天下笑。	上博五《鬼神之明》简 2 背和简 2 正
9		得	敚于朸述，繡公子皇耆子。	上博六《申公臣灵王》简 4~5
10		戴	首耆茅芙（蒲），筱（莜）执橿（鉏）。	上博六《慎子曰恭俭》简 5
11		戴	秉璧耆珪	清华一《金縢》第 2 简

先来看有传世文献可供对读的序号 10、序号 11 的"耆"字。刘建民先生最早提出，序号 10 辞例为"首耆茅芙（蒲）"可以和《国语·齐语》中的"首戴茅蒲"对读，"耆"读为"戴"，此观点遂获得学界共识。序号 11"秉璧耆珪"可对读《史记·鲁周公世家》"戴璧秉珪"，《尚书·金縢》作"植璧秉圭"，"耆"亦释作"戴"。"耆"释作"戴"无论作为序号 1—3 的姓还是序号 4、5、6、7 的辞例当中，均是十分通顺的。那么，我们研究的重点就是序号 8、9 中的"耆"是否可以释作"戴"，读为"得"。"耆"字从"之"得声，"首"为义符，所以"耆"为端纽之部，"戴"亦为端纽之部，"得"为端纽职部，三字音韵关系非常接近，通假是没有问题的。至于为何"耆"是"戴"字，沈培先生和周忠兵先生已经解释得十分清楚了，请参见《试释战国时代从"之"从"首（或从'页'）"之字》和《说古文字中的"戴"字及相关问题》两篇文章。

需要说明的是，笔者虽然认可序号 8、序号 9 辞例中的"耆"字读为"得"，但"该字是'得'的另一种写法"的观点确值得商榷。如按这样理解，郭简《老子》甲简 36"得与亡孰病"的"得"（""）表示获得财物所以从贝，《申公臣灵王》获得俘虏所以从"首"，那么如果获得别的物品自然可以改变义符，如此孳乳生繁，不符合汉字发展的规律。且如果按照战国时期人们的认识，《申公臣灵王》中的"△"更应该从"耳"，因为此时战争的计功方法已经由早期的献头皮转变到献左耳了。《左传·僖公二十二年》："楚子使师缙示之俘聝。"杜预注："聝，所截耳。"孔颖达疏："聝者，杀其人，截取其左耳，欲以计功也。"

最后来讨论"耆"为何不能释为"捷"。陈剑先生指出《邦人不称》篇，第 3 号简有"三战而三耆（写作"𢆶"），而邦人不称勇焉"中"耆"读作"捷"。① 清华简《系年》中的诸多从"耆"从"戈"的"截"字（以下用"A"表示），亦应释为"戴"，准确点说应该是"戴"字异体。"戴"所造从"首"从"弋"的形声字（"戴"可以"弋"为声，已有《说文》籀文重文为证。）"弋"（余纽职部）、"之"（章纽之部）声韵关系密切，韵部对转，声纽亦常见相通，为"戴"字异体，亦可读为"得"，训为"捕获"。"A"（之端双声，之戈双声）而表示"戴"字本意的义符"首"并没有变化。清华简《系年》相关辞例如下表。

序号	简序	辞例
1	简 34～35	秦公率师与惠公战于韩，A 惠公以归
2	简 39～40	二邦伐都，徙之中城，围商密，A 申公子仪以归
3	简 76～77	连尹 A 于河雍
4	简 85～86	晋景公会诸侯以救郑，郑人 A 郧公仪，献诸景公，景公以归
5	简 128	景之贾与舒子共 A 而死
6	简 133	王命平夜悼武君率师侵晋，逾郙，A 茶阝公涉洬以归，以复长陵之师

上述"戴"字读为"得"，有"捕获"之意，其后可加所捕获之人作宾语，（表中序号 1、2、4、6 用法）如《书·金縢》："周公居东二年，则罪人斯得。"孔颖达疏："谓获三叔及诸叛逆者。"亦有"被捕获；被逮捕"之意，前置作受事主语（表中序号 3、5 用法）如汉刘向《新序·杂事四》："臣之父杀人而不得，臣之母得而为公家隶，臣得而为公家击磬。""得"又可特指得胜，如银雀山汉墓竹简《孙膑兵法·威王问》："以轻卒尝之，贱而勇者将之期于北，毋期于得。"至于陈剑先生所

① 陈剑.《三德》竹简编联的一处补正 [EB/OL].（2006-4-1）[2023-2-1].http://www.bsm.org.cn/show_article.php？id=311.

说的西周金文作""、"";三体石经《春秋》古文"捷"字作"",多从""声,是正确的,但这个字并不是从"首"的"戴"字,而是"捷"字。

综上所述,《申公臣灵王》的"△"字应释作"戴",读为"得"。

[3] 臣牺(将)或至安。

本句争议颇大。整理者认为"或"表示怀疑不绝,"致"训为"送诣","至安"读为"致焉"。[①] 李学勤先生认为"致"是"送"的意思,此句是说穿封戌把皇颉送交王子围。[②] 陈伟先生[③]、刘信芳先生[④]、高佑仁先生[⑤]把"或"读为"有","至(致)"即"致死礼"即《左传·昭公八年》:"若知君之及此,臣必致死礼以息楚。"高佑仁更进一步把"将"字视为必然之词。赵苑凤先生[⑥]亦同意本句对读《左传》,把"致"训为"竭尽","将有致焉"意指"将会竭尽全力"。网友海老根量介读"或"为"又","至安"为"至焉",到这个地步的意思。"臣将又至焉"是说"当时即使知道您将来要为楚王,我一定会又那样做(也一样会与您争功)"。许慜慧先生认为本句可对读《左传·昭公八年》,"使穿封戌为陈公,曰:'城麇之役,不义。'侍饮酒于王。王曰:'城麇之役,女知寡人之及此,女其辟寡人乎?'"故"至"读为"致",意为给予、让给,与《公羊传·庄公三十二年》:"庄公病,将死,以病召季子。季子至,而授之以国政,曰:'寡人即不起此病,吾将焉致乎鲁国?'"之"致"用法相同。刘信芳先生也认为"臣必致死礼以息楚"与简文本句相对应。刘文进一步指出孔颖达谓"致死礼者,欲为郏敖致死杀灵王也",以及"在君为君",皆是

① 马承源主编. 上海博物馆馆藏楚竹书(六)[M]. 上海:上海古籍出版社,2007:249.

② 李学勤. 读上博简《庄王既成》两章笔记 [EB/OL].(2007-7-16)[2023-1-2],http://www.confucius2000.com/admin/list.asp? id=3212.

③ 陈伟. 读《上博六》条记 [EB/OL].(2007-7-9)[2023-1-2],http://www.bsm.org.cn/show_article.php? id=597.

④ 刘信芳. 说穿封戌之"心"[EB/OL].(2007-7-8)[2023-1-2],http://www.bsm.org.cn/show_article.php? id=702.

⑤ 高佑仁. 上博楚简庄、灵、平三王研究 [D]. 台南:成功大学,2011:333-336.

⑥ 赵苑凤. 穿封戌的"致死礼"之心 [EB/OL].(2015-5-13)[2023-2-1].http://www.bsm.org.cn/show_article.php? id=1694.

也。然谓"此对是谄非悖也",则未必恰当。结合简文记载来看,穿封戌的答词非谄非悖,为自己的行为作了充分的辩护,分寸在焉,也合于君臣之礼。① 海老根量介先生将"至焉"理解为"到这地步",与《左传·襄公二十五年》《春秋榖梁传》桓公元年"至焉"辞例相同。"或"字读为"又",指出用"或"表"又"为楚国文字习惯,在楚简中习见。"臣牏或至安"应该读为"臣将又至焉",理解为"(即使我知道您将来成为楚王,)我一定会又与您争功的"。②

今按:如把本句理解为"穿封戌把皇颉送还给楚灵王",那么后文灵王笑穿封戌所言,便觉难以理解,而且灵王还说了"是言弃之",难道是要拒绝接受皇颉这一战功吗? 显然与《左传》记载"戌怒,抽戈逐王子围,弗及。楚人以皇颉归"的事实不符。所以"穿封戌把皇颉送还给楚灵王"的观点是首先要排除的。

体会本句的意思,须先了解下文的意思,正确理解灵王所言"緟(申)公事不敦(谷),必旦(以)氏(是)心"和申公所言"可(何)敢心之又(有)"二句中"心"的含义。二人一问一答,很明显,所言之"心"是一回事。那到底是什么心呢? 显然是申公穿封戌之前的行为所表达之"心",所以灵王才会用"氏(是)心"之"是"的指代说法。灵王要此"心",但申公不敢给此"心",说明申公穿封戌之前的行为是有悖于灵王的,换句话说就是对灵王不利的。那么此"心"所代表的对灵王不利的行为是什么呢? 有两种理解:若联系简文,可以指上文说的"朸遂争囚"。我们发现,以此逻辑即灵王要求申公穿封戌用争囚的行为来对待他,显然是有悖常理的,所以此种理解是不正确的。另一种理解,是联系简文的对读文献《左传》,左氏云:"使穿封戌为陈公,曰:'城麇之役,不诲。'侍饮酒于王,王曰:'城麇之役,女知寡人之及此,女其辟寡人乎? '对曰:'若知君之及此,臣必致死礼以息楚。'"申公的回答是"臣必致死礼以息楚。"显然是对应简文"臣牏

① 刘信芳 . 说穿封戌之"心"[EB/OL].(2007–7–8)[2023–1–2],http://www.bsm.org.cn/show_article.php? id=702.
② 海老根量介 . 上博简《申公臣灵王》简论——通过与《左传》比较 [EB/OL].(2012–7–1)[2023–1–2],http://www.gwz.fudan.edu.cn/SrcShow.asp? Src_ID=1893.

（将）或至安。"这句的。需要先说一下，先贤们对《左传》"臣必致死礼以息楚"的讨论，先将各家之观点罗列如下。

学者	观点
（晋）杜预	息，宁静也
（隋）刘炫	昭八年，穿封戌云："若知君之及此。"追恨不杀灵王，其意乃悖于此，盖古者不讳之言
（唐）孔颖达	致死礼者，欲为郏敖致死杀灵王也。穿封戌既臣事灵王，而为此悖言，追恨不杀君者，以明在君焉君之义，早已忠直。若如今日有人欲谋灵王，己必致死杀之。此对是谄非悖也
（宋）林尧叟	言若蚤知灵王篡位为君，我必为郏敖尽臣礼，致死以杀君，以宁息楚国之祸
（清）刘文淇	（孔）疏曰："非悖也"，似舆光伯（即刘炫）之说不同。论其迹则悖，推其隐语则谄，虽是谄辞，亦古者不讳使然，二者不背。故亦知光伯语也
（民国）竹添光鸿	致死者，为郏敖致死以杀灵王也。然此语唯当说臣必弃身。从礼以安息今日之民也。息民之谓礼。尔时致死。楚亦可以无是不宁云尔。灵王立，楚无宁岁，战伐相及，礼以息楚之语，直言谏也
（民国）吴闿生	此皆表章灵王处，齐桓、晋文所不及也

总结来看，先贤们对"致死礼"的理解有"悖"或"谄"的纷争。所谓"悖"是说，如今灵王要不计前嫌重用申公穿封戌，但穿封戌却言后悔自己当初没有为郏敖杀死灵王，此种悖逆臣子之道的行为。所谓"谄"是指孔颖达的观点，即当初穿封戌事郏敖愿意为他牺牲自己而平息楚国的祸患，如今，既然灵王已即位，穿封戌也愿意以"致死礼"对灵王尽忠，穿封戌之言是在向灵王表达谄媚。不管是"悖"还是"谄"，"致死礼"都是指为郏敖杀灵王，此行为所代表的"心"就是为社稷致死之心。《左氏会笺》也持此观点："致死者为郏敖致死以杀灵王也。"联系简文来看，为郏敖杀灵王正是申公穿封戌之为社稷致死之"心"。如此理解，逻辑上便合理了。灵王问申公穿封戌："是否记得当时你我二人因'杕遂争囚'而结怨之事，若知道我会即位为楚王，你还会这样对待我吗？"穿封戌回答："若早知你会

杀郏敖自立，我必将会为社稷献致死之心。"楚灵王笑答："（如今我已为王），你也要为像先前那样为社稷献致死之心，对我尽忠啊。"穿封戌为灵王的行为而感动，跪拜答："我如今是您的臣子，君王免我死罪，我怎敢有害您之心呢？"因此，笔者认为陈伟先生、刘信芳先生、高佑仁先生所言简文"至（致）"对应《左传》"致死礼"是正确的。但仅以一个"至（致）"字表达"致死礼"如此复杂的含义未免有些牵强。赵苑夙先生很好地解决了这个问题，他认为仅以一"致"字是否能完整表达"致死礼"之意则令人生疑，故将"致"可训为"竭力""竭尽"，十分正确。赵文指出灵王与穿封戌的对话是一种隐晦的回答方式与上文灵王问"忘夫杫述之下乎？"的问法相合，灵王也是只问到"杫述之下"，至于"杫述之下"所发生的"争囚""抽戈逐王子围"等事皆隐藏在问句之后。简文的问答对话相较于《左传》之言来得委婉，故穿封戌只说到"臣将有致焉"，语气肯定但不若"致死礼"来得强烈。其委婉语气还可由称谓方式观之，《左传》灵王直称穿封戌为"女（汝）"，《申公臣灵王》中灵王皆称穿封戌为"陈公"（今按：应是申公），穿封戌在回答中三称己"臣"，二称灵王为"君王"，语气较《左传》的"若知君之及此"来得尊敬。[①]

综上，"臣"为申公穿封戌自称；"将"训为"必"，表必然之辞；"或"读为"有"；"将或（有）"加强肯定语气，可译为"必定，必会"；"至"释为"致"训为"竭力"；"安"读为"焉"。全句可理解为，臣必将会竭尽全力，穿封戌之语有所省略。如此理解既可以与后文"今日申公事不谷，必以是心"。（按：本句"含"为"今"古文，"氏"与上同，即"是"，指示代词。"是心"是指穿封戌不畏强权、不卑不亢，致死如一的心态）顺承，又符合《左传》所记穿封戌耿直不屈的性格，最重要的是，更加体现出楚灵王不计前嫌的伟大君主形象，符合楚简对于楚王多赞颂的原则。

[4] 不敥（谷）目（以）笑繡（申）公，氏（是）言弃之。

这句话理解起来并不困难，学界的主要不同意见在于断句，共有以下两种

---

① 赵苑夙. 楚简《左传》所载穿封戌、灵王事件之别 [EB/OL].（2012-7-12）[2023-2-1].http://www.bsm.org.cn/show_article.php？id=1715#_ftn1.

断句方式。

第一种断句方式："不敫（谷）㠯（以）笑繡（申）公，氏（是）言弃之。"申公为笑这一动作的宾语，楚灵王为此动作的主语。基于此种断句方式的学者对本句有以下理解：如整理者认为"以笑申公"意思是"所以要笑申公"，"氏"读为"是"，指示代词，"是言"即"此言"。"弃"，废也。① 李学勤先生认为本句话的意思是"这件事纯属笑谈，这句话就不算了。"② 高佑仁先生也认为简文指这是笑谈，无须当真。③ 汤志彪先生"以"读"乃"，只是、仅仅之意。学者多认为，此句是说楚灵王让申公忘了这句笑谈，也就是说"氏（是）言弃之"的主语是申公。

第二种断句方式："不谷以笑申公是言，弃之。"广濑薰雄先生提出把"以笑申公是言"连读，与下句"今日申公事不谷，必以是心"的"以是心"并列，所以"申公是言"不能分开。海老根量介先生从之，并提出《左传》的文献证据。僖公十五年有云："史苏是占，勿从何益。""史苏是占"翻译为"史苏的占卜"。该篇"陈公是言"当与此同例即"申公的这句话"。如按此断句，"弃之"之"之"所指为"陈公是言"，"弃之"的主语是灵王。这句话的意思是，"我把申公说的当笑话听，就当他没说过。"④

今按：就像诸位学者分析的那样，本句就是灵王针对申公的回答，缓和气氛、宽恕申公之语。"不谷以笑申公，是言弃之"的断句似更为通顺，可以翻译为，"本王把（申公所说）当作笑谈，你说的话就忘了吧。"如此，既符合《左传》的人物性格设定，又利于塑造楚灵王不计前嫌、宽宏大量的君主形象。

[5] 不㠯（以）晨（辱）釱（斧）锧。

此句是本篇的重点和难点，先将简文字形列表如下。

---

① 马承源主编．上海博物馆馆藏楚竹书（六）[M]．上海：上海古籍出版社，2007：239–250.
② 李学勤．读上博简《庄王既成》两章笔记 [EB/OL]．（2007–7–16）[2023–1–2]，http：//www.confucius2000.com/admin/list.asp？id=3212.
③ 高佑仁．上博楚简庄、灵、平三王研究 [D]．台南：成功大学，2011：317–318.
④ 海老根量介．上博简《申公臣灵王》简论——通过与《左传》比较 [EB/OL]．（2012–7–1）[2023–1–2]，http：//www.gwz.fudan.edu.cn/SrcShow.asp？Src_ID=1893.

字形	𫝀	𠃌	𦰩	𨥈	锧
隶定	不	𠯑	晨	鈇	锧

关于"𦰩"（以下用"△"代替）学界主要有以下几种意见。

其一，释作"晨"，读为"辰"。整理者依《集韵》："晨通作辰"，将此字读为"辰"。《论语·子张》："仲尼，日月也，无得而踰焉。"何晏注："日月之会是谓辰，日月喻其至高，以喻圣贤。""辰"与简文同义，喻为圣贤。①

其二，释为"辱"。陈伟先生认为"△"字为"辱"误写，谦辞。② 张崇礼先生③从陈伟先生观点，认为"△"是楚文字常见的"辰"字，在此是"辱"省略"又"旁的误写形式。"不以辱斧锧"意思是说"（君主您）不拿（我）来玷污了斧锧"，是一种谦卑和委婉的说法，古汉语习见。文炳淳先生亦认为"△"字为"辱"或是"辱"之误写。④ 何有祖先生认为"△"字疑读作"震"或"振"（详见下文），但作为另一可能，"晨"有可能读作"辱"，用以表示一种谦恭的语气，相当于现代汉语中的"劳驾"，其意并非指侮辱。这里指劳驾您的"斧锧"来砍我。⑤

其三，读为"抵"。金克兀先生⑥ 持此观点，从音韵上说从"辰"声的字和从"氐"声的字古多通，如"振"与"祗"、"震"与"祗"；从文例上说，古书屡见"抵斧质之罪""抵斧钺之罪"的用例，如《战国策·燕策二》："臣不佞，不能奉承先

① 马承源主编．上海博物馆馆藏楚竹书（六）[M]．上海：上海古籍出版社，2007：251．

② 陈伟．读《上博六》条记 [EB/OL]．（2007−7−9）[2023−1−2]，http://www.bsm.org.cn/show_article.php？id=597．

③ 张崇礼．楚简释读 [D]．济南：山东大学，2008：94．

④ 文炳淳．上海博物馆战国楚竹书（六）《申公臣灵王》篇译释 [J]．中语中文学（韩国中语中文学会主办），2008（42 辑）：189．

⑤ 何有祖．读《上博六》札记 [EB/OL]．（2019−11−10）[2023−1−2]．http://www.bsm.org.cn/show_article.ph p？id=596．

⑥ 金克兀．关于《上博六·申公臣灵王》"不以辱斧质"的猜想 [EB/OL]．（2008−1−14）[2023−1−2]http://www.gwz.fudan.edu.cn/Web/Show/308．

王之教，以顺左右之心，恐抵斧质之罪，以伤先王之明，而又害于足下之义，故遁逃奔赵。自负以不肖之罪，故不敢为辞说。"抵斧质之罪"应该也可以省说为"抵斧质"。简文原话为"君王免之死，不以唇斧质"，把省略的主语、宾语补足，即"君王免之（指臣）死，（君王）不以（臣）唇斧质"，"不以唇斧质"的主语虽是"君王"，"唇斧质"的主语其实是"以"后省略了的"臣"，完全符合"伏""抵"这类动词前的主语是致受斧质之刑者的要求。"不以唇斧质"翻译为现代汉语，就是"君王不使臣致受斧质之刑"。

其四，读作"震"或"振"。何有祖先生、徐少华先生[①]、杨泽生先生[②]主要持此观点。其主要依据是"震"或"振"是举起、动用、兴起之意，与其后的"斧锧"（徐少华先生作斧杖）搭配使用可以指楚王对申公施以斧锧之刑，以振威势。前后文义较为通顺，徐少华先生指出："'君王免之死，不以晨鈌步'为申公子皇感激楚灵王的言辞，意即君王赦免了臣的死罪，封臣没有勤用斧杖之刑，故其最后表示'何敢心之有'即'哪敢有不善之心'呢！"杨泽生先生、李佳兴先生依"振"表示举在古书中更为常见，故采"振"之说。

其五，读为"淳"。李学勤先生持此观点，他指出"不以晨鈌步"之"晨"读为"淳"，以为沃灌。[③]

其六，读为"伏"。周凤五先生认为简文"晨"读作"伏"，从语音关系上将，"晨""伏"二字分别为禅纽文部和并纽职部，可以通假，此说有误。文、职二部相通，如《春秋经·昭公十一年》"季孙意如"，《公羊传》作"季孙隐如"。但禅纽、

---

① 徐少华.上博简申公臣灵王及平王与王子木两篇疏正 [J].古文字研究（第二十七辑）.2008：480–481.

② 杨泽生.读《上博六》札记（三则）[EB/OL].（2007–7–24）[2023–1–2].http://www.bsm.org.cn/show_article.php？id=658.

③ 李学勤.读上博简《庄王既成》两章笔记 [EB/OL].（2007–7–16）[2023–1–2]，http://www.confucius2000.com/admin/list.asp？id=3212.

并纽却无相通之理，所以这种误读意见不正确。①

此外，不少学者指出如果"唇斧锧"的主语是"臣"，那么"斧锧"之前恐怕用的就是"伏"字了，与《韩诗外传》卷二："遂伏斧锧，曰：'命在君'"相同。②

今按：简文"△"字，从日辰声，可隶定为"晨"。

首先来讨论把"唇"认为是"辱"之异体或误写的观点。《说文》："辱，耻也。从寸在辰下。失耕时，于封畺上戮之也。辰者，农之时也。故房星为辰，田候也。"本义为除去农田害虫。观其字形，未见失"又（手）"之字。楚文字字"辱"字写法见下表。

字形					
出处	郭店《老子》乙简 5	郭店《老子》乙简 6	上博七《吴命》7 号简	上博八《命》2 号简	包山文书 21 号简

可知楚文字"辱"或从"辰"或从"唇"，均配"又（手）"形以表示"以手持辰"，尚未见不加"手形"的写法。金克尤先生指出：这种从"日"的"辰"字大概是为表示时间的"辰"而造的，"辱"字从"唇"，可能是"以手持'辰'"的表意功能变为纯粹的符号之后，根据"辰"的某种写法类推出来的。金克尤先生指出金文中有以"辱"为"辰"的情况，西周中期伯中父簋"辰在壬寅"的"辰"就写成"𥄂"。古文字中既存在以"辱"为"辰"的异读现象，当然就不能排除有以"辰"为"辱"的可能性。所以把"唇"认为是"辱"之异体或误写，恐怕有些武断。

上博简八《命》篇 2 号简亦有"△"字，写作"𥄂"，很明显是"辱"字，其所在的简文句字为"志（恐）不能，吕（以）辱鈇（鈇、斧）𪊣（锧）"。

将"辱鈇（斧）𪊣（锧）"三字字形与本简对比如下。

① 周凤五 . 上博六《庄王既成》《申公臣灵王》《平王问郑寿》《平王与王子木》新探 [J]. 传统中国研究集刊，2007（1）：58–67.

② 杨泽生 . 读《上博六》札记（三则）[EB/OL].（2007-7-24）[2023-2-1].http://www.bsm.org.cn/show_article.php？id=658.

	△	釱	锧
《申公臣灵王》			
上博八《命》			

　　显而易见，两简"釱（斧）鑋（锧）"二字字形完全相同，"△"（晨）字所对应的便是"辱"字。复旦吉大古文字专业研究生联合读书会也指出二字亦见于上博六《庄王既成》《申公臣灵王》简9，二字读为"斧锧"。^①有了上博简八《命》篇中的辞例为证，《申公臣灵王》中的"晨"字，释读为"辱"当无疑。高佑仁先生指出"辰"和"辱"先秦时期古音是非常接近的，为二字的音韵关系找到了证据。高文云："虽然'辰'（定纽、谆部）、'辱'（泥纽、屋部）二字在韵部方面有比较大的距离，但在出土文献却处处可见'辰''辱'互用的证据，金克兀已指出伯中父簋'辰在壬寅'的'辰'写作'辱'，这是字作'辱'读作'辰'的证据。相反的，与本简相同，字作'辱'读作'辰'字声系者，也已有用例，例如塱肇家鼎（《集成》633）的'〇'字，郭沫若已指出此即《玉篇》释为'大鼎也'、《广雅·释器》释为'鼎也'之'鬻'字，鬻从'辰'声，而金文却从'辱'声，可见'辰''辱'在先秦时期肯定古音非常接近。"^②

　　那么简文中的"辱"应该怎样理解呢，需要先说明以下"釱（斧）鑋（锧）"这个词。"斧"是杀人的刑具，"锧"是愿请受刑人趴伏的板子，"斧锧"是古代一种腰斩的刑具，方法是将人放在质（砧板）上，用斧砍断。史籍常有"伏斧锧"搭配，如《韩非子·外储说左下》："玺，复以治邺。不当，请伏斧质之罪。"又《汉书·项籍传》："孰与身伏斧质，妻子为戮乎？"此时主语多为即将受刑之人。亦见"抵斧锧"辞例，如《战国策·燕策二》："臣不佞，不能奉承先王之教，以顺左右之心，

① 复旦吉大古文字专业研究生联合读书会.上博八《命》校读[EB/OL].（2011-7-11）[2023-2-1].http://www.gwz.fudan.edu.cn/web/show/1594#_edn5.
② 高佑仁.上博楚简庄、灵、平三王研究[D].台南：成功大学，2011：193.

恐抵斧质之罪，以伤先王之明，而又害于足下之义，故遁逃奔赵。自负以不肖之罪，故不敢为辞说。"又如《新序·杂事》："臣（乐毅）不肖，不能奉承王命，以顺左右之心，恐抵斧钺之罪，以伤先王之明，有害足下之义，故遁逃。自负以不肖之罪，而不敢有辞说。"

那么简文中"君王孚（免）之死，不弖（以）晨（辱）鈂（斧）锧"的意思应该是，"君王免臣死罪，不让臣使您的鈂（斧）锧受辱。"这是一种谦卑的说法，符合君臣之仪。"辱"可理解为"使……受辱"，与《晏子春秋》"寡人以天子大夫之赐，得百姓以守宗庙，今见戮于刖跪，以辱社稷，吾犹可以齐于诸侯乎？"之"辱"字的用法相似。

[6] 可（何）敢心之又（有）？

"![敢字形]"，整理者释作"敢"，"可（何）敢心之又（有）"意为"'哪敢有不善之心'"。① 郝士宏先生"敢"解为"侵犯""冒犯"之义，或可读为"险"，"险心"可理解为险恶之心，意思是臣为君王之臣，君免臣之死而不以伏斧质，臣怎能有险恶之心。② 李天虹先生读为"慊"，不满的意思。③

今按："敢"字形，楚简习见，如包山楚简"![敢字形]"。"可敢"读为"何敢"，也就是哪敢，怎么敢。先秦传世文献常有"有心"辞例，《诗经·小雅·巧言》："他人有心，予忖度之。"《论语》："有荷蒉而过孔氏之门者，曰：'有心哉！击磬乎！'"《左传·桓公六年》："今民各有心，而鬼神乏主，君虽独丰，其何福之有！""有心"一词，指有想法。本句是说（臣）不敢有什么想法，不敢有二心。

---

① 马承源主编.上海博物馆馆藏楚竹书（六）[M].上海：上海古籍出版社,2007：239.

② 郝士宏.初读《上博六》[EB/OL].（2007–7–21）[2023–1–2],http://www.bsm.org.cn/show_article.php？id=648.

③ 李天虹.《季康子问于孔子》"讹"字小议[EB/OL].（2007–8–21）[2023–1–2],http://www.bsm.org.cn/show_article.php？id=701.

二、文本对读汇编

《左传》

【襄公二十六】

楚子、秦人侵吴,及雩娄,闻吴有备而还。遂侵郑。

五月,至于城麇。郑皇颉戍之,出,与楚师战,败。穿封戌囚皇颉,公子围与之争之。

正于伯州犁,伯州犁曰:"请问于囚。"乃立囚。伯州犁曰:"所争,君子也,其何不知?"上其手,曰:"夫子为王子围,寡君之贵介弟也。"下其手,曰:"此子为穿封戌,方城外之县尹也。谁获子?"囚曰:"颉遇王子,弱焉。"戌怒,抽戈逐王子围,弗及。楚人以皇颉归。

【昭公元年】

冬,楚公子围将聘于郑,伍举为介。未出竟,闻王有疾而还。伍举遂聘。十一月己酉,公子围至,入问王疾,缢而弑之。遂杀其二子幕及平夏。右尹子干出奔晋。宫厩尹子皙出奔郑。杀大宰伯州犁于郏。葬王于郏,谓之郏敖。

【昭公八年】

使穿封戌为陈公,曰:"城麇之役,不詟。"

侍饮酒于王,王曰:"城麇之役,女知寡人之及此,女其辟寡人乎?"

对曰:"若知君之及此,臣必致死礼,以息楚。"

　

上博六《申公臣灵王》篇记载了楚灵王还是王子时与申公穿封戌因"杕述争囚"而结怨,后灵王即位,二人冰释前嫌的对话,属于比较典型的"语类文献"。简文所载争囚事件见于《左传·襄公二十六》城麇之战的相关记载;君臣二人的对话则可与《左传·昭公八年》的记载大致对应,但其人物称谓、故事情节、记叙详略、遣词语气、文章立意等方面各有不同。简文中王曰:"不敪(谷)昌(以)笑繻(申)公,氏(是)言弃之。含(今)日繻(申)公事不敪(谷),必昌(以)氏

（是）心。"繡（申）公王（跪）拜，記（起）畬（答）："臣为君王臣，君王孚（免）之死，不旨（以）晨（辱）鈘（斧）锧。可（何）敢心之又（有）？"这一内容未见其他史书，为我们了解事件的后续发展提供了宝贵线索。下文将从简文与《左传》的异与同进行分析。

其一，简文与《左传》记载的相同点。

分析可知，简文与《左传》在王子围与申公争囚的情节上十分相似、君臣二人的部分对话可以对读。但需要说明的是，与《平王与王子木》和《说苑》的关系不同，该简文与《左传》仅限于所记事件的大致相同，并没有文本上的相似性。这说明当时的故事框架是相对比较稳定的，在上博简时代基本定型，但在长期的流传的过程中出现了变异。

其二，简文与《左传》记载的不同点。

首先，人物称谓的不同。此处有三点需要我们进行讨论。

第一，申公子皇。简文与王子回争囚的是申公子皇，对读《左传》的人物是陈公穿封戌。关于"申公"其人，学界有两种观点。一种为"申公说"。整理者持"申公巫臣"说，认为此人即春秋时楚屈封于申，因夏姬之争，弃楚奔晋，献"联吴疲楚"之计的屈巫。徐少华先生持"申公县公说"，即认为此人为楚申县之县公，子皇为申公之名，与《左传·庄公三十年》所载"申公斗班"同例。本简所载申公守护皇子之事，当与楚郏敖被杀的宫廷之变有关周凤五先生[①]、台湾大学刘文强先生[②]据简文""，从王廿声，认为该字读为"聾"，即"申公子聾说"，申公子聾，楚申公史老也，见《国语》名篇《左史倚相儆申公子聾》。另一种为"陈公穿封戌说"。此观点以陈伟先生为代表，认为此字与郭店竹书《缁衣》19、39号简、上博竹书《缁衣》10、20号简引《君陈》"陈"为一字，此二简"陈"皆从"申"作，故此可读为"陈"。"陈公"即穿封戌，子皇是其字。

① 周凤五. 上博六《庄王既成》《申公臣灵王》《平王问郑寿》《平王与王子木》新探 [J]. 传统中国研究集刊, 2007（1）: 58-67.
② 刘文强. 申公臣灵王王（二）——"遇于枥隧"[J]. 岭南学报, 2016（1）: 247-255.

分析以上几种观点，申公巫臣于鲁成公二年奔晋，为邢大夫，此为于楚灵王之事，恐与史实不符。由《国语·左史倚相儆申公子亹》所记载申公子亹与左史倚相的故事推算，"城麇争囚"事件发生之时，申公子亹已年近花甲，不可能轻松囚捕郑将皇颉，更不可能被王子围夺走郑囚后"抽戈逐王子围"。因此，以上两"申公"之说均不正确。再来分析陈公说，陈伟先生将此篇对读《左传》，认为简文"申公子皇"即《左传》"陈公穿封戌"，具有重要的启迪作用，从二文本对读内容来看，十分正确。但是陈先生人名地名专用字"繟"与"陈"通假的论据确值得商榷。笔者认为人名地名专用字"繟"与"陈"谐声偏旁并不相同。二字读音相近，只是具备了通假音理，却没有若干典籍或古文字通假材料作佐证，即缺乏异文和辞例条件，则其通假不能成为定论；二字作为地名专字各有固定写法且不相混淆（陈文所举郭店、上博竹书《缁衣》篇中所引《君陈》之"陈"，隶定作"迧"，以天干地支之"申"为声符，"申""陈"通假，"迧"可读为"陈"，但其非地名专字，不足以支撑结论）。所以不能直接将简文中的"申公"读为"陈公"。但是综合考察简文以及《史记》《左传》"陈公"之异，我们发现《左传》所记"陈公穿封戌"实为简文"申公"，左氏把申公事迹混淆到了陈公身上，以为此事与楚灵王灭陈相关，将故事分置两段编于不同年份，故造成《春秋》《左传》关于灭陈时间的记载差异。左氏为申明儒家义理，对故事情节有所增删演绎。综上，虽然《左传》所记有所偏误，但"申公子皇"即对应《左传》"陈公穿封戌"，子皇是其名，简文补充了传世文献未见的穿封戌称谓资料，详见第八章专题讨论：《〈左传〉"陈公穿封戌"辨疑》对于相关史实的讨论。

第二，皇子。整理者将"皇首皇子"（整理者将第二字迳释为"首"）四字连读，指"第一个皇子"。[①] 周凤五先生认为"皇子"应读为"皇驹"，指毛色黄白的良驹，简文记载的是申公子亹与王子围争夺这匹良驹的故事。[②] 高佑仁先生认为，

---

① 马承源主编. 上海博物馆馆藏楚竹书（六）[M]. 上海：上海古籍出版社,2007：247.

② 周凤五. 上博六《庄王既成》《申公臣灵王》《平王问郑寿》《平王与王子木》新探 [J]. 传统中国研究集刊,2007（1）：58-67.

"皇子"即《左传》襄公二十六年城麇之役被囚之郑将"皇颉"。"皇"为其氏,"子"是古代对男子的美称。① 从简文内容来看,无疑高文的理解是正确的。

第三,王子回。楚灵王即位之前简文称为"王子回",与《史记》的"公子围"的称法相同,《史记·楚世家》:"康王宠弟公子围",《集解》引徐广曰:《史记》多作"回"。《左传》皆作"公子围"。本篇简文的出土可证徐广之说,此乃以出土文献证前人之说的又一例。

补充说明一点,《左传》中除了上述三位人物,还有伯州犁一人,其人"上下其手"的故事是简文所没有的,因不属于人物称谓的不同,故此不做详细说明,详见下文关于故事情节不同的讨论。

还需说明的是,楚灵王与穿封戌君臣二人对话中人物称呼也不同。《左传》中,灵王直接对穿封戌呼"汝"(对应《左传》中"城麇之役,女知寡人之及此,女其辟寡人乎?"一句),而在简文中,灵王始终以"申公"尊称穿封戌。人物称呼的不同,一来说明《左传》中君臣冲突更为激烈,简文中似在有意无意淡化君臣矛盾。二来体现《左传》中灵王的形象更为蛮横,符合其人物设定,而简文却塑造了一个温文尔雅,合君臣之礼,甚至愿意在臣子面前放下身段开玩笑的楚王。

其次,地名的不同。本文出现一处地名。第一字整理者隶定为"析",认为此即为"析"地,见于《左传·僖公二十五年》"秦人过析";杜预注:"析,楚邑,一名白羽",今河南省内乡县西北。陈伟先生 ②、何有祖先生 ③、凡国栋先生 ④ 均释该字从"木""力"声,读作"棘"。第二字作"述",何有祖先生认为"述"用作"遂",此读为"隧";凡国栋先生读为"遂";周凤五先生读为"术"。以上学者皆认为

① 高佑仁.上博楚简庄、灵、平三王研究 [D].台南:成功大学,2011:327.

② 陈伟.读《上博六》条记 [EB/OL].(2007-7-9) [2023-1-2],http://www.bsm.org.cn/show_article.php? id=597.

③ 何有祖.读《上博六》札记 [EB/OL].(2019-11-10) [2023-1-2],http://www.bsm.org.cn/show_article.ph p? id=596.

④ 凡国栋.读《上博楚竹书六》记 [EB/OL].(2007-7-9) [2023-2-1].http://www.bsm.org.cn/show_article.php? id=599.

此字与上字连为一地名关于"棘述"具体方位的考证。陈伟先生、何有祖先生对读《左传·襄公二十六年》:"楚子、秦人侵吴……五月,至于城麇。……"认为此地若不是城麇,则必在城麇附近。根据文本对读情况,简文中字应释为"杸述"与《左传》中的"城麇"同为战争发生地,读为"棘隧"。无论从"棘""隧"二字之地名理据考察,还是从"上棘"之与地望考证,《左传》"城麇"即简文"杸(棘)述(隧)"当在"上棘"附近,详见专题《杸述地望考论》。

再次,我们须对故事情节的不同进行讨论。

第一,《左传》有而简文未有之情节。《左传》中公子围与穿封戌正于伯州犁,伯州犁"上下其手"问囚的故事简文没有记录。仔细分析《左传》关于"陈公穿封戌"的记载,发现有诸多前后矛盾和不合逻辑的问题,所以笔者推断左氏记"伯州犁问囚"故事的目的可能是在为"灵王立穿封戌为陈公"铺垫理由。

这须从《左传》中关于陈公穿封戌记载的问题说起。《史记》所记陈公为公子弃疾,并未有关于穿封戌的记载。对比《左传》发现,左氏关于陈公的记载,有以下几点值得注意:一是楚师灭陈之具体时间,《春秋》和《左传》相差整一月。二是公子弃疾师师灭陈,但灵王却封与自己夺囚的"仇人"穿封戌为陈公,与《左传》所塑造的灵王昏庸暴虐的形象不符。三是《左传·昭公十三年》记载:"有楚国者,其弃疾乎?君陈、蔡,城外属焉。"说明公子弃疾灭陈后曾任陈公,与昭公八年灵王任穿封戌为陈公的记载矛盾。四是在传世文献中,穿封戌仅见于此故事。五是对比楚竹书《申公臣灵王》,故事的主人公是申公,"申"与"陈"读音极近,容易混淆。综合上述诸多因素,笔者认为《左传》所记"陈公穿封戌"实为简文"申公",左氏把申公事迹混淆到了陈公身上,认为此事与楚灵王灭陈相关,又为申明儒家义理,对故事情节有所增删、演绎。详见专题《〈左传〉"陈公穿封戌"辨疑》对于相关史实的讨论。

同样的故事拥有不同主人公的情况,在古书中并不罕见。如,一邦人父亲的尸骨埋于君王新建的宫殿之下,国君为实现邦人合葬父母的心愿而拆除新建宫殿的故事。在上博四《昭王毁室》中,故事的主人公是"楚昭王"和"某君子",而在可与竹书对读的传世文献《晏子春秋》中变成了"齐景公"与"逢于何"。又如，晋献公欲召回在秦国的隋会，《左传》中提出该主张是郤成子，而在马王堆汉墓《春秋事语》中提出此事的人是魏州余。再如，齐桓公与夫人荡舟，夫人嬉戏惹怒桓公，进而引发战争的故事，在《左传》《史记》《韩非子》，以及马王堆汉墓帛书《春秋事语》等书中，主人公是"蔡姬"。而在《管子·大匡》中，女主人公则为宋夫人。此种古书不同的故事版本的现象早有先贤关注。东汉王充在《论衡·正说篇》评论道："说家以为譬喻增饰，使事失正是，诚而不存。曲折失意，使伪说传而不绝。造说之传，失之久矣。"余嘉锡先生更是对其中之原委有了很好的总结，他在《古书通例》中指出："古书多造作故事：是故诸子之书，百家之说，因文见意，随物赋形，或引古以证其言，或设喻以宣其奥。譬如童子成谣，诗人咏物，兴之所至，称心而谈。若必为之训诂，务为穿凿，不惟事等刻舟，亦且味同嚼蜡矣。夫引古不必皆虚，而设喻自难近实，彼原假此为波澜，何须加之以考据。推求其故，约有七端：一曰：托之古人，以自尊其道也。……二曰：造为古事，以自饰其非也。……三曰：因愤世嫉俗，乃谬引古事以致其讥也。……四曰：心有爱憎，意有向背，则多溢美溢恶之言，叙事遂过其实也。……五曰：诸子著书，词人作赋，义有奥衍，辞有往复，则设为故事以证其义，假为问答以尽其辞，不必实有其人，亦不必真有此问也。……"联系《左传》"伯州犁问囚"的故事，想必和余先生所说上述理由不无关系。再者，"伯州犁问囚"的故事是属于记言的语类材料。对于此语类材料的史料品性，早有学者提出质疑。如钱锺书先生《管锥编》有云："吾国史籍工于记言者，莫先乎《左传》，公言私语，盖无不有……盖非记言也，乃代言也，如后世小说、剧本中之对话独白也。左氏设身处地，依傍性格身份，假之喉舌，想当然耳。"①《左传》"伯州犁问囚"的记言故事亦是如此。

左氏在本已张冠李戴的故事之上嫁接了"伯州犁问囚"的故事，不免让人怀疑有代言之嫌。那么左氏为何要代言呢？想必主要在为后文灵王立穿封戌为陈公

---

① 钱锺书. 钱锺书集：管锥编（一）[M]. 北京：生活·读书·新知三联书店，2001：316.

之事做铺垫、找理由。上文已论述《左传》穿封戌被立为陈公有诸多不合情理之处，或许左氏业已察觉，故铺垫"伯州犁问囚"的故事，目的是突出"穿封戌不谄媚"，打下伏笔，在昭公元年便记载："使穿封戌为陈公，曰：'城麇之役，不谄。'"其目的是本文所概括的"造为古事，以自饰其非"。值得重视的是"使穿封戌为陈公"这个细节也恰恰是简文所没有的，这就从侧面再次证实了笔者的观点。

此外，"上下其手"的故事突出了《左传》一贯塑造的伯州犁的人物形象。作为晋国叛臣，不管是鄢陵之战时为楚共王介绍晋军情况，还是城麇之役时上下其手，歪曲事实、讨好灵王，伯州犁都是谄媚奉承、媚强欺弱、诡计多端的小人形象。《左传》记叙了穿封戌的"不谄"，也恰恰突出了伯州犁的"谄"，招致杀身之祸。《左传·昭公元年》："十一月己酉，公子围至，入问王疾，缢而弑之，遂杀其二子幕及平夏。右尹子干出奔晋，宫厩尹子皙出奔郑。杀大宰伯州犁于郏。"

第二，简文有而《左传》无之情节。简文最后中的王曰："不敦（谷）㠯（以）笑繻（申）公，氏（是）言弃之。"之后的内容为灵王与申公的和解之语，这是《左传》所未记载的。简文着此语不但使事件的结局完整，更重要的是塑造灵王不计前嫌，以社稷为重的高大形象。相比之下，《左传》在"若知君之及此，臣必致死礼，以息楚"后戛然而止，灵王与穿封戌的宿怨并未见了结，却突出了穿封戌刚正不阿，社稷为重的伟岸形象。这样安排与简文和《左传》作者的不同立意有关，详见下文分析。

记叙详略不同。为方便对比，特将简文与《左传》记叙详略内容分析如下表。

	《申公臣灵王》		《左传》	
故事起因：侵郑战争	略	仅用"御于杸述"四字带过	详	详细描述了楚秦联军侵吴不成转而侵郑战争的起因、经过和结果
伯州犁问囚	无		详	
灵王发动政变	略	仅提及"王子围立为王"，对其弑郏敖自立为王之事只字未提	详	昭公元年详细记载了公子围弑郏敖发懂政变的过程以及灵王对郏敖、郏敖之子、郏敖之亲信的处理情况
灵王即位后君臣二人谈话	详	详细记载二人和解的全过程	略	仅记录穿封戌致死礼之心，未记录君臣和解结果

简文与《左传》详略安排不同的主要原因有如下几种。其一,二书体例不同。《左传》是编年体,其记事详略受到"分年述事"体例的限制;简文是记事本末体,且以记言为主,可根据作者立意、故事主旨裁减素材,不受年度限制。其二,两者立意不同。《左传》的目的是解经,并在其过程中主要通过事件塑造人物,对事件合理剪裁以表明其儒家思想倾向,如伯州犁与郑囚对话明显带有儒家"礼分华夷"的思想倾向;简文的目的是歌颂楚王,使后代明先王之德,并教导后代治理国家、稳固社稷之法。此次侵郑战争并没有富丽堂皇的理由,自然要尽量淡化;灵王政变之类的有辱楚王、有辱楚国的事件要尽量避免。而故事最后,君王的和解,一来可以凸显楚王以大局为重,二来可以表彰楚臣刚正不阿,是必须要加强笔墨进行渲染的。

三、关于《申公臣灵王》的讨论

下面就楚灵王之"礼"略作讨论。《左传》中的楚灵王历来作为骄纵暴虐的昏君典型被世人所诟病,为了突出其反面形象,左氏记载了楚灵王争囚所表现的好大喜功、弑兄篡位所表现的无礼残暴、建章华台所表现的穷奢极欲,很明显《左传》对灵王是持否定态度的。司马迁也在《史记·楚世家》文末评价道:"楚灵王方会诸侯于申,诛齐庆封,作章华台,求周九鼎之时,志小天下,及饿死于申亥之家,为天下笑。操行之不得,悲夫!势之于人,可不慎与?"此外,从《墨子》《管子》《荀子》《韩非子》《战国策》《淮南子》《后汉书》等诸多典籍到后世的文人墨客都对灵王的昏暴行径予以讽刺。谥号"灵"字,亦可知楚王室后人对他的评价。《逸周书·谥法解》中对"灵"的解释为:"不勤成名曰灵;死而志成曰灵;死见神能曰灵;乱而不损曰灵;好祭鬼怪曰灵;极知鬼神曰灵。"《左传》中,楚灵王对"礼"的公开挑衅主要体现在如下事件:本文所讨论的襄公二十六年与穿封戌争囚的蛮横无礼;昭公元年趁郑敖病重,弑兄篡位、并残暴杀死郑敖二子;昭公四年,以诸侯之师伐吴,诛庆丰,想在诸侯面前羞辱庆丰,不料被庆丰当众人面指责灵王弑君杀嫡,灵王使速杀庆丰。

但是在简文中,灵王却是一个不计前嫌、以社稷为重、亲臣爱贤的君王。在上博简七《君人者何必安哉》中灵王再度被提及，虽然将其与夏桀、商纣、周幽、周厉等暴君并列，但对灵王的看法与其他暴君是完全不同的。赵苑夙先生指出：“《上博（七）·君人者何必安哉》末简虽以楚灵王与桀、纣、幽、厉并列为君王荒废玩乐之警惕，但对桀、纣、幽、厉就直言其‘戮死于人之手’，对楚灵王只说到‘先君灵王干溪云尔’，不直述灵王在干溪耽于享乐，最后自缢死于干溪之事。”可见在楚人心中对灵王的评价并不尽是否定。

以此观点再看史籍中灵王的记载，发现其亦有可圈点的“尊礼”之处。如《左传·昭公四年》楚灭赖国后，灵王听了椒举的意见，学成王对待许国国君的做法“亲释其缚，受其璧，焚其榇”并迁赖于鄢，是符合礼法的。昭公五年，楚灵王亦在薳启疆的建议下对仇敌晋国使者“厚其礼”。关于此礼，《左传》有十分详细的阐述：“及楚。楚子朝其大夫，曰：‘晋，吾仇敌也。苟得志焉，无恤其他。今其来者，上卿、上大夫也。若吾以韩起为阍，以羊舌肸为司宫，足以辱晋，吾亦得志矣。可乎？’大夫莫对。薳启疆曰：‘可。苟有其备，何故不可？耻匹夫不可以无备，况耻国乎？是以圣王务行礼，不求耻人，朝聘有珪，享颊有璋；小有述职，大有巡功。设几而不倚，爵盈而不饮；宴有好货，殽有陪鼎，入有郊劳，出有赠贿，礼之至也。国家之败，失之道也，则祸乱兴。城濮之役，晋无楚备，以败于邲。邲之役，楚无晋备，以败于鄢。自鄢以来，晋不失备，而加之以礼，重之以睦，是以楚弗能报，而求亲焉。既获姻亲，又欲耻之，以召寇雠，备之若何。谁其重此？若有其人，耻之可也。若其未有，君亦图之。晋之事君，臣曰可矣：求诸侯而麋至；求昏而荐女，君亲送之，上卿及上大夫致之。犹欲耻之，君其亦有备矣。不然，奈何？韩起之下，赵成、中行吴、魏舒、范鞅、知盈；羊舌肸之下，祁午、张趯、籍谈、女齐、梁丙、张骼、辅跞、苗贲皇，皆诸侯之选也。韩襄为公族大夫，韩须受命而使矣；箕襄、邢带、叔禽、叔椒、子羽，皆大家也。韩赋七邑，皆成县也。羊舌四族，皆强家也。晋人若丧韩起、杨肸，五卿八大夫辅韩须、杨石，因其十家九县，长毂九百，其余四十县，遗守四千，奋其武怒，以报其大耻。伯华谋之，中行伯、魏舒帅之，其蔑不济矣。君将以亲易怨，实无礼以速寇，而未有其备，使群臣往遗之禽，以逞君心，何不可之有？’王曰：‘不谷之过也，大夫无辱。'厚为韩子礼。王欲敖叔向以其所不知，而不能，亦厚其礼。"

昭公七年，芋尹无宇闯入章举台捉拿家臣，灵王不计前嫌（无宇曾砍断旌旗的飘带侮辱灵王）赦免了无宇。无宇对君臣之礼有精辟的论道："楚子之为令尹也，为王旌以田。芋尹无宇断之，曰：'一国两君，其谁堪之？'及即位，为章华之宫，纳亡人以实之。无宇之阍入焉。无宇执之，有司弗与，曰：'执人于王宫，其罪大矣。'执而谒诸王。王将饮酒，无宇辞曰：'天子经略，诸侯正封，古之制也。封略之内，何非君土？食土之毛，谁非君臣？故《诗》曰：'普天之下，莫非王土。率土之滨，莫非王臣。'天有十日，人有十等，下所以事上，上所以共神也。故王臣公，公臣大夫，大夫臣士，士臣皂，皂臣舆，舆臣隶，隶臣僚，僚臣仆，仆臣台。马有圉，牛有牧，以待百事。今有司曰：'女胡执人于王宫？'将焉执之？周文王之法曰：'有亡，荒阅'，所以得天下也。吾先君文王，作仆区之法，曰：'盗所隐器，与盗同罪'，所以封汝也。若从有司，是无所执逃臣也。逃而舍之，是无陪台也。王事无乃阙乎？昔武王数纣之罪，以告诸侯曰：'纣为天下逋逃主，萃渊薮'，故夫致死焉。君王始求诸侯而则纣，无乃不可乎？若以二文之法取之，盗有所在矣。'王曰：'取而臣以往，盗有宠，未可得也。'遂赦之。"

昭公十三年，灵王自缢时反省过往，对自己所做违礼之事追悔莫及，《左传》记曰："王闻群公子之死也，自投于车下，曰：'人之爱其子也，亦如余乎？'侍者曰：'甚焉。小人老而无子，知挤于沟壑矣。'王曰：'余杀人子多矣，能无及此乎？'右尹子革曰：'请待于郊，以听国人。'王曰：'众怒不可犯也。'曰：'若入于大都而乞师于诸侯？'王曰：'皆叛矣。'曰：'若亡于诸侯，以听大国之图君也。'王曰：'大福不再，只取辱焉。'然丹乃归于楚。王沿夏，将欲入鄢。芋尹无宇之子申亥曰：'吾父再奸王命，王弗诛，惠孰大焉？君不可忍，惠不可弃，吾其从王。'乃求王，遇诸棘围以归。夏五月癸亥，王缢于芋尹申亥氏。申亥以其二女殉而葬之。"

楚国长期被中原各国鄙视为蛮夷之地，楚灵王既表现出对华夏之礼的尊崇，又以种种非礼行为表现出对"礼"的抗衡。楚灵王的行为虽然有其个性因素，但更多的是在礼崩乐坏的社会潮流之下，楚人在其文化背景下的表现。

第四节

上博简《平王与王子木》

《平王与王子木》收录于《上海博物馆藏战国楚竹书（六）》，由陈佩芬先生整理。全篇共计五简，皆完简，简长 33 厘米，宽 0.6 厘米，厚 0.12 厘米。竹书设上下两道编绳，契口在右侧，上端契口距顶端 9.5 厘米，上下契口间距 15 厘米，下端契口 7.5 厘米。简文满简书写，首尾不留白，每简字数在二十二至二十七字不等。本篇皆为完简，是篇完整的佚书。原无篇名，整理者据首句"景平王命王子木迋城父"拟《平王与王子木》一题。就全文看，本篇主要记载了王子木与成公干的对话，景平王并不是关注的重点。简文所记之事见于《左传·昭公十九年》，所记内容与今本《说苑·辨物》、西汉前期阜阳汉简《春秋事语》篇内容极为相似，是十分珍贵的历史材料。

一、释文及疑难字词考释 [①]

竞（景）坪（平）王命王子木迋城父 [1]，迷（过）繻（申），睹（舍）飤（食）于（宿）鼃寃（宿）[2]，城公軟（干）[3] 佤（遇）[4]，（跪）[5] 于鬹（畴）中。王子辪（问）城公："此可（何）？"城公禽（答）曰："鬹（畴）。"王子曰："種（畴）可（何）为？"曰："吕（以）種（种）秝（麻）。"王子曰："可（何）吕（以）秝（麻）

---

① 本释文简次重新排序，详细理据参见本篇讨论。

为？"含（答）曰："吕（以）为衣。"城公记（起）曰："臣牺（将）又（有）告，虔（吾）先君戚（庄）王迌河雝（雍）之行，睹（舍）飤（食）于雠宽（宿），盬（酪）盉（羹）不奠（酸）[6]，王曰："醯（瓮）不盍（盖）。"先君智（知）醯（瓮）不盍（盖），盬（酪）不奠（酸）。王子不智（知）秫（麻），王子不尋（得）君楚邦，或（又）不尋（得）臣楚邦。

[1] 竞（景）坪（平）王命王子木迌（适）城父

"迌"字简文两见，简3有"戚（庄）王迌（适）河（雍）之行"。学界对此字的释读有两种主要观点。第一种观点根据楚文字多见的用法训为"至、往"一类的动词；另一种观点对读传世文献，据古籍将此字改读为"守"或"狩"字。

持第一种观点的学者虽然皆将此字训为至、往，但对该字的释读意见不尽相同。其一，读为"跖"，训为"至"。该字《说文》无，根据"从辵与从足可通"，该字疑为"跖"之异体，又据《说文通训定声》"跖，假借为摭"，故将此字读为"跖"。整理者陈佩芬先生① 持此观点，陈伟先生② 提出从"石"得声，"遮"从"庶"声。"庶"本从"石"声，故"石""庶"二字作为声旁可通。陈剑先生③、冯胜君先生④、王辉先生⑤、大西克也先生⑥ 等均直接释为"跖"，未作详细解释。其二，读为"适"，训为"往"，意为行而未至。黄丽娟先生⑦ 提出，据简文文义，以及《左传·昭公二十年》："使城父司马奋扬杀大子，未至，而使遣之。三月，大子建奔

---

① 马承源主编.上海博物馆藏战国楚竹书（六）[M].上海：上海古籍出版社,2007:271.
② 陈伟.读《上博六》条记 [EB/OL].（2007-7-9）[2023-3-1],http://www.bsm.org.cn/show_article.php？id=597.
③ 陈剑.释上博竹书和春秋金文的"羹"字异体：2007中国简帛学国际论坛论文集 [C].台北：台湾大学中国文学系,2007.
④ 冯胜君.从出土文献看抄手在先秦文献传布过程中所产生的影响：2008年国际简帛论坛 [C].芝加哥大学顾立雅中国古文字学中心,2008.
⑤ 王辉.殷人火祭说 [J].四川大学学报丛刊第10辑《古文字研究论文集》：1982.
⑥ 大西克也.上博六《平王》两篇故事中的几个问题 [EB/OL].（2010-4-21）[2023-3-1],http://www.gwz.fudan.edu.cn/Web/Show/1133.
⑦ 黄丽娟.上博六《平王与王子木》校释 [J].国文学报,1999（49）：1-30.

宋"所载王子木实际未到达城父的史实来看，此字读为表达前往的"适"字更宜。郝士宏先生①、单育辰先生②、赵苑夙先生③持第二种观点，理由为简文"景平王命王子木迟城父"可对读《说苑·辨物》"王子建出守于城父"句；简文"庄王迟适河雍之行"可参看《韩非子·喻老》"楚庄王既胜，狩于河雍，归而赏孙叔敖"句，则"迟"对应"守或狩"。从古音上看，"石"禅纽铎部；"守"书纽幽部，二字古音相近可通假，所以简1"迟"读为"守"，简3"迟"读为"狩"。

今按：该字简文凡2例，字形如""""，从"辵""石"声当是没有问题的。该字楚简习见，字后多接处所、方位、地点，因此大多学者将其读为"跖"字，皆训为至、之、往、到、去等。笔者认为，此处可释作"跖"，按照"往而未到"的意思，此处宜训为"往"。"跖"本即有"往"意，《淮南子·原道训》："自无跖有，自有跖无，而以衰贱分。"高诱注："跖，适也。"不必改释"适"。虽然该字所在的简句可与传世文献对读，对应为"守或狩"，但简文与传世文献所记有诸多不同，古书此处是否要表达"守"之意不可知。《韩非子·喻老》中"楚庄王既胜，狩于河雍，归而赏孙叔敖"的"狩"字，历来有诸多学者将该句对读《韩非子·喻老》："楚庄王……举兵诛齐，败之徐州，胜晋于河雍，合诸侯于宋，遂霸天下。"《淮南子人间训》"昔者楚庄王既胜晋于河雍之间"句，认为"狩"是"晋"之讹字。如孙人和④、王叔岷⑤、日本学者太田方、陈奇猷皆以"狩"为误。因传世文献之"狩"字尚不可断定是否为讹字，笔者认为简文"迟"不宜按传世文献改释为"守"。

---

① 郝士宏. 初读《上博简（六）》[EB/OL].（2007-7-21）[2023-3-1], http://www.bsm.org.cn/show_article.php? id=648.
② 单育辰. 占毕随录之十一 [EB/OL].（2009-8-3）[2023-3-1], http://www.gwz.fudan.edu.cn/Web/Show/862.
③ 赵苑夙.《说苑》"王子建出守于城父"一段之异文观察 [EB/OL].（2012-9-5）[2023-3-1], http://www.bsm.org.cn/show_article.php? id=1732.
④ 孙人和. 左宧没录漫录 – 两棠考 [M]// 中央文史研究馆编:《崇文集：中央文史研究馆馆员文选》, 北京：中华书局, 1999: 299.
⑤ 王叔岷. 诸子斠证 [M], 台北：世界书局, 1964: 274.

[2] 睹（舍）飤（食）于（宿）

为方便叙述，从"日"从"者"之字下文用"△"代替。学界该字的释读意见有"暑""睹""曙""煮"等，争议颇多，主要有以下几种释读意见。

其一，释读为"暑"。陈佩芬先生认为该字从"日""者"声，《说文解字》："暑，热也，从日者声。"段注："暑与热，浑言则一，析言则二，暑之义主谓湿，热之义主谓燥。"① 张崇礼先生 ② 同意上述观点，但"暑食"不成词，故改句读应为"暑，食于狋寏。"

其二，释读为"曙"。何有祖先生从简文两见的"△"意思考虑，认为与"暑"或"热"无关，改释为"曙"，意思是天亮、破晓。③ "曙食"就是吃早饭，可对应典籍中"朝食"一语。其用法可见《诗·陈风·株林》："乘我乘驹，朝食于株。"亦见于《左传·成公二年》"余姑剪灭此而朝食。"

其三，释读为"舍"。陈剑先生最早提出此说，从语音关系上说，"睹（曙）"与"舍"古音极近；从文献对读关系上，"舍"与《说苑·辩物》中"舍于有萧氏"的"舍"对应；从词语意义来看，古书中讲到"舍（于）某某"时，"舍"训为"宿"，或训为"止"，即可以表示过夜，又可以表示停留休息，不一定是住宿过夜；从辞例来看，"舍食于宿"即"舍止于狋寏、食于狋寏"或者"舍止而食于狋寏"，相关辞例见《汉书·循吏列传·黄霸》："吏出，不敢舍邮亭，食于道旁，乌攫其肉。"颜师古注："舍，止也。"又见《后汉书·光武帝纪上》："于是光武趣驾南辕，晨夜不敢入城邑，舍食道旁傍。"④ 黄丽娟先生从陈文观点，但认为断句应为"舍，食于狋寏"进一步补充"暑""舍"同为透母鱼部，且"△"读为"舍"还与阜阳汉简

① 马承源主编．上海博物馆藏战国楚竹书（六）[M]．上海：上海古籍出版社,2007：269.

② 张崇礼．楚简释读 [D]．济南：山东大学,2008：17-18.

③ 何有祖．读《上博六》札记（二）[M]．（2007-7-9）[2023-3-1],http://www.bsm.org.cn/show_article.php？id=601.

④ 陈剑．释上博竹书和春秋金文的"羹"字异体：2007 中国简帛学国际论坛论文集 [C]．台北：台湾大学中国文学系,2007.

《春秋事语》"王伐陈道宿……而食谓路室人"之"宿"对应。^①高佑仁先生亦认为此观点是正确的。汉简《春秋事语》"宿"心纽幽部，对应字简文读为"舍"心纽鱼部，"韵部虽稍有不同（其实也可用鱼幽旁转的角度疏通），但是意义却十分接近，二者都既可表住宿的场所，亦可表止息的动词，颇疑'宿''舍'有同源分化的关系。"沈培先生亦认为"△"读为"舍"，指住宿过夜或停留休息。"舍食于釐宿"犹言"舍止而食于釐宿"。冯胜君先生读为"舍"，并提出了十分重要的观点：简文中第一次出现的"暑（舍）食于釐（宿）"为衍文。冯胜君先生说："这篇简文中，'舍食于釐宿'一句出现了两次，第二次与上下文联系紧密，'舍食于釐宿'→所食之'酪不酸'→庄王推测是由于'瓮不盖'。而简文中第一次出现的'舍食于釐宿'与后文'城公干遇，跪于畴中'在文义上不仅没有必然联系，而且颇有扞格难通之处。'宿'是指'古代官道上设立的住宿站'，'畴'是指种麻之田。王子木在'宿'中舍、食，城公干遇到了，怎么又会跪到'畴'中去了呢？这在文义上是说不通的。"陈伟先生曾以《说苑·辨物》与简文相对照。^②《说苑·辨物》中"王子建出守于城父，与成公干遇于畴中"，与简文"竞平王命王子木跖城父，过申。舍食于釐宿。城公干遇，跪于畴中"相对应，但却并没有与"舍食于釐宿"相对应的内容。可见简文中第一次出现的"舍食于釐宿"肯定是衍文。抄写者以及阅读者可能已经意识到此处衍文，只是未加处理而已。

其四，释读为"煮"。凡国栋先生首先提出："暑，疑当读作'煮'，'暑食'不辞。'煮食'就是烹煮食物的意思。"^③陈伟先生^④引《说苑·反质》："鲁有俭者，瓦鬲煮食，食之而美，盛之土铏之器，以进孔子。孔子受之，欢然而悦，如受太牢

---

① 黄丽娟.上博六《平王与王子木》校释[J].国文学报,1999（49）：1-30.

② 陈伟.读《上博六》条记[EB/OL].（2007-7-9）[2023-3-1],http://www.bsm.org.cn/show_article.php？id=597.

③ 凡国栋.《上博六》楚平王逸篇初读[EB/OL].（2007-7-9）[2023-1-2],http://www.bsm.org.cn/show_article.php？id=598.

④ 陈伟.《王子木跖城父》校读[EB/OL].（2007-7-2）[2023-3-1],hhttp://www.bsm.org.cn/show_article.php？id=645#_edn3.

之馈。弟子曰：'瓦甋，陋器也。煮食，薄膳也。而先生何喜如此乎。'"补充为"煮食"，就是把食物和水放在一起炊煮的一种比较简单的烹饪方法，也就是孔子弟子所说的"薄膳"。王子木与庄王均在远行途中煮食，大概就是由于操作简单的缘故。文炳淳先生从之。王辉先生引《周礼·天官·亨人》"职外内饔之爨亨煮，辨膳羞之物"，认为"煮、爨"连言，与竹简同。[①]

其五，释读为"饟"。周凤五先生将该字读为"饟"，[②] 从语音关系上，"暑"，书纽鱼部；"饟"，书纽阳部，二字声纽相同，韵部对转可通；从文义关系上，饟食就是馈赠他人食物。意指王子木奉平王之命前往城父，路过申地，申地官员成公向他进献食物。

其六，释读为"明"。李佳兴先生认为"晵食"即"明食"，了解食材之意。但指出"晵食"作动词的词例需进一步考察。

今按：该句简文两见，第一处"△"写作"🖼"，第二处"△"写作"🖼"，部件的位置稍有不同，但为同一书手所写。该字从"日""者"声无疑，楚文字"者"字写法甚多，本字所从"者"字形，见于"🖼"（包山楚简249），"🖼"（包山楚简250），"🖼"（郭店《老子》甲6）。该字从"日""者"声，但究竟是隶定为"暑"还是"晵"呢？笔者以为，释为"晵"更符合楚文字的用字习惯。楚文字中"暑"与"晵"字形不同。"暑"字写法多从"日""尻"声；"晵"从"日""者"声。如表所示。

昃（暑）	出处	上博六《缁衣》6	郭店《缁衣》9	上博一《缁衣》6	上博二《容成氏》22
	字形	🖼	🖼	🖼	🖼
晵	出处	包山2.173	包山2.184	包山2.185	帛丙94
	字形	🖼	🖼	🖼	🖼

---

① 王辉．上博楚竹书（六）读记 [J]．古文字研究（第二十七辑），2008：470．
② 周凤五．上博六《庄王既成》《申公臣灵王》《平王问郑寿》《平王与王子木》新探 [J]．传统中国研究集刊，2007（1）：58–67．

"暑""睹"二字字义亦不同。《说文解字》对二字的描述为："暑，热也。从日者声"；"睹，旦明也。从日者声。""睹"后来用"曙"表示。（"曙"为大徐本《说文》新增字，"曙，晓也。从日署声。"）如学者们所说，"暑食"不成词，即使"暑"与后文断读，从文义上看，也似寻不出强调暑天的原因。

上述几种观点，以"舍"更为可信，简文第一次出现的句子可与阜阳汉简《春秋事语》："王伐陈道宿……而食谓路室人"之"宿"对应，第二次出现的句子又可与《说苑·辨物》中"昔者庄王伐陈，舍于有萧氏，谓路室之人曰……"的"舍"对应。有了文本证据，此说更为可靠。

需要说明的是，冯胜君先生对读阜阳汉简《春秋事语》和《说苑·辨物》，指出简文第一次出现的句子是衍文，[①]近而有"抄写者以及阅读者可能已经意识到此处衍文，只是未加处理而已"的判断，笔者觉得似有值得商榷之处。首先，简文的两句相同的话，个别字写法略有不同，详见下图。

出处	字形
简 1	
简 3	

以第一字"睹"为例，简 1 中的"日"旁偏左，整字为左右结构；第 3 简中"睹"字日旁偏上，整字变成了上下结构，此种字形差别似书者有意为之。若书者意识到为衍文，为何不及时做些删改处理，却要特意把字写得不一样？再者，是否存在这样的巧合：从前，楚庄王河雍之行，舍、食于此地，"醢（酪）盉（羹）不贲（酸）"的故事传为一段佳话。而王子木同样舍、食于此地，却不知麻为何物。成公干观景生情，想到彼时同在此地的先君庄王的故事，如此似也是合情合理。况且阜阳汉简《春秋事语》和《说苑·辨物》已是汉朝时候的文献，距春秋之事已十

---

① 冯胜君. 从出土文献看抄手在先秦文献传布过程中所产生的影响：2008 年国际简帛论坛[C]. 芝加哥大学顾立雅中国古文字学中心, 2008.

分久远，而简文是楚人写楚事，因此笔者认为在没有更多证据之前，不必硬性与阜阳汉简《春秋事语》和《说苑·辨物》求同，把第1简的这个句子认为是衍文。简文先言"王子木迓城父而过申"，继言"庄王河雍之行而煮食于狌搜"，则此地可能是楚庄王从河雍回楚都与王子木由楚都去城父都要经过的地方，可以为我们进一步考察提供线索。

[3] 城公軷（干）

整理者读为"城（成）公軷瓜"，解释"猼瓜"是本性微弱而形象凶悍的意思。[1] 李佳兴先生认为整理者的说法是正确的。大西克也先生认为此三字为"成公韩"（因战国文字"軷"常读为"韩国"之"韩"，其人是里宰一级的地方官员）。[2] 史杰鹏先生则认为此人是一个敢直言教训王太子的农夫。陈伟先生[3]认为当读为"成公干"，"干""軷"二字通假，此人即《说苑·辨物》中问麻于王子木的"成公干"。徐少华先生从之，并列《说文》"乙"部"乾"条"乾，上出也。[4] 从乙，乙，物之达也；軷声"为证。徐先生认为"城公"是"城父公"的简称，即城父县之县公。简文中王子木与其相遇的地方就在城父附近或城父境内。徐先生进一步推理，认为此人为城父的县尹。高佑仁先生认为"成公干""成公贾"（见《吕氏春秋》）之"成公"为复姓，但其来源是否为"城父公"的省称，则需再进一步的探究。[5] 凡国栋先生认为"城公"应是狌搜之公，猼瓜疑为其名。[6]

今按："軷"字简文写作"𩏬"，字虽有些模糊不清，但还是可以看得出来是从"草"从"人"的。徐少华先生的意见十分正确，与传世文献对读的解释也非常清晰

---

① 马承源主编.上海博物馆藏战国楚竹书（六)[M].上海：上海古籍出版社,2007：271.

② 大西克也.上博六《平王》两篇故事中的几个问题[EB/OL].（2010-4-21）[2023-3-1],http://www.gwz.fudan.edu.cn/Web/Show/1133.

③ 陈伟.读《上博六》条记[EB/OL].（2007-7-9）[2023-3-1],http://www.bsm.org.cn/show_article.php? id=597.

④ 徐少华.周代南土历史地理与文化[M].武汉：武汉大学出版社,1994：278.

⑤ 高佑仁.上博楚简庄、灵、平三王研究[D].台南：成功大学,2011：317-318.

⑥ 凡国栋.《上博六》楚平王逸篇初读[EB/OL].（2007-7-9）[2023-1-2],http://www.bsm.org.cn/show_article.php? id=598.

合理，此不再赘述。

关于其身份，学者多认为此人即城父县尹"城父公"。高佑仁先生提出了反对意见："简文'城父'之'城'与'成公'之'成'在简文中都作'城'，这并无法作为'成公'与'城父'二者可画上等号的强证，因为楚简的'成'常常写作'城'，例如上博六《庄王既成》简1'成'即作'城'，这样的例证在楚简中甚多。徐少华这个推论必须再解释以下三个问题：一是《左传·昭公二十年》有'城父司马奋扬'，可见'城父'之'司马'称'城父司马'，何以'城父'之县公，需省称为'城公'。二是若'城公'本为'城父公'之省，那么汉代经师何必将'城公'改作'成公'？汉代去古未远，刘向应当不至于会混淆'城公'与'成公'的差异。三是此条在阜阳汉简《春秋事语》的残简中作'成公'，而地名则作'城父'，二字不同。因此，在还没进一步证据以前，笔者对此说仍稍有保留。"① 高佑仁先生所言有理，"城公"即"城父公"之说似证据不足。其人身份究竟为何，还需有更多的考古材料方可详析。

[4] 瓜（遇）

原简写作"𢓊"，该字为本篇重点疑难字，为方便说明，下文以"△"代替该字。上文已述整理者释"㸌瓜"是本性微弱而形象凶悍的意思，未解释"△"字。② 很明显这个释读意见是不对的，学界主要的意见有以下几种。

第一种观点，读作"遇"。

其一，释作"藕"，读作"遇"。陈伟先生读为"藕"，为清晰表述，引陈文如下："此字见于包山简签牌59-2，李家浩先生认为从'瓜'声，读为'藕'。"③ 刘信芳先生则认为"二个为偶"，读为"藕"。④ 由于签牌所系竹笥装有莲藕，这一结论

① 高佑仁. 上博楚简庄、灵、平三王研究 [D]. 台南：成功大学，2011：249.

② 马承源主编. 上海博物馆藏战国楚竹书（六）[M]. 上海：上海古籍出版社，2007：269.

③ 陈伟. 读《上博六》条记 [EB/OL].（2007-7-9）[2023-3-1]，http://www.bsm.org.cn/show_article.php? id=597.

④ 刘信芳. 包山楚简解诂 [M]. 台北：艺文印书馆，2003：135.

显然是可信的。在上博竹书《容成氏》26 号简中的一个州名亦作此。我们曾猜想读为"耦",是采用与"并州"义近之字作州名。本篇中,这一释读正与《说苑》所载印合。大西克也先生 [1] 从陈伟先生说,并进一步补充说该字有两种解释方式,第一种是释为的 🐾（包山楚简 258"藕"字下半部"耦",两人弯腰往下伸手,并行耦耕之形。）的讹变,第二种认为郭店《语丛三》简 6 的 🔸其上半"友"与该字接近,故也可释为"友",读"耦",乃训读字的一种。如此则"成公韩耦,跪于畤中"的大意解释为:成公韩在麻畤中做耦,他看到了王子木,就跪在麻畤中。其二,释作"瓜",读作"遇"。陈剑先生将释为"瓜",读作"遇",未详释。[2] 黄丽娟先生对比古文字"瓜"字形体,认为该字字形极似包山楚简"瓜"字,形如 🔸；"麻"字形如 🔸。以简文参校《说苑·辨物》中"王子建出守于城父,与戎公干遇于畤中",以及《春秋事语》第十六篇中"王子建出守于城父遇……也戎公干"两段文句,则此处"瓜"字应读作"遇"字。

第二种观点,释作"瓜",读作"窳"。李佳兴先生认为疑"瓜"为"窳"之异体,简文的（窳）可能是"不称乎上""患甚上"之意,也可能是对上位者的询问,不愿作答,或态度不屑。

第三种观点,释作"拜",读作"拜"。周凤五先生认为"△"字乃为"拜"字之讹。[3] 拜字字形如 🔸"🔸"🔸（上博四《曹沫之阵》简 37、简 38）"成公干拜"的意思是说成公干向王子木行礼。

第四种观点,释作"友",读作"櫌"。白于蓝先生《简帛古书通假字大系》:"整理者释'友'为'瓜',不确。当释为'友',似读作'櫌',训耕种。"按"櫌"指

① 大西克也.汉字文化研究会编《出土文献と秦楚文化》第六号 [C].2012.
② 陈剑.释上博竹书和春秋金文的"羹"字异体:2007 中国简帛学国际论坛论文集 [C].台北:台湾大学中国文学系,2007.
③ 周凤五.上博六《庄王既成》《申公臣灵王》《平王问郑寿》《平王与王子木》新探 [J].传统中国研究集刊,2007（1）:58-67.

用櫌松土并使土块细碎。亦指覆种，如《孟子》"播种而櫌之"。[①] 后泛指耕种，如扬雄《长杨赋》："使农不辍櫌，工不下机。"

今按："△"字写作⿰，似左上开口的两个"又"并联，长竖中部疑有实心墨点。按照上述学者们的三种隶定意见，将楚文字常见"友""瓜""拜"字字形列表如下。

友	郭店语《丛三》6号简	郭店《语丛四》22号简	郭店《语丛四》23号简	郭店《缁衣》42号简	郭店《六德》30号简
瓜	包山丧葬255号简	包山丧葬11号签	新蔡甲三379号简	包山丧葬23号签	上博《八命》9号简
拜	上博《彭祖》8号简	上博五《竞建内之》9号简	清华简《程寤》3号简	郭店《性自命出》21号简	新蔡乙四070号简

很明显，"△"与"拜"字最不相似，字形相差甚远，释为"拜"显然是错误的。"㸚"字可以简省作"⿰"形，其本质是从两个"又"的，两人两手相交，协同工作，表示友好，自古已然。与"㸚"字相比，"瓜"的主要区别在与长竖或长弧中部的墨点或肥笔，此乃"藤上果实"之象形，必为其区别性特征。很显然简文的"△"字长竖中部有肥笔的"果实之形"，与"瓜"形更为相近。有的学者以"⿱"（郭店《语丛三》6号简）上部分与"△"相似为据，认为该字是"友"字。笔者以为"⿱"形上半部并不是常见的"㸚"字写法，且目前楚文字仅此一例，可以看成是一种异写甚至讹误，以如此特殊的字形进行比较，有失公允。

---

① 白于蓝.简帛古书通假字大系[M].福州：福建人民出版社.2017：127.

上博简八《命》9 号简有"君王之所吕（以）命与所为于楚邦，必内（入）觚（偶）之于十吾（友）又厽（三）"句，同时出现了"觚"字和"吾"字，证实了笔者的观点。其字形如下表。

觚	《命》9.04
吾	《命》9.08

《命》篇其他"吾"字字形也十分相似，均为楚文字习见的"吾"（友）《说文》："友"，古文作""，如下表。

字形						
出处	《命》8.14	《命》9.26	《命》8.10	《命》10.04	《命》11 正 02	《命》11 正 06

"觚"与"吾"在同一句中出现，说明两个字不是同一个字，可见在楚人心中"觚"和"吾"的区别还是十分明显的，并不会混用。《命》第九简"觚"读为匹偶之"偶"，恰恰证明了《平王与王子木》"△"字读为"遇"是正确的。"觚"，喻纽鱼部，"遇"疑纽侯部，声纽相近，鱼、侯二韵旁转。出土文献也有例证，包山简签牌 59-2，"觚"写作""（原文所从"觚"是反写的，与"△"开口方向相似）李家浩先生认为该字从"觚"声，读为"藕"。与出土的"莲藕 6 节"实物是一致的。"藕"与"遇"都是疑纽侯部。释为"觚"，读为"遇"，简文"成公干觚（遇）"恰与《说苑·辨物》中"王子建出守于城父，与成公干遇于畴中"，以及《春秋事语》第十六篇中"王子建出守于城父遇……也成公干"两段文句的"遇"字对应，又为此说添了文献证据。综上，该字释作"觚"，读作"遇"。

[5]（跪）

今按：需要说明的是该字整理者释为"圣"，认为乃"听"之初文，读为

"听"。^①陈伟先生改释为"跪"或"坐"，^②从字形看此字从跪（或"坐"）从爪，从上下文来看第 2 简说"成公起曰"，正表明先前状态是跪或者坐。后学界多以此字为"跪"。但陈剑先生的隶定意见稍有不同，^③认为该字应隶定为从"卩"从"土"从"止"之字，高佑仁先生从之，隶定作"垈"，并从"危"字的疑难构形方面说明了该字与"跪"字的关系，十分正确（详见高佑仁《上博楚简庄、灵、平三王研究》）。

[6] 醯（酪）盉（羹）不莡（酸）

第一，关于"醯"字，学界对该字有几种考释意见。

其一，释读"醢"，认为"醯"与"醢"为通假关系。整理者^④和周凤五先生^⑤持此观点，《说文》无醯字，疑此字为表示肉酱的"醢"字，从音韵上说，该字从"酉""皿"，"各"声，见纽铎部；醢，晓纽之部，可以通假。其二，释读为"醢"，认为醯为"醢"之讹字。王辉先生^⑥的释文持此观点。其三，释读为"酪"，意为"醋"。何有祖先生^⑦、陈伟先生^⑧、张崇礼先生^⑨、徐少华先生^⑩认为此字当读作

① 马承源主编 . 上海博物馆藏战国楚竹书（六）[M]. 上海：上海古籍出版社,2007：270.
② 陈伟 . 读《上博六》条记 [EB/OL].（2007-7-9）[2023-3-1],http://www.bsm.org.cn/show_article.php？id=597.
③ 陈剑 . 释上博竹书和春秋金文的"羹"字异体：2007 中国简帛学国际论坛论文集 [C]. 台北：台湾大学中国文学系,2007.
④ 马承源主编 . 上海博物馆藏战国楚竹书（六）[M]. 上海：上海古籍出版社,2007：270.
⑤ 周凤五 . 上博六《庄王既成》《申公臣灵王》《平王问郑寿》《平王与王子木》新探 [J]. 传统中国研究集刊,2007（1）：58-67.
⑥ 王辉 . 上博楚竹书（六）读记 [J]. 古文字研究（第二十七辑）,北京：中华书局,2008：470.
⑦ 何有祖 . 读《上博六》札记（二）[EB/OL].（2007-7-9）[2023-3-1],http://www.bsm.org.cn/show_article.php？id=601.
⑧ 陈伟 .《王子木踞城父》校读 [EB/OL].（2007-7-2）[2023-3-1],hhttp://www.bsm.org.cn/show_article.php？id=645#_edn3.
⑨ 张崇礼 . 读《平王与王子木》札记 [EB/OL].（2007-8-9）[2024-3-1],http://www.jianbo.org/uploadfile/20120708.doc.
⑩ 徐少华 . 楚竹书《申公臣灵王》与《平王与王子木》两篇补论 [J]. 江汉考古,2009（4）：125-129.

"酪"，指醋，古称之为"酢"。《礼记·礼运》："以亨以炙，以为礼酪。"郑玄注："酪，酢截。"该字又见《楚辞·大招》"酪"字及王逸注之例。需注意的是张崇礼先生认为该字从"皿"，应该是酿醋的容器"瓮"；徐少华先生提出"酪"亦指乳酪之类的物品，不知道当时楚地是否已通行乳酪类食物。其四，释读为"酪"，意为"调料"。陈剑先生持此观点，认为此是楚人做羹的一种原料，引马王堆汉墓相关字为证，将陈文引述如下。①

马王堆三号汉墓遣策简 103："鲜鲋、榆华、洛羹一鼎。"原释文和注释在"洛"字后括注"酪"并加问号表示不肯定，没有详细解说。按读"洛"为"酪"是可信的。从用字习惯来说，马王堆汉墓帛书《养生方》第 92 行有"美洛（酪）四斗"，第 93 行有"并渍洛（酪）中"，皆以"洛"为"酪"。从文义来说，"鲋"字、"华"字下分别有句读号，可见"洛羹"可作一顿连读，"鲜鲋"和"榆华"分别是作羹的主料，即新鲜的某类鱼（与"枯鱼"相对）和相当于野菜的榆树花，"酪"则是调料。马王堆一号汉墓遣策、三号汉墓遣策常见"酏羹"，如三号墓简 86 "牛首、笋酏羹一鼎"，简 87 "羊酏羹一鼎"，简 94 "鲜鲤襍（杂）、葵酏羹一鼎"等。朱德熙、裘锡圭读为"醢羹"，解释说："《广雅·释器》：'醢，菹（菹）也。'《太平御览》八五六引《仓颉解诂》：'醢，酢菹也。'……醢羹大概是以醢调味的一种羹。"简文"酪羹"即以酪调味的一种羹，正与"醢羹"相类。《楚辞·大招》："鼎臑盈望，和致芳只。内鹤鸧鸧，味豺羹只。魂乎归来！恣所尝只。鲜蠵甘鸡，和楚酪只。"王逸注："生洁为鲜。蠵，大龟也。酪，酢截也。言取鲜洁大龟，烹之作羹，调以饴蜜。复用肥鸡之肉，和以酢酪，其味清烈也。"是楚人作"羹"和以"酪"之证。因此，马王堆三号汉墓遣策的"洛（酪）羹"，正可为简文"醠（酪）盉（羹）"之释的佳证。

今按：该字简文写作 ，从"酉"从"皿""各"声，与"酉"从"皿""右"声的"醢"的古音差距较大。（"各"与"右"古音并不接近）因此释为"醢"不妥，应释为"酪"。从《楚辞·大招》："鼎臑盈望，和致芳只。内鹤鸧鸧，味豺羹只。魂

① 陈剑. 释上博竹书和春秋金文的"羹"字异体: 2007 中国简帛学国际论坛论文集 [C]. 台北: 台湾大学中国文学系,2007.

乎归来！恣所尝只。鲜蠵甘鸡，和楚酪只"，以及王逸注："酪，酢酨也"等记载的楚人的饮食习惯来看，"盂酪"解为"醋"是比较合适的。此外，《礼记·杂记下》亦有："功衰食菜果，饮水浆，无盐酪，不能食食，盐酪可也"的记录。对此，汉郑玄注："酪，酢酨。"

第二，我们再来看"盄"字。原整理者误说为与"盂"同的"盄"字，认为是一种盛放肉酱的器皿。[①] 周凤五先生认为该字读为"菹"，简文中字从"皿""采"声，清纽之部，可与庄纽鱼部"菹"字通假。[②]"菹"是一种醋腌的酸菜。以下两种说法影响最大，分别都有不少研究者从之。学界比较赞同的观点是何有祖先生提出的该字释为"菜"字。何文对比《三德》13号简"恶菜与食"，写作"🔲"从"采"从"皿"的"菜"字，认为此二字为同一字。随后陈伟先生、李佳兴先生、王辉先生支持此说。反对者认为释为"菜"不妥，如陈剑先生将该字与上博二《容成氏》简21"春不穀米，🔲不折骨"的"🔲"字［根据上博三《周易》简21《无妄》九五爻辞"勿药又（有）🔲（菜）"的"菜"字，今本和马王堆汉墓帛书本作"喜"，张新俊释读此字为"饎"；禤健聪释"🔲"字为莘字，字抑或作"烹"，意为烹菜为羹］，上博四简11《曹沫之陈》的"食不二🔲（🔲）"的"🔲"字（张新俊释为"莘"，指烹煮），以及上博五《三德》简13"身且有病，恶🔲（盄）与食"的"盄"字（学者多认为该字为"菜"）综合分析，得出结论如下。从前文（上博三《周易》简21、上博四《曹沫之陈》简11、上博五《三德》简13、上博六《平王与王子木》简3）所举辞例看，这些字形的用例都跟"食"有关，表示的理应是同一个词。据从"采"声而将它们分别释读为"饎"（或"莘/烹"）或"菜"两个意义差别很大的词，总觉有未安之处。其次，将"盄"释为"菜"，"🔲"和"🔲"不管是释为"饎"还是释为甚为生僻的"莘/烹"，其实都很难说明白，但却顺利地将原文完全讲通了。

---

① 马承源主编.上海博物馆藏战国楚竹书（六）[M].上海：上海古籍出版社,2007：270.

② 周凤五.上博六《庄王既成》《申公臣灵王》《平王问郑寿》《平王与王子木》新探[J].传统中国研究集刊,2007（1）：58-67.

另一个学者们比较认可的观点是将此字释为"羹"。陈剑先生①、郭永秉先生②、高佑仁先生③、大西克也先生④、曲冰先生持此观点。释为"羹"理由如下：首先，这些字释为"羹"更符合春秋战国时期古人的饮食习惯，"食／饭"与"羹（菜）"是对举关系。若《三德》中"身且有病，恶𥁕（盉）与食"的"盉"释为菜，则与事实不符。这句话讲的是身体将有病，则饭菜不思，"菜"应该理解为肴馔的总称。但"菜"在先秦时代指可食用的野菜，秦以后才是蔬菜和可食野菜总称，所以在此释为"菜（野菜）"并不合适。"羹"是调味熬煮、用米或面调和而成浓汤或薄糊状的食物。对于普通人的日常饮食而言，一饭一羹相配是最平常的，所以"羹"其实就跟今天的"菜"相当。《曹沫之陈》的"居不袭（袭）𣄰（文），食不二𥁕（盉）"与《容成氏》的"衣不袭（袭）散（美），食不重味"含义相同。"盉"亦为"羹"字，如此则"食不二羹"与"食不重味"一样都指每餐只吃一样菜，古书类似说法多见。《容成氏》"盉（羹）不折骨"之"盉"跟"舂不毇米"之"舂"对言，可知"羹"作动词，意为"作羹"。《平王与王子木》"醓（酪）盉（羹）"见于马王堆三号汉墓遣策的"洛（酪）羹"。《楚辞·大招》："鲜蠵甘鸡，和楚酪只。"王逸注："蠵，大龟也……酪，酢酨也。言取鲜洁大龟，烹之作羹，调以饴蜜。复用肥鸡之肉，和以酢酪，其味清烈也。"是楚人作"羹"和以"酪"之证。其次，释"盉"及其简体"盉"和"盉"为"羹"在字形上亦有合理的解释。从"羹"字的原始字形看，商周古文字中未见此类"羹"字。秦汉出土文字资料中，其下或从"鬲"，或从"美"，或从"羔""羹"，小篆作"羹"，从羔、从美，或从二"羔"形（清代说文学家多已指出，《说文》"羹"和"𩱕"的中间部分之篆形，诸本多有作上下

①　陈剑.释上博竹书和春秋金文的"羹"字异体：2007中国简帛学国际论坛论文集 [C].台北：台湾大学中国文学系，2007.

②　郭永秉.释上博藏西周寓鼎铭文中的"羹"字——兼为春秋金文、战国楚简中的"羹"字法祛疑 [EB/OL].（2009-10-3）[2023-2-1].http：//www.gwz.fudan.edu.cn/Web/Show/929.

③　高佑仁.上博楚简庄、灵、平三王研究 [D].台南：成功大学，2011：249.

④　大西克也.上博六《平王》两篇故事中的几个问题 [EB/OL].（2010-4-21）[2023-3-1],http：//www.gwz.fudan.edu.cn/Web/Show/1133.

二"羔"形者）。① 如马王堆汉墓帛书作""，睡虎地秦简作""。从"鬲"来源于表示烹煮的容器，十分易懂。而从"美"从"羔"实际上是相同的："美"或"羔"形都来源于表示烹煮的容器"鼎"或"鬲"的底部笔画加上"火"旁之形。其下方本从"火"，又多少有受到上半"羔"旁之"类化"作用的因素，遂变作"羔"形，再讹为"美"。

季旭升先生、张世超先生指出"盫"形上半的"弜"或"弝"形，实为写得比较宽阔的鼎鬲类烹煮容器两边的笔画，与烹饪之气无关。"鼎或鬲加火旁"之形（"美"或"羔"形来源）的下半很早就可以变为"皿"为方便说明，图示如下。

如此可以得出两个结论：其一，春秋金文""（""徐王糧鼎《殷周金文集成》2675 号"用～鱼腊"）字的""旁，《容成氏》和《曹沫之陈》"盫"字的"盫"旁，《三德》和《平王与王子木》"盂"字的"皿"都是由"鼎或鬲加火旁"之形演化生成的，所以"""盫""盂"为异体同字。其二，从"羹"字的原始字形理据来看，"羹"为以火烹煮鼎鬲类容器中的羊羔会意。从"羊羹""肉羹"的角度来会"羹"意从羔，示羹有肉也。由此，我们可以推理，从"采"，示羹有菜也。那么"""盫""盂"（""或"盫"省）就可以理解为从以火烹煮鼎鬲类容器中的"采（菜）"的角度来会"羹"意。郭永秉先生在陈文基础上进一步总结了"羹"

---

① 鼎或鬲加火旁"之形的演变轨迹：《金文编》第 1220 页附录下 303 号至 306 号收有商末和西周金文如下诸形（又最末一例为《金文编》第 339 页 0787 号戍甬鼎"盫"字）：""；《金文编》第 1190 页至 1191 页附录下 136 号至 141 号收有春秋金文如下诸形（包括本文所论徐王糧鼎和庚儿鼎之形）：""（樊君鬲）、""（徐王糧鼎）、""（叔夜鼎）、""（叔夜鼎）、""（陈公子原父甗）、""（庚儿鼎）、""（庚儿鼎）。

字的字形演变:徐王糧鼎是春秋早期器庚儿鼎是春秋中期器(二器"羹"字写作"䰞"),其铭文沿袭西周文字旧有的形体,是很正常的,不必看成六国古文的特殊写法。战国楚简中的"䰞""盇"等下部从"皿"的形体,则应该是战国文字异形的表现。① 从"羔"的"羹"字,先秦古文字未见,所以"䰞"字似乎很有可能就是"羹"字的正体。但是我们现在也很难肯定以后在商、西周、春秋文字中就不会发现从"羔"的"羹"字,如果以后这种字形在早期古文字里出现的话,我们就可以说"䰞"是"羹"字异体了。

今按:简文中释为"羹"陈剑先生、郭永秉先生已解释得非常清楚了,笔者仅补充文献证据,证明"䰞""䰞""盇"三字为"羹"不为"菜"。徐王糧鼎铭文曰"徐王用其良金,铸其鼎。用䰞鱼腊,用雍(饔)宾客。子子孙孙,世世是若。"记录了周王将"鱼䰞(羹)"作为恩宠赏赐给臣下之事。国君赏"羹"的习俗在古书里面是很常见的。如《左传·隐公元年》:"颍考叔为颍谷封人,闻之,有献于公。公赐之食。食舍肉。公问之",对曰:"小人有母,皆尝小人之食矣,未尝君之羹。请以遗之",郑庄公将羹赏赐给颍考叔。《左传·宣公四年》和《史记·郑世家》等史书记载了郑灵公因一碗鼋羹未赐予公子宋,而惨遭杀身之祸的故事。更有商纣王烹杀伯邑考,将他做成肉羹赐给周文王的故事,《史记正义》引《帝王世纪》:"囚文王,文王之长子曰伯邑考质于殷,为纣御,纣烹为羹,赐文王,曰'圣人当不食其子羹'。文王食之。纣曰'谁谓西伯圣者?食其子羹尚不知也'。"贵族之间也可馈赠羹汤往来,如《左传·昭公十三年》:"卫人使屠伯馈叔向羹与一箧锦,曰:'诸侯事晋,未敢携贰;况卫在君之宇下,而敢有异志?刍荛者异于他日,敢请之。'叔向受羹反锦,曰:'晋有羊舌鲋者,渎货无厌,亦将及矣。为此役也,子若以君命赐之,其已。'客从之,未退而禁之。"记录了叔向受羹一事。因此,"羹"在春秋战国时期被视作可以馈赠的珍贵的礼物,而"菜"是平常的野菜,简文中庄王

---

① 与"䰞"字字形下部所从为"皿"相同者,除了陈剑先生指出的叔夜鼎的"䰞(䰞)"字之外,还有春秋时代克黄鼎的"䰞""䰞(䰞)"字(钟柏生、陈昭容、黄铭崇、袁国华《新收殷周青铜器铭文暨器影汇编》,艺文印书馆 2006 年 4 月,第 365–366 页,499 号、500 号)。

庄王河雍之行，在龇寃（宿）一地停留用餐，当地人进献珍贵的"酪羹"是十分合理的。菜是食材、是原料，而羹是成品，释为"羹"比释为"菜"更加合理。王力先生在《古代汉语》中将羹解释为带汁的肉菜，其实并不尽然。如简文，带汁的菜也可以称为"羹"，故此字亦可以"采"也。《韩非子·五蠹》云："尧之王天下也……粝粢之食，藜藿之羹。"

第三，我们来看最后一个字，整理者释作"敻"字，读为"爨"①。王辉先生②、徐少华先生③亦从之，皆认为此为烹煮之意。李佳兴先生将"敻"字下部所从释作"内"，指君王在大太阳底下监督工作，不进入屋内休息。单育辰先生④、周凤五先生⑤、高佑仁先生⑥、张崇礼先生⑦不赞同读"爨"之说，认为此字应直接隶定为"敻（夋）"读为"酸"。音韵关系看，"爨"古音在清母元部，"夋"（敻的楷体字形）所从的"峻""浚"等或在心母文部，所从的"酸"在心母元部。精、清、心三纽同属齿音，文、元二部旁转。"爨"与"夋"古音相通，"夋"可读为"酸"。在此是说"酪"在制造的过程中因未加以覆盖，因此导致其挥发而无酸味。高佑仁先生补充指出，"《说文》云：'酸，酢也。从酉、夋声。关东谓'酢'曰'酸''。籀文作'醆'，字正从'畯'声，酸枣戈的'酸'作醆，《汉印交字征》'酸枣右尉'作醁，二形都把'畯'省去'田'而作'夋'。本处的敻虽从'日'，但从相关异体字来看，'日'是'田'之讹，本当从'眊'（'畯'之初文），字读作'酸'。总的来说，简文与'酸'字籀文醆都是从'畯'的。另外，《集篆古文韵海》'酸'字作酦，明显是承籀文而来，

① 马承源主编.上海博物馆藏战国楚竹书（六）[M].上海：上海古籍出版社，2007：270.

② 王辉.殷人火祭说 [J].四川大学学报丛刊第10辑《古文字研究论文集》：1982.

③ 徐少华.上博简申公臣灵王及平王与王子木两篇疏正 [J].古文字研究（第二十七辑）2008：480-481.

④ 单育辰.占毕随录之十一 [EB/OL].（2009-8-3）[2023-3-1]，http://www.gwz.fudan.edu.cn/Web/Show/862.

⑤ 周凤五.上博六《庄王既成》《申公臣灵王》《平王问郑寿》《平王与王子木》新探 [J].传统中国研究集刊，2007（1）：58-67.

⑥ 高佑仁.上博楚简庄、灵、平三王研究 [D].台南：成功大学，2011：249.

⑦ 张崇礼.楚简释读 [D].济南：山东大学，2008：98.

但将'田'形改作'日'。"张崇礼先生提出，简文后文"瓮不盖"即是酿醋之法，为该字释为"酸"又添一证，张文曰："通过和《齐民要术》的对读，我们可以很容易发现，简文中的'醯'其实就是酿醋的必备容器'瓮'，'菜'应该就是酿醋的原料，'酪菜不爨'[①]指的是熏制法，'瓮不盖'指的是发酵法。为了更好地说明问题，下面我们引用《齐民要术》'作酢法'之一的'神酢法'，它属于发酵法：神酢法，要用七月七日合和。瓮须好。蒸干黄蒸一斛，熟蒸三斛：凡二物，温温暖，便和之。水多少，要使相淹渍，水多则酢薄不好。瓮中卧经再宿，三日便压之，如压酒法。压讫，澄清，内大瓮中。经二三日，瓮热，必须以冷水浇；不尔，酢坏。其上有白醭浮，接去之。满一月，酢成可食。初熟，忌浇热食，犯之必坏酢。若无黄蒸及熟者，用麦麸一石，粟米饭三斛合和之。方与黄蒸同。盛置如前法。瓮常以绵幕之，不得盖'。酪菜不爨，即发酵的醋糟没有在火旁熏烤，也就是没有使用熏制法，那么使用发酵法酿醋，要注意'瓮常以绵幕之，不得盖'，这与简文正合。"[②]高佑仁先生也说"瓮不盖"，酪之所以会酸，是因为经过发酵的过程，而发酵须在无氧条件下方能进行，紧密的封盖目的是阻隔空气进入，是以发酵越久酪越酸，瓮不盖则酸味挥发而味道较为清淡。庄王食用到不酸的酪羹，立刻知道是瓮没盖的原因。

今按：该字简文两见，分别写作""""应该隶定为"煔"。李佳兴先生认为下部为"内"，其实不然，"火""矢"之间的讹变在战国文字中是十分常见的类型，且李先生的理解是基于对"醯""盃"二字的错误判断，前文已经指出，概不赘述。需要特别说明的是，从"允"从"日"从"火"的字，又见望山楚简卜1""字，辞例为"煔月"，是一种楚月月名。1975年末，在湖北云梦睡虎地秦墓发现的竹简《日书》甲种有秦楚月名的对照表，"煔月"对照秦月为"爨月"，故学界多将此字释读为"爨"，想必整理者也是据此将该字读为"爨"。

---

① 前文已证，读"菜"不妥，实为"酪羹不酸"。
② 张崇礼．楚简释读 [D]．济南：山东大学，2008：98–99.

二、文本对读汇编

《左传·昭公十九年》

楚子为舟师以伐濮。费无极言于楚子曰："晋之伯也，迩于诸夏，而楚辟陋，故弗能与争。若大城城父而置大子焉，以通北方，王收南方，是得天下也。"王说，从之。故太子建居于城父。

《说苑·辨物》

王子建出守于城父，与成公干遇于畦中。问曰："是何也？"成公干曰："畦也。""畦也者，何也？"曰："所以为麻也。""麻也者，何也？"曰："所以为衣也。"成公干曰："昔者庄王伐陈。舍于有萧氏，谓路室之人曰：'巷其不善乎！何沟之不浚也？'庄王犹知巷之不善，沟之不浚。今吾子不知畦之为麻，麻之为衣，吾子其不主社稷乎？"王子果不立。

阜阳汉简《春秋事语》

楚王子建出守于城父，遇也。遇成公干。"麻﹦者何也？"王伐陈。道宿而食，谓路室人。社稷虖。

简文记载了楚平王命王子木迁至城父一地居住，过申地路遇成公干，王子木与成公干在田畦中问畦问麻的对话。简文内容可与《说苑·辨物》、阜阳汉简《春秋事语》第十六篇对读，有关史实见于《史记·楚世家》《左传·昭公十九年》。《左传》仅记太子建居城父的原因，未见简文中"王子木"与"成公"的对话内容。简文与《说苑·辨物》、文本对比阜阳汉简《春秋事语》第十六篇文本，极其相似。

我们先来看简文与传世文献的文本相同点。《平王与王子木》与今本《说苑》、阜阳汉简《春秋事语》人物同为王子木与成公干、主要故事情节同为二人的对话，对王子木的预言同为不能主社稷、嗣王位。三个文本以庄王与王子木对比的思路也是一致的，故事主旨都是在表达对楚庄王的勤民的赞扬，对王子木不知麻为何物的讽刺，借此达到教育王室子嗣的目的。这说明在战国时期，该故事框架和基本要素已定型，并在此后的数百年中保持了相对稳定地流传。

再来分析文本的不同点。谢科峰先生在分析上述三个文本时，指出："古书在流传过程中，大体会有两种情况出现，一种是基本因循，一种是有所演绎。阜阳简与《说苑》之间的关系属于前者，两者之间基本一致，所出现的差别，我们大体可以认为，属于高明先生所说的误字之故。而《平王与王子木》与《说苑》之间的关系属于后者，两者之间在文本上有一定相似之处，但彼此之间的差异非常明显，这种相似性，反映出它们在文本上有一定的'亲属'关系，属于同种性质的文本，但这种明显的差异，又说明它们在流传过程中至少有一个文本经过了他人的演绎，使得两个文本之间产生了质的不同。"其说非常精辟，笔者将列举三个文本的主要差异进而就"古书的流传、变异问题"做些讨论。

首先，人名称谓不同。简文"王子木"，《左传》《史记》《说苑·辨物》阜阳汉简等文献均为"王子建"。整理者认为此名为初见，据《史记·楚世家》"（平王）六年，使太子建居城父，守边。"《左传·昭公十九年》："费无极言于楚子曰：'晋之伯也，迩于诸夏，而楚辟陋，故弗能与争。若大城城父而置大子焉，以通北方，王收南方，是得天下也。'王说，从之。故太子建居于城父。"推测出"王子木"即"太子建"。陈伟先生、周凤五先生举《左传·哀公十六年》记云："楚大子建之遇谗也，自城父奔宋。……遂杀子木。"杜预注："子木，即建也。"可反驳陈佩芬先生"王子木此名为初见"一说。"子木"之名亦见王念孙《春秋名字解诂下》立有"楚大子建字子木"。《世本八种·世本集览通论》云："名建者多字木，楚屈建、太子建皆字子木是。"徐少华先生引《山海经·海内南经》说："有木，其状如牛，引之有皮……其名曰建木。"《广韵·愿韵》"建"条曰："木名，在弱水，直上百仞，无枝。"证明"建""木"一名一字，符合命名取字的传统。高佑仁先生亦认为"木"与"建"一名一字，并举传世文献证其子孙多以"子木""子建"为氏。与徐文对"建"的看法不同，高先生指出"建"本义乃树立"木柱"一类物品的动作，故楚简"建"多从木，楚王子字"木"名"建"当是意义上的联系。各家之说虽有不同，但"王子木"即"太子建"已达共识。

其次，部分故事情节不同。《平王与王子木》有，《说苑》阜阳汉简无之情节有：楚简文章有王子木"过繢（申），睹（舍）飤（食）于（宿）雎窡（宿）"的记录为其他二书所无。高佑仁、冯胜君先生持此观点。据此认为，楚简文章第一次出现的"舍食于雎宿"是衍文，笔者已在《平王与王子木》字词章做了辨析，此不赘述。楚简文章有："城公起曰：'臣将有告'"的人物动作描写，其他二书未见。陈伟先生认为上博简此处所载城公之所以有"起"这样的动作，固然是对太子执君臣之礼，也可能与要说的话过于尖锐有关。

再次，所记之事不同。成公干批评太子建时，所引述庄王的不同事例，为三文本中最重要的不同之处。上博简文章引用的是"吾先君庄王适河雍之行"，即楚庄王伐郑，晋救郑，晋楚大战，即《左传·宣公十二年》所记的邲之役。《说苑》、阜阳汉简说的是《左传·宣公十一年》所记载的楚伐陈之事（因夏徵舒无道弑君，楚庄王带领诸侯讨伐陈国之事）。也就是说上博简《平王与王子木》与《说苑》、阜阳汉简庄王伐郑、伐陈事件亦有所交叉。值得注意的是，上博简《郑子家丧》中，亦有"伐陈""伐郑"之事的交叉：庄王以"郑子家弑君"为由讨伐郑国，而在传世文献记载中，楚庄王以他国臣子弑君为由发动的战争仅有因"夏徵舒弑君"伐陈那一次。不知上博简作者有意为之还是楚庄王"伐郑""伐陈"的故事在流传的过程中彼此影响，有所演绎。因所选庄王事迹不同，下文成公干所言庄王之处事细节也自然不同：上博简记庄王"舍食于雎宿"，而《说苑》、阜阳汉简中庄王所住的地方是萧氏；《说苑》、阜阳汉简以庄王之霸而留意于"一巷之沟"知其勤民，上博简以楚庄王知"酪菜何以不酸"与王子木不知麻为何物对比。虽然不同文本所用楚庄王"伐郑""伐陈"事件不同，但文本间却可见十分微妙的联系。高佑仁先生亦指出《平王与王子木》的"夐"字与《说苑·辨物》"浚"字同省声符，《平王与王子木》的"醯"与《说苑》"巷"字音相近，《平王与王子木》的"盖"与《说苑》"善"字形相似，说明简文与《说苑》应该有承继和改写关系。如下图所示。

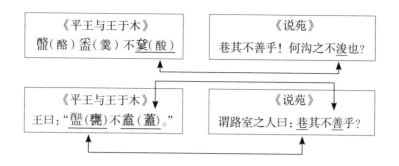

简文相关史实亦见下列文献。

《说苑·君道》

楚庄王既服郑伯，败晋师。将军子重，三言而不当，庄王归，过申侯之邑，申侯进饭。日中而王不食，申侯请罪。庄王喟然叹曰："吾闻之，其君贤者也，而又有师者王；其君中君也，而又有师者霸；其君下君也，而群臣又莫若君者亡。今我，下君也，而群臣又莫若不谷恐亡，且世不绝圣，国不绝贤；天下有贤而我独不得，若吾生者，何以食为？"故战服大国义从诸侯，戚然忧恐圣知不在乎身，自惜不肖，思得贤佐，日中忘饭，可谓明君矣。

《新书·先醒》

乃与晋人战于两棠，大克晋人，会诸侯于汉阳，申天子之辟禁，而诸侯说服。庄王归，过申侯之邑。申侯进饭，日中而王不食。申侯请罪曰："臣斋而具，食甚洁。日中而不饭，臣敢请罪。"庄王喟然叹曰："非子之罪也！吾闻之曰：其君贤君也，而又有师者王；其君中君也，而有师者伯；其君下君也，而群臣又莫若者亡。今我下君也，而群臣又莫若不谷，恐亡无日也。吾闻之，世不绝贤。天下有贤，而我独不得，若吾生者，何以食为？"故庄王战服大国，义从诸侯，戚然忧恐，圣智在身而自错不肖，思得贤佐，日中忘饭，可谓明君矣。此之谓"先窹所以存亡"，此先醒者也。

《韩非子·喻老》

楚庄王既胜，狩于河雍，归而赏孙叔敖……楚庄王……举兵诛齐，败之徐州，胜晋于河雍……

《史记·楚世家》

六年，使太子建居城父，守边。

《淮南子·人间训》

费无忌复于荆平王曰："晋之所以霸者，近诸夏也。而荆之所以不能与之争者，以其僻远也。楚王若欲从诸侯，不若大城城父，而今太子建守焉，以来北方，王自收其南。是得天下也。"楚王悦之，因命太子建守城父，命伍子奢傅之。

《吴越春秋·王僚使公子光传》

建母蔡氏无宠，乃使太子守城父，备边兵。顷之，无忌日夜言太子之短，曰："太子以秦女之故，不能无怨望之心，愿王自备。太子居城父将兵，外交诸侯，将入为乱。"

《吕氏春秋·慎行》

荆平王有臣曰费无忌，害太子建，欲去之。王为建取妻于秦而美，无忌劝王夺。王已夺之而疏太子。无忌说王曰："晋之霸也，近于诸夏，而荆僻也，故不能与争。不若大城城父而置太子焉，以求北方，王收南方，是得天下也。"王说，使太子居于城父。居一年，乃恶之曰："建与连尹将以方城外反。"王曰："已为我子矣，又尚奚求？"对曰："以妻怨。且自以为犹宋也，齐、晋又辅之，将以害荆，其事已集矣。"王信之，使执连尹。太子建出奔。

三、关于《平王与王子木》的讨论

1.关于《平王问郑寿》与《平王与王子木》是否应合篇问题的讨论

关于《平王问郑寿》与《平王与王子木》是否应合篇问题，我们略作讨论如下。

本篇首简第一字："晉（智）"，下空数格后始书"竞坪王命王子木逅城父"一句，详见下图。由此引发了学界关于《平王问郑寿》与《平王与王子木》是否合编为一篇的讨论。

第一种观点认为两篇应各自独立,"智"字属于《平王与王子木》篇。陈伟先生认为智字为本篇篇名。① 汤浅邦弘先生起初赞同此观点,并补充指出,② "陈伟推测第一简简首'知'字为篇题,诚为卓见。以往出土且公开的竹简文献中,篇题记载位置大凡两种。其一,记于竹简背面。此盖竹简收卷保存之际,背面书写篇题,有其便利之处。《子羔》《容成氏》《仲弓》《恒先》《内礼》《曹沫之陈》等篇多为此例。另一,则在简首、正文行文之前书写篇题。郭店楚简《五行》篇第一简简首有'五行'二字,其后方进入正文。本篇篇题亦当归入此例。更确切地说,在迄今确认的篇题中,并无一字篇题,就此而言,此'知'字能否成为篇题,尚留有疑问。不过,本篇内容的确为太子之'知'。虽然'知'字是否即篇题,仍需慎重考察。但在该文献中,对于楚的太子的学识提出要求一点应是确定无疑的。"何有祖先生改原第 4 简断句为"王子不得君楚邦,或不得",并将此简与首字"智"连读为"或不得智",引《新书·大政下》:"无世而无圣,或不得知也;无国而无士,或弗能得也。""或不得知"为证,何先生推断书手因末简写满,故将最后一字写在了首简留出的空白部分最顶端,并与首字隔开。③

第二种观点认为两篇应各自独立,"智"字属于《平王问郑寿》篇。整理者认为本篇在《平王问郑寿》结束后抄载,文末语意未尽,"智"为上一篇末字,下空二字距离,示上一篇结束。④

第三种观点认为两篇应连读,"智"字属于《平王问郑寿》篇。沈培先生认为《平王与王子木》最后一句断句应为"王子不知麻,王子不得君楚,邦或不得"。⑤

① 陈伟.读《上博六》条记 [EB/OL].(2007-7-9)[2023-3-1],http://www.bsm.org.cn/show_article. php? id=597.

② 汤浅邦弘.战国楚简研究 2007[J]. 中国研究集刊,2007.

③ 何有祖.读《上博六》札记(二)[EB/OL].(2007-7-9)[2023-3-1],http://www.bsm.org.cn/show_ article.php? id=601.

④ 马承源主编.上海博物馆藏战国楚竹书(六)[M].上海:上海古籍出版社,2007: 267-268.

⑤ 沈培.《上博(六)》和《上博(八)》竹简相互编联之一例 [EB/OL].(2011-7-17)[2024-2-1]. http://www.gwz.fudan.edu.cn/Web/Show/1590#_edn2.

该句语意表达已十分完整，不应再接"智"字。《平王问郑寿》篇的第六简最后一字当是"弗"字，应与《平王与王子木》篇首简第一字"智"连读为"臣弗智（知）"。沈先生进一步比较以前整理者的习惯，指出"《平王问郑寿》与《平王与王子木》应当合在一起整理，篇名或可称为《平王问郑寿·平王与王子木》。这两个故事，大概是一个大篇中的两个小段。但是《平王问郑寿》第七简，其字体与内容皆与此篇无关，究竟应当属于哪一篇，有待进一步研究。"周凤五先生从沈培先生观点。日本学者福田哲之、大西克也亦表示支持沈培先生观点，均认为"智（知）"与《平王问郑寿》第六简"臣弗智（知）"接续。需要特别说明的是，福田哲之先生认为书手 A 先写《平王问郑寿》，后交由书手 B 写《平王与王子木》，后书手 C 写《平王问郑寿》篇的末简（第 7 简）。汤浅邦弘先生 [①] 发文否定了先前认为"智"为篇题的观点："如此，则陈伟推测第一简简首'知'字为篇题，确有一理。只是，从书体及竹简形制的角度考虑，则如上所述，该'知'字接续在《平王问郑寿》末尾才较为妥当。总之，在该文献中，对于楚的太子的学识提出一点要求确定无疑。"需补充说明的一点是上博八有《志书乃言》一篇，最后一简只抄了"臣楚邦"三个字，后加钩识符号，表示一篇的结束。沈培先生提出此简应该就是《平王与王子木》的最后一支简，将其与前面简文连读，即"王子不知麻，王子不得君楚邦，或不得臣楚邦。"黄丽娟先生详细分析了《平王问郑寿》与《平王与王子木》两篇简文语言是否符合逻辑，竹简形制、契口位置是否一致，书写笔势是否相符，得出结论：（两篇）属于同一书写者连续抄写的篇章，《平王问郑寿》第七简现不同书写风格，应予以抽离。[②] 黄先生指出：书写者将两篇文章抄写在经过相同编连手法整治过的竹简上，先写《平王问郑寿》，写到第六简"臣弗"二字，行文位置已至竹简末端，书写者只好将郑寿答语的最后一字"智"书写在《平王与王子木》第一简首端。为了区隔两篇不同内容的简文，书写者空出两个全字的间隔，才又开始抄写《平王与王子

① 汤浅邦弘.《平王与王子木》太子之"知"[M]// 竹简学：中国古代思想的探究：东方出版中心，2017.

② 黄丽娟. 上博六《平王与王子木》校释 [J]. 国文学报,1999（49）：1-30.

木》。两篇简文的简背上均无书写题目，与一般题文书于简背的书写习惯不却，也许亦可列入两篇简文出于同一书写者的证据之一。

今按：笔者同意第三种观点，上述学者意见均十分正确，在此仅略作补充。"智"《平王与王子木》第4简写作""，其写法明显与首简第一字（写作""）相异。细审图版，发现首简第一字与《申公臣灵王》6号简"智"（写作""）相似。这亦说明沈培先生的观点是正确的。

2. 关于简序编联问题的讨论

为方便表述，将整理者定简文序号与内容列表如下。

序号	内容
1	暜（知）竞坪（平）王命王子木迲城父，迡（过）繡（申），暑飤（食）于狱寏（寞），城（成）公牌（悍）瓯
2	曰："吕（以）穜（种）林（麻）。"王子曰："可（何）吕（以）林（麻）为？"昬（答）曰："吕（以）为衣。"城（戎）公起（起）曰："臣牕（将）又（有）告，虔（吾）先君
3	戕（庄）王迻河滽（淮）之行，暑飤（食）于狱寏（寞），（酪）盂不旣，王曰："醓不盍（盉）。"先君
4	暜（知）醓不旣，王子不暜（知）林（麻），王子不旻（得）君楚，邦或（国）不旻（得）
5	圣（听）于蒔（畴）中。王子瞕（问）城（成）公："此可（何）？"城（成）公昬（答）曰："蒔（畴）。"王子曰："蒔可（何）吕（以）为"

因本篇内容与《说苑·辨物》相合，据《说苑·辨物》："王子建出守于城父，与成公干遇于畴中，问曰：'是何也？'成公干曰：'畴也。''畴也者，何也？'曰：'所以为麻也。''麻也者，何也？'曰：'所以为衣也。'成公干曰：'昔者庄王伐陈，舍于有萧氏，谓路室之人曰：巷其不善乎！何沟之不浚也？庄王犹知巷之不善，沟之不浚，今吾子不知畴之为麻，麻之为衣，吾子其不主社稷乎？'王子果不立。"凡国栋先生、徐少华先生提出应该将第5简当放在第1简至第2简，简序应

调整为 1 → 5 → 2 → 3 → 4。此种简序编连方法十分合理，已获学界公认。

学界尚有分歧的是，被改为末简的第 4 简 "（知）醋不豪，王子不暂（知）林（麻），王子不戛（得）君楚，邦或（国）不戛（得）" 的简文接续问题。学界目前有四种主要观点。

其一，整理者将末句断句为 "王子不知（麻），王子不得君楚，邦或不得"，认为文义已足，此简为完简，其后并无缺简。凡国栋先生亦认为此句当断句如此，语意完整。

其二，单育辰先生亦将第 4 简断句为，"王子不知麻，王子不得君楚，邦或（国）不得。" 对读《左传·哀公十六年》相关内容，提出简 4 其实并不是最末一简，其后应该缺失了最后一简 "其死" 这样的文字，上博简未收或已佚失。

其三，何有祖先生将《平王问郑寿》的第 7 简内容接于其后，读为，"王子不知（麻），王子不得君楚邦，或（又）不得丧。温恭淑惠，民是当望。" 何文理由如下：第一，《平王问郑寿》第七简末字右下有墨钩，并有空白，从上举书写规则来看，作为一篇之末简当无问题。第二，两简连接部分作 "王子不得君楚邦，或（又）不得丧"，丧的宾语则承前省略，即楚国（"楚邦"）。"丧楚邦" 指亡楚国。《论语·子路》："一言而丧邦，有诸？""王子不得君楚邦，或（又）不得丧。" 是说不能在楚国继承君位，又不能颠覆楚国。据文献记载，太子建在奋扬帮助下，出亡宋国，后又至郑。所以这个 "丧" 不是流亡，而应是灭亡。太子建在郑国不安分，但没有看到与楚为敌的记载。他的儿子王孙胜（白公）则险些颠覆楚国，此语或与此有关。第三，比较符合部分出土楚语类文献的讨论背景。《平王问郑寿》《平王问子木》等篇的主旨在于分析如何维护楚王、楚邦的命运，借此确定楚王在治国中应该具有的品格。《平王问郑寿》中的 "温恭淑惠，民是当望" 当是这一组讨论中比较重要的认识，即要做到 "温恭淑惠" 以合民望。"温恭淑惠，民是当望" 可以看作是书写者通过城公的口吻对楚王品质提出的要求。

其四，沈培先生提出，第 4 简后应接上博简八《志书乃言》最后一简 "臣楚邦" 三个字，连读为 "王子不知麻，王子不得君楚邦，或不得臣楚邦。"《志书乃言》最后一简后加钩识符号，当表示《平王与王子木》篇的结束。郭永秉从之。复旦吉大古文字专业研究生联合读书会、高佑仁先生均认为此说正确。

今按：《平王与王子木》将第 5 简放于第 1 简至第 2 简，无疑是正确的。第 4 简的简文接续问题，除了从文义上考察，还要分析简文形制、笔迹特点等。

针对第一种观点，何有祖先生曾提出两点反对意见："其一，若读作'君楚''邦或不得'，表面上楚指楚国，邦也指楚国，似乎是表示同一个意思。但实际上还是有差别的。这句话应关涉两个方面：王位和国家。楚简中有类似考虑，如《平王问郑寿》楚平王关心两点，一是自身的安危（6 号简'如我得免，后之人何若'），二是楚国的存亡（3 号简'君王与楚邦俱难'）。如果说'君楚'是对王子木王位的忧虑的话，那么'邦或不得'则是对楚国存亡的忧虑。从这个意义上说，'邦或不得'之表达并不完全。因此，我们怀疑'邦或不得'所在的简并非末简。其二，与当时简牍书写规则不合。我们找到如下两个组合：《庄王既成》《申公臣灵王》《昭王毁室》《昭王与龚之脽》上揭两个组合的共同特点是，两篇抄写相接之处有表示符号以及空格表示，在第二篇的末简末字收笔下方有墨钩，并且留有空白。沈培先生认为《平王问郑寿》《平王问王子木》在抄写上是相连的两篇。若果真如此，这两篇也应该与上列两个组合的书写规则相同。下面看看《平王问郑寿》第一简，'智'字后有标示符号，而且还与下篇之间留有空白，沈培先生将《平王问郑寿》第六简与《平王问王子木》第一简'智'字相连，从书写规范上看应当是比较合适的。但是在同一规则下，沈培先生所确信的《平王问王子木》篇经凡国栋先生编联后的末简，其末字收笔处既没有表示符号，也没有留白，似乎已经脱离了同一简牍书写规则。基于以上考虑，我们很难相信该简就是末简。"此说有理，笔者仅在楚简词语使用习惯上略作讨论。

第一种、第二种观点，"王子不得君楚""邦或（国）不得"二语语义重沓，似未结束，该句的断句之所以存在异议，主要在于两个词语"楚邦"和"邦国"的使用上。笔者统计了楚简中二词的使用频率，未见一例"邦国"二字连用的辞例，"楚邦""鲁邦"此类"国名 + 邦"的搭配却非常常见。因此从楚简用词习惯上考虑，"楚邦"亦应为一词。第三种观点何有祖先生对"或不得丧"的解释有些牵强。简文是一篇劝政的文章，从臣子的角度对君王说出不得灭亡自己的国家之语，是对君王的不敬，不合情理。且从上下文来看，本文讨论的平王不知麻与"温恭淑惠，民是当望"并没有直接关系。因此从文义理解，这样编联亦是有问题的。

笔者认为第四种观点是正确的。首先，从形制上来分析。《平王与王子木》与《志书乃言》最后一简均为两道编线，各简上下都为平口。《平王与王子木》各简长度都为 33 厘米，《志书乃言》最后一简简长 33.2 厘米，几乎等长。顶端到上契口的距离，《平王与王子木》各简与《志书乃言》最后一简同为 9.5 厘米，上下契口间的距离同为 15 厘米，下契口到底端的距离，《志书乃言》最后一简为 8.7 厘米，比《平王与王子木》各简多了 0.2 厘米。也就是说若将竹简上端齐平，则各简契口位置完全相同，极可能编联在一起。

其次，从字迹上看。《志书乃言》最后一简"臣楚邦"三个字与《平王与王子木》同字字形对比如下表。

	《志书乃言》第 8 简	《平王与王子木》	《志书乃言》1—7 简
臣		——	——
楚		（第 4 简）	（第 1 简）
邦		（第 4 简）	——

因此，从书手笔迹上来看，《志书乃言》第 8 简与《平王与王子木》的书手应为同一人。诸多学者已指出，上博六几篇楚王故事的简文书手或为一人，多在末简末字收笔下方有墨钩，并且留有空白。《志书乃言》最后一简后加钩识符号，只写三字，三字后有大量空白，完全符合末简的特征。

从文献记载来看，"王子不知麻，王子不得君楚邦，或不得臣楚邦"与传世文献所记相符。此句为成公的预言，此种预言手法在《左传》中十分常见。"预言"

之目的不在"预",而在"言",故"预言"多应验。过常宝先生指出:"立言风尚所带动的言语载录之风,使得君子之'语'可能成为一种供后人揣摩理解的独立文本,它由于不具有神圣的或制度性的权威,所以必须依托事实才能获得理解,在这种情况下,'语'往往要依傍事实堪称的论。选择性的编撰,以道德因果律为根据的依附,可视为其应验的根本原因。"① 参照传世文献记载,简文预言的两个层面——王子木将被废太子身份和王子木不能为楚邦效忠,都成为事实。《史记·楚世家》记载:"平王二年,使费无忌如秦为太子建取妇。妇好,来,未至,无忌先归,说平王曰:'秦女好,可自娶,为太子更求。'平王听之,卒自娶秦女,生熊珍。更为太子娶。是时伍奢为太子太傅,无忌为少傅。无忌无宠于太子,常谗恶太子建。建时年十五矣,其母蔡女也,无宠于王,王稍益疏外建也。……十三年,平王卒。将军子常曰:'太子珍少,且其母乃前太子建所当娶也。'欲立令尹子西。子西,平王之庶弟也,有义。子西曰:'国有常法,更立则乱,言之则致诛。'乃立太子珍,是为昭王。"楚平王因秦女与王子木生隙,在费无忌的挑拨之下,疏远子木。平王死后,立太子珍为王。相关史实亦见《左传》。关于子木"不得臣楚邦"的史实,《左传》有较详细的记载。昭公十九年,费无极对楚平王进谗言,让太子搬到城父一地居住:"楚子为舟师以伐濮。费无极言于楚子曰:'晋之伯也,迩于诸夏,而楚辟陋,故弗能与争。若大城城父而置大子焉,以通北方,王收南方,是得天下也。'王说,从之。故太子建居于城父。"昭公二十年,费无忌诬陷王子木叛乱,楚平王追杀王子木,王子木奔宋。"费无极言于楚子曰:'建与伍奢将以方城之外叛。自以为犹宋、郑也,齐、晋又交辅之,将以害楚。其事集矣。'王信之,问伍奢。伍奢对曰:'君一过多矣,何言于谗?'王执伍奢。使城父司马奋扬杀大子,未至,而使遣之。三月,大子建奔宋。"此后,王子木为躲避宋国华氏之乱,逃往郑国,又到晋国,一直未回到楚国,直至客死他乡,一生未能"臣楚邦"。《左传·哀公十六年》:"楚大子建之遇谗也,自城父奔宋。又辟华氏之乱于郑,郑人甚善之。又适

① 过常宝.先秦散文研究——早期文体及话语方式的生成 [M].北京:人民出版社,2009:195.

晋，与晋人谋袭郑，乃求复焉。郑人复之如初。晋人使谍于子木，请行而期焉。子木暴虐于其私邑，邑人诉之。郑人省之，得晋谍焉。遂杀子木。"

此外，简文"君楚邦"，"臣楚邦"两句对应，节奏工整，一语道出彼时国君子嗣的使命：若有幸成为君王，则要担富国安邦之大任；若不能成为君王，则要作为臣子为国家尽忠。这种表达是与简文的创作目的——对楚国太子进行教育是相符合的。

第七章

吴国《春秋》类出土文献综合研究

第一节

马王堆汉墓帛书《吴伐越章》

本章选自马王堆汉墓帛书《春秋事语》第十四章,主要记载了吴伐越获俘,令使阍守舟,阍杀吴王余祭之事,帛书本篇保存完好。

一、释文及疑难字词考释

吴伐越,复亓(其)民以归。弗复而刑之 [1],使守布周(舟)[2]。纪谱曰:"刑,不娄,使守布周(舟)[3],游(留)亓(其)祸也。刑人侕(耻)刑而哀不辜,□悆(怨)以司(伺)間(间),千万必有幸矣。"吴子余蔡(蔡)观周(舟),阍(阍)人杀之。

[1] 复亓(其)民以归。弗复而刑之

本句学界的分歧在于两个"复"字。第一个"复"字裘锡圭先生释为"俘"之音近讹字,并指出"俘""复"声母极近,韵部有阴入对转的关系;训第二个"复"字为返还。[①] 新注从裘文第一字释读观点,并进一步指出,马王堆汉墓帛书《周易》的"孚"写作"复","俘"为表示"孚"字本意的后起分化字,第二字未作解析。[②]

---

① 裘锡圭.帛书《春秋事语》校读 [M]// 裘锡圭学术文集第二卷(简牍帛书卷),上海:复旦大学出版社,2012:430.

② 裘锡圭主编,湖南省博物馆、复旦大学出土文献与古文字研究中心编纂.长沙马王堆汉墓简帛集成(叁)[M].北京:中华书局,2014:194..

萧旭先生在《马王堆汉墓帛书〈春秋事语〉校补》文中持不同意见,认为"复"和"刑"对举,两"复"字皆训宽宥、赦免。[①]后在《马王堆汉墓帛书〈春秋事语〉再校》文中观点有所变化,认为第一个"复"字应从裘先生观点,第二个"复"字仍训为"宽宥、赦免"。[②]需要特别说明的一点是,此句旧注、新注、裘文"复亓(其)民"后均作逗号,断句为,"吴伐越,复亓(其)民,以归,弗复而刑之。"详见下文说明。

今按:同一个字在一句话中出现两次,一次是讹字,一次是正字,实属蹊跷。笔者认为此句中的两个"复"字,均表示返还之意。与《易·泰》:"无往不复",高亨注:"复,返也。"《穀梁传·宣公八年》:"公子遂如齐,至黄乃复。"两个文例中的"复"用法相同。

《国语·勾践灭吴》有云:"古之伐国者,服之而已。今已服矣,又何求焉?"春秋时期将战俘礼而归之,既符合周礼的要求,又可作为日后两国谈判、结盟的筹码,是一种颇为常见的处置战俘的方式。《左传·文公十四年》:"初,斗克囚于秦,秦有殽之败,而使归求成,成而不得志。"秦释放楚大夫斗克回国,遂两国结盟。有时战胜国也会不加条件地释放战俘,如《左传·襄公十一年》记载晋国"庚辰,赦郑囚,皆礼而归之";又如《左传·襄公二十五年》中子展、子产释放全部陈国俘虏;《左传·桓公十年》中秦国人把俘虏芮伯万送回芮国。

其实让战俘充当甲士、小吏亦是春秋时期常见的一种战俘处置方法。如《左传·哀公十七年》就记载了楚国太师子谷和叶公诸梁关于是否让战俘为将的讨论。"楚子问帅于大师子谷与叶公诸梁,子谷曰:'右领差车与左史老,皆相令尹、司马以伐陈,其可使也。'子高曰:'帅贱,民慢之,惧不用命焉。'子谷曰:'观丁父,都俘也,武王以为军率,是以克州、蓼,服随、唐,大启群蛮。彭仲爽,申俘也,文王以为令尹,实县申、息,朝陈、蔡,封畛于汝。唯其任也,何贱之有?'子

---

① 萧旭.马王堆汉墓帛书〈春秋事语〉校补[J].学灯(网刊),2009:2.

② 萧旭.马王堆汉墓帛书《春秋事语》再校[EB/OL],(2016-6-17)[023-2-1],http://www.gwz.fudan.edu.cn/SrcShow.asp? Src_ID=2832.

高曰：‘天命不谄。令尹有憾于陈，天若亡之，其必令尹之子是与，君盍舍焉？臣惧右领与左史有二俘之贱，而无其令德也。’”

笔者在“吴伐越，复亓（其）民以归。”后作句号，“复”和“归”相呼应。这句话是说，吴国征伐越国，（准备）释放越国的战俘。“弗复而刑之”是说后来吴王又改变了主意，不让那个战俘回去而对他用了刑。虽然两种方式均为春秋时合理的战俘处置方式，但吴王出尔反尔的行为必引起阍人的怨怒，“复亓（其）民以归”与“弗复而刑之”的对比，为后文阍人对吴王的复仇行为埋下了伏笔。

[2] 使守布周（舟）

“布”裘文解释为“排列”，引《左传》“吴人伐越，获俘焉。以为阍，使守舟”。萧旭先生提出异议，认为“布”，读为“艀”[①]：“《方言》卷九：‘南楚江湘凡艇短而深者谓之艀。’郭璞注：‘今江东呼艖艀者。艀，音步。’《小尔雅》：‘艇之小者曰艀。’俗字亦作‘艕’‘船’，见《集韵》。字亦作‘艀’，《广雅》：‘艀、艀，舟也。’王念孙曰：‘船与筏异物而同用，故船谓之舫，亦谓之艀，亦谓之艀。编木谓之筏，亦谓之泭，亦谓之舫。凡此皆浮之转声也。艀之言浮也。《玉篇》：艀，小艀也。小艀谓之艀，犹小泭谓之桴矣。’诸字皆一音之转，语源都是‘浮’，而艀、艀为小舟，艀为大舟，此其所指异耳。”尉侯凯先生认为“布”，当读为“甫”[②]：“《说文》：‘怖，惶也。从心，甫声。怖，或从布声。’《尔雅·释地》：‘郑有圃田’，陆德明释文：‘圃，本或作“囿’，字同‘甫’，训为大，甫舟即大舟。根据典籍中的记载，吴王乘坐的舟被称为‘大舟’。如《国语·吴语》‘越王勾践乃率中军泝江以袭吴，入其郛，焚其姑苏，徙其大舟’，韦昭注：‘大舟，王舟。’《吴越春秋·夫差内传》：‘越王闻吴王伐齐，使范蠡、泄庸率师屯海通江，以绝吴路。败太子友于始熊夷，通江淮转袭吴，遂入吴国，烧姑胥台，徙其大舟。’《墨子·非攻》‘越王勾践视吴上下不相得，收其众以复其雠，入北郭，徙大内，围王宫，而吴国以亡’，孙

① 萧旭．马王堆汉墓帛书《春秋事语》再校 [EB/OL]，（2016–6–17）[023–2–1]，http://www.gwz.fudan.edu.cn/SrcShow.asp？Src_ID=2832.

② 尉侯凯．马王堆汉墓帛书《春秋事语》賸义 [J]．文物春秋，2017（5）：30–32.

诒让引王念孙云：'徙大内'三字义不可通。'大内'当为'大舟'。隶书'舟'字或作'月'，与'内'相似而误。《吴语》'越王勾践袭吴，入其郛，焚其姑苏，徙其大舟'，韦注曰：'大舟，王舟'。《吴越春秋·夫差内传》亦作为'徙其大舟'。"

今按：如"布"解释为"排列"，颇令人费解，且与"守"两动词连用，似亦不合语法。萧旭先生"觲、斝为小舟，斝为大舟"句似自相矛盾，笔者认为尉侯凯先生的解释为胜。"布周"即是吴王使用的"大舟"，至于王舟缘何写作"大舟"，尉侯凯先生已举证充分，此不赘述。也正因为阇守的是王舟，才得以抓住机会杀害吴王。"布"读为"甫"，亦见北大简《荆决》："布（甫）有美人，弗召自来。""甫"训为"大"，亦常见，如《诗·齐风·甫田》："无田甫田，维莠骄骄"，孔传："甫，大也"；《汉书·礼乐志》："登成甫田，百鬼迪尝"，颜师古注："甫田，大田也……言此粢盛，皆因大田而登成，进于祀所，而为百神所歆飨也。"

[3] 刑，不㚇，使守布周（舟）

旧注作："刑不㛚，使守布周（舟）。""㛚"疑与粦（㷠）字同，读如"慎"，《说文》："慎古文作㥶"，刑不慎是用刑不当。[1] 裘文认为"㛚"读为"慎"可疑，疑"不"即指所俘越人而言，故删去其后逗号，其义待考。[2] 新注认为旧注不可信，当从裘文文义，并改此字隶定为"㚇"字，不识，待考。或说此字从"去"声，因为"辜"（去、辜古音甚近），"刑不辜"与下文"哀不辜"照应。

今按：按照上述"复亓（其）民以归。弗复而刑之"的理解，此处的从火从去的字，当读为"去"，与上文"复"义近，可解释为使之离开、驱逐、释放。《战国策·秦策三》："夫江上之处女，有家贫而无烛者，处女相与语，欲去之"，鲍彪注："遣之使去。"《史记·游侠列传》："解（郭解）曰：'公杀之固当，吾儿不直。'遂去其贼。"《汉书·五行志下之上》："夏帝卜杀之，去之，止之，莫吉"，颜师古注："去谓驱逐也。"纪谱旨在用此句介绍吴王对战俘的处置方式，即对其用刑，没有

① 马王堆汉墓帛书整理小组. 马王堆汉墓帛书（叁）[M]，北京：文物出版社，1983：18.
② 裘锡圭主编，湖南省博物馆、复旦大学出土文献与古文字研究中心编纂. 长沙马王堆汉墓简帛集成（叁）[M]. 北京：中华书局，2014：430.

释放他，而让他作守王舟的小官。

从"去"的字，在出土文献中常通作"去"，如中山胤嗣奸盗圆壶："……大壸型（刑）罚，以忧毕民之佳（唯）不娀（辜）。"又《故宫博物院藏古玺印选》四二三为两面穿戴印，一面"江去疾"，另一面"江䢙疾"，此为一人之印，"䢙（达）"即"去"。达不见于字书，从辵与从走同，有使之行（去）之义。"壸"与"达"从止从辵义近偏旁通用。"去"亦作"故"。长沙子弹库战国楚帛书丙篇："昜（阳）☐兼（？）……折敆（除），故不羡（义）"，故从支，殆亦驱之使去之义。此处"壸"亦当为此用法。为使文义更通顺，笔者认为"刑""不壸"后加逗号为宜。

二、文本对读汇编

《左传·襄公二十九年》

吴人伐越，获俘焉，以为阍，使守舟。……吴子余祭观舟，阍以刀弒之。

《公羊传·襄公二十九年》

阍弒吴子余祭。阍者何？门人也，刑人也。刑人则曷为谓之阍？刑人非其人也。君子不近刑人，近刑人则轻死之道也。

《穀梁传·襄公二十九年》

阍弒吴子余祭。阍，门者也，寺人也。不称名姓，阍不得齐于人。不称其君，阍不得君其君也。礼：君不使无耻，不近刑人，不狎敌，不迩怨。贱人，非所贵也；贵人，非所刑也；刑人，非所近也。举至贱而加之吴子，吴子近刑人也。阍弒吴子余祭，仇之也。

《十二诸侯年表·吴表》

于吴王余祭四年（周景王元年，鲁襄公二十九年）载曰："守门阍杀余祭。季札使诸侯。"

本章记载了吴王余祭被越国俘虏阍人杀害之事，相关史实见于《左传·襄公二十九年》《公羊传·襄公二十九年》《穀梁传·襄公二十九年》《十二诸侯年表·吴表》等传世文献，以《左传》与帛书所记最为相似。帛书纪谱的评论为其独有，未见其他古书。

帛书与《左传》记载的诸多细节相合，如阍人为越国俘虏的身份、阍人被派看守舟船、吴王余祭观舟时被杀等、其他文献均未见相关记载，可能《左传》与帛书此章当据相同的故事蓝本。需要特别注意的是，在《穀梁传》《公羊传》《史记·吴表》中"阍"的身份不是"守舟人"而是"守门人"。

须补充的是，阍人，即守门人，是古代守城门中最末的职位。《说文》曰："阍，常以昏闭门隶也。"《礼记·祭统》云："阍者，守门之贱者也。"《周礼》记载的阍人主要工作是执掌中门之禁，启闭中门、清扫执烛等守门宿卫工作。《毛诗·大雅·召旻》："昏椓靡共"中的"昏"亦指阍人，郑玄笺："昏椓皆奄人也，昏其官名也。……王远贤者而近任刑奄之人"，贾公彦疏："阍人司晨昏以启闭者，是昏其官名也。"《周礼》谓天官所属有阍人，王宫每门四人，苑囿离宫同。掌门禁。无爵，身份当系胥、徒之类。守门人用奄人、墨者（受过黥刑之人）、劓者、刖者。《周礼》列阍人于内小臣之后，寺人、内竖之前，所守又系宫门，当系奄人。帛书所记与文献中"阍人"多为受刑之门人相合。

需要特别注意的是，《史记·吴太伯世家》并未记吴王余祭被阍人所杀之事（《史记·吴表》却有所记载），且其在位时间与《左传》等书不同。吴王余祭十七年记曰："十七年，王馀祭卒，弟馀眜立。"则吴王余祭在位十七年，与《吴越春秋》吴王在位年限相合，但与《春秋》系史书记载的余祭在位仅四年出入很大。司马贞《史记索隐》、清梁玉绳《史纪志疑》皆认为《史记》记载有误。笔者将结合帛书、吴国出土的兵器铭文以及传世文献，对吴王余祭之在位年限略作讨论，详见第八章专题。

第二节

马王堆汉墓帛书《吴人会诸侯章》

本章选自马王堆汉墓帛书《春秋事语》第十章，主要记载了吴国与诸侯在郹地的会盟，帛书本篇保存完好。

一、释文及疑难字词考释

【吴】人会诸侯，卫君【后】，吴人止之。子赣见大（太）宁（宰）喜，语及卫故。大（太）宁（宰）喜曰："其来后，是以止之。"子赣（贡）曰："卫君【之来】，必谋元（其）大夫＝（大夫），或欲，或不欲，是以后。欲其来者子之党也，不欲其来者子之寿（雠）也。今止【卫】君，是随（堕）党而禀（崇）寿（雠）也。且会诸【侯】而止卫君，谁敢不思（惧）[1]，随（堕）党禀（崇）寿（雠），以思（惧）诸侯，难以霸矣。"吴人乃□之。

[1] 谁敢不思（惧）

说明：本章文字与《左传·哀公十二年》十分相似，未有难理解之处。仅列新注据图版改释的一处。"谁"下一则字旧注作"则"，新注改为"敢"字，并注，"谛审实为敢字残文，故改释"。如此，则与《左传》"谁敢不惧"完全相合。①

---

① 裘锡圭主编，湖南省博物馆、复旦大学出土文献与古文字研究中心编纂. 长沙马王堆汉墓简帛集成（叁）[M]. 北京：中华书局，2014：188.

二、文本对读汇编

《左传·哀公十二年》

秋，卫侯会吴于郧。公及卫侯、宋皇瑗盟，而卒辞吴盟……子服景伯谓子贡曰："夫诸侯之会，事既毕矣，侯伯致礼，地主归饩，以相辞也。今吴不行礼于卫，而藩其君舍以难之，子盍见大宰？"乃请束锦以行。语及卫故，大宰嚭曰："寡君愿事卫君，卫君之来也缓，寡君惧，故将止之。"贡曰："卫君之来，必谋于其众。其众或欲或否，是以缓来。其欲来者，子之党也。其不欲来者，子之仇也。若执卫君，是堕党而崇仇也。（夫堕子者得其志矣！）且合诸侯而执卫君，谁敢不惧？堕党崇仇，而惧诸侯，或者难以霸乎！"大宰嚭说，乃舍卫侯。

本章记载了吴（在郧地）与诸侯会盟，卫出公来迟，（因卫此前曾杀死吴使者，吴谋扣留卫出公），子贡游说吴权臣太宰嚭，为卫君开罪，使吴取消原计划一事。帛书所记之事与《左传·哀公十二年》无差，文字表达亦十分相似。李学勤先生据此认为，帛书的内容是从《左传》简化而来。李文曰："《左传》叙述吴会诸侯一事，情节曲折，帛书则专欲突出子贡的议论，故将复杂过程用数语概括。所言'吴人会诸侯''吴人止之'，'吴人'一语来自《左传》'吴人藩卫君之舍'，'止之'来自《左传》'故将止之'大宰嚭云'其来后'即《左传》'来也缓'。最后，'吴人乃□之'，缺字看残笔疑为'泽字，读为'释'，即《左传》所言'及舍卫侯'。中间的一段，可以说直接袭用《左传》，只有少数省简或变动。"[①]

---

① 李学勤. 帛书《春秋事语》与《左传》的传流 [J]. 古籍整理研究学刊,1989（4）: 1-6.

第八章

专题研究

四重证据法的应用实践
——从《郑子家丧》"利木三寸"说起

二十世纪初，王国维先生用"地下之材料"印证"纸上之材料"，以"二重证据法"打破了传统考据学封闭式阐释的窠臼，开启了科学实证的先河；郑振铎、郭沫若等学者加引民俗学、人类学材料为第三重证据，以"他者目光"进行跨文化阐释，使文史研究逃离了故步自封的"实证主义"牢笼，实现了"义理与考据、实证与阐释"的平衡。二十一世纪，叶舒宪先生援引考古实物与图像为第四重证据，利用文字文本、口传文本、文化文本的证据间性互释互证，借助文化人类学的宏阔视野和跨学科知识谱系，解开许多历史遮蔽之下的难解与误解，恢复和重构失落的文化记忆。

上博楚简《郑子家丧》篇可与《左传》等传世文献对读（参见本书相关内容），为"子家之死"这一历史遗存的难解之谜提供了反思与审视的机会，为文史研究、文化溯源提供了格物致知的可能性。学界对简文"利木三寸"的理解尚有争议，是研究的焦点，陈伟①、李天虹②、高佑仁③、葛亮④、杨泽生⑤、林清源⑥、李咏健⑦等学者和复旦大学读书会⑧均做了很好的研究。但学者们多囿于一、二重证据的论证，未应用四重证据法实现多元融合立体释古。笔者略陈管见，应用"四重证据法"开展注疏辨正、文字考释、文化探源，以求格物致知。若有失当之处，尚请方家不吝赐教。

《郑子家丧》选自《上海博物馆藏战国楚竹书（七）》，有甲、乙两本，除行次、个别字形略有不同之外，文本基本无异。简文记叙了楚庄王自边人处获悉郑国执政大臣子家丧亡，遂以子家弑君覆天下之礼为由与郑交涉，继而伐郑，晋师救郑，晋楚爆发两棠之役，晋人大败的故事。现将本文重点讨论的释文转写如下。

郑子家丧，边人来告，庄王就大夫而与之言曰："……天厚楚邦凶（使）为诸侯正，今郑子家杀其君，将保其宠炎以殁入地。如上帝鬼神以为怒，吾将何以答？"……王命答之曰："郑子家颠覆天下之礼，弗畏鬼神之不祥，戕伐其君，余将必凶（使）子家无以成名立于上而灭炎于下。"……思（息）子家利木三寸，疏索以纮，毋敢正门而出。掩之城基，王许之。⑨

① 陈伟.《郑子家丧》通释 [EB/OL].（2009-1-10）[2024-2-1].http://www.bsm.org.cn/show_article.php? id=964.

② 李天虹.上博七《郑子家丧》补释 [J].江汉考古,2009（3）：110-113.

③ 高佑仁.上博楚简庄、灵、平三王研究 [D] 台南：成功大学,2011：252.

④ 葛亮.《上博七·郑子家丧》补说 [EB/OL].（2009-1-5）[2024-2-1].http://www.gwz.fudan.edu.cn/SrcShow.asp? Src_ID=616.

⑤ 杨泽生.上博简《郑子家丧》之"利木"试解 [J].中山大学学报（社会科学版）,2009（6）：50-53.

⑥ 林清源.上博（七）《郑子家丧》文本问题检讨 [J].古文字与古代史,2012（3）：329-356.

⑦ 李咏健.《上博七·郑子家丧》"利木"试释 [J].九州学林,2011（49）：82-94.

⑧ 复旦大学出土文献与古文字研究中心研究生读书会.《上博七·郑子家丧》校读 [EB/OL].（2008-12-31）[2024-2-1].http://www.gwz.fudan.edu.cn/Web/Show/584.

⑨ 马承源主编.上海博物馆藏楚竹书（十）[M].上海：上海古籍出版社,2008：33-39.

一、《左传》"斫子家之棺"注疏辨正

关于子家之死,《左传》有云:"郑子家卒。郑人讨幽公之乱,斲子家之棺而逐其族。"学界对"斲子家之棺"的注疏存在争议:一为"斲薄其棺说",杜注所本。孔疏据《礼记》所载君、上大夫、下大夫、士所用棺椁的不同等级,进一步提出,"然则子家上大夫,棺当八寸,今斲薄其棺,不使从卿礼耳。不知斲薄之使,从何礼也。"二为"剖棺暴尸说",杨伯峻为此说代表。杨注据《三国魏志》《晋书》《魏书》认为魏晋六朝皆以"斲"棺为剖棺,杜注乃臆说,沈钦韩[①]、刘文淇[②]亦持此观点。

从第一重证据传世文献的辞例来看,虽然"斲"后来写作"斫",常用"砍断"义,但在东汉之前,二者并不混用。"斲",屋部,在春秋时代的文献中已比较常见,只用于削治义;"斫",铎部,晚至战国末期才见于书册,多用作打击义。经穷尽式文献梳理发现,上古时期二字音义区别明显,并不混用。如《诗经》中的"陟彼景山,松柏丸丸。是断是迁,方斲是虔。松桷有梴,旅楹有闲,寝成孔安",表削治义的"斲、虔"与表截断义的"断、迁"对举,不可混淆。又《尚书》有"若作梓材,既勤朴斲,惟其涂丹雘"的记载,再如《庄子》"郢人垩漫其鼻端若蝇翼,使匠石斲之,匠石运斤成风,听而斲之"中"斲"刮削之意更为明显——鼻端若蝇翼的白泥只能"削去",不可"砍断",否则怎能保鼻子丝毫未伤?甚至到了西汉司马迁时代,仍有"汉兴,破觚而为圆,斲雕而为朴,网漏于吞舟之鱼,而吏治烝烝"。司马贞《史记索隐》引应劭"削琱为璞也"来解释"斲雕为朴",可见"斲"为"削"义甚明。"斫"字晚至战国后期才见于文献。值得注意的是,"斲""斫"同时出现于《韩非子》中,二字区别明显,并不混用:"崔子之徒以戈斫公而死之",显而易见"斫"作打击义。"茅茨不翦,采椽不斲",《史记》《新书》又作"采椽不

① 沈钦韩. 春秋左传补注 [M]. 北京:商务印书馆,1937.
② 刘文淇. 春秋左传旧注疏证 [M]. 北京:科学出版社,1959.

刮""采椽弗刮",张守节《史记正义》云:"不刮削也。"① "斲"当训"刮削"无疑。自东汉始,"斲"才偶见砍伐义,与"斫"开始混用,辞书亦出现二字互训现象。如《说文》:"斲,斫也。"《广雅》:"削、斲,斫也。"直接用"斫"来解释"斲"。

在《左传》时代,"斲""斫"当区别显著,"斲"为削治义而非砍断义,故"斲子家之棺"意乃"斲薄其棺",而非"剖棺暴尸"。杨注所本乃为汉魏古书,彼时"斲""斫"已混用。以"斫"字砍伐义注释"斲子家之棺"之"斲",实乃混淆时代,未关注词义的历时性演变和共时性对应之误。

其次从第二重证据出土文献角度辨析。"斲子家之棺"对应简文"利木三寸"。"三寸"很明显是表示厚度的数量词,与"斲薄其棺"联系,指削减棺木的厚度,逻辑顺畅。"利木三寸"并无法与"剖棺暴尸"建立逻辑。因此《左传》中"斲子家之棺"之"斲"应为削治之意,而非砍断之举。杜注"斲薄其棺"是,而杨注"剖棺暴尸"非。

二、《郑子家丧》疑难词考释

1."思子家利木三寸"之"思"辨疑

简文"利木三寸"之"利木"词义是学界讨论的重点,主要观点有二:其一,认为"利木"对应《左传》"斲棺",为述宾结构,"利"可读为"剺"②③或"劙"④,割削之意;其二,认为"利木"为偏正结构,"利"为某种质地的木材,修饰棺木之

① 袁傅璋.宋人著作五种征引《史记正义》佚文考索[M].北京:中华书局,2016.
② 陈伟.《郑子家丧》通释[EB/OL].(2009-1-10)[2024-2-1].http://www.bsm.org.cn/show_article.php? id=964.
③ 李天虹.上博七《郑子家丧》补释[J].江汉考古,2009(3):110-113.
④ 高佑仁.上博楚简庄、灵、平三王研究[D].台南:成功大学,2011:252.

"木"。葛亮 [1]、复旦大学读书会 [2] 等认为"利木"为"梨木";杨泽生 [3]、林清源 [4] 提出"厉木"乃古书常见的"恶木";李咏健则读为"栗木" [5]。

简文曰"思子家利木三寸",首字"思"甲本字形隶定作"恖",乙本作"囟"。学界未重视此处甲乙本用字区别,多按楚文字的惯常释读方式,将首字读为"使"。需要注意的是,简文"囟(恖)"一共出现了三次,乙本皆作"囟",甲本仅本句作"恖",其余两处作"囟",详见下表。

辞例	天厚楚邦囟为诸侯正	我将必囟家毋以成名立于上而灭炎于下	恖(囟)子家利木三寸
甲本			
乙本			

李松儒先生对《郑子家丧》甲乙本进行了详细的字迹对照研究,根据误字、用字不稳定情况和脱文现象,推测甲本是在乙本的基础上进行校对后抄写完成的。仔细对比分析甲、乙本字迹,我们发现,甲本抄手在誊写过程中对乙本进行了许多校勘和修改,最直观的是改正了许多错别字。因此,从某种意义上说,甲本并不是严格意义上的抄本,而是另一种撰著。关于甲本"思(恖)子家利木三寸"一句,李文指出:"'囟'字就是'思'字,'思'字通作'使'字,甲本简5将'囟'字径作'思(恖)'字,这应该是甲本的抄手根据自己的理解直接将此字写作'思'的结果。" [6] 此言甚确,但李文仅点到为止,未作深入探讨。笔者发现,甲本抄手之

① 葛亮.《上博七·郑子家丧》补说 [EB/OL].（2009-1-5）[2024-2-1].http://www.gwz.fudan.edu.cn/SrcShow.asp? Src_.
② 复旦大学出土文献与古文字研究中心研究生读书会.《上博七·郑子家丧》校读 [EB/OL].（2008-12-31）[2024-2-1].http://www.gwz.fudan.edu.cn/Web/Show/584.
③ 杨泽生.上博简《郑子家丧》之"利木"试解 [J].中山大学学报（社会科学版）,2009（6）:50-53.
④ 林清源.《上博（七）郑子家丧》文本问题检讨 [J].古文字与古代史,2012（3）:329-356.
⑤ 李咏健.《上博七·郑子家丧》"利木"试释 [J].九州学林.2011（49）:82-94.
⑥ 李松儒.战国简帛字迹研究 [D].长春:吉林大学,2012.

所以将"囟"改作"怠"，乃是为了与简文另两处通作"使"的"囟"相区别，也就是说此处"思（怠）"不能读作"使"。

那么甲本写手校对乙本后改正而成的"思"字应该读作什么呢？结合传世文献和出土文献辞例来看，此字当读为"息"。传世文献中"思""息"互作的现象十分常见。如今本《诗经》有"南有乔木，不可休息。"通行本毛诗作"不可休思"，《经典释文》言"思"本或作"息"。"思"用作"息"在战国楚简中亦常有。如清华简《汤处于汤丘》"远有所亟，劳有所思（息），饥有所食"，"劳、息"与下句"饥、食"结构一致，反义对举。同理，《祷辞》篇"病者于我乎思（息），饥者于我乎食。"此二句中"思"用作"息"非但在结构、语义上十分明确，而且从音韵上说，"思（息）"恰可入韵。传世文献与出土文献的对读异文更可证此"思""息"互用结论。安大简《诗经》屡见简文作"思"传世文献作"息"的辞例。如《殷其雷》"莫或皇思"，毛诗作"莫敢遑息"，毛传训"息"为"止"。事实上，"思"与"息"上古同属心纽，分属韵部之、职部，二部对转，音近可通，且二字字形相似，极易互讹。不管是错讹还是通假，"思"作"息"的结论当是无可厚非的。"思"读作"息"，结合简文文义当训为"止"，有停放之意，"思子家利木三寸"也就是在三寸利木之棺停放子家尸身。

2."利木三寸"之"利木"考释

既然"思"读为"息"，则"思子家利木三寸"中"利木"为偏正结构当无疑。《左传》云："若其有罪，绞缢以戮，桐棺三寸，不设属辟，素车朴马，无入于兆，下卿之罚也。""利木三寸"恰可与此"桐棺三寸"对读，同为降低刑罪之人丧葬等级的惩戒方式。为何以"桐棺三寸"的方式降低葬礼等级会达到惩罚的效果呢？陆德明《经典释文》对"桐棺三寸"进行了很好的解释："《礼记》云：'夫子制于中都，四寸之棺，五寸之椁，以斯知不欲速朽也。'郑康成注云：'此庶人之制也。'案礼，上大夫棺八寸，属六寸；下大夫棺六寸，属四寸。无三寸棺制也。棺用难朽之木，桐木易坏，不堪为棺，故以为罚。"① 可见用于惩罚的棺木必须"易坏、速朽"。欲使棺木易朽，方法有二：其一，选用容易腐烂的木材，比如桐木。孔颖达也有类似观点，"记有杝棺、梓棺，杝谓椴也，不以桐为棺。简子言桐棺者，郑玄云：'凡棺用能湿之物，梓、椴能湿，故礼法尚之。'桐易腐坏，亦以桐为罚也。"② 其二，消减棺木厚度致其速朽。孙诒让云："《荀子·礼论》篇说'刑余罪人之丧，棺厚三寸，衣衾三领。《吕氏春秋·高义篇》云'楚子囊死，为之桐棺三寸'，是皆示罚之法。"③

可见，要分析"利木"到底为何木，必须基于"材质易朽"的特点。我们依次来看学者们的观点。首先，"梨木"的解释不合"材质易朽"的特质。关于这一点，杨泽生先生做了很好的说明："《校读》曾正确指出，简文的'梨木三寸'是对子家采取的一种惩罚措施。而众所周知梨木质地较好，和枣木一样可以用来刻印文字；古代刻板印书多用梨木或枣木，因而'梨枣'便成为书版的代称；而古代用梨木刻板的情形非常多，所以印板也称为'梨板'；刻印无用之书，灾及作板的梨木，则称之为'灾梨'。既然楚国是要通过薄葬子家来惩罚他生前的'杀君'恶行，楚王怎么可能允许用较好的木头来做他的棺材呢？"④ 此说论据充分，"利木"读为"梨木"不合适。其次，我们来看"利木"读为"厉木"释作"恶木"的观点。古人确以"恶木"形容粗鄙之木，但查阅古籍，并未发现"厉木"的辞例。且古书中涉及棺木的材质时，多为专指，未见如"恶木"泛指之说。杨泽生先生指出："除了上引的'桐棺三寸'外，古书中涉及木棺的描述，亦多有所专指。如《礼记·檀弓》：'天子之棺四重，水兕革棺被之，其厚三寸；杝棺一，梓棺二。''杝'与'梓'皆木名。桓宽《盐铁论·散不足》：'今富者绣墙题凑，中者梓棺楩椁，贫者画荒衣袍，缯囊缇橐'。'楩'亦木名。《水经注》卷十六载魏征南军张詹墓之碑文云：'白楸之棺，易

① 陆德明.经典释文[M].北京：商务印书馆，1936.
② 杜预、孔颖达等.尚书义：《黄侃经文句读》[M].上海：上海古籍出版社，1990.
③ 孙诒让.墨子间诂（上册）[M].北京：中华书局，2001.
④ 杨泽生.读《上博六》札记（三则）[EB/OL].（2007-7-24）[2024-1-1].http://www.bsm.org.cn/show_article.php？id=658.

朽之裳，铜铁不入，丹器不藏，嗟矣后人，幸勿我伤。'‘楸'也是木名。故此，从文献对读的角度看，简文‘利木'恐亦有所专指，若读作‘厉木'，以为泛称，似未尽准确。"① 此说理据十分充分。综上，"利木"泛指作"恶木"的观点亦值得商榷。

再次，我们来看李咏健先生将"利木"读为"栗木"的观点，其理由有三：一是栗木非珍贵之木；二是郑国栗树常见，方便就地取材；三是有六安战国晚期墓出土栗木材质的外椁盖板作为考古实证。笔者研究发现，栗木的木材纹理清晰明朗、结构均匀、质地坚硬，耐磨损，也耐腐蚀，显然与此处"材质易朽"的要求不符合。据考古发掘报告，六安战国晚期墓的墓主身份应不低于大夫级，墓葬年代为战国中期偏晚。② 因无法确定墓主人身份等级，故无法认定对子家用"栗木"就是降低其棺椁、葬礼等级。且故"利木"释为"栗木"也是不够妥当的。

"利木"究竟为何木，还有待进一步的研究和更多的考古证据。

三、儒、墨与楚地"棺三寸"文化追索

儒、墨与楚地"棺三寸"所蕴藏的不同的丧葬文化关系着彼时先民的灵魂观、死亡观、生命意识，乃至文化心理结构，非常值得推敲。儒、墨与楚地文化的共识在于三寸的恶木薄棺足以致尸身速朽，但三者致尸身速朽的目的却有很大的不同：儒家乃为辱，墨家实为利，楚地以"巫"为核心、多元融合。

1. 儒家"棺三寸"

儒家尊礼尚施，事鬼敬神，其丧葬文化核心在于"礼"，呈现出政治化、伦理化、仪式化和神秘化态度。人有礼则安无礼必危，国无礼必亡。礼如此重要，人由生到死的全过程必有礼，"生，事之以礼；死，葬之以礼，祭之以礼。"丧礼成为真正践行礼制的重要环节，只有据儒家标准严格执行，终始俱善才算是"人道毕

---

① 李咏健.《上博七·郑子家丧》"利木"试释 [J]. 九州学林,2011（49）：82-94.
② 秦让平. 安徽六安市白鹭洲战国墓 M585 的发掘 [J]. 考古,2012（11）：23-32,103-108.

矣""圣人之道备矣"。此外儒家予葬、祭、铭诔以等级之别，丧葬仪式严格体现了儒家"礼"的尊卑等级化要求。"故天子棺椁七重，诸侯五重，大夫三重，士再重。然后皆有衣衾多少厚薄之数，皆有翣菨文章之等，以敬饰之，使生死终始若一；一足以为人愿，是先王之道，忠臣孝子之极也。"儒家施行丧葬仪式政治化以维护家族、社会秩序，进而实现礼治。

礼不但是儒家"礼"的要求，更是其伦理观的集中体现。荀子《礼论》曰："故君子敬始而慎终，终始如一，是君子之道，礼义之文也。夫厚其生而薄其死，是敬其有知，而慢其无知也，是奸人之道而倍叛之心也。君子以倍叛之心接臧谷，犹且羞之，而况以事其所隆亲乎！……故事生不忠厚，不敬文，谓之野；送死不忠厚，不敬文，谓之瘠。君子贱野而羞瘠。"儒家认为祖先神是鬼神的重要组成部分，人鬼关系用亲情与孝道维系，充满伦理色彩。儒家以忠孝节义、礼义廉耻的君子之道或厚生薄死、背信弃义奸人之道来评判丧葬形式，集中体现了其道德伦理要求。

儒家提倡厚葬久丧，要求繁复的丧葬仪式（孔子不同，孔子主张薄葬。《论语·八佾篇》："礼，与其奢也，宁俭；丧，与其易也，宁戚。"），集中体现在《仪礼》"丧服""士丧礼""既夕礼""士虞礼"等著述中。为使棺尸"不欲速朽也"，儒家施行棺椁制度。战国时期以后，儒家学派开始把等级名分、尊卑贵贱的观念输入到葬制中，对棺椁的实际效用作了理论的概括，并希望通过棺椁制度的实施，强化面临危机的名分秩序观念。[①] 彼时重棺重椁，过度奢葬之风盛行，难怪墨子批判道："此存乎王公大人有丧者，曰棺椁必重，葬埋必厚，衣衾必多，文绣必繁，丘陇必巨……"

需要注意的是，先秦儒家与后代汉儒不同，在死亡丧葬观念上充满了神秘主义，不直接涉及亦未直接否定灵魂、来世。春秋时期的孔子"不以怪、力、乱、神""敬鬼神而远之"，对鬼神充满了"敬慎"。战国时期的儒家更是以"儒家不从，以为死人无知，不能为鬼"来反对墨家的明鬼思想。基于这种神秘主义，王充

---

① 吕静．先秦儒家与丧葬制度 [J] 史林,1989（2）:1–7.

猜测："儒家不从,以为死人无知,不能为鬼,然而赙祭备物者,示不负死以观生也。"先秦儒家丧礼似乎主要不是为了告慰逝者灵魂,而是在于观生,在于礼。通过一系列"礼"的规定和操作,彰显生前的行为对于后世之影响,以使逝者的生命价值得以延续和传承。

先秦儒家的丧葬仪式不是单纯追求逝者灵魂安宁,而是更强调在生命的有限时间内成为"君子",以修身、齐家、治国、平天下。其丧葬的本质是维护礼的政治核心和伦理价值。"桐棺三寸"的葬式目的在于使刑余之人受辱,而凸显其"礼"。其背后的原理在于崇君子之道,灭小人之举。《大略》载子贡之语,曰:"大哉死乎!君子息焉,小人休焉";《集韵》曰:"息,生也";《广雅》云:"息,安也";《尔雅·释言》曰:"休,庶也",郭璞注:"庶,止也"。儒家认为举行合乎礼的丧葬仪式可使君子息而安,息而生,也就是死得其正。对小人的丧葬仪式乃是为了让其休而止,死而不生。综上,儒家"棺三寸"之丧葬形式实乃"至辱"。

2. 墨家"棺三寸"

墨家薄葬短丧、节葬明鬼,其丧葬形式核心在于"利",显现出功利性、平等性特点和绝对化倾向。《墨子·节葬下》介绍了古圣王"棺三寸"葬埋之法,随即指出其目的:"死则既以葬矣,生者必无久哭,而疾而从事,人为其所能,以交相利也。""交相利"便是墨家功利论理思想的集中表达。彼时喋血战争四起,天子诸侯丧葬淫侈,用殉残酷,"辍民之事,靡民之财",民不聊生"匹夫贱人死者,殆竭家室乎"!墨子不胜愤嫉,欲以除其弊,提出"凡费财劳力不加利者,不为也",仿效古代圣王"桐棺三寸"等节葬方式,使葬埋者之死利备焉;家人不必久丧可立即从事生产,衣食者之生利亦不受损,可谓生死双利也。

荀子称墨子为"役夫",即"农与工肆之人"。墨家作为广大工农劳动者的代表,对厚葬久丧的批判体现了兼爱的平等性追求。不同于儒家丧葬的等级性,墨家从其平民利益身份出发,不论出身等级,皆施节葬之法,上下标准统一,以"平等性"对等级森严、穷奢极欲的厚丧礼制发出挑战。

与前述先秦儒家不同，墨家的鬼神观充满了绝对主义，认为鬼神是绝对存在在超自然领域的非物质实体。"故武王必以鬼神为有，是故攻殷伐纣，使诸侯分其祭；若鬼神无有，则武王何祭分哉！"对于那些"执无鬼者"，墨家先以古时圣王"先鬼神而后人"的治天下方式有力回击，又以"何不尝入一乡一里而问之？自古以及今生民以来者，亦有尝见鬼神之物，闻鬼神之声，则鬼神何谓无乎？"论证鬼神的存在。非但如此，墨家认为鬼神这种超自然力量与人存在绝对互动，能庇佑苍生、免遭灾祸，惩恶扬善、降罪施罚。因此，人要通过合乎道德的行为来与鬼神建立和谐的关系，以求幸福安康。然而不同于"绝对化"的鬼魂，肉体是短暂的、有限的和脆弱的。在此观念之下"衣三领，足以朽肉，棺三寸，足以朽骸"此种节葬方式足以对逝者表示尊重。

3. 楚地"棺三寸"

先秦时期楚国信巫鬼，重祭祀，其丧葬形式核心在于"巫"，是巫觋文化、祭祀文化、礼乐文化的多元融合，呈现出神秘化的倾向、巫政合一的特点和周文化的影响。

第一，楚人关于灵魂状态和命运的观念，是巫觋文化的集中体现，极具神秘性。简文中楚庄王对子家尸体所施行的系列措施，绝非墨家基于"利"的节葬方式，也不仅是儒家"礼"文化之下为使罪臣受"辱"的惩罚，而是基于楚巫文化的底层逻辑而对刑罪之人的戒罚行为——让子家尸骨速朽，使其灵魂无所凭依，以达求"使子家毋以成名立于上而灭炎于下"的终极目的。此底层逻辑蕴含两方面内容：一是灵魂的状态，涉及灵魂与肉体关系；二是灵魂的命运，涉及对灵魂的审判标准，此灵魂观极具巫觋文化的神秘性。关于灵魂的状态，楚人认为魂魄可以离开形骸游走，因此需要一系列的"招魂"仪式，完成灵魂的巫化复归，实现复活（招生魂）或升仙（招死魂）的目的。而实现这一神秘巫化复归的条件是尸身不腐。《楚辞》中记载了这样的故事：帝命巫阳招魂，巫阳用如果身躯已坏，即使给他灵魂也不再有用的理由来拒绝天帝。可知楚人认为灵魂依附于形体，只有尽可能保持尸身不腐，才能实现灵魂顺利复归。相反，如果形体腐朽，那么无所凭借的灵魂就会变成游魂野鬼作祟。诸多楚墓考古发现，即是楚人执迷于对尸身的抗腐的明证。楚人深邃挖掘墓穴，在墓底、椁外、棺室填充木炭和青膏泥，甚至用中草药处理尸体，遍洒花椒驱虫防腐……郭店出土的战国女湿尸，完整保存两千多年不腐，甚至出土时四肢关节还可以活动，皮肤也还富有弹性。既然楚人如此执迷于魂肉合一，那么简文中庄王"利木三寸"的做法，可使尸身速朽，便可理解为对子家魂飞魄散的诅咒。关于灵魂的命运，简文亦给我们提供了线索：子家弑其君，因此庄王要使子家"毋以成名立于上而灭炎于下"。结合前文"保其宠炎以殁入地"来看，"灭炎于下"应该是对灵魂所在的下界的描述。我们可以据此推测，在楚人的观念里下界灵魂的命运应该与上界一样，要接受行为和道德的评判。此种冥界的审判机制在世界早期文明的神话传说中十分常见。古埃及的奥西里斯主持冥界法庭的审判，古巴比伦的埃里什基嘉尔女神和她的丈夫是主管冥府的神，古希腊的冥王哈得斯管辖的官员负责审判灵魂的思想、言论和行为，如果善就去乐园，恶就下地狱。依据"心理作用共同说"的进化论思想，在心理层面上，人类有一些共同的体验、情感和思维方式。[1] 作为一个巫文化浓郁的民族，楚国应该也有类似的冥界神话。因文献资料的阙疑和久远历史的阻隔，我们无法把握楚人的冥界审判细节，但仍可以从神话、典籍中推测一些可能的内容：楚辞中屡见对幽冥世界的描写以及逝者与神灵的交流的场景，恶行将遭到诅咒，善行会受到护佑。《国殇》中浴血奋战的勇士虽身死，但魂魄被誉为鬼中之英雄。"天时怼兮威灵怒"可知参与评判勇士的是上天和威灵。《九歌·大司命》中记载的"纷总总兮九州，何寿夭兮在予；高飞兮安翔，乘清气兮御阴阳"即体现出司命掌管生死，甚至可以起死复生。

---

① 心理作用共同说有时候也与进化论思想联系在一起，认为这种心理共同性是基于人类进化的结果。进化论指出，人类的心理和行为具有一定的生物学基础，源于人类进化的过程。因此，心理作用共同说认为，尽管人类文化的多样性和差异性很大，但在心理层面上，人类有一些共同的心理特征和心理过程。

第二，巫政合一是楚地政治体制和思想的集中体现。简文云："天厚楚邦使为诸侯正，今郑子家杀其君，将保其宠炎以殁入地。如上帝鬼神以为怒，吾将何以答？"很明显，简文中庄王扮演着与天帝沟通的角色，应当按上大的意志行使诸侯长的职责，否则就要承担"上帝鬼神以为怒"而降下不祥的后果，这正是楚地巫政合一制度的表现。《左传》《国语》等史料记载，楚人先祖颛顼帝"绝地天通"之后，开国君主熊绎立国之时，楚国国君便作为周朝执行祭祀的官员，履行"惟是桃弧、棘矢，以共御王事"的祭祀义务。楚王不仅是国家的行政长官，更是巫长"灵修"，承担着沟通人神、主持祭祀的巫觋工作。《楚辞》多次出现了关于巫政合一的"灵修"的描写，《国语》更有楚灵王"左执鬼中，右执殇宫"，用巫术来处理国事的记载。考古亦有发现：如荆州楚王侍者昭固之墓，江陵天星观发掘的上卿番敕之墓，包山发掘的左尹昭佗之墓出土的竹简记录了很多楚贵族的占卜、祭祀活动，这些贵族多担任行政职位。

第三，周文化对楚地的影响深远。简文中楚庄王"利木三寸"的系列丧葬措施显然与儒家做法同出一辙，目的是让子家受辱，足可见中原儒家文化对楚地的影响。楚虽为蛮夷之地，但早在周成王时便受封建国，深受周文化影响。从传世文献来看，《左传》有晋隋武子对楚国严格遵周礼的赞誉，《国语》亦有对楚成王以周礼享重耳的称颂。从出土的楚国竹简来看，儒家作品很早就在楚地流行，如上博简《孔子诗论》等为以儒家为代表的周文化的传播提供了文献证据。从葬制来看，周代楚墓的棺椁制度、用鼎制度、饰棺制度，大多可与周礼相合。商周时期，长江流域现悬棺葬、船棺葬、岩坑葬等与中原地区不同的丧葬形式。楚国虽同处此地，但普遍使用竖穴土坑、棺椁藏尸、仰身直肢为主的埋葬制度，与中原葬礼基本无异。考古发现更为楚地深受周文化影响提供了更具说服力的证据。周代楚国墓葬虽有僭越的情况，但整体上仍然是依循周礼的。如望山楚墓的用鼎制度与周制一致；纪南城附近的楚国的"公墓"区，雨台山、拍马山、太晖观和西部的葛破寺附近的楚国"邦墓"区，与《周礼地宫》"公墓""邦墓"记载相合；枝江百里洲出土的楚墓随葬品，铜器风格与周文化一致。周文化影响的考古发现众多，此不再赘述。

综上，应用"四重证据法"，从上博简《郑子家丧》"利木三寸"对应《左传》"斲子家之棺"注文辨正说起。首先对"斲"词义进行历时性演变和共时性阐释发现，上古时期"斲"仅释为刮削，而非砍伐，故杜注及孔疏"斲薄其棺"正确，杨伯峻"剖棺见尸"错误，恰与简文"利木三寸"相合。此一、二重证据也。

其次，对比简文甲乙本字迹，发现"思子家利木三寸"之"思"字写法与简文该字其他字形有别，随即利用文字学方法得出此字为"思"读为"息"的结论，据此判读"利木三寸"语法结构。用人类文化学知识将古文字考释得到的语言"能记"符号置于古人生活实际的"所记"内容中加以验证，得出结论"利木"应读为"栎木"，理由有四，其一，"利""栎"音近可通。其二，"栎木"为"散木""以为棺椁则速腐"。如今仍以"栎樗"比喻无用之材，作为平庸无为的谦词。其三，先秦时期，栎树十分常见，方便就地取材。其四，有河南正阳苏庄士大夫楚墓棺椁等作为考古实证。此二、三、四重证据也。

最后，综合利用传世文献、出土文献，墓葬实物、图像，结合神话、传说等民族志材料深挖先秦儒家、墨家与楚地"棺三寸"所蕴含的文化要素，认为儒家乃为辱，墨家实为利，楚地以"巫"为核心、多元融合。进而对楚国刑罪之人的丧葬仪式进行文化追索，其葬形式核心在于"巫"，是巫觋文化、祭祀文化、礼乐文化的多元融合，呈现出神秘化的倾向、巫政合一的特点和周文化的影响。此一、二、三、四重证据综合运用也。

专题二

《左传》"陈公穿封戍"辨疑 ①

楚地战国简帛的发现，使人们亲见未经后世改动过的古书原貌，对古籍释读和古史研究具有十分重要的意义。上博楚简《申公臣灵王》所记与《左传》襄公二十六年、昭公八年"陈公穿封戍"的故事多有雷同，为我们厘清相关史实提供了新的思路。简文主人公身份是学界讨论的焦点，陈佩芬、徐少华、周凤五、刘文强、陈伟、何有祖、凡国栋等诸多学者对此做了很好的研究，但学者大多仅对读《左传》，未充分关注《史记》中"陈公"的记载差异，因此该问题仍有探讨空间。

一、简文"申公"不可读为"陈公"

传世文献中的国名、地名和人名用字"申"，在楚简中多次出现，均为地名、人名专字字形，释作"绅"，读为"申"。此字楚简写法可隶定为"緟"，其异体为在此基础上的增繁或省减，字形共计六种，列表如下。

字形及出处	（包山楚简）	（清华简二《系年》）	（上博四《曹沫之陈》）
字形及出处	（天卜）	（清华简二《系年》）	（包山楚简）

---

① 本篇论文发表于《殷都学刊》。

简文有"緁""緔"两种字形，亦为楚简习见的地名专字写法。有学者指出郭店、上博竹书《缁衣》篇中所引《君陈》之"陈"，隶定作"迣"，以天干地支之"申"为声符，"申""陈"都是舌音真部字，古音极近，且有辞例为证，故"申""陈"通假，"迣"可读为"陈"。就此可判定简文地名专字"绅"与"陈"通假，简文主人公即《左传》所记陈公穿封戌。对此，笔者颇有不同意见，不妨先按照上述逻辑，得出其通假演绎过程。

已知：A= 地支"申"　　　B= 陈　　　C= 緔（地名专字"绅"）

∵ A=B　　　A=C

∴ B=C^①

我们先来分析 A 与 C 的关系：A 字字形甲骨文（如"⚡"，《合集》27174）、金文（如"⚡"，《集成》9105）皆作电光舒展闪烁之形，为"电"的本字。C 字多隶定作"緔"，与 A 字形迥异。二者在后代的典籍传抄文字中都写作"申"，很有可能是秦代书同文的结果。李守奎曾对读为"申"的楚简地名专字 C 做过详细研究，论述了从西周早期到战国中期的诸字构形及演变过程。李守奎指明 A 字出现很早，字形上与 C 字没有联系：文献中作为国名、地名、姓氏名的专字 C 在古文字中源头之一是引申、抻拉等义的本字"叟"。国名"申"或可借蚯蚓之蚓的本字"🐛"（《集成》1·287·4-7），春秋时期的别造"🌿"（蔡侯簠），构成以"叟"为义符兼表音的形声字；战国初期又造从"叟"省的字表示牵引之意，C 字字形则专用于表示国名、地名或姓氏。^② 可见 A 字和 C 字无论在字形还是字义上均没有直接联系，且战国时期以国为氏的姓氏用字多为专字，并未出现二字相替换的辞例，故 A ≠ C，以上推论不成立。

我们再来讨论 B 和 C 的关系，据借字与本字谐声偏旁之同异，通假字可被分为两类：一类是同声系假借，即谐声偏旁相同，此类汉字通常仅凭"同声系"即可

---

① 为方便阐述，上述各字均以 ABC 字母符号代替。

② 李守奎. 清华简（系年）中的"緔"字与西申 [J]. 历史语言学研究,2014（1）: 168–177.

判定通假关系；另一类是异声系假借，即谐声偏旁不同，如"赳"与"鸠"，此类通假分析比较复杂，必须同时具备"音理、异文、辞例"三个条件才可判定通假。何琳仪曾特别指出："如果只具备音理和异文，或者音理和辞例两个条件，那么其释读只能视为假说，不能成为定论。"[①]关于C字声符，李守奎做过详细考证：C字所从"㞢"不是"东"的省形，而是"㗊"的省形，其构形为圙下虫，圙下多蚯蚓，故此应是"蚓"之表意字。许慎《说文解字》释"陈"为"宛丘，舜后妫满之所封，从木，申声"。故B和C谐声偏旁并不相同。二字读音相近，具备了通假音理，却没有若干典籍或古文字通假材料作佐证，即缺乏异文和辞例条件，则其通假不能成为定论。事实上，二字作为地名专字各有固定写法且不相混淆，清华简《系年》是典型的楚文字，简文中B字作""凡 20 例，C字及其异体凡 16 例，即是二字相区别的例证。综上，楚简中B和C各有专字字形，谐声偏旁不同，且无通假辞例，故 B ≠ C，以上推论不成立。

二、《左传》"陈公穿封戍"应是"申公穿封戍"

既然简文"申公"不可读为"陈公"，那么"申公"其人究竟是谁呢？先来分析学界主要的两种观点。其一，"申公巫臣说"恐不确。《左传·成公二年》："及共王即位，将为阳桥之役，使屈巫聘于齐，且告师期。巫臣尽室以行。……遂奔晋，而因郤至，以臣于晋。晋人使为邢大夫。"申公巫臣于鲁成公二年（前 589）奔晋，为邢大夫，此为楚灵王（前 540 年至前 529 年在位）之事，巫臣此时已在晋，不可能继续任申公之职。其二，"申公子亹说"亦不确。《国语·左史倚相儆申公子亹》开篇即载申公拒见倚相之原因为其"老耄"。"左史倚相廷见申公子亹，子亹不出，左史谤之，举伯以告。子亹怒而出，曰：'女无亦谓我老耄而舍我，而又谤我！'左

---

① 何琳仪. 战国文字通论（订补）[M]. 上海：上海古籍出版社，2017：355.

史倚相曰：'唯子老耄，故欲见以交儆子。……'"①《礼记·曲礼上》云："七十曰老而传，八十、九十曰耄。"②左史倚相与申公子亹故事发生在楚灵王在位时期，子亹此时已是七、八十岁的老人；"城麇争囚"事件发生于襄公二十六年（前547），推算可知申公子亹当时亦年近花甲，恐怕难以与壮年的公子围争囚，更不会有"抽戈逐王子围，弗及"的结果。因此从申公年龄推算，"申公子亹说"亦不可信。

春秋时期，楚灭国置县，楚县的长官称县尹或县公，申公是楚申县之县公当无疑。虽然简文"申公"不可读为"陈公"，但简文情节与《左传》却颇为相似，文中主角到底是不是《左传》中的"陈公穿封戌"呢？需从《左传》与《史记》关于"陈公"记载差异说起。

《春秋》系传世文献，关于此事记载如下：

《春秋·鲁昭公八年》

冬十月壬午，楚师灭陈。

《左传·鲁昭公八年》

九月，楚公子弃疾帅师奉孙吴围陈，宋戴恶会之。冬十一月壬午，灭陈。……使穿封戌为陈公……

今按：有三点需特别注意。一是楚师灭陈之具体时间有异；二是公子弃疾帅师灭陈，但灵王却封"仇人"穿封戌为陈公，甚怪；三是在传世文献中，穿封戌仅见于此故事。

《左传·昭公十一年》

楚子城陈、蔡、不羹，使弃疾为蔡公。

《左传·昭公十三年》

有楚国者，其弃疾乎？君陈、蔡，城外属焉。

今按：由"君'陈、蔡'"可推知公子弃疾先有陈而后有蔡，也就是说按《左传》逻辑弃疾为陈公当在昭公八年之后、十一年之前。为何穿封戌任陈公不足三年即改

① 上海师范学院古籍整理组校点.国语[M].上海：上海古籍出版社，1978：550.
② 孔颖达.礼记正义[M].上海：上海古籍出版社，1990：32.

任弃疾？甚怪。杜预辨说"时穿封戌既死，弃疾并领陈事也"，但未提出证据。

《史记》系史书，关于此事记载如下。

《史记·陈杞世家》

三十四年，……四月，陈使使赴楚。楚灵王闻陈乱，乃杀陈使者，使公子弃疾发兵伐陈，陈君留奔郑。九月，楚围陈。十一月，灭陈。使弃疾为陈公。

《史记·楚世家》

八年，使公子弃疾将兵灭陈。十年，召蔡侯，醉而杀之。使弃疾定蔡，因为陈蔡公。

《史记·管蔡世家》

九年，陈司徒招弑其君哀公。楚使公子弃疾灭陈而有之。十二年，楚灵王以灵侯弑其父，诱蔡灵侯于申，伏甲饮之，醉而杀之，刑其士卒七十人。令公子弃疾围蔡。十一月，灭蔡，使弃疾为蔡公。

今按：《史记》记载公子弃疾灭陈被封为陈公，穿封戌未见。《史记》所载春秋之事多据《左传》，但此确有"陈公之异"，到底孰对孰错？王叔岷在《史记斠证》中多次提及史公当有所据，不必定依《左传》也。①《史记》载陈公为弃疾，未必无据。

《申公臣灵王》为楚人记载楚事，简文所记与《左传》多有雷同，这就为我们提供了新的思路：关于《史记》《左传》"陈公"之异，以《史记》为确，《左传》"陈公穿封戌"实为"申公穿封戌"。此说理由有四，详列于下。

理由一，左氏将"申公"误认为是"陈公"。

首先，从音理和辞例分析，"申公"被误读为"陈公"的猜测，殆可成立。楚简地名专字"绅"，在传世文献中全部写作"申"。"申"书母真部，"陈"定母真部，二字韵母相同，声母为准旁纽关系，传世文献和出土文献中皆有"申""陈"二字的通假辞例（未见地名与"陈"通假辞例）。如诗经《大雅·文王》："陈锡哉周，

---

① 王叔岷.史记斠证（卷三十六·卷四十）[M].北京：中华书局，2007.

侯文王孙子。"《毛诗传笺通释》:"陈锡,即申锡之假借。"上博楚竹书《容成氏》简53正云:"武王素甲以申(陈)于殷蒿(郊)。"

其次,从古书流传的途径分析,无论是文本流传还是口耳相传都有可能导致"申""陈"的异文或误读。《左传》的史料来源广泛,可能包含记事记言的片段史料,囿于先秦时代书写和传播条件的限制,这类材料在流传过程会难免产生诸多字词表述的差异,出现假借字、异体字、误字误句。因通假造成的传世文献与出土文献异文现象不胜枚举,"申""陈"异文亦不足为怪。此外,口传材料也是古书的重要来源。口传的特点使得每个传播者都带有一定的主观性,再加之传播者口音的复杂性等因素,就不可避免因"申""陈"音近而产生混淆。

综上,根据"申""陈"二字的古音关系,传世文献、出土文献材料中二字互通辞例,古书成书及流传情况复杂性,左氏或将"申公"误作"陈公"。

理由二,《左传》史料杂乱,内容分合无定。

李零在论述古书体例时曾指出"篇数较多的古书多带有丛编性质""《左传》应当也是利用这类(零散的篇章)材料,按鲁《春秋》编年整理而成的古书。"类似《申公臣灵王》这样的事语类材料,与后世的纪事本末体史书体例相似,被李零先生评价为"古代史书数量最大也最活跃的一种"[1]。这些事语类材料注重以事表人,以语申道,多不纪年。左氏为了编年,只能把完整事件人为割裂。顾颉刚云:"《左传》中有许多条是必不可编年的,为了硬要编年,致成削足适履之病。"[2]于是就存在这样的可能:左氏搜集到类似本简文《申公臣灵王》的故事原本,因"申""陈"通假,认为故事主人公是陈公;误以为此故事与楚灭陈有关,故分置两段,分别编于襄公二十六年与昭公八年。《春秋》中"冬十月壬午,楚师灭陈"与《左传》中"冬十一月壬午灭陈"的时间差异不知是否与此相关。

理由三,《左传》存在删减或增饰情节,人物代言之嫌。

在史料杂乱、出此入彼的背景下,古书的成书及之后的流传常有非常复杂的

---

①　李零.简帛古书与学术源流[M].北京:生活·读书·新知三联书店,2020:189.
②　顾洪编.顾颉刚学术文化随笔[M].北京:北京中国青年出版社,1998:206.

问题，古书与作为其史料的零散篇章，可能呈现两种关系，"一种是基本因循，一种是有所演绎"①。简文与《左传》关系当属后者。二书对相关事件的记载非常相似，这说明故事主体框架在上博简时代已经基本定型，其差异主要体现在与故事主题关系不大的记言部分：伯州犁与郑囚"上下其手"的对话，《左传》有详细记载而简文未着一笔；简文详细记录了灵王与申公的对话，《左传》仅记穿封戌对灵王的批评之语。

钱锺书先生对于《左传》的这类记言早有质疑，在《管锥编》有云："吾国史籍工于记言者，莫先乎《左传》，公言私语，盖无不有……盖非记言也，乃代言也，如后世小说、剧本中之对话独白也。左氏设身处地，依傍性格身分，假之喉舌，想当然耳。"②伯州犁与郑囚对话明显带有儒家"礼分华夷"的思想倾向，乃左氏托之古人，以自尊其道之语。宋人所著《毛诗李黄集解》亦评论此事云："若穿封戌与公子围争，安得为不吴不扬乎？安得为不告于讼乎？惟鲁之臣子皆重厚未尝有争忿之心，则其报功之际无有以所争之讼，告于治狱之官则治狱者不过断囚之轻。"③

陈地充当着楚国北进中原的桥头堡，数位楚王屡次发兵侵陈，足见其战略意义。据《左传》所载，灵王灭陈设县，却把如此重要的首任陈县县公之职委派给了曾经刺杀过他的穿封戌，这显然有违常理，亦不符合《左传》极力塑造的楚灵王暴虐无理的人物形象。不仅如此，穿封戌被封为陈公之后，毫无感恩之情，还在楚王宴会上叫嚣要誓死捍卫先君郑敖，杀死灵王这个弑君篡位之徒，这一情节更令人费解。对于灵王的回应和二人和解的过程，《申公臣灵王》有详细记载，但《左传》缺载，疑似为表达其对灵王的否定。

理由四，从当时地理和军事条件考察，"申公"更为合理。

春秋时，申县是楚国的北方重镇，亦是楚重要的兵源地之一，骁勇善战的申

---

① 谢科峰.古书流传过程中的文本问题刍议——以上博简《平王与王子木》与《说苑》相关内容的比较研究为中心 [J].古籍整理研究学刊,2015（3）:18-24.

② 钱锺书.钱锺书集：管锥编（一）[M].北京：生活·读书·新知三联书店,2001:316.

③ 李樗,黄櫄.毛诗李黄集解（卷四十）[M].台北：台湾商务印书馆,2005:780.

县之师,多为楚王出师、戍守之先驱。《左传·成公六年》有云:"(楚伐郑)晋栾书救郑,与楚师遭于绕角。楚师还,晋师遂侵蔡。楚公子申、公子成以申、息之师救蔡,御诸桑隧。"《左传·僖公二十五年》记曰:"楚斗克、屈御寇以申、息之师戍商密……"《左传·僖公二十七年》载有:"(僖)公以楚师伐齐,取穀……置桓公子雍于穀,易牙奉之以为鲁援。楚申公叔侯戍之。"申地临近郑地南门,此次侵郑之战,任用公子围和申县之师当属常理,楚简所记申公和公子围争囚是更符合当时历史条件的。

综上,楚简中人名地名专字"绅"与"陈"无通假关系,《申公臣灵王》所载"申公"不能读为"陈公"。应用"二重证据法"对读出土文献、传世文献,《史记》《左传》所载"陈公"人物身份之差异,当以《左传》为误。《左传》所记"陈公穿封戌"实为简文"申公",左氏把申公事迹混淆到了陈公身上,以为此事与楚灵王灭陈相关,将故事分置两段编于不同年份,故造成《春秋》《左传》关于灭陈时间的记载差异。或许左氏为申明儒家义理,对故事情节有所增删、演绎。

专题三

"枂述"地望考论

《左传·襄公二十六年》"城麇之战",虽脍炙人口,但由于史料不足,学界对城麇之地望关注明显不足:杜注仅注此地为郑邑,未详其在何处①;谭其骧先生《中国历史地图集》未标此地。而楚竹书《申公臣灵王》篇所记战争发生地"枂述"可对应"城麇"一地。现就古文字考释、地名理据略陈管见,以期为"城麇"之地望研究提供线索。

一、"枂""述"文字考释

"枂述"简文作"",简文整理者陈佩芬先生隶定为"析述",以地名概说之,认为此地即为"析"地,见于《左传·僖公二十五年》"秦人过析",杜预注:"析,楚邑,一名白羽",今河南省内乡县西北。②李学勤先生亦释为"析述",仅云"析述当系楚军接战的小地名",未详列其址。③陈伟先生指出:"第一字右旁似从力。本篇是讲穿封戌与楚灵王的故事,如果此地不是城麇,就应是城麇一带的地

---

① 杨伯峻.春秋左传注 [M].北京:中华书局,1990:1115.
② 马承源主编.上海博物馆馆藏楚竹书(六)[M].上海:上海古籍出版社,2007:237.
③ 李学勤.读上博简《庄王既成》两章笔记 [EB/OL].(2007-7-16)[2023-2-2].http://www.confucius2000.com/admin/list.asp? id=3212.

名。"① 何有祖先生云："'枥述'亦见于 6 号简'枥述之下',原皆释为'析述'。所谓的'析'字,右部其实从力,字当隶作'枥'。枥,木的纹理。……从现有材料来看,'枥'似多用作'棘'。……当然也不排除以'力'为声而读作其他字的可能。楚简中出现的'述'多用作'遂'字,在简文中疑读作'隧'。其具体方位待考。"② 凡国栋先生亦认为"析"应改释作"枥",读作"棘"。凡文进一步指出:"'述',楚简多读作'遂'。上博二《容成氏》有'戎遂'(简 39)和'鸣条之遂'(简 40)都用作地名。此处亦当读作'遂'。'棘遂'当是一地名,陈伟先生认为'如果此地不是城麇,就应是城麇一带的地名'此言不误。然城麇之地望,杜预无注,后人亦未详其在何处。今简文中有'棘遂',若能考其地望,则城麇必在此附近。"③ 周凤五先生则释为"枥术":"枥,从木、力声。《说文》:'枥,木之理也。'段《注》引《小雅》'如矢斯棘',以为'如矢之直,则得其理'。术,简文作'述',古音皆船纽物部,同音通假。《说文》:'术,邑中道也。'牧场以'枥术'为名,疑与'笔直的大路'有关,其面积辽阔,道路笔直,所谓'周道如砥,其直如矢',可以驾车宾士以测试马力。"④ 高佑仁先生认为二字构形从陈伟、何有祖之说,释为"枥述","同一事件简文提到的地名是'枥述'而古籍则是'城麇之役',城(禅纽耕部)麇(见纽谆部)有可能即枥(来纽职部)述(定纽没部),但二词古音完全无法联系,不可能通假,因此也无法确考,现在能做的是循着二字出土文献与古籍中的通假用例,进一步追查读法。"⑤

首先来看"枥"字。学界主要分歧在于,该字究竟应隶定为"析"还是"枥"。

① 陈伟.读《上博六》条记 [EB/OL].(2007-7-9)[2023-2-2].http://www.bsm.org.cn/show_article.php? id=597.

② 何有祖.读《上博六》札记 [EB/OL].(2007-7-9)[2023-2-2].http://www.bsm.org.cn/show_article.php? id=596.

③ 凡国栋.读《上博楚竹书六》记 [EB/OL].(2007-7-9)[2023-2-2].http://www.bsm.org.cn/show_article.php? id=599.

④ 周凤五.上博六《庄王既成》《申公臣灵王》《平王问郑寿》《平王与王子木》新探 [J].传统中国研究集刊,2007:58-67.

⑤ 高佑仁.上博楚简庄、灵、平三王研究 [D] 台南:成功大学,2011:317-318.

需从其右旁所从"力"与"斤"的古文字字形说起。"斤",甲骨文作"□"(前八·七·一《甲骨文编》),金文作"□"(天君鼎)、"□"(仕君戈)。《说文》曰:"斤,斫木斧也,象形。"楚文字"斤",亦多为两平行折笔,未见两笔相交且横出者。郭店楚简《老子》甲第19简"折"作"□";上博简一《孔子诗论》第18简"折"写作"□"。楚简中"折"字右从"斤"字之形,与简文中的字右旁所从差异明显。"力"甲骨文作"□",金文作"□"(中山王鼎),徐中舒《甲骨文字典》曰:"象原始农具之耒形。殆以耒耕作须有力,故引申为气力之力。"[①]此字楚简多为两笔相交并横出之形,如郭店楚简《尊德》篇第15简作"□";上博简一《性情论》36简写作"□"。从二字字形之别来看,简文中字的右旁应以从"力"为宜。再来对比"析""枂"古文字字形。"析"字战国时期字形见于曾侯乙墓出土的析君戟铭文:"析君墨(黑)肩之造戟"之"□";作为地名,见于清华简《系年》第84简"□"。亦见于睡虎地秦简《封诊式》第60简"□"、《编年纪》第9简"□"。上述所有字形,无一例外,右所从"斤"字为两折笔相离形态,与简文中的字形差异明显。"枂"见于上博简《李颂》第1简"□",枂隆私印"□",马王堆汉墓帛书《老子》甲《道德》篇之"□",其右旁均为相交笔势,依此推断,简文中字当为"枂"字无疑。"枂"从木力声,文献中多借作"棘"。"棘"职韵见母,"枂"职韵来母,韵部相同,"见""来"互转,二字相通,出土文献屡见。上博简《李颂》简1:"木斯独生,秦(榛)枂(棘)之间";马王堆汉墓帛书《老子》甲《道德》篇:"(师之)所居,楚枂生之。"通行本"楚枂"作"荆棘",《老子》乙作"棘"。传世文献亦可见其二字通假关系:段玉裁《说文解字注》记载:"枂,木之理也。考工记曰:'阳木积理而坚,阴木疏理而柔。'……毛诗如矢斯棘,韩诗棘作枂。毛曰:'棘,棱廉也。'韩曰:'枂,隅也。'……韩枂为正字,毛棘为假借字。……毛,韩辞异而意一也。从木,力声。以形声包会意也,防下曰地理,枂下曰木理,泐下云水理,皆从力。力者,筋也。人身之理也。卢则切。"皆以"棘"为"枂"之假借字。现山东

---

① 徐中舒主编.甲骨文字典[M].成都:四川辞书出版社,1989:1478.

省商河县东北与惠民交界处商河的"棘城"即西汉时期"朸城"，亦为一实证。^①综上，简文中此字当为"朸"，读为"棘"。

再来看"述"字。该字诸家皆隶定为"述"，究竟读为"遂""隧"还是"术"是问题之症结所在。需先从"述""遂""隧""术"四字关系说起。首先来看"述"与"遂"。"述""遂"本为同字。二字甲骨文字形缺，"述"金文字形为"⿰⿱⿺"（大盂鼎）（按，遂字重见）、"⿰⿱⿺"（遹盂）。^②"遂"金文字形为"⿰⿱"（中山王𰀉方壶）、"⿰⿱"（子禾子釜）。^③《金文编》据三体石经"遂"字古文作"⿰⿱"隶定为"遂"。^④有学者认为该字声符"⿰⿱"与"豖"形体相去甚远，而与"术"形相近，故释为"述"。《汉字源流词典》云："金文从辵（辶），右边是一只手播撒之形，撒播要顺垄有规律地进行，会遵循之意。"^⑤；"遂，从辵，右上象手播种之形，故为会意字，边走边撒种之意。篆文改为从豖（坠落），用意相同，豖兼表声。二字同源，且本为一字，皆为遵循之意。"述""遂"在文献中多互相借用。"述"船纽、物部；"遂"邪纽、物部，二字音近，多用通假。出土文献借"述"为"遂"习见，如金文遹盂铭文"命使于述土、陼、淇。""述"读为"遂"，"遂土"即遂国。^⑥清华简《系年》简79："自齐述逃跰晋"整理者读"述"作"遂"。^⑦郭店楚简《老子》甲第39简："攻（功）述身退，天之道也"，马王堆汉墓帛书《老子》甲写作"功述身（退），天□□□"，帛书乙本作"功遂身退，天之道也"，王弼本同。又如日本菅原石卢氏藏印有"阳（夏）之述"，吴振武《释三方收藏在日本的中国古代官印》将"述"

① 王剑. 商河县棘城小考[EB/OL].（2014-3-4）[2024-1-1], http://blog.sina.com.cn/s/blog_9d5ac69b0101cx46.html.

② 董莲池. 新金文编[M]. 北京：作家出版社，2011：172.

③ 董莲池. 新金文编[M]. 北京：作家出版社，2011：189.

④ 董莲池. 新金文编[M]. 北京：作家出版社，2011：172.

⑤ 谷衍奎编. 汉字源流字典[M]. 北京：语文出版社，2008：576.

⑥ 中国社会科学院考古研究所. 殷周金文集成（修订增补本）（一）[M], 北京：中华书局，2007：5563.

⑦ 李学勤主编. 清华大学藏战国竹简（二）[M]. 上海：中西书局，2011.

读为乡遂之遂。① 传世文献亦然，《说文解字诂林》补遗载曰："《荀子》'大事殆乎驰，小事殆乎遂。' 遂，因循也，遂训循者古述遂同字，遂可为述之假借，故风俗通鲁大夫仲述之后《左传》作仲遂。"② 《史记·封禅书》："诸布、诸严、诸述之属。"索隐："述，《汉书》作遂。"再来讨论"述"与"术"的关系。"术"，船纽、物部，与"述"音同；甲骨文、金文字形缺，《说文》："术，邑中道也。从行，术声。"《广雅》云："术，道也。"在古文献中"述"常借作"术"。上博简《性情论》第 8 简："道（导）四述也，唯人道为可道（导）也。丌（其）三述者，道（导）之而已。""述"读为"术"，"四术"指诗、书、礼、乐四种经术。《诗·邶风》："报我不述。"传曰："述，循也。"韩诗作"报我不术"。《仪礼·士丧礼》："不述命。"注曰："古文述皆作术。"《礼记·王制》："乐正崇四术，立四教……"按《隶释》五唐扶颂："耽乐道述。"洪适以"述"为"术"。"术"本义为"邑中道"；"述"，循也，二字同源，只是动词和名词的区别。再来说"遂"与"隧"。"遂"与"隧"在道路的意义上，实为一词。③ 《史记·苏秦列传》："臣闻越王句践战敝卒三千人，禽夫差于干遂。"索隐按：干遂，地名，不知所在。然按干是水旁之高地，故有"江干""河干"是也。又左思吴都赋云"长干延属"，是干为江旁之地。遂者，道也。于干有道，因为地名。《诗·大雅·桑柔》："大风有隧。"传："隧，道也。"又《左传·襄公十八年》："连大车以塞隧。"释文："隧，道也。"《礼记·曲礼上》："出入不当门隧。"注："隧，道也。"实际上，"遂"与"隧"在道路的意义上，实为一词。"隧"与"术"：银雀山竹简《孙膑兵法·地葆》："凡地之道，阳为表，阴为里，直者为刚（纲），术者为纪。"张震泽《校理》谓术是道路，字亦作隧。最后来说"术"与"遂"。"术"与"遂"通假。《春秋·文公十二年》："秦伯使术来聘"之"术"，《公羊传》作"遂"。

综上，"述""遂""隧""术"四字音近且同源："述"与"遂"金文同字；"术"与"述"是名词和动词的区别；"遂""隧"在道路的意思上实为一词。因此简文中

---

① 吴振武. 释三方收藏在日本的中国古代官印 [J]. 中国文字,1999（24）.

② 丁福保编. 说文解字诂林 [M]. 北京：中华书局,2014：16349.

③ 王力. 同源字典 [M]. 北京：商务印书馆,1982：460.

的"述"即"遂"字，乃道路之意，故学者释为"遂""隧""术"皆有理。但因在先秦文献中，地名用字以"隧"字最为常见，未见"术"为道路之意的地名，故该字释为"隧"为胜。

二、"杝（棘）述（隧）"地名理据探幽

郦道元曾总结过地名命名的原则："凡郡，……或以山陵，泰山、山阳是也；或以川原，西河、河东是也……"① 以自然因素命名乃先秦地名的重要理据，体现了先民对所处生存环境的认识。如"汝阴"一地，杜预曰："汝水之南，近郑地"，乃以"汝"水名加上所在地理方位"阴"加以限定来命名。"杝（棘）述（隧）"亦用此"水名＋限定元素"的方式命名。清代张尚瑗《三传折诸》第一部分介绍"河"时，引陈则通《春秋提纲》，曰："曰泾曰沂曰麻隧曰刳首曰令狐曰桑泉，皆在河之左右者也。"② "隧"，道也，以该字为名的地点常位于"河之左右"。《周礼·考工记》载"匠人为沟洫……广二寻，深二仞，谓之遂。"（上文已说明"遂""隧"为道路的意思，实为一词）郑玄注："遂者，夫间小沟。"如下述《左传》中以"隧"命名的地点多具有临水特点。

麻隧。秦国麻邑，泾水流经此地，在今陕西泾阳县北。《左传》成公十三年："五月丁亥，晋师以诸侯之师及秦师战于麻隧。"《史记》晋世家亦有记载："厉公三年，与诸侯伐秦，至泾，败秦人于麻隧。又悼公十四年，使六卿率诸侯伐秦，度泾，大败秦军，至棫林而去。"顾祖禹《读史方舆纪要》记曰："麻隧在泾阳县西南，秦师败绩。师遂济泾，及侯丽而还。"③ 麻隧，或以其在泾水之岸而命之曰"隧"。

桑隧。又名桑里，春秋蔡邑，汝水流经此地，在今河南确山县东。《左传》成公六年："晋师遂侵蔡。楚公子申、公子成以申、息之师救蔡，御诸桑隧。"杜注："汝

---

① 王国维校；袁英光、刘寅生整理. 水经注 [M]. 上海：上海人民出版社，1984.
② 张尚瑗. 三传折诸 [M]// 影印文渊阁四库全书. 上海：上海古籍出版社，1985.
③ （清）顾祖禹. 读史方舆纪要（52 卷）[M]. 北京：中华书局，2005.

南朗陵县东有桑里，在上蔡西南。"《水经注》曰："汝水又东南径下桑里，左迆为横塘陂，又东北为青陂者也。"① 桑隧，或以其在汝水之岸而命之曰"隧"。

蒲隧。春秋徐邑，在今江苏省睢宁县西南。《左传》昭公十六年："二月丙申，齐师至于蒲隧。徐人行成。徐子及郯人、莒人会齐侯，盟于蒲隧，赂以甲父之鼎。"杜注："蒲隧、徐地，取虑县南有蒲姑阪。"《春秋左传正义》："蒲隧，徐地。下邳取虑县东有蒲如陂。"金文《取屄盘》"取上子商铸般"，取即《汉志》徐地之取虑也，《潜夫论·志氏姓篇》谓取虑氏徐偃王后，蒲隧，取虑并蒲姑之转音。可证徐地有蒲姑之称。"《水经注》："济水东北迳乐安故城南……乐安、与博昌、薄姑分水俱同西北。……济水又东北迳薄姑城北，在临淄县西北五十里。"② 蒲隧，或以其在济水之岸而命之曰"隧"。

分析以上诸例，正如张尚瑗所言，之所以命名为"隧"，乃因其地临水有道。上博简二《容成氏》记载了汤伐夏桀的故事"升自戎述（遂），内（入）自北门"，"戎遂"则为余说又添一证。"戎遂"对应《书·汤誓序》中的"陑遂"，即《国语》周语中的"聆遂"，《吕氏春秋》中的"郦隧"。陑、聆、戎、娀、仍、任等字在上古音中都读音相同或相近，可以互相通假，此地也就是古书里记载的有戎、有娀、有仍。顾颉刚在《有仍国考》一文中认为，有戎、有娀、有仍即有任，即周代的任国，在今山东省济宁。"戎遂"一名可能因济水东南径下戎地而得名。

综上所述，以"隧"之地名理据考辨"棘隧"，可知其地应在"棘"地附近，且因临水有道，故曰"棘隧"。

三、"朸（棘）述（隧）"地望考辨

"棘隧"对应"城麇"，为郑邑，据前文所述其命名理据可知，"棘隧"在郑国"棘"地附近，因临水有道而得其名。那么郑地"棘"又在哪里呢？

---

① 郦道元、陈桥驿点校本. 水经注（卷21）[M]. 上海：上海古籍出版社，1990.
② 徐中舒. 蒲姑、徐奄、淮夷、群舒考[J] 四川大学学报（哲学社会科学版），1998（3）：65–76.

《左传》"上棘"一地即为郑地"棘"。"上棘"见于《左传》襄公十八年："楚师伐郑，次于鱼陵。右师城上棘，遂涉颍。次于旃然。"杨伯峻认为："上棘当在今河南禹县南。杜注所谓'将涉颍，故于水边权筑小城，以为进退之备'。《水经·颍水注》：'颍水又径上棘城西，又屈径其城南'是也。"为何"上棘"即是我们要找的郑国"棘"城呢？须从其地名理据说起：古人常以自然环境取地名用字，除了上述以山水命名，还用当地特殊的地产、地貌等自然现象为该地命名。如《左传·成公六年》："必居郇、瑕氏之地，沃饶而近盬，国利君乐，不可失也。"杜预注："盬，盐也。猗氏县盐池是。"可见"盬"乃因此地盛产盐而得名。又如《左传》昭公九年："故允姓之戎，居于瓜州。"杜预注："瓜州，今敦煌。"可知"瓜州"乃因此地盛产美瓜而得名。"上棘"之"棘"字亦用此命名理据。"棘"，《说文》云："小枣丛生者，从并朿"，本义为低矮丛生的酸枣树。《水经注》中曾对"酸枣县"之名有过记载："昔天子建国名都，或以令名，或以山林，故豫章以树氏郡，酸枣以棘名邦，故曰酸枣也。"[①] 今天的禹州颍北山丘上随处可见这种酸枣树，想必千年之前古人亦因此地貌而取"棘"字。"上棘"之"上"字在古地名中习见，古代史官多在相同地名前冠之"上、下"以区别其东西方位，如"上蔡""下蔡"之属。我国地势西高东低，水多自西向东流，故常以"西"为上，"东"为下。既言"上棘"，则其东必另有一"棘"城。《左传》襄公二十六年载："声子对曰：'吴于是伐巢、取驾、克棘。'"杜注："谯国酂县东北有棘亭。"又《左传》昭公四年："冬，吴伐楚，入棘。""棘"乃春秋楚邑，位于今河南永城县西北，恰位于"上棘"城以东。从地名理据来看，《左传》襄公十八年所言之"上棘"，实为郑邑"棘"城，因位于楚邑"棘"之西，故命之"上棘"以示区别。

从古代文献所录实证来看，郑邑"棘"城，亦为颍川"上棘"。其一，"枣"姓源于颍川"棘"姓。"枣"，据《康熙字典》，"又姓，出颍川棘子成后，避仇改为枣。"古时，诸侯大夫名人多以封地名称或居住地为姓氏，"枣"本"棘"姓，是卫

---

① 郦道元著，陈桥驿校证. 水经注校证 [M]. 北京：中华书局，2007：203.

大夫棘子成因其先祖被封于"棘"而得姓，其后代为避祸而改棘为枣。如三国有名臣枣祗本姓棘，晋有枣据及其子枣腆、枣嵩。《晋书·枣据传》记载："枣据字道彦，颍川长社人也，本姓棘，其先避雠改焉。"凌迪知《万姓统谱》："枣，望出颍川。"亦可证郑邑"棘城"当出于颍川一带。其二，"夏棘"是夏末至商初的大贤人，商汤的大臣，商汤以之为师。在《列子·汤问》（按：列子谓之夏革，革棘声类，盖字之误也。）《庄子·逍遥游》中都有记载，虽此人有可能是虚拟人物，但我们探查其名，"夏棘"或因其为夏朝棘地人士而得名，传其为颍川（今河南省禹州市）人，亦于此颍川"棘"地相合。

上文已考证"隧"用作地名意为临水的道路，"棘"为郑邑"上棘"，那么"棘隧"应该在"上棘"附近，为通往"上棘"一带的道路。此地望恰与《左传》合：《左传》襄公二十六年记载，秦楚联军侵吴至雩娄（今，河南省商城县东），后侵郑，"五月，至于城麇。郑皇颉戍之，出，与楚师战，败。穿封戌囚皇颉，公子围与之争之。"由"戍之，出"可知皇颉乃从郑国腹地前来救援，"城麇"当为郑国的军事要地，抑或郑都之屏障。春秋中后期，数位楚王多次讨伐郑国，北伐路线都是从"上棘城"开始的，可见其对于郑国的战略意义。《左传》襄公十八年载"楚师伐郑，次于鱼陵。右师城上棘，遂涉颍。"楚师伐郑曾师于上棘，按照常理，八年后秦、楚联军侵郑亦有可能驻军于此，因此《左传》"棘隧"在"上棘"附近十分合理。

将出土文献记载与传世文本记载相结合，发现《左传》"城麇"之地望尚有可考证的空间：上博简《申公臣灵王》与"城麇"对应的战争发生地应释为"杸述"读为"棘遂"，当在"上棘"附近。

专题四

释楚文字"炅"及相关诸字

楚文字屡见一从"日"从"火"写作"炅"的字形，以往学界多有讨论但仍未达共识，新近出现的楚地简帛给我们提供了新的释读思路。本专题在梳理与"炅"相关诸字的基础上，对其字形、字音、字义和辞例略作讨论。

一、相关字形及诸家说解

序号	字形	出处	辞例
1	(字形)	楚帛书·甲三16	寰燹仓燹
2	(字形)	郭店《六德》33	少而~多也
3	(字形)	新蔡·零213、212	周墨习之吕（以）~黄鼝
4A	(字形)	清华七《越公其事》5	亦兹（使）句（践）屬（继）~于雩（越）邦，
4B	(字形)	清华七《越公其事》7	勿兹（使）句（践）屬（继）~于雩（越）邦已
5	(字形)	包山139	脰尹公觎（宿）必，与（予）~卅
6	(字形)	包山179	~人登苍（地名）

序号	字形	出处	辞例
7A		包山 85	黄～（人名）
7B		包山 103	黄～（人名）
7C		包山 124	黄～（人名）
7D		包山 125	黄～（人名）
8		包山 97	人名
9		天星观	～车
10		新蔡·甲三 342-2	人名
11		上博三《亘先》11	举天下之作，强者果天下之大作，其～不自若作；若作，用有果与不果，两者不法
12		上博四《柬大王泊旱》16	王有野色，属者有～人
13A		郭店《六德》25 号简	䨄（观）者（诸）易春～
13B		清华简《程寤》6 号简	梦徒庶言□□又勿亡～明武□女（如）槭柞亡根
13C		清华简《金縢》9 号简	～大熟
14		《平王与王子木》3 号简	醢（酪）盉（羹）不～
15A		包山文书 73 号简	～月（楚月名）
15B		包山楚简 129	～月（楚月名）

序号	字形	出处	辞例
15C	〔字形〕	望山 1 号墓 8 号简	~月（楚月名）
16	〔字形〕	上博《子羔》8 号简	~而和

楚文字中有以下几个与"炅"相关的字，字形和辞例如下。

第一种观点，认为"炅"为"叟"部件。这一观点根据《说文》古文"炽"的写法"〔字形〕"（大徐本），以及"〔字形〕"（小徐本），认为"叟"与古文"炽"声符相同，进而将上述系列字释读为与"炽"音近的字。如刘信芳先生将前文表格中序号 5"〔字形〕"字释为"炽"，读为戠。

第二种观点，认为"炅"乃"叟"所从之声符。因其从火日声，释作从"真"之字。如颜世铉先生将序号 2"〔字形〕"读为"鬒"，训为多；刘钊先生隶作"叟"，认为"叟"所从"炅"为"慎"字古文；顾史考先生亦将该字读为"慎"。

第三种观点，认为"炅"乃是"叟"的省体，二字形都可借用作"热"字。李零先生、周凤五先生、徐在国先生将 1"〔字形〕"迳释为"热"。

第四种观点，从字形结构考虑，认为"叟"字为《说文》中训为柴祭天的"尞"字。如何琳先生把前文表格中序号为 1 的"〔字形〕"读为"燎"；赵平安先生认为前表中的 4A"〔字形〕"、4B"〔字形〕"二字从"艹""尞"声，读作"燎"。

苏建洲先生以《说文》古文'炽'作'〔字形〕'形本无多少理据，不能据以释古文字"为由驳斥了第一种观点。① 对此，陈剑先生亦有所讨论："包山简 139 从'叟'从'戈'之'〔字形〕'字虽与《说文》古文'炽'作'〔字形〕'形同，但'〔字形〕'形何以是'炽'，本无多少理据可说，恐不能据以释古文字。我们应当反过来考虑，根据六国文字中'叟'声字可用为'热'的情况，古文'炽'作'〔字形〕'形很有可能是用为'热'的

① 苏建洲. 楚文字"炅"字及从"炅"之字再议—兼论传钞古文一个值得注意的现象 [EB/OL]. （2018-11-8）[2024-1-2].http://bsm.org.cn/show_article.php? id=894#_edn27.

'𢦏'字形相似'因义近而误置';同时可能也有'𢦏'跟'炽'字形上也多少有点联系的因素——其实说白了就是,汉人看到古文写本资料中从上下文看,意义当为'炽热'一类的'𢦏'字,对其字形已不能确识,就认作偏旁里也有'火'有'戈'的'炽热'之'炽'了。"此种"因义近而误置"的观点非常正确,第一种观点因所依释字字形'𣏤'理据不足,是错误的。对第二种观点的主要批判意见是李零先生在讨论 1"𤌹"字的时候提出的,李文指出"热字作'炅'恐怕并非原形,乃是'熭'的省体……过去学者们认为'炅'字从火日声,现在也值得考虑。"① 若"炅"字非"从火日声",那么就无法将从"炅"之字读为"真"声字,显然,第二种观点亦存在问题。第三种观点是一种用字理论,未涉及释字原理,故不赘述。我们认为第四种观点是正确的,也就是说楚文字"炅"是"熭"的省形,"熭"是"寮"字,下面将详细说明论证。

二、"炅""熭""寮""春"四字关系

1. 楚文字"炅"是"熭"省形

上表 7A、7B、7C、7D 在包山楚简中的辞例都为人名"黄~"。其中,7C 作"𦣞",7D 作"𦣞",除左上部件有"炅""熭"形区别之外,其余部件全部一致。也就是说在楚文字中"炅"又可写作"熭",这为我们认定"炅""熭"为同字提供了重要证据。"熭"字为《楚帛书》用作"热"字的 1"𤌹"字所从,该字在马王堆汉墓帛书甲本《老子·德经》中写作"炅",为"炅"与"熭"同字异体之说又添一例。实际上"𤌹"的"宀"极可能是羡符,楚文字习添羡符"宀",如"中",可添"宀"写作"𠁩"(上博二《容成氏》第 7 简),"畜"亦可增"宀"写作"𡨹"(上博四《曹沫之陈》第 21 简)。也就是说上文李零先生讨论的"热"字写作"炅"的现象,并不是因为"炅"从日声,而是因为"炅"是"熭"的省体。

---

① 李零. 土城读书记五则:一九九四年中国文字(广州)学术研讨会论文 [C]. 广州,1994.

2. 楚文字"峣"为"尞"字异体

上表 4A "𤊾"、4B "𤊾" 在《越公其事》中亦为相同辞例,显然此二字也是同字异体的关系,其区别在于 4A 中部为"𝌀"形,4B 中部为"吕"形。赵平安先生首先提出,4A 下部所从与《六书统》所收"尞"字(写作"𩰫")下部结构相同;第二个字与金文习见的"尞"字相同(如毛公鼎"尞"写作"𣁋")①、季寥 ②、蔡一峰 ③、罗小虎 ④ 等诸多学者均把 4A、4B 释为从"尞"之字。以上学者观点甚确,为"峣"和"尞"的同字关系提供了字形上的一条证据。

此同字异构的原因是"吕"旁书写时笔划构件发生粘连合并,讹变为类似"日"形,属于"形近互作"的文字异化现象。仔细观察,我们发现 4A "𤊾" 讹变的"日"形形体很特殊,作"𝌀",与通常"日"形作封闭结构"⊖"(郭店《缁衣》9 号简)有所不同。除了 4A "𤊾" 字,2 "𤊾" 字、3 "𩰫" 字的"日"旁亦作此"𝌀"形,推测此种讹变可能是有意为之,在讹变的初始阶段作"𝌀"形刻意区别。但到了后期,逐渐写成了"日"并发现从"日"亦具理据,也就索性把"日"作义符固定下来了。笔画粘连的讹变现象在古文字中十分常见。如"折",甲骨文作"𣂤"(前 4.8.6),可以看出其右旁断木之形十分明显;西周金文作"𣂤"(兮甲盘),左旁断木已讹变为草形;篆书作"𣂤"或"𣂤",左旁相离草形已粘连遂讹为手形。何琳仪先生认为,由"形近互作"产生的错别字,在战国人心目中可能不觉其"错",但在秦文字统一之时多被淘汰;只有少数相对如"昌",可写作"𣅶"(《玺文》7.1),

---

① 赵平安.清华简第七辑字词补释五则 [J]. 出土文献,2017(1):138–143.

② 季寥.清华简《越公其事》"尞(上从艹)"字臆解 [EB/OL].(2017-4-24)[2024-1-2].http://www.bsm.org.cn/show_article.php? id=2781.

③ 蔡一峰.清华简《越公其事》"继燎""易火"解 [EB/OL].(2017-5-1)[2024-1-2].http://www.bsm.org.cn/show_article.php? id=2794.

④ 罗小虎.清华七《越公其事》初读(214 楼跟贴)[EB/OL].(2017-11-5)[2024-1-2].http://www.bsm.org.cn/forum/forum.php? mod=viewthread&tid=3456&extra=&page=22.

《春秋》类出土文献综合研究

因"口""日"形近互作，又写作"骨"（《玺文》7.1）。上述"吕—日"的演化过程亦属此类。"日"本为羡符，后来羡符性质发生了改变，在后世文字中，变成了义符被固化下来，成为文字形体中不可或缺的一部分。

对比楚文字"熒"与金文"𤎩"（毛公鼎）下部所从的字形，我们可以发现楚文字对周代金文的继承和发展：二字均由三部分组成，中部所从为"吕"（或"吕"旁讹变作"日"），下部所从同为"火"，只有上部所从相异。从"尞"字甲骨文字形演化过程可知"𤎩"上部所从"𤊾"形为"燃烧的木柴"，也就是从变形的"木"，"熒"上部从"中"。古文字合体字偏旁，尤其是形声字形符，往往可用与其义近的偏旁替换，形符互换之后，形体虽异，意义不变。"木"旁与"中"旁互作是古文字中习见的"形符互换"现象。① 如甲骨文中"速"作"🌿"（从木，《花东》习见），又作"🌿"（从中，《花东》446）；"省"作"🌿"（从木，《合》5980），又作"🌿"（从中，《合》9639）；"态"作"🌿"（从木，《合》14346），又作"🌿"（从中，《合》11393）。张新俊先生曾指出在楚文字中用作偏旁的"木"形，存在着这样的演变规律："木—🌿—🌿"。如"新"字：🌿（包山15反）—🌿（包山5）—🌿（包山149）；栖：🌿（包山40）— 🌿（包山7）—🌿（包山221）。所以"熒"所从之"中"是"木"的代换，至此"熒"和"尞"二字的构字部件对应关系已十分明了，"熒"和"尞"是同字异体关系。

值得注意的是，楚文字"熒"无一例从"木"。"中"形替代"木"形或因用以祭祀的燃烧材料是类似"蒿草"的有芳香气味的草本植物。周人在选用祭品时已选用芳香草本植物，并有"香蒿祭祀"的记载。如《周礼·天官·甸师》云："祭祀共萧茅。"郑注："萧，香蒿也。"《诗·大雅·生民》曰："载谋载惟，取萧祭脂。取羝以軷，载燔载烈，以兴嗣岁。"孔疏："萧，香蒿也。……言宗庙之祭，以香蒿合黍稷，欲使臭气通达于墙屋……而后烧此香蒿，以合其馨香之气，使神歆飨之，故此亦用萧，取其馨香也。"楚地潮湿，多草竹之类的草本植物从楚地传世文献和出

---

① 何琳仪.战国文字通论（订补版）[M].上海：上海古籍出版社，2017：281.

土文献来看，楚人的"香草祭祀"文化更是十分普遍。如，包山楚简："举祷于殇东陵连嚣子发，肥**牲**，蒿祭之。"望山楚简："王之北子，**各牲**豕，酒飤，蒿之。"《九歌·东皇太一》："吉日兮辰良，穆将愉兮上皇……瑶席兮玉瑱，盍将把兮琼芳。蕙肴蒸兮兰藉，奠桂酒兮椒浆。"《九歌·礼魂》："成礼兮会鼓，传芭兮代舞。姱女倡兮容与。春兰兮秋菊，长无绝兮终古。"民俗材料亦有"焚蒿以祭"的仪式遗留。如云南的纳西族，祭祀时仍使用蒿枝除秽，所造东巴象形文字或从人焚蒿，或从烧石，从蒿枝冒气。① 因此，楚文字"尞"写作"**崀**"，想必也是符合实际，十分慎重的。

3. 楚文字"昊"即"昚"字

《说文》云："尞，柴祭天也。从火，从昚；昚，古慎字，祭天所以慎也。"显然，许慎"祭天所以慎也"的解释过于牵强，"昚"用作古慎字应该是一种读音相近的假借现象，也就是说"昚"应该读为"慎"。"昚"金文写作"**春**"（郑公华钟）、三体石经作"**岑**"，《说文》古文作"**旹**"。"昚"字上部从"火"（"**夾**"是春秋战国文字中"火"的常见写法，说文古文"**旹**"上部所从为"**夾**"形的讹变），下部从"日"，与"昊"字的区别仅是部件的位置不同。古文字尚未定型，常因部件方位互作造成文字异化现象。战国时期，政令不一、文字异形，方位互作尤为纷乱，如"守"字，可写作"**守**"（郭店《唐虞之道》12 号简），又可写作"**守**"（郭店《老子》甲 13 号简）；又如"枣"，可写作"**棗**"（郭店《语丛四》13 号简），又可写作"**枣**"（郭店《语丛四》12 号简）。所以从字形上看，"昊"就是"昚"字。再举一证：秦公簋、秦公镈二器有一个从"昊"从"金"的字，"鎭"秦公簋写作"**鎭**"，《历代钟鼎彝器款式法帖》摹写作"**鎭**"，《考古图》摹作"**鎭**"。二器有相同辞例"鎭静不廷"，宋人吕大临、薛尚功皆释为"镇静不廷"，郭沫若、于省吾、容庚等先生从之。刘乐贤先生对"鎭"字做了很好的研究："镇静"这个复音词出自《国语·晋语七》："黡也果

---

① 方国瑜. 纳西象形文字谱 [M]. 昆明：云南人民出版社，1995：230、349.

敢，无忌镇静"句，韦昭注："镇，重也，静，安也。"根据文例，"鋔"读为"镇"是没有问题的。把"鋔"字与邾公华钟铭文中用作"慎"的"香"字联系起来考虑，就不难发现"鋔"字所从"炅"与用作慎的"炅"乃一字的不同写法。这个字既可写作"香"，在作为偏旁时又可写作"炅"。通过以上论述，我们可以得出结论：说文古文慎（"香"）及金文镇（"鋔"）字所从的偏旁乃是一由火、日两个部件构成的合体字。"①

"炅"就是"昚"字在字音、文例上亦可找到证据。郭店简《六德》有一句："更之为言也，犹更更也，小而2炅多也。"本句可与郭店《五行》40—41简："匿之为言也，犹匿匿也，小而诊者也"相对应，亦可与郭店简同篇43号简"少（小）而轸者，能有取焉"对读，还可与马王堆汉墓帛书《五行》"匿者，言人行小而轸者也。小而实大，大之者也"对照。通过对读我们发现，"炅""诊""轸"三字对应。张崇礼先生对三字关系做过深入研究，张文认为：轸，盛多凑集义，"诊""轸"是同源词，且为通假关系。"炅"即"尞"，可读为"辚《说文》从车尞声，一曰辐也。辐三十凑于毂，亦有凑集义，与"轸"音近，意义相关。②也可以这样解释，因为许慎认为"炅"从"昚"得声，"昚"为古慎字，"炅"即"昚"，所以"炅"读音亦与"慎"字（禅母真部）相近，可与从"真"之字（章纽真部）相通，又因典籍常见"真""㐱"（章纽文部）二声互通的例证③，所以"炅"可读为"轸"。

在此稍作总结，楚文字"炅"即"昚"字，读音为"慎"，为"尞"（尞）字省体。

下面我们结合"炅"相关的字表中的字，从字义角度对上述结论做验证。基本思路是依据"声符示源理论"④，通过分析"尞"声字，得到尞声字的核心义项。如果从"炅"之字亦有相同核心义项，则证明上述结论成立。

---

① 刘乐贤.释《说文》古文"慎"字[J].考古与文物.1993（4）：94-96.
② 张崇礼.楚简释读[D].济南：山东大学，2008：17-18.
③ 高亨、董治安.古字通假会典[M].济南：齐鲁书社，1997：90-94.
④ 段玉裁《说文解字注》认为"形声字义旁多与字义相近"，进而提出了形声字"凡从某声多有某义"的说法，黄侃、杨树达、王力、沈兼士、王宁、李国英等诸位学者均对声符示源理论做了很好地探究，从理论分析到实践佐证均已证明声符示源现象的普遍存在。

《说文·火部》："尞，柴祭天也，从火从眘。"段注："烧柴尞祭天也。是柴尞二篆为转注也。烧柴而祭谓之柴，亦谓之尞。"①《五音集韵》："尞亦作燎，火在门外曰烛，于内曰庭。国之大事，树以照众也。又放火也。"《汉语大字典》中"尞"声字有 59 个，通过分析发现声符"尞"主要有两个核心义素。第一个核心义素为本义燃柴祭祀，可引申为燃烧，与光、热相关，最典型的是"燎"字，为"尞"的分化孳乳字，有三个义项，读作"liǎo"专指古代焚柴祭天；读作"liǎo"与燃烧、放火有关；读作"liáo"，可转指火把、火炬，还引申为烫，与光、热相关。此外，祭祀相关如"禚"②，燃烧相关如"爒"③，光、亮相关如"了"④ 等。第二个核心义素由燃烧时火势盛大状引申为大、盛、多，如潦 ⑤、嘹 ⑥、轐 ⑦ 等 ⑧。

从"炅"字的核心义素亦分两类：其一，与祭祀、燃烧相关。表 15A、15B、15C 字均为楚月名"夐月"，楚简多次出现。据 1975 年末在湖北云梦睡虎地秦墓发现的竹简《日书》甲种有秦楚月名的对照表，"夐月"对照秦月"爨月"，故学界多将"夐"释读为"爨"。"夐"从"炅""允"声，曾宪通先生曾考证过"夐、煗、爨三字在古代本来就是同一个字"。《说文》："煗，然火也，从火爰声。"《周礼》云："煗火在前，以焞焯龟。"《集韵》："煗焞相通，然火以灼龟"。据此，知煗之所谓"然火"，乃"然火以灼龟"。《集韵》注："爨，炊也。《周礼》'以火爨鼎水也'"《周礼·春官·龟人》有"上春衅龟"，注云："衅者，杀牲以血涂之也。"并引《月令·孟冬》云："衅祀龟策相互矣"。疑"衅"乃"爨"字因形近而误，爨龟云者，实

---

① 许慎撰，段玉裁注．说文解字注 [M]．上海：上海古籍出版社，1988.

② 《名义·示部》："禚，柴尞祭天也。"《类篇·示部》："柴祭天也。"

③ 《说文·炙部》："爒，炙也。"段玉裁注："爒，其义同炙，其音同燎。"《广韵·筱韵》："缭，火炙。"

④ 《玉篇》："了，目明也。"《集韵·萧韵》："暸，明也。"《周礼·春官·序官》："眡了三百人。"郑玄注："了，目明者。"

⑤ 《说文·水部》："潦，雨水大，从水尞声。"《玉篇·水部》："潦，雨水盛也。"

⑥ 《玉篇·口部》："嘹亮。"《洪武正韵》："鸣也，又嘹亮清澈之声。"

⑦ 《说文·车部》："轐，盖弓也。"郑注曰："弓者盖轐也。"

⑧ 由"大"反面立意"尞"声字亦有"小"义。因与"大"义相关故不单列。

为爨龟。《左传正义》云："今人谓瓦裂龟裂皆为爨"，可证。《周礼》注者据形误之字，谓釁龟为"以血涂之也"，乃望文生义之说。其实釁龟就是爨龟，也就是煣龟，即莫龟以卜。春秋战国时，爨龟以卜乃是一般常行的礼俗，各诸侯国举行这一仪式在时序上不尽相同。望山一号楚简于"莫月"内多次出现"黄靇占"语，其中唯一能够拼复之一整简，简文亦云："占之曰吉，胭以黄靇习之，同敓。圣王、惄王既赛祷。己未之日赛祷王孙桌。"[①] 简文记以黄靇（龟名）灼兆，正可与灼龟以卜相印证。望山楚简还有"爨月丙辰之日，登道以小筹为昭固贞"等句亦与灼龟以卜有关。因此楚国将行爨龟占卜之月称为"莫月"盖因"莫"有祭祀、燃烧之意。表中 3 "" 辞例 "周墨习之吕（以）~ 黄靇" 亦取燃烧，灼龟祭祀之意。"亦兹（使）句（践）屡（继）~ 于雩（越）邦" 句中 4A ""、4B "" 的意思也是祭祀，"继 ~" 即"继祀"，以祭祀延续指继续主越国之政。7A ""、7B ""、7C ""、7D ""、8 ""、10 "" 为贞人名。13A ""、13B ""、13C "" 为楚文字"秋"字，"炅"从"禾"，"炅"表燃烧，会意秋季收割后要烧禾以备播种。与"热"有关的为表格中 1 ""，前文已述借为"热"字。12 "" 辞例为"王有野色，属者有 ~ 人""~ 人"指中暑之人。其二，表示"大、多、盛"之意思。上文已经讨论过 2 "" 辞例为"更之为言也，犹更更也，小而炅多也"中表示盛多凑集义，此不再赘述。根据《说文》古文"炽"的写法""（大徐本）、""（小徐本），笔者以为从"炅"的古文"炽"可能是会意字，《说文》："炽，盛也。"炽本指火盛，"炅"旁应与燃烧、热、大等义项相关。

综上，我们讨论了从"炅"字，发现"炅"的义项与"尞"声字的声符的义项是一致的，上述假设经验证后成立。

补充讨论下从"炅"声的字。16 "" 辞例为 "~ 而和，故夫舜之德其诚贤矣。""" 可看作从"臼"从"口""炅"声字，在此可读为"顺"。"" 从"炅"禅

① 曾宪通 . 楚月名初探——兼谈昭固墓竹简的年代问题 [J]. 中山大学学报（社会科学版）.1980（1）：97–107.

母真部，古书里有"慎"与"顺"相通假的辞例。《荀子·疆国》："故为人上者，不可不顺也。"杨倞注："不可不顺义。或曰：顺当为'慎'。"《荀子·劝学》："故君子不傲不隐不声，谨顺其身。"王先谦集解引卢文弨曰："'顺'，宋本作'慎'。"参见"顺始"。"顺而和"的意思是柔顺而和悦。9 "𩆜"，"～车"疑读为"馶车"。"𩆜"从"㲋"声，禅母真部字，"执"为章母缉部，馶日母质部。11 "𥻦"辞例为"举天下之作，强者果天下之大作，其～𧆘 不自若作；若作，用有果与不果，两者不法。"丁四新先生解释道："𧆘龙，廖名春读作'冥蒙'；刘信芳读作'炽龙'，并说：'炽是盛的意思，龙读为厐，大也。'其意不明，其义皆难以通晓。此词待考。"此种理解是有道理的，𧆘从"㲋"训为盛，龙训为大，二字同意关系。14 "𩰪"辞例为"醯（酪）盉（羹）不～""𡙛（夋）"读为"酸"。音韵关系看，"𩰪"古音在清母元部，"夋"（𡙛的楷体字形）所从的"峻""浚"等或在心母文部，所从的"酸"、在心母元部。精、清、心三组同属齿音，文、元二部旁转。"𩰪"与"夋"古音相通，"夋"可读为"酸"。在此是说"酪"在制造的过程中因未加以覆盖，导致其挥发而无酸味。至此表中从"㲋"之字已经全部验证。

三、"尞"字的古文字字形演化

"尞"字何时为何出现了主要形体的变化呢？为了能将这一批字讲解清楚，我们有必要对"尞"字的古文字字形演变进行一番梳理。

甲骨文"尞"字出现的次数非常多，《集成》凡794例，用作祭名，仅用作祭祀动词。字形可以两类：一类为燃烧的柴堆，上面数量不一的点则表示燃烧时四溅的火星如"米"（甲144）、"米"（拾1.3）；另一类字形下加"火堆"，作"𤐩"（后1.24.2）。其字形异构或因造字角度不同，第一类为俯视构图，所以看不见火堆。第二类为正视构图，所以看得见熊熊燃烧的火焰。

金文"尞"所见较少，凡三例。第一例"𤐩"（郦伯𣪘簋），第二例"米"（保员篦）直接沿袭甲骨文字形，亦作燔柴祭天之义。第三例字形"▢"（㝅居篦）较为特殊。特别需要重视的是，金文习见的"寮"有三类字形，第一类作"▢"（趞盉），第二类增"吕"旁作"▢"（作册夨令篦）此字形多见，第三类增"日"形作"▢"（叔弓钟），"▢"（叔弓镈），同时可见上部"木"旁下部收缩似草形的形体，如"▢"（叔弓镈），"▢"（叔弓钟）。第一类直接沿袭甲骨文字形，此不赘述。第二类所增之"吕"，徐中舒先生认为是火塘，王辉先生发挥其说，认为先人于屋内掘地为火塘，多人围坐取食，夜则取暖，因先人十分重视火塘，故增"吕"于房中。[①] 张世超[②]、魏宜辉[③]、季旭升[④] 等诸多古文字学家认为"吕"是加注的声符。亦有学者认为所增"吕"或为声符，上古"寮"在来纽宵部，"吕"在来纽鱼部，两字声同韵近，为一声之转。[⑤] 第三类所增之"日"应为"吕"，如前文所述，或因书写时笔画构件的粘连合并而发生讹变。

战国文字（除上述战国楚文字外）"寮"，古陶文"潦"字写作"▢"，古玺文"宴"作"▢"（《古玺文编》0745），"▢"（《古玺文编》1228），"▢"（《古玺文编》5564）。结合上述楚文字来看，此时"吕"形已基本固化为"日"形，想必是"变形就义"的结果。显然"日"比"吕"更易体现"寮""燃烧"的理据，从而选定"日"标记字义。

秦汉文字"寮"字形已固定，为后世所本。小篆作"▢"，"▢"（睡虎地秦简中"潦"字《法律答问》2），"寮"声字在传抄古文中亦多见，"▢"（汗简），"▢"（辽所从，汗简），"▢"（燎所从，古文四声韵），"▢"（潦，古文四声韵），"▢"（獠，古文四声韵）。

① 王辉 . 殷人火祭说 [J]. 四川大学学报丛刊第 10 辑《古文字研究论文集》,1982.
② 张世超等 . 金文形义通解 [M]. 京都：中文出版社,1996：1916.
③ 魏宜辉 . 楚系简帛文字形体讹变分析 [D]. 南京：南京大学,2003：70.
④ 季旭昇 . 说文新证 [M]. 福州：福建人民出版社,2010：784.
⑤ 鹏宇、汪冰冰 . 释楚简中"寮"字及其相关字 [EB/OL].（2008–10–8）[2024–2–1].http://www.bsm.org.cn/show_article.php？id=885#_edn13.

"尞"系列字甲骨文从木从火,金文时添加"吕"为声符,因笔画粘连"吕"讹为"日"。因"日"旁理据更充分,表意更明确,春秋战国时"日"替代"吕"旁,为后世所本。战国楚地文字再次发生"变形就义",上"木"旁讹变为"中"旁。通过历史比较,"尞"字的古文字字形演化规律已经比较清晰了,如下图所示。

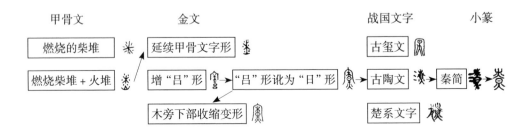

专题五

吴王余祭在位年限考

关于春秋末期吴王余祭、余昧在位时数，历来众说纷纭，《春秋》《左传》《公羊传》《穀梁传》等文献认为鲁襄公二十九年"阍弑余祭"，《左传·昭公十五年》记"吴子夷末卒"，则余祭在位仅四年，余昧在位十七年。《史记·吴太伯世家》则认为余祭在位十七年，余昧在位四年，未记载"阍弑余祭"之事。《十二诸侯年表·吴表》的记录更是令人费解，于鲁襄公二十六年书"吴余祭元年"，鲁襄公二十九年载曰："守门阍杀余祭。季札使诸侯。"但余祭的纪年并未结束，一直延续到鲁昭公十二年，始书"吴余昧元年"，适与《春秋》所书二君年数倒错。关于二王在位年数的争议，前人多以《史记》为误。如司马贞《史记索隐》、清梁玉绳《史纪志疑》已有详辨。近年来地下之材料的不断涌现，为厘清相关人事的时序提供了新的思路。取出土材料与传世文献互相释证，厘清史籍错乱乖误之处，发现吴王余祭应在位十七年，余昧在位四年，二王在位以《吴世家》为确，《左传》为误。理由如下。

理由一，《左传》所记吴越战争多有相互抵牾之处，不足为信。

《左传》对吴国的记载多有阙佚，且不乏自相矛盾之处。《春秋·昭公三十二年》经云："夏，吴伐越。"《左传》解经之语为："夏，吴伐越，始用师于越也。""始"即"开始"之意，从这条传文看，吴越之间最早的战争即为昭公三十二年之战。（此处与《左传》首次记载吴越战事的发生年"襄公二十九年"年矛盾，详见下文）《左传》在"始用师于越也"句之后紧跟史墨对吴国命运的预言"不及四十年，越其有吴乎！"越灭吴在鲁哀公二十二年，距鲁昭公三十二年至三十七年，符合"不及四十年"的预言。《左传》预言之所以十分准确，多因其乃为后人所补录，也就是说在补录预言之人的观念里，吴越战争始于昭公三十二年，历时不到四十年而终，《左传》言"始"字亦必有所据。但让人匪夷所思的是，在此年之前，《左传》多次记载了吴越之间的战争，梳理如下。

《左传·襄公二十九年》

吴人伐越，获俘焉……吴子余祭观舟，阍以刀弑之。

《春秋·昭公五年》

冬，楚子、蔡侯、陈侯、许男、顿子、沈子、徐人、越人伐吴。

《左传·昭公五年》

冬十月，楚子以诸侯及东夷伐吴，以报棘、栎、麻之役。薳射以繁扬之师，会于夏汭。越大夫常寿过帅师会楚子于琐。闻吴师出，薳启强帅师从之，遽不设备，吴人败诸鹊岸。

《左传·昭公二十四年》

楚子为舟师以略吴疆……越大夫胥犴劳王于豫章之汭。越公子仓归王乘舟，仓及寿梦帅师从王，王及圉阳而还。吴人踵楚，而边人不备，遂灭巢及钟离而还。

吴越战争之事，《左传》何以如此矛盾，实在有悖常理。帛书本篇所记的"吴伐越"之战对应《左传》襄公二十九年（为《左转》首次记录吴越战事的时间），此时吴国与楚国之间屡有战事，吴国的主要兵力想必用于抵御强楚，不知是否有精力发动对越国的征伐，《春秋》《左传》系统之外的史书亦没有对此时吴越之间战事的记载。《史记·越王勾践世家》云："允常之时，与吴王阖庐战而相怨伐。"吴王阖庐元年为鲁昭公二十八年，也就是说《越王勾践世家》认为吴越战事时间不会早于鲁昭公二十八年，比《左传》所记的"最早"吴越之战（襄公二十九年）晚了近三十年。《史记·吴世家》对余祭、余昧等吴王的介绍较之《左传》详细甚多，可知部分《史记》吴越世家的史料来源可能是非春秋系统的。太史公应持有较之《左传》更为原始或更为可靠的史料，而且发现了《左传》记载之问题，因此并没有将

《左传·襄公二十九年》吴越战争之事记于吴越世家。所以《左传·襄公二十九年》
关于吴王余祭之死的记载亦不可信。

理由二，《春秋》记载"阍弑余祭"与"季札出聘"发生于同年有误。

为清晰说明，先将襄公二十九年，吴王余祭、其弟季札之相关文献梳理如下：

《春秋》

夏五月，……阍弑吴子余祭。……吴子使札来聘。

《左传》

吴人伐越，获俘焉，以为阍，使守舟。吴子余祭观舟，阍以刀弑之。

吴公子札来聘，见叔孙穆子，说之。……其出聘也，通嗣君也。故遂聘于齐，
聘于郑，见子产……适卫，……自卫如晋，将宿于戚……适晋，说赵文子、韩宣子、
魏献子……

《史记·吴世家》

（余祭）四年，吴使季札聘于鲁，请观周乐。……去鲁，遂使齐。……去齐，使
于郑。自卫如晋，将舍于宿，闻钟声……适晋……季札之初使，北过徐君。

从上可知《春秋》《左传》《史记》均记载了鲁襄公二十九年吴季札聘于鲁之
事，《史记》缺载"阍弑余祭"。《春秋》《左传》先记余祭之死，后写季札聘于鲁，
可有两种理解方式：其一，以贾逵、服虔为代表的学者认为《左传》言季札"出聘
也，通嗣君"乃是余眜新上任后派季札赴诸国通聘。此种观点不可信，据《春秋》
《左传》，余祭被杀、季札聘国的时间同在夏季，国丧之时，继君派其弟出访行吉
礼，是"周礼"所不允许的。且出访期间丝毫不提先君之死，对于以礼让国、为徐
君挂剑的贤士季札来说，更不可能。关于本次出聘，《左传》有这样的记载："（季
札）自卫如晋，将宿于戚。闻钟声焉，曰：'异哉！吾闻之也：辩而不德，必加于
戮。夫子获罪于君以在此，惧犹不足，而又何乐？夫子之在此也，犹燕之巢于幕
上。君又在殡，而可以乐乎？'遂去之。文子闻之，终身不听琴瑟。"季札既然以
"君在殡而乐"指责孙文子，自己又怎会在先君国丧之时"请观于周乐"呢？这显
然是不合逻辑的。另一种理解以杜预为代表，杜注言："吴子余祭既遣札聘上国而

后死，札以六月到鲁，未闻丧也。"此说亦不足信，季札先后去了鲁、齐、郑、卫、晋五国，想必时间不短，余祭被杀这等重大的消息不可能传递得如此缓慢。《春秋》《左传》主要据鲁史编撰，所以季札聘于鲁的时间应该不会有误。因此，唯一合乎逻辑的解释为："阍弑余祭"之事并非发生于鲁襄公二十九年。此时，吴王余祭仍在位，派季札出聘诸国。

理由三，从出土文献看，二位吴王的在位年数以《吴世家》为确，《左传》为误。

近来出土的两件吴王余眛剑，使我们得以亲见未经后世改动过的历史原貌，为我们研究吴越战争提供了新的证据。其中苏博剑于 2014 年入藏苏州博物馆，共有铭文七十五字，重文一字，铭文（采用程义先生释文）如下：

攻盧（吴）王姑儺亓雒曰：余，寿梦之子；余，叡钺郐之嗣弟。叡钺此郐命初伐麻，败麻，痄（获）众（众）多；命御䣙（荆），䣙（荆）奔，王围旅，既北既陕，不争（？）敢髇；命御邙（越），雒（唯）弗克，未败盧（吴）邦。叡钺此郐命戈（我）为王，择厥吉金自作元用剑。[1]

另一剑于 1997 年出土于浙江省绍兴市鲁迅路，现藏绍兴越国文化博物馆，称鲁迅路剑，其铭文如下：

攻敔（吴）王姑儺雒，寿梦之子，叡钺郐之义（弟）。初命伐麻，有获。荆伐徐，余亲逆攻之，败三军，获□□，攴七邦君。

铭文中"叡钺此郐"即吴王寿梦的第二个儿子余祭，"姑儺亓雒""姑儺雒"即吴王寿梦的第三个儿子，余祭之弟，器主人余眛。两器所记吴越之战事，可与《左传》《史记》对读，现根据学界的研究成果并结合笔者的理解，将两铭文所记的三次吴越战事梳理列表如下：

---

① 程义，张军政．苏州博物馆新入藏吴王余眛剑初探 [J]．文物，2015（9）：75-82．

时间	苏博剑	鲁迅路剑	《左传》	《史记·吴世家》
前 538 年	戚伐此郊命初伐麻，败麻，痁（获）众（众）多	初命伐麻，有获	昭公四年： 冬，吴伐楚，入棘、栎、麻，以报朱方之役	余祭十年： 楚灵王会诸侯而以伐吴之砵方，以诛齐庆封。吴亦攻楚，取三邑而去
前 537 年	命御酮（荆），酮（荆）奔，王围旟，既北既殃，不争（？）敢鞘	——	昭公五年： 冬十月，楚子以诸侯及东夷伐吴，以报棘、栎、麻之役。蔇射以繁扬之师，会于夏汭。越大夫常寿过帅师会楚子于琐。闻吴师出，蔇启强帅师从之，遽不设备，吴人败诸鹊岸	余祭十一年：楚伐吴，至雩娄
前 531 年	命御邨（越），帷（唯）弗克，未败盧（吴）邦①	——	——	十七年，王余祭卒，弟余眜立
前 529 年	——	荆伐徐，余亲逆攻之，败三军，获□□，支七邦君	昭公十三年： 楚师还自徐，吴人败诸豫章，获其五帅	——

① 关于此战与《左传》对应之史实学界尚有异议：李家浩先生、周亚先生、董珊先生认为此为襄公二十九年余祭被杀相关之战争。《兵与礼—吴王余眜剑学术研讨会》上，李家浩先生指出，其年代当在吴王余祭四年（前 544），余祭临终命余眜为王之前。从铭文来看，这次战争是越伐吴，吴以战败而告终。《左传》所记是吴伐越，可能是为了报"御越"之役，其结果是吴王余祭被越俘阍人所弑。周亚先生认为："这段铭文可以结合《左传·襄公二十九年》'吴人伐越，获俘焉，以为阍，使守舟。吴子余祭观舟，阍以刀弑之'的记载来分析，认为吴王余祭是伐越后被弑，这一点上剑铭和文献记载相同，但剑铭记录的可能是事件的真实过程，《左传》等文献记载的则可能是根据吴人为掩饰余祭兵败被杀的事实而编造的情节。"董珊先生认为："御越"之事，似可与《左传》襄公二十九年"吴人伐越"之事相对照，吴伐越事亦见载于马王堆汉墓帛书《春秋事语》之《吴伐越》一章。程义先生、曹锦炎先生认为此为昭公五年楚联军伐吴一事。笔者以为此为昭公十一年之事，判断依据"吴伐越，阍弑余祭"乃为误编于《春秋·襄公二十九年》的错简，详见后文解析。

苏博剑"命戈（我）为王，择厥吉金自作元用剑"是说吴王余祭令我（余眛）继承王位，因此我选了上好的青铜做了此剑。显然苏博剑旨在强调余眛军功，以示其继位的合法性，据此推断苏博剑当为余眛即位之年即吴王余祭卒年而作之器。"阍弑余祭"之事，传世文献《左传》《公羊传》《穀梁传》《十二诸侯年表·吴表》皆有记载，更有马王堆汉墓出土的《春秋事语·吴伐越》予以证真，说明此事是时人普遍认可的史实。此事发生之年，铭文给了我们很好的线索：据"叔旻此邻命初伐麻……"等记载可知铭文所述"伐麻""御楚""御越"的时间均为吴王余祭在位期间，如表中《左传》《史记》所记与铭文事件的对应情况，则可推断《左传》所记吴王余祭被杀之年"襄公二十九年"错误，铭文所记的御越战争应与《史记·吴世家》所记"十七年，王余祭卒，弟余眛立"对应。即在此年（公元前531年，鲁昭公十一年）的吴越战争之后，吴王余祭被越国战俘阍人所杀，其弟余眛立为王，作苏博剑。我们可以进一步做如下推断：《春秋》襄公二十九年记"阍弑吴子余祭"，三传对此条皆有解经之语，说明《春秋》原简将此条误编于襄公二十九年。徐建委先生在考察《左传》的解经之语时曾云：《左传》襄公二十九年所载吴人伐越之段共计二十四字，应该正是一支竹简的字数，不知是否为了释经而"错置"于此。[1]结合上文分析来看，徐先生的推论是合理的。也就是说《左传》关于余祭之死的记载被误编于襄公二十九年，实际应编于昭公十一年。

如此理解，则铭文战争的细节也可与传世文献对应的。从"命御郔（越），锥（唯）弗克，未败虏（吴）邦"记载来看，显然此次吴国是以失败而告终的。青铜礼器所载之事通常用于歌功颂德，余眛缘何要在彰显战功、表明自己继位合法性的礼器上刻写一次失败的战役？比较合理的解释是：先王余祭卒于此次战役，在临终之时，余眛被委以大任。余眛为了彰显自己受任于败军之际，奉命于危难之间，刻记下这一败仗。考察鲁迅路剑所记细节，我们发现：鲁迅路剑所载"伐麻"和"荆伐徐"二事，下达命令之人不同。"初命伐麻"，显然施令的人是吴王余祭，

①　徐建委.《春秋》"阍弑吴子余祭"条释证——续论《左传》的古本与今本 [J] 北京师范大学学报（社会科学版),2015（5）：65-76.

此战当是余祭十年"吴亦攻楚，取三邑而去"之战。而"荆伐徐，余亲逆攻之"，施令的当是吴王余眜自己，且此时应是他刚继位不久，即昭公十二年至十三年（余眜元年至余眜二年）的吴楚战事，时间恰与上文分析相合。且"余亲逆攻之"与《左传》所记吴王趁楚国政变、灵王自杀，楚自徐撤军之时，主动出击，大败楚军，获其五帅之史实亦相符合。综上所述，余祭于在位第十七年即前531年，鲁昭公十一年，卒于苏博剑所纪"御越之战"，之后其弟余眜继位，自元年起战楚立功。二位吴王的在位年数以《史记·吴世家》为确，《左传》为误。

补充说明一点，《左传·襄公三十一年》有申公巫臣之子与赵文子的对话云："吴子使屈狐庸聘于晋，通路也。赵文子问焉，曰：'延州来季子其果立乎？巢陨诸樊，阍戕戴吴，天似启之，何如？'对曰：'不立。是二王之命也，非启季子也。若天所启，其在今嗣君乎！甚德而度，德不失民，度不失事，民亲而事有序，其天所启也。有吴国者，必此君之子孙实终之。季子，守节者也。虽有国，不立。'"有学者据"巢陨诸樊，阍戕戴吴"之语认为《左传》记录余祭死于襄公二十九年是正确的。其实不然，判断的关键在于"延州来季子"的称谓。服虔认为季札让王位，升为延陵大夫，食邑州来，故《左传》将"延陵""州来"通言为"延州来"，杜预亦持此说。州来是一个淮夷古国，处于吴楚中间要害之地，是控制淮河流域的关键位置，亦是春秋后期霸权争夺的焦点。吴楚两国的州来之争，旷日持久，现据《左传》梳理如下。

【成公七年】

马陵之会，吴入州来。子重自郑奔命。子重、子反于是乎一岁七奔命。蛮夷属于楚者，吴尽取之，是以始大，通吴于上国。

【昭公四年】

冬，吴伐楚，入棘、栎、麻，以报朱方之役。楚沈尹射奔命于夏汭，咸尹宜咎城钟离，蓬启强城巢，然丹城州来。

【昭公十三年】

吴灭州来。令尹子期请伐吴，王弗许，曰："吾未抚民人，未事鬼神，未修守备，未定国家，而用民力，败不可悔。州来在吴，犹在楚也。子姑待之。"

鲁成公七年书"吴入州来"。"入"字《左传·鲁襄公十三年》解释道："弗地曰入。"《正义》曰："当入之日，与灭亦同。但寻即去之，不为己有，故云胜其国邑，不即有其土地。"说明此时吴国势力开始进入州来但未将其占有。鲁昭公四年，"城州来"的是楚将然丹，可见此时州来仍楚国手中。吴国直到鲁昭公十三年才正式"蔑州来"（此后州来又被楚夺取）。王夫之《春秋稗疏》云："书'入'，又书'灭'，则其为国无疑，而杜云'楚邑'，当蠡传言。"①也就是说，州来被灭国成邑是在昭公十三年之后，那么襄公三十一年，赵文子怎会提前预见州来未来会成为季札的封地呢？很明显，此条为后人所加。杨伯峻先生在《春秋左传正义》中亦有判别："州来未为吴有，不可以封札也。"②再者，按照《左传》逻辑，赵文子与屈狐的谈话之时，已距吴王余祭死后两年，赵文子居然不知嗣君为谁，亦不可信。余嘉锡《古书通例》有云："古书多造作故事：诸子之书，百家之说，因文见意，随物赋形。或引古以证其言，或设喻以宣其奥。"③此例便是"造作故事"的明证。

综上所述，综合分析传世文献、出土文献，应用"二重证据法"可证明关于吴王余祭、余眜在位年数的记载，《左传》错误而《史记》正确。《左传·襄公二十九年》所记"阍弑余祭"之事，当是误编于此，本条应编于昭公十一年。

---

① 王夫之.春秋稗疏 [M]// 清经解续编，上海：上海书店，1988：54.

② 杨伯峻.春秋左传注 [M].北京：中华书局，1990：1020–1021.

③ 余嘉锡.古书通例 [M].北京：中华书局，2009.

后　记

　　本书以"内容与《春秋》所涉历史人物、历史事件相关，文本可与《春秋》类传世文献对读"为标准择取马王堆汉墓帛书《春秋事语》、子犯编钟、《上海博物馆馆藏楚竹书》，以国别分类，以时间列序进行综合研究。在充分吸收学界最新研究成果的基础之上，聚焦仍未达成共识的疑难字词，征引各家之说，参以己见，共计考释字词近百条。随后以古文字考释为基础，以文本对读为手段，考辨史料，矫正典籍讹误。下面结合《春秋》类文献，谈一谈出土文献与传世文献对读研究中，需要注意的一些问题和几点心得。

1. 充分考虑出土文字与《说文》古文的关系

　　战国文字是古文字发展的重要阶段，与《说文》古籀形体具有直接的平行发展关系。离开战国文字，某些古文字的音、形、义问题和字形演变过程是无法解决的。楚文字是六国"古文"的一部分，《说文》古文与小篆的关系，也就是楚文字与小篆的关系。楚文字与小篆的关系一定意义上可以代表《说文》古文与小篆的关系，也可以代表楚文字与秦文字之间的关系。[①] 因此应主动寻找战国文字，特别是楚文字与《说文》古文的对应字，并在此基础上梳理古文字的发展演变历程。如通过对"楚文字'炅'及相关诸字"的研究，从字音字理、文献辞例、对读异文、字形演变等角度分析发现楚文字"炅"即"睿"字（"睿"《说文》古慎字），实为"寮"

---

① 李守奎. 略论楚文字与小篆的关系—兼论依〈说文〉部首编著的古文字编的体例 [J]. 北华大学学报（社会科学版）,2003（2）3-6.

字的省形，随即可揭示上启殷商甲骨下至小篆的"尞"字字形演变过程。

还要通过出土文字与《说文》古文的关系厘清错误认识。如，学界以往多认为子犯之名"偃"与其字"犯"以相反为义。① 以《子犯编钟》铭文观之，子犯之"字"非传世文献之"犯"，而实为从"车"之"軓"，乃今字"軓"之古文，"軓"为车轼前掩舆之板，有"隐藏""遮盖"之意。古字"偃"与"隐"通，故子犯名、字当是同义关系而非先贤所言"相反为义"。

2. 注意"一声之转"的间接推理问题

使用"音义相谐法"必须具备"音理""异文""辞例"三个条件。如果只具备音理和异文，或者音理和辞例两个条件，那么其释读只能释为假说，不能成为定论。② 在古文字的释读过程中尤其要注意诸如"$\because$ A ＝ B　A ＝ C"推出"$\therefore$ B ＝ C"的"一声之转"间接推理数学模式是错误的。如有学者以郭店、上博竹书《缁衣》篇中所引《君陈》之"陈"写作"迧"为由将上博简《申公臣灵王》地名专字"緟"与"陈"通假，便是犯了间接推理的错误。"陈、緟"二字通假关系并不成立："申"为"电"的本字。"緟"的源头之一是引申、抻拉等义的本字"爱"，可见无论在字形还是字义上二字均没有直接联系。战国时期以国为氏的姓氏用字多为专字，二字作为地名专字各有固定写法，不相混淆，不能只因语音上有关系就认为是通假。也就是说，二字读音相近，只具备了通假音理，却缺乏异文和辞例条件，

---

① 　王引之认为"子犯"名"偃"，读为"隐"字"犯"，"犯""隐"互为反义。《春秋名字解诂》"狐偃字子犯"条曰："偃当读为隐，古字偃与隐通（《齐语》，'隐五刃'，《管子·小匡》作'偃五兵'；《汉书·古今人表》，'徐隐王'，颜注曰：'即偃王也。'）《檀弓》：'事亲有隐而无犯，事君有犯而无隐，事师无犯无隐。'郑注曰：'隐谓不称扬其过失也。犯，犯颜而谏。'名隐字犯，以相反为义也。"胡元玉认为，"偃"训为"止"，本字与"犯"即为相反之意，不必该读《驳春秋名字解诂》："《吕览》'荡兵'篇、'应言'篇'偃兵'，高注皆云'偃，止也。'《吴语》：'以犯猎吴国之师徒。'注：'犯，陵也。'《左氏传》：'若先犯之，必奔'（桓五年）'蒙皋比而先犯之'（庄十年）'先犯陈蔡'（僖二十八年）'先犯胡、沈、与陈'（昭二十二年）皆谓以兵侵陵彼也。止不相侵即谓之偃矣，名偃字犯，本以相反为义，但不烦改读耳。"

② 　何琳仪.战国文字通论（订补版）[M].上海：上海古籍出版社，2017：355.

所以通假关系不成立。

3. 训读文字时适当结合古人生活实际

文字的根本性质是记录语言的符号，而语言是能记和所记的统一体。因此应用文字学知识考释古文字之后，应将结论在文字所记录语言的实际"能记""所记"代表的客观实际中加以验证，才能得到准确的训读。如本书通过文本对读发现上博简《郑子家丧》"利木三寸"可与《墨子》《左传》之"桐棺三寸"对读，所以"利木三寸"是一种降低丧葬等级，不使从卿礼的手段。考察古人生活实际得知，降低葬礼等级要求棺木木材必须具有"材质易朽"的特点。将简文"利木"读为"梨木""厉木""栗木"均与"材质易朽"相违，是不符合古人生活实际的。

4. 重视文献对读在考辨史料中的作用

早期史料杂乱、出此入彼，再加之古书的成书及流传情况复杂，往往造成相同事件、人物在不同书籍中的记载差异。出土文献保留着史料早期流传的原始性状，对考辨史料有重要作用。如，取出土材料与《左传》《史记》等传世文献互相释证发现吴王余祭应在位十七年，余眜在位四年，二王在位年限以《史记》为确，《左传》为误。理由有三：其一，《左传》所记吴越战争多有相互抵牾之处，不足为信；其二，《春秋》记载"阍弑余祭"与"季札出聘"发生于同年有误；其三，从近来出土的两件吴王余眜剑记载来看二位吴王的在位年数以《吴世家》为确，《左传》为误。

5. 适当估计古书体例对史料认识的影响

《左传》将杂乱无章、记事记言的事语类史料，按鲁《春秋》编年整理。[①] 本书所选的出土文献大多为此类事语类材料，其特点是注重以事表人，以语申道，多

---

① 李零．李零自选集 [D]．桂林：广西师范大学出版社，1998．

不纪年。左氏为了编年，只能把完整事件人为割裂，有可能造成谬误。顾颉刚曾云："《左传》中有许多条是必不可编年的，为了硬要编年，致成削足适履之病。"①我们在对读《左传》类文献的时候，可以以此为线索，推测致误原因。如在分析《左传》"陈公"之误时，推测其致误原因之一为左氏搜集到类似简文《申公臣灵王》的故事原本，因"申""陈"读音相近，认为故事主人公是陈公；误认为此故事与楚灭陈有关，故分置两段，分别编于襄公二十六年与昭公八年，所以才会出现《春秋》"冬十月壬午，楚师灭陈"与《左传》"冬十一月壬午灭陈"的时间差异。

此外，简序编联方面，除形制比较、字迹对比等基础编联方法之外，还可从语言习惯、韵律节奏、文献验证等多角度扩展。以《平王与王子木》第四简接续问题为例。笔者认为该简后应接上博简八《志书乃言》最后一简"臣楚邦"三个字，连读为，"王子不知麻，王子不得君楚邦，或不得臣楚邦。"分析发现，之所以造成学者们对简序编联的不同理解，其症结是对"楚邦"和"邦国"二词的理解和使用造成的问题。笔者遂统计了楚简中二词词频，发现未见一例"邦国"二字连用的辞例，"楚邦""鲁邦"此类"国名 + 邦"的搭配却非常常见，因此，从语义和用词习惯方面考虑上述观点正确。然后从文献、史实角度分析，"王子不知麻，王子不得君楚邦，或不得臣楚邦"为成公的预言，此种预言手法在《左传》中十分常见。"预言"之目的不在"预"，而在"言"，故"预言"多有应验。参照传世文献记载，简文预言的两个层面——王子木将被废太子身份和王子木不能为楚邦效忠，都成为事实。最后从语言角度分析，"君楚邦""臣楚邦"两句对应，节奏工整，一语道出彼时国君子嗣的使命：若有幸成为君王，则要担富国安邦之大任；若不能成为君王，则要作为臣子为国家尽忠。这种表达是与简文的创作目的——对楚国太子进行教育是相符合的。

笔者学识有限，提出观点难免偏颇或流于主观臆测，虽已尽力搜罗材料，但肯定仍有漏失之憾，敬请方家不吝批评指正。

---

① 顾洪编 . 顾颉刚学术文化随笔 [M]. 北京中国青年出版社,1998.